依法行政百题问答

北京市朝阳区司法局
中国政法大学法治政府研究院 编

中国政法大学出版社

2020·北京

声　明　1. 版权所有，侵权必究。

　　　　2. 如有缺页、倒装问题，由出版社负责退换。

图书在版编目（CIP）数据

依法行政百题问答/北京市朝阳区司法局，中国政法大学法治政府研究院编. —北京：中国政法大学出版社，2020.7

ISBN 978-7-5620-7469-4

Ⅰ.①依… Ⅱ.①北… ②中… Ⅲ.①行政执法－中国－问题解答 Ⅳ.①D922.115

中国版本图书馆CIP数据核字（2020）第119172号

出 版 者	中国政法大学出版社
地　　址	北京市海淀区西土城路 25 号
邮　　箱	fadapress@163.com
网　　址	http://www.cuplpress.com（网络实名：中国政法大学出版社）
电　　话	010-58908435（第一编辑部）58908334（邮购部）
承　　印	保定市中画美凯印刷有限公司
开　　本	720mm×960mm　1/16
印　　张	19.75
字　　数	365 千字
版　　次	2020 年 7 月第 1 版
印　　次	2020 年 7 月第 1 次印刷
印　　数	1～3000 册
定　　价	59.00 元

序

奉法者强则国强。深入推进依法行政，加快建设法治政府，对于推进国家治理体系和治理能力现代化有着重要意义。中共中央、国务院发布的《法治政府建设实施纲要（2015-2020年）》对法治政府建设进行全面部署，将法治政府建设作为现代国家政治文明的重要标志，作为全面推进依法治国的关键。深入推进依法行政，加快建设法治政府，意义重大、影响深远、任务艰巨。

建设法治政府，必须把政府工作全面纳入法治轨道。朝阳区委、区政府一直以来高度重视政府法治工作建设，深化行政执法体制改革，依法全面履行政府职能。多年来，逐步探索建立了符合法治政府精神、符合朝阳地区特色的政府法制工作制度、执法责任考核制度、行政处罚审核制度等。在总结法治朝阳建设经验的基础上，编写《依法行政百题问答》，旨在塑造行政人员法治思维，指导基层公务员合理合法开展执法活动。该书的问世，取得了良好的社会效果，对推动法治朝阳建设有着重要意义。

近年来，随着法治政府建设的全方位深入推进，法治政府建设的内涵更加丰富、外延更加广泛、意义更加深远。为适应法治建设的最新需要，总结之前的实践经验，特对本书进行全面修订。本次修订，深入浅出地分析法治理论，精准解读最新法律法规，回应目前基层执法工作中的重点、难点、热点问题，反映当前法治建设的国情、区情、民情，增强基层法治工作人员教育的针对性、有效性，进一步提高本书的实践价值和指导意义，为法治国家、法治政府、法治社会一体建设贡献出朝阳智慧、朝阳力量。

目 录

第一章 法治政府与依法行政原则的基本要求 ············ 1
 一、前言：从依法行政到建设法治政府 ············ 1
 二、依法行政原则的含义及要求？ ············ 2
 三、什么是合法行政？ ············ 3
 四、什么是合理行政？ ············ 5
 五、程序正当的基本要求是什么？ ············ 8
 六、行政机关应如何贯彻高效便民原则？ ············ 9
 七、诚实守信原则对行政机关的要求是什么？ ············ 11
 八、行政机关如何实现权责统一？ ············ 13
 九、行政裁量基准的内容及效力？ ············ 15
 十、行政不作为的认定及其法律责任？ ············ 17
 十一、如何理解权力清单制度？ ············ 20

第二章 行政决策与行政规范性文件 ············ 23
 一、重大行政决策的根本要求与基本原则是什么？ ············ 23
 二、如何理解重大行政决策的事项范围与特征？ ············ 25
 三、作出重大行政决策需要遵循哪些程序？ ············ 26
 四、公众参与行政决策的价值和途径？ ············ 28
 五、重大行政决策听证的具体要求？ ············ 31
 六、行政决策中如何进行专家论证？ ············ 32
 七、什么是行政决策风险评估机制？ ············ 34
 八、如何进行重大决策的合法性审查？ ············ 36
 九、什么是集体审议制度？ ············ 38

十、什么是重大行政决策后评估制度? ……………………… 40
十一、如何理解行政决策的法律责任及其制度构建? ……… 41
十二、什么是行政规范性文件? ………………………………… 44
十三、制定行政规范性文件应当遵循哪些程序? …………… 45
十四、如何理解行政规范性文件合法性审核机制? ………… 47
十五、行政规范性文件怎么进行备案审查? ………………… 50
十六、如何清理行政规范性文件? …………………………… 52

第三章 行政执法 …………………………………………………… 55
第一节 行政执法的基本要求 …………………………………… 55
一、行政回避制度的基本要求是什么? ……………………… 55
二、告知制度的基本要求是什么? …………………………… 56
三、职能分离制度的具体要求是什么? ……………………… 58
四、说明理由制度的含义是什么? …………………………… 59
五、什么是案卷排他原则? …………………………………… 61
六、行政执法人员资格如何确认? …………………………… 62
七、行政执法证据的含义及种类? …………………………… 64
八、行政执法人员怎样制作现场检查笔录和勘验笔录? …… 66
九、证人证言及当事人陈述作为证据时有哪些注意事项? … 68
十、行政机关行政执法过程中当事人拒不配合如何处理? … 70
十一、如何进行证据保全? …………………………………… 71
十二、行政执法人员怎样进行证据审查? …………………… 73
十三、偷拍录像能否作为行政执法证据? …………………… 75
十四、"钓鱼执法"取得的证据能否作为定案的依据? …… 75
十五、哪些证据材料不得作为行政执法决定的依据? ……… 77
十六、联合执法需要注意什么? ……………………………… 79
十七、行政机关进行送达的方式包括哪些? ………………… 81
十八、行政机关送达的期限如何界定? ……………………… 82

第二节 行政处罚 ………………………………………………… 84
一、什么是行政处罚? ………………………………………… 84
二、行政处罚与刑事处罚如何衔接? ………………………… 85
三、什么是处罚法定原则? …………………………………… 87
四、行政处罚的种类有哪些? ………………………………… 88

　　　　五、什么是相对集中行政处罚权? ……………………………… 90
　　　　六、什么是职能管辖、级别管辖和地域管辖? ………………… 91
　　　　七、对行政处罚管辖权存在争议时如何解决? ………………… 92
　　　　八、行政处罚的时效如何计算? ………………………………… 93
　　　　九、什么是一事不再罚原则? …………………………………… 95
　　　　十、不予行政处罚的情形是什么? ……………………………… 96
　　　　十一、从轻、减轻行政处罚的情形有哪些? …………………… 98
　　　　十二、行政处罚的一般程序分为哪几个阶段? ………………… 99
　　　　十三、简易程序的适用条件及实施步骤? ……………………… 102
　　　　十四、如何适用听证程序? ……………………………………… 103
　　　　十五、罚款当场收缴的适用条件及程序? ……………………… 105
　　　　十六、被行政处罚人在行政机关作出处罚决定前注销如何处理? … 106
　第三节　行政许可 ………………………………………………………… 109
　　　　一、什么是行政许可? …………………………………………… 109
　　　　二、行政许可需要遵循哪些基本原则? ………………………… 110
　　　　三、行政机关何时可以变更或者撤回已生效的行政许可? …… 112
　　　　四、行政机关可以委托其他行政机关实施行政许可吗? ……… 114
　　　　五、行政机关作出许可决定的期限? …………………………… 115
　　　　六、行政许可的一般程序包括哪几个阶段? …………………… 117
　　　　七、行政许可的听证程序的具体要求? ………………………… 119
　　　　八、行政机关如何办理行政许可的变更和延续? ……………… 122
　　　　九、行政许可的撤回、撤销、注销与吊销的区别? …………… 123
　第四节　行政强制 ………………………………………………………… 126
　　　　一、什么是行政强制? …………………………………………… 126
　　　　二、行政强制执行与行政强制措施的区别是什么? …………… 127
　　　　三、行政强制应遵循哪些原则? ………………………………… 129
　　　　四、行政强制措施主要包括哪些种类? ………………………… 131
　　　　五、行政强制措施实施的主体有哪些? ………………………… 132
　　　　六、乡镇政府有行政强制权吗? ………………………………… 134
　　　　七、行政强制措施实施的条件及程序是什么? ………………… 136
　　　　八、行政机关如何实施查封、扣押? …………………………… 139
　　　　九、行政机关实施冻结有哪些程序? …………………………… 142
　　　　十、行政强制执行主要包括哪些方式? ………………………… 144

十一、行政机关强制执行的条件、时间及程序是什么？……………… 146

十二、行政机关强制执行和解的前提是什么？…………………………… 151

十三、行政机关立即实施代履行的条件及注意的问题？………………… 152

十四、行政机关如何申请人民法院强制执行？…………………………… 154

十五、行政机关及其工作人员违法实施行政强制应当承担哪些法律责任？…………………………………………………… 156

第五节 其他行政执法行为…………………………………………………… 158

一、什么是行政征收？……………………………………………………… 158

二、什么是行政奖励？……………………………………………………… 160

三、什么是行政裁决？……………………………………………………… 161

四、什么是行政指导？……………………………………………………… 164

第六节 当前行政执法热点问题……………………………………………… 166

一、"疏整促"执法中的常见问题………………………………………… 166

二、物业管理执法中的常见问题…………………………………………… 167

第四章 政府信息公开……………………………………………………… 169

一、什么是政府信息？行政机关公开政府信息应遵循哪些原则？……………………………………………………………… 169

二、政府信息公开的主管部门及义务主体如何确定？………………… 170

三、行政机关主动公开的政府信息的范围及要求？…………………… 173

四、哪些信息属于依法不予公开的范围？……………………………… 175

五、依申请公开的政府信息，行政机关应如何处理？………………… 178

六、对于不合理利用政府信息公开申请权的行为应如何规范？……… 180

七、政府信息公开中如涉及第三人的信息行政机关应该如何进行处理？……………………………………………………… 182

八、政府信息公开的行政机关应如何进行信息发布？………………… 184

九、政府信息公开应受到何种监督？…………………………………… 184

十、新旧条例应当如何适用衔接？……………………………………… 185

第五章 行政复议和行政诉讼……………………………………………… 186

第一节 行政复议……………………………………………………………… 186

一、行政复议的含义及功能？…………………………………………… 186

二、哪些事项不可以进行行政复议？…………………………………… 188

三、行政复议机关应如何贯彻全面审查原则? ………………… 190
　　四、行政复议机关应当审查申请人的哪些材料? ……………… 192
　　五、被申请人收到行政复议申请书副本后应该怎么做? ……… 194
　　六、行政复议和解制度的原则及其要求? ……………………… 196
　　七、行政复议调解的原则及程序? ……………………………… 198
　　八、被申请人不履行行政复议决定,应当承担什么法律责任? …… 200
第二节　行政诉讼 ………………………………………………… 201
　　一、什么是行政诉讼? …………………………………………… 201
　　二、行政机关可被起诉的期限? ………………………………… 202
　　三、行政机关在收到起诉状副本后,应如何应诉? …………… 205
　　四、行政机关负责人应当如何应诉? …………………………… 207
　　五、行政机关的举证责任? ……………………………………… 210
　　六、行政机关能否向原告和证人收集证据? …………………… 212
　　七、法院作出责令行政机关重新作出具体行政行为判决的,行政
　　　　机关应当如何做? …………………………………………… 215

第六章　国家赔偿 ………………………………………………… 219
　　一、国家赔偿的含义及构成要件? ……………………………… 219
　　二、国家不承担行政赔偿责任的情形有哪些? ………………… 220
　　三、行政赔偿义务机关如何确定? ……………………………… 222
　　四、赔偿义务机关作出赔偿决定的程序和期限? ……………… 223
　　五、被限制人身自由的人死亡,行政机关应当承担的举证责任
　　　　是什么? ……………………………………………………… 225
　　六、精神损害抚慰金的含义及其适用条件? …………………… 227
　　七、什么情形下进行行政追偿? ………………………………… 229

第七章　行政调解 ………………………………………………… 230
　　一、行政调解的定义、作用? …………………………………… 230
　　二、行政调解可以适用的范围? ………………………………… 231
　　三、行政调解的原则、方法? …………………………………… 233
　　四、民事争议调解应当适用的程序? …………………………… 236
　　五、行政争议调解应当适用的程序? …………………………… 238

第八章　监察监督和审计监督 ················· 241

第一节　《监察法》重要概念解读 ················· 241
一、什么是监察机关？ ················· 241
二、监察机关有哪些职责？ ················· 242

第二节　监察对象范围划定 ················· 243
一、监察机关的监察对象有哪些？ ················· 243
二、如何判断公务员和参公管理人员的范围？ ················· 244
三、哪些是法律、法规授权或者受国家机关依法委托管理公共事务的组织中从事公务的人员？ ················· 244
四、如何判断国有企业管理人员的范围？ ················· 245
五、如何判断公办的教育、科研、文化、医疗卫生、体育等单位中从事管理的人员的范围？ ················· 245
六、如何判断基层群众性自治组织中从事管理的人员的范围？ ················· 245
七、如何理解《监察法》第15条第6项规定的"其他依法履行公职的人员"？ ················· 246

第三节　监察权力行使 ················· 246
一、监察机关的调查措施？ ················· 246
二、监察机关的管辖罪名有哪些？ ················· 247
三、政务处分的依据？ ················· 247

第四节　审计监督 ················· 248
一、如何理解"审计全覆盖"要求下审计监督的范围及其在法律监督体系中的地位？ ················· 248
二、建设工程项目审计监督的有哪些要点和独特之处？ ················· 250
三、政府在招投标过程中的审计监督应注意哪些方面？ ················· 252
四、什么是领导干部的离任审计？ ················· 253
五、如何理解"党政同审、同审同责"？ ················· 254

附　录 ················· 256
中华人民共和国行政处罚法 ················· 256
中华人民共和国行政许可法 ················· 265
中华人民共和国行政强制法 ················· 278
中华人民共和国政府信息公开条例 ················· 289
北京市政府信息公开规定 ················· 298

第一章

法治政府与依法行政原则的基本要求

一、前言：从依法行政到建设法治政府

当前，依法行政的现状与经济社会发展的要求还不完全适应，与人民群众的期待还有差距。一个重要原因是，人们对法治政府、衡量法治政府的标准存在认识误区，使得推进法治政府建设缺乏抓手。[1]

2004年国务院《全面推进依法行政实施纲要》第5条就如何建设法治政府提出六项总体要求，即"合法行政、合理行政、程序正当、高效便民、诚实守信、权责统一"，被普遍视为"依法行政"的基本原则，这也是当时建设法治政府的六条判断标准。但是我们也应注意到，2004年的《全面推进依法行政实施纲要》把"法治政府"的衡量标准等同于"依法行政"的基本要求。实际上，推进"依法行政"是建设"法治政府"的核心工作，但"依法行政"工作并不是"法治政府"建设工作的全部，"法治政府"建设工作比"依法行政"工作广得多、全面得多。法治政府的六项总体要求虽然囊括了行政法基本原则，但仍然存在着挂一漏万之嫌。[2]

2015年，中共中央、国务院在《法治政府建设实施纲要（2015-2020年）》中提出，到2020年基本建成"职能科学、权责法定、执法严明、公开公正、廉洁高效、守法诚信"的法治政府，这与党的十八大和十八届四中全会、五中全会提到的"法治政府"概念一脉相承。并且《法治政府建设实施纲要》第一次提出了建成法治政府的具体衡量标准：①政府职能依法全面履行；②依法行政制度体系完备；③行政决策科学民主合法；④宪法法律严格公正实施；⑤行政权力规

―――――――
〔1〕参见杜飞进："论法治政府的标准"，载《学习与探索》2013年第1期。
〔2〕参见胡建淼："基本建成法治政府是全面依法治国的关键目标"，载《法治现代化研究》2017年第2期。

范透明运行；⑥人民权益切实有效保障；⑦依法行政能力普遍提高。达成这七项要求，法治政府的目标也就基本实现了。可以说，从"依法行政"理念向"法治政府"理念的转变，体现了在新时期党和国家对全面推进依法治国、提高国家治理能力和治理体系现代化和法治化有了更加深入的了解，是国家治理从"善政"走向"善治"，最终实现中华民族伟大复兴的重要保障。[1]

随着中国特色社会主义实践的不断推进，党和国家将会对法治政府的衡量标准进行更加深入的探索，但这并不意味着"依法行政"已经过时。本书以"依法行政百题问答"来命名，正是因为，在实践中依法行政原则及其基本要求仍是行政机关需要遵守的底线规则。本章仍将围绕依法行政原则的基本要求展开，至于对法治政府建设各项任务与措施的理解，在本书中也会有很好的体现。

二、依法行政原则的含义及要求？

（一）理论分析

依法行政原则，又称为行政合法性原则，是行政法上最重要的原则，指行政机关行使行政权力、管理公共事务必须有法律授权，并遵守法律规定。[2] 简言之，政府的一切行政行为应依法而为，受法之拘束。依法行政包括以下四方面的含义：①依法行政的"法"包括宪法、法律、法规、规章；②在下位阶法的原则、内容与上位阶法发生冲突时，执法机关应适用上位阶法而不应适用下位阶法；③"依法"不仅要依法的明文规定，还要依法的原理、原则；④行政的基本含义为"管理"，依法行政意味着行政机关依法对行政相对人实施管理。[3]

依法行政是依法治国的重要组成部分，是建设法治政府的重要基础。随着依法治国基本方略的实行，人民群众的法律意识和法制观念不断增强，全社会对依法行政的要求也越来越高。在学理上，依法行政原则是与合理行政原则、程序正当原则、高效便民原则等行政法的基本原则并列的，2004 年国务院《全面推进依法行政实施纲要》将依法行政作为上位原则，将合法行政、合理行政、程序正当等作为依法行政的基本要求予以规定。鉴于本书旨在规范和指导公务员在具体执法活动中的行为，故在此不作学理上的探讨，采《全面推进依法行政实施纲要》的相关规定。

---

[1] 王敬波、宗婷婷："改革开放以来我国法治政府建设的基本轨迹"，载《中国发展观察》2018 年第 Z2 期。

[2] 引自张树义主编：《行政法学》，北京大学出版社 2005 年版，第 24 页。

[3] 参考姜明安："行政法基本原则新探"，载《湖南社会科学（政法·社会版）》2005 年第 2 期。

《全面推进依法治国实施纲要》根据我国行政管理需要，高度浓缩和概括了我国对行政机关依法行政的基本要求，即合法行政、合理行政、程序正当、高效便民、诚实守信及权责统一，具体内容将在本书下文中详细论述。

（二）典型案例

2009年2月，24岁的云南青年李某某死在看守所，警方称其在看守所中与狱友玩"躲猫猫"游戏时头部受伤，后经医院抢救无效死亡。这就是"躲猫猫"事件，此事一经报道，便在网络上迅速发酵，掀起了一场舆论热潮。

后法院审理查明，该看守所主管9号监室的管教民警，不认真执行公安部的有关规定，以致9号监室内形成牢头狱霸势力，而未得到及时发现、制止和打击。2009年1月29日至2月8日，犯罪嫌疑人李某某因涉嫌盗伐林木被关押于该监室，张某华、张某等人对其多次实施体罚、虐待和殴打，导致其受伤后经抢救无效，最终死亡的严重后果。[1]

本案中，看守所工作人员不认真执行相关法律法规的规定，不依法履行其职责，严重不负责任，放纵牢头狱霸，最终导致了李某某在看守所中非正常死亡的结果。实践中，看守所存在着严重的管理混乱、不负责任、玩忽职守、对牢头狱霸默许放任等情况，未能依法履行其法定职责，违反依法行政的基本原则，侵害被监管者的合法权利。近年来，看守所内非正常死亡事件频频发生，如洗澡死、噩梦死、睡姿不对死等，在一定程度上反映出当前我国依法行政的严峻形势。

三、什么是合法行政？

（一）理论分析

《全面推进依法行政实施纲要》第5条规定："合法行政。行政机关实施行政管理，应当依照法律、法规、规章的规定进行；没有法律、法规、规章的规定，行政机关不得作出影响公民、法人和其他组织合法权益或者增加公民、法人和其他组织义务的决定……"行政机关实施行政管理应当依法进行，遵守合法性原则，这是依法行政的应有之义，也是现代法治对行政管理的最基本要求。对于合法行政我们可以从以下两个方面来理解：

1. 法律优先，即行政机关在实施行政管理的过程中，无论是制定法规、规章等抽象行政行为，还是直接对个案实施的具体行政行为都不得违反法律，应当

---

[1] "躲猫猫事件"，载http://baike.baidu.com/link?url=J8aw2zs9wFCLKWHZKVZ9WzU2PjpAcMdqUughDyt1eeYquwJzmzKvG8Dgr1_kdoQY5TJt-1Ic-zidQpEcbyaADK，最后访问时间：2020年6月5日。

依照法律、法规、规章的规定进行[1]。具体而言，在抽象行政行为中，已有法律规定时，其他任何法律规范，包括行政法规、地方性法规和规章，都不得与法律相抵触，凡有抵触，都以法律为准，例如《北京市道路交通管理规定》不得与《道路交通安全法》相抵触；在法律存在空白且不属于法律保留的情况下，有权行政主体可以制定不与宪法、法律的原则和精神相抵触的法律文件；应当制定法律的事项，在条件成熟时，国务院应当及时提请全国人大或其常委会制定法律。在具体行政行为中，"法律优先"要求行政机关在行使行政权力过程中，必须依据法律、法规、规章的规定进行，尤其是影响公民基本权利和义务的具体行政行为，其行为的内容必须依据法律、法规、规章的规定作出。

2. 法律保留，即所有具有法律意义的行政活动，尤其是对相对人而言可能是侵益或是负担的行政活动，都应该有法律的明确授权方可为之。法律保留，具体而言又可分为立法保留和职权法定两个方面的要求。立法保留，指某些重要的立法事项，只能由法律作出规定；职权法定，指行政主体的职权，必须由法律规定。[2]

（二）法律规定

《立法法》第8条：下列事项只能制定法律：①国家主权的事项；②各级人民代表大会、人民政府、人民法院和人民检察院的产生、组织和职权；③民族区域自治制度、特别行政区制度、基层群众自治制度；④犯罪和刑罚；⑤对公民政治权利的剥夺、限制人身自由的强制措施和处罚；⑥税种的设立、税率的确定和税收征收管理等税收基本制度；⑦对非国有财产的征收、征用；⑧民事基本制度；⑨基本经济制度以及财政、海关、金融和外贸的基本制度；⑩诉讼和仲裁制度；⑪必须由全国人民代表大会及其常务委员会制定法律的其他事项。

《立法法》第9条：本法第8条规定的事项尚未制定法律的，全国人民代表大会及其常务委员会有权作出决定，授权国务院可以根据实际需要，对其中的部分事项先制定行政法规，但是有关犯罪和刑罚、对公民政治权利的剥夺和限制人身自由的强制措施和处罚、司法制度等事项除外。

《立法法》第11条：授权立法事项，经过实践检验，制定法律的条件成熟时，由全国人民代表大会及其常务委员会及时制定法律。法律制定后，相应立法

---

[1] 参考江必新主编：《法治政府的建构〈全面推进依法行政实施纲要〉解读》，中国青年出版社2004年版，第30页。

[2] 参考江必新主编：《法治政府的建构〈全面推进依法行政实施纲要〉解读》，中国青年出版社2004年版，第32~36页。

事项的授权终止。

《立法法》第 88 条：法律的效力高于行政法规、地方性法规、规章。行政法规的效力高于地方性法规、规章。

（三）典型案例

2003 年，长沙市政府先后颁发了《关于加强摩托车行驶管理的通告》和《长沙市人民政府关于加强摩托车行驶管理的通告》，作出了在市内若干道路上"不允许摩托车行驶"的规定（俗称"禁摩令"）。

2004 年 7 月 12 日，岳阳市政协委员刘某山在长沙河西办完事回家，途经湘江一桥时，被岳麓区交警大队的执勤交警罚款 200 元，理由是刘某山骑摩托车闯了"禁区"。刘某山提出异议，未被接受。此后，刘某山向长沙市公安局交警支队提出行政复议，并对长沙市"禁摩令"的合法性提出审查申请。7 月 29 日，在接到"维持对申请人的具体行政行为"的复议决定后，刘某山决定诉诸法律，法院受理了此案。

2004 年 10 月 20 日上午，岳麓区法院就刘某山诉岳麓区交警大队一案进行公开审理。庭审中，执勤交警对刘某山的处罚依据是不是"禁摩令"，成了原被告双方争议的焦点。

出庭应诉的岳麓区交警大队委托代理人认为，该大队对刘某山进行罚款的执法依据为《道路交通安全法》。该法第 38 条规定："车辆、行人应当按照交通信号通行；遇有交通警察现场指挥时，应当按照交通警察的指挥通行；在没有交通信号的道路上，应当在确保安全、畅通的原则下通行。"而这一条中的"交通信号"就包括了交警设立的摩托车禁行标志。并且该法第 39 条规定："公安机关交通管理部门根据道路和交通流量的具体情况，可以对机动车、非机动车、行人采取疏导、限制通行、禁止通行等措施。"

法律优先原则要求行政机关在行使行政权力的过程中，必须依据法律、法规、规章的规定进行，尤其是影响公民基本权利和义务的具体行政行为，其行为的内容必须依据法律、法规、规章的规定作出。本案中，正如岳麓区交警大队委托代理人所言，岳麓区交警大队对刘某山的处罚依据是《道路交通安全法》而非"禁摩令"，符合法律优先原则，因此法院最终认定岳麓区交警大队对刘某山驾驶摩托车进入禁区执行的处罚程序合法，结果并无不当。

四、什么是合理行政？

（一）理论分析

由于公共行政管理的复杂性和主动性，法律不可能调整所有的行政活动及其事项，因此在法律规定的范围内，不得不允许行政主体自由裁量。但行政自由裁量绝非没有边界、听行政主体任意而为。行政权不仅要在法定的职权范围内行使，而且其行使必须正当，不得以背离法律的目的和精神、原则的方式滥加行使。[1] 合理行政正是应规范与限制行政自由裁量权的需要而形成的。国务院《全面推进依法行政实施纲要》第5条规定："合理行政。行政机关实施行政管理，应当遵循公平、公正的原则；要平等对待行政管理相对人，不偏私、不歧视；行使自由裁量权应当符合法律目的，排除不相关因素的干扰；所采取的措施和手段应当必要、适当；行政机关实施行政管理可以采用多种方式实现行政目的的，应当避免采用损害当事人权益的方式……"

合理行政具体包括三方面内容：

第一，遵循公平、公正的原则，平等对待行政相对人。要求行政机关行使行政自由裁量权时要同等情况同等对待，不同情况区别对待，不夹带个人的成见、爱好，在内心无歧视和偏私的状态下作出决定。例如，某单位在行政执法检查中，对19户村集体卫生所不明码标价的行为进行了行政处罚，受到处罚的19户村集体卫生所违法事项相同，但所受到的处罚不同，且罚款数额有几百元的差距。该单位的处罚行为即没有遵循公平、公正的原则，没有平等对待行政相对人，违反了合理行政原则。

第二，考虑相关因素，排除无关因素。要求行政机关行使行政自由裁量权时，充分考虑相关因素；不得违背法定的目的，不受不相关因素的影响，或基于不相关的考虑作出决定。

第三，遵循比例原则。具体而言，要求行政机关：①所采取的措施和手段要适当，即适合法定目的的实现或者说不得与法定目的实现相悖离；②所采取的措施和手段本身应当必要，即不得超越实现法定目的的必要程度。俗话说"杀鸡焉用宰牛刀"，在面对多种可以选择的手段时应选择适当的、影响最轻微的手段和措施；③应对所要采取的措施和手段按法定目的加以衡量，其所造成的损害应小于达成目的所获得的收益。

（二）法律规定

《行政处罚法》第4条第1款、第2款：行政处罚遵循公正、公开的原则。

设定和实施行政处罚必须以事实为依据，与违法行为的事实、性质、情节以及社会危害程度相当。

《湖南省行政程序规定》第4条：行政机关应当平等对待公民、法人或者其

---

[1] 应松年主编：《依法行政教程》，国家行政学院出版社2004年版，第33页。

他组织，不得歧视。

行政机关行使裁量权应当符合立法目的和原则，采取的措施应当必要、适当；行政机关实施行政管理可以采用多种措施实现行政目的的，应当选择有利于最大程度地保护公民、法人或者其他组织权益的措施。

（三）典型案例

某市为加强道路交通管理，规范日益混乱的交通秩序，决定出台一项新举措，由交通管理部门向市民发布通告，凡自行摄录下机动车辆违章行驶、停放的照片、录像资料，送交通管理部门确认后，被采用并在当地电视台播出的，一律奖励人民币200元~300元。此举使许多市民踊跃参与，积极举报违章车辆，当地的交通秩序一时间明显好转，市民满意。新闻报道后，省内甚至外省不少城市都来取经、学习。但与此同时，也发生了一些意想不到的事：有违章驾车者去往不愿被别人知道的地方，电视台将车辆及背景播出后，引起家庭关系、同事关系紧张，甚至影响了当事人此后的正常生活的；有乘车人以肖像权、名誉权受到侵害，把电视台、交管部门告上法庭的；有违章司机被单位开除，认为是交管部门超范围行使权力引起的；有抢拍者被违章车辆故意撞伤后，向交管部门索赔的；甚至有利用偷拍照片向驾车人索要高额"保密费"的；等等。报刊将上述新闻披露后，某市治理交通秩序的举措引起了社会不同看法和较大争议。[1]

本案中，该市采取的这一新举措违反了行政合理性原则。

第一，合理行政要求行政主体考虑相关因素，排除无关因素，也就是要求行政机关在作出行政行为时，应当全面考虑行为所涉及或可能影响的因素。本案中，该市治理交通秩序新举措很明显没有考虑到这一措施可能带来的社会负面影响，造成了社会秩序的混乱。

第二，合理行政要求行政主体采取的措施要符合比例原则，即所采取的措施和手段应适当和必要，并且所造成的损害应小于达成目的所获得的收益。本案中，该市治理交通秩序新举措是不适当的，其似乎实现了管理交通秩序的目的，但实际上是违背了法律对于管理交通秩序的最终目的——保持正常的社会秩序，维护社会稳定；另外，该措施并未取得良好的预期效果，反而造成了一定程度的社会秩序的混乱，可以说其所造成的损害远大于所获得的收益。

---

[1] 案例来自2003年国家司法考试试题，第四卷第八题。

五、程序正当的基本要求是什么？

（一）理论分析

国务院《全面推进依法行政实施纲要》第5条规定："……程序正当。行政机关实施行政管理，除涉及国家秘密和依法受到保护的商业秘密、个人隐私的外，应当公开，注意听取公民、法人和其他组织的意见；要严格遵循法定程序，依法保障行政管理相对人、利害关系人的知情权、参与权和救济权。行政机关工作人员履行职责，与行政管理相对人存在利害关系时，应当回避……"

程序正当原则，最早源自英国的自然公正原则，包括两个基本要求：任何人不得做自己案件的法官；任何人在行使权力可能给他人造成不利影响时，必须听取对方的意见。我国长期以来不重视程序法治，以为程序是形式，与实体相比是次要的，从而导致行政机关存在一种错误的认识，以为作出影响相对人权利义务的决定只要实体正确了，程序怎样并不重要。但实际上并非如此，程序正当与实体正义同等重要。程序正当的基本要求有三点：

第一，信息公开。信息公开是一项非常重要的程序制度，"阳光是最好的防腐剂"，暗箱操作是滋生腐败的温床；同时信息公开又是一项最基础性的程序要求，是其他程序制度的前提条件。行政机关实施行政管理，除涉及国家秘密和依法受到保护的商业秘密、个人隐私的外，都应当公开。

第二，公众参与。公众参与，首先要求行政机关在作出决定之前，给相对人提供陈述和申辩的机会，听取相对人意见；其次，要严格遵循法定程序，依法保障行政管理相对人、利害关系人的知情权、参与权，例如政府价格部门在制定政府指导价、政府定价的过程中，应当听取消费者、经营者和有关方面的意见。

第三，公务回避。公务回避，是指公务员在行使职权过程中，因其与所处理的事务有利害关系，为保证实体处理结果和程序的公正性而将其回避的制度。"回避"原本是一项司法制度，将其运用到行政程序上来，是现代法治的一大发展。只有做到公务回避，才能从程序上保证公务员清正廉洁，秉公办事，防止腐败行为的发生。

（二）法律规定

《公务员法》第76条：公务员执行公务时，有下列情形之一的，应当回避：①涉及本人利害关系的；②涉及与本人有本法第74条第1款所列亲属关系人员的利害关系的；③其他可能影响公正执行公务的。

《湖南省行政程序规定》第5条：行政机关应当将行使行政职权的依据、过程和结果向公民、法人或者其他组织公开，涉及国家秘密和依法受到保护的商业秘密、个人隐私的除外。

《湖南省行政程序规定》第 6 条：公民、法人或者其他组织有权依法参与行政管理，提出行政管理的意见和建议。

行政机关应当为公民、法人或者其他组织参与行政管理提供必要的条件，采纳其合理意见和建议。

（三）典型案例

2017 年 7 月 12 日，北京市东城城管执法局在兴隆都市馨园小区摸排时发现一处建筑物涉嫌违法建设，经北京市规划和国土资源管理委员会确认，涉案建筑物未依法取得《建设工程规划许可证》。东城城管执法局在没有履行"作出责令改正通知书、告知实施强制拆除的具体时间"等法律规定程序的情况下，于 2017 年 7 月 18 日对涉案建筑物实施了强制拆除。涉案建筑物的权利人冯某等不服，向法院提起诉讼。

法院认为，《行政强制法》对行政机关实施强制拆除行为应当遵循的法定程序作了明确、具体的规定，应当认定东城城管执法局对涉案建筑物实施强制拆除的行为违反了法定程序，故确认其强制拆除行为违法。[1]

程序正当是行政法的基本原则之一，行政机关作出任何行政行为，均应按照相应的法定程序进行。具体到本案，涉案建筑物被拆除并无不当且于法有据，但是行政机关没有依法履行相应的程序，最终导致了行政行为被确认违法。

六、行政机关应如何贯彻高效便民原则？

（一）理论分析

国务院《全面推进依法行政实施纲要》第 5 条规定："……高效便民。要求行政机关实施行政管理，应当遵守法定时限，积极履行法定职责，提高办事效率，提供优质服务，方便公民、法人和其他组织……"

行政机关实施行政管理应当讲究效率，方便公民、法人或者其他组织，为人民群众和社会提供快速、便捷的服务，这既是我们建设服务型政府的基本要求，也是行政机关履行职责所应遵循的基本准则。高效，既要求行政机关及其公务人员提高办事效率，又要求其注重办事质量。办事效率与质量都与便民有直接的关系，在方便公民、法人和其他组织的前提下求得高效，这才可能是真正的高效。因此，要求行政机关及其工作人员，在为民与便民的前提下提高办事效率、注重办事质量。贯彻高效便民原则，应做到以下几方面：

---

[1] "冯某等诉北京市东城区城市管理综合行政执法监察局案"，载中国裁判文书网。

第一,严格遵守时限。任何行政活动都要防止拖延,有法定时限的,行政机关要严格遵守法定时限,在法定时限内作出行政行为;没有法定时限的情况下,并不表示可以不受时限限制,行政机关也要遵守合理的时限。

第二,积极履行法定职责。法定职责是多种多样的,有的可能因为有直接的相对人,会督促行政机关履行其职责。但有的法定职责可能是面对公众的职责,不一定有直接的相对人,此时,某一个人无法通过复议、诉讼的方式要求行政机关履行职责。如环境保护机关保护环境的职责即为面对公众的职责,公众只能通过媒体或者向其提出意见、建议的方法求得空气质量的改善。在这种情况下,更加要求行政机关积极履行其法定职责,有效地实现其行政目标,杜绝有权不使、有责不履的现象发生。积极履行法定职责,是依法行政的应有之义,更是高效便民原则的基本要求。

第三,程序设计科学合理。为提高办事效率、提供优质服务以及为相对人提供可靠保障,行政机关在程序设计时,要做到科学性和灵活性的有机统一,依据不同的行政活动,设定不同的程序。例如,需要行政机关提供服务的,程序应设计"一问到底"的窗口服务,谁受理,谁负责到底,简化程序、规定时限,建立高效、快捷的运转程序;而对于利益攸关的事项或需多方协调的事项,则可设计文件办理与受理分开、集中对外等程序〔1〕。但必须要明确的是,程序规则应当清楚、明确、具有可操作性。

(二) 法律规定

《行政许可法》第 6 条:实施行政许可,应当遵循便民的原则,提高办事效率,提供优质服务。

《湖南省行政程序规定》第 7 条:行政机关行使行政职权,应当遵守法定时限,积极履行法定职责,提高办事效率,为公民、法人或者其他组织提供优质服务。

(三) 典型案例

以前,申请行政审批是让老百姓特别头疼的一件事,因为一个简单的审批要跑多个部门、经过多个层级,哪个环节稍有延误都会影响办理进程,既耗费时间、精力,又耗费财力、物力,真是要"跑断了腿""等白了头"。

2011 年 7 月开始,四川省成都市武侯区行政审批局试点以社会类事项审批科"文化娱乐企业新设立"事项开始对外运行联审联办流程。一是牵头科室对文化

---

〔1〕 参考江必新主编:《法治政府的建构〈全面推进依法行政实施纲要〉解读》,中国青年出版社 2004 年版,第 47 页。

娱乐场所新设立审批办理流程进行了认真梳理和流程再造，通过打破信息壁垒、合并审批环节、精简申请材料，将新设立文化娱乐场审批过程中涉及的文化、卫生、环保等环节作为一个系统进行重新整合，从事前预约服务登记到正式受理审批全程"串连"，不仅减少了企业往返窗口的次数，更显著缩短了审批时间，有效节省了企业在申办过程中投入的时间成本和精力。二是精心设计了文化娱乐企业联审联办流程图和办事指南，图文明示，简洁明了，使企业对办理步骤和需要准备的申请资料在申办之初就清楚明白。三是政务中心管理部门全程介入联审联办事项的审批流程，制作了"联审联办事项进度表"，对事项的报备、现勘结果、筹建审批、筹建验收、受理审批、办结、领证等环节由中心值班长全程监督确认，确保按流程、按时限完成。[1]

本案中，武侯区在全区实施"相对集中行政许可权"的做法即是对高效便民原则的积极贯彻。

七、诚实守信原则对行政机关的要求是什么？

（一）理论分析

国务院《全面推进依法行政实施纲要》第 5 条规定："……诚实守信。行政机关公布的信息应当全面、准确、真实。非因法定事由并经法定程序，行政机关不得撤销、变更已经生效的行政决定；因国家利益、公共利益或者其他法定事由需要撤回或者变更行政决定的，应当依照法定权限和程序进行，并对行政管理相对人因此而受到的财产损失依法予以补偿。"

诚实守信原则最早为民法所适用，但随着社会发展而逐渐为行政法所接受，同时成为行政法基本准则。近年来，我国社会主义市场经济的深入发展迫切需要建立社会信用制度，而政府率先示范，树立诚信形象，建立政府与公民信任关系，对推动整个社会信用的构建至关重要。具体而言，诚实信用原则对行政机关提出了两方面的要求：

第一，行政机关提供信息要全面、准确、真实。"全面"指行政机关在公布信息的时候应当对信息的全部情况予以披露，对公民关注的重要问题如重大事故发生后的信息进行披露，尤其不得遮遮掩掩、避实就虚、避重就轻；"准确"是指行政机关对自身公布的信息充分核实、认定无误后方可公布，不得公布模棱两可的信息；"真实"是指行政机关必须对自己提供信息的真实性负责，不得提供

---

[1] "成都武侯区：成立审批局 推进政府职能转变"，载 http://www.sczw.gov.cn/Article/HTML/14587.shtml，最后访问时间：2020 年 6 月 5 日。

虚假信息。

第二，行政活动应当值得信赖，即我们通常所说的信赖保护原则。具体而言，行政相对人对行政机关所作出的行政行为的正当合理信赖应当受到保护，非因法定事由并经法定程序，行政机关不得撤销、变更已经生效的行政决定；因国家利益、公共利益或者其他法定事由需要撤回或者变更行政决定的，应当依照法定权限和程序进行，并对行政管理相对人因此而受到的财产损失依法予以补偿。

（二）法律规定

《行政许可法》第8条：公民、法人或者其他组织依法取得的行政许可受法律保护，行政机关不得擅自改变已经生效的行政许可。

行政许可所依据的法律、法规、规章修改或者废止，或者准予行政许可所依据的客观情况发生重大变化的，为了公共利益的需要，行政机关可以依法变更或者撤回已经生效的行政许可。由此给公民、法人或者其他组织造成财产损失的，行政机关应当依法给予补偿。

《湖南省行政程序规定》第8条：非因法定事由并经法定程序，行政机关不得撤销、变更已生效的行政决定；因国家利益、公共利益或者其他法定事由必须撤销或者变更的，应当依照法定权限和程序进行，并对公民、法人或者其他组织遭受的财产损失依法予以补偿。

（三）典型案例

2002年7月，某港资企业投资2.7亿元人民币与内地某市自来水公司签订合作合同，经营该市污水处理系统。享有规章制定权的该市政府为此还专门制定了《污水处理专营管理办法》，对港方作出一系列承诺，并规定政府承担污水处理费优先支付和差额补足的义务，该办法至合作期结束时废止。

2005年2月市政府以合作项目系国家明令禁止的变相对外融资举债的"固定回报"项目，违反了《国务院办公厅关于妥善处理现有保证外方投资固定回报项目有关问题的通知》的精神，属于应清理、废止、撤销的范围为由，作出《关于废止〈污水处理专营管理办法〉的决定》，但并未将该决定告知合作公司和港方。港方认为市政府的做法不当，理由是：①国务院文件明确要求，各级政府对涉及固定回报的外商投资项目应"充分协商""妥善处理"，市政府事前不做充分论证，事后也不通知对方，违反了文件精神；②1998年9月国务院通知中已明令禁止审批新的"固定回报"项目，而污水处理合作项目是2002年经过市政府同意、省外经贸厅审批、原国家外经贸部备案后成立的手续齐全、程序合法的项目。[1]

本案中，享有规章制定权的市政府专门制定了《污水处理专营管理办法》，对港方作出一系列承诺，港方基于此的信赖利益应受到保护，市政府作出《关于废止〈污水处理专营管理办法〉的决定》违反了诚实守信原则中的信赖利益保护原则。

八、行政机关如何实现权责统一？

（一）理论分析

国务院《全面推进依法行政实施纲要》第5条规定："……权责统一。行政机关依法履行经济、社会和文化事务管理职责，要由法律、法规赋予其相应的执法手段。行政机关违法或者不当行使职权，应当依法承担法律责任，实现权力和责任的统一。依法做到执法有保障、有权必有责、用权受监督、违法受追究、侵权须赔偿。"

法律赋予行政机关的职权，实际上是赋予行政机关的义务和责任，行政机关必须采取积极的措施和行动依法履行其职责，擅自放弃、不履行其法定职责或违法、不当行使其职权，要承担相应的法律责任。我们常说，一个法治社会的政府应当是责任政府。责任政府的要义在于政府的权力与责任是统一的，不能只享有权力而不承担义务，也不能只享有权力却不承担相应的责任。权责统一包括两方面的内容：

第一，必须赋予行政机关相应的执法手段。行政机关要履行其法定职责，法律就应当确保其职责能够实现，因此只要属于履行职责所必需的手段，法律应该赋予行政机关，做到"执法有保障"。

第二，行政机关及其工作人员违法或者不当行使职权，应当依法承担法律责任。在行政机关可以充分运用各种权力达到行政管理目的的同时，行政机关及其工作人员违法或者不当行使职权，亦应承担法律责任，以实现权力和责任的统一，做到"有权必有责"。政府对于自己的违法行为所应承担的责任主要包括三种：①对错误行为要予以纠正；②对违法行为要追究责任；③以行政救济制度保障政府承担责任。[2]

（二）法律规定

《行政复议法》第1条：为了防止和纠正违法的或者不当的具体行政行为，

---

[1] 案例来自2006年国家司法考试试题，第四卷第五题。

[2] 参考江必新主编：《法治政府的建构〈全面推进依法行政实施纲要〉解读》，中国青年出版社2004年版，第50页。

保护公民、法人和其他组织的合法权益，保障和监督行政机关依法行使职权，根据宪法，制定本法。

《行政复议法》第 2 条：公民、法人或者其他组织认为具体行政行为侵犯其合法权益，向行政机关提出行政复议申请，行政机关受理行政复议申请、作出行政复议决定，适用本法。

《行政诉讼法》第 1 条：为保证人民法院公正、及时审理行政案件，解决行政争议，保护公民、法人和其他组织的合法权益，监督行政机关依法行使职权，根据宪法，制定本法。

《行政诉讼法》第 2 条第 1 款：公民、法人或者其他组织认为行政机关和行政机关工作人员的行政行为侵犯其合法权益，有权依照本法向人民法院提起诉讼。

《国家赔偿法》第 3 条：行政机关及其工作人员在行使行政职权时有下列侵犯人身权情形之一的，受害人有取得赔偿的权利：①违法拘留或者违法采取限制公民人身自由的行政强制措施的；②非法拘禁或者以其他方法非法剥夺公民人身自由的；③以殴打、虐待等行为或者唆使、放纵他人以殴打、虐待等行为造成公民身体伤害或者死亡的；④违法使用武器、警械造成公民身体伤害或者死亡的；⑤造成公民身体伤害或者死亡的其他违法行为。

《国家赔偿法》第 4 条：行政机关及其工作人员在行使行政职权时有下列侵犯财产权情形之一的，受害人有取得赔偿的权利：①违法实施罚款、吊销许可证和执照、责令停产停业、没收财物等行政处罚的；②违法对财产采取查封、扣押、冻结等行政强制措施的；③违法征收、征用财产的；④造成财产损害的其他违法行为。

（三）典型案例

2013 年 5 月 31 日下午，延安市城管监察支队凤凰大队稽查一中队的执法车辆巡查至杨家岭附近时，发现"美利达车行"违章将数辆自行车摆放在人行道上维修和经营，决定暂扣该店违章摆放的车辆。在实施暂扣过程中，执法人员与该店店主刘某某等当事人发生冲突，城管离去后又折返回来进行二次执法，这时冲突升级，其中一名执法人员跳起来踩踩刘某某头部，刘某某随后挣扎爬起来向协管员郑某某打了一巴掌，郑某某在被掌掴后大喊"爆他头"，刘某某随即被围殴，受到了延安城管的第二次暴打。[1]

---

[1] "延安城管暴力执法续：最狠女城管郑媛媛大喊爆他头"，载 http://www.henan100.com/news/2013/267511.shtml，访问时间：2020 年 6 月 8 日。

权责统一,要求行政机关及其工作人员违法或者不当行使职权,应承担法律责任,做到"有权必有责"。该事件发生后,延安市很快作出处理决定,对违纪的8名执法人员给予了相应的撤职、辞退等处分,涉嫌犯罪的景某某被刑事拘留,构成违法的刘某某被行政拘留。另外,延安市城管局局长张某某前往医院向刘某某鞠躬道歉,且延安市城管局承担"美利达车行"店主刘某某的全部医药费。

九、行政裁量基准的内容及效力?

(一) 理论分析

行政裁量基准,也称行政裁量标准,就是行政机关在法律规定的裁量空间内,依据立法者意图以及比例原则等要求并结合执法经验的总结,按照裁量涉及的各种不同事实情节,将法律预先规范的裁量范围加以细化,并设以相对固定的具体判断标准。[1] 实践中,行政机关滥用自由裁量权的情况是极其常见的。例如,某经营者捏造、散布涨价信息,恶意囤积及利用其他手段哄抬价格,执法机关查处后责令其改正并决定对其进行罚款。根据《价格违法行为行政处罚规定》第6条的规定,应处5万元以上50万元以下的罚款。但当事人通过打招呼、找关系等手段请执法人员将罚款数额降到最低,最终,执法人员作出了罚款5万元的决定。因此,必须要细化行政裁量标准,对行政自由裁量权进行规范和控制。

实践中,越来越多的行政机关设置了行政裁量基准,例如海南省司法厅修订的行政处罚自由裁量基准表、机构改革调整后北京市生态环境局制定的行政处罚自由裁量基准(试行)等。设置行政裁量基准,为行政自由裁量权设定明确细化的实体性操作标准,其目的是对行政自由裁量权加以规范和限制。对于裁量基准的内容,目前理论上还存在一定争议,但从控制行政执法过程中的自由裁量权这一目的来看,行政裁量基准应包括以下内容:①对事实的裁量,主要涉及对行为及情节本身的认定;②对要件的裁量,主要涉及对一些抽象性法律概念的解释或具体化;③对程序的裁量,即在法律法规没有特别规定的情况下,行政机关自主确定行政过程的内容,选择做出行政行为的程序种类与形式;④对效果的裁量,主要涉及对不同的违法行为给予不同的处罚幅度,这是裁量基准中最常见的内容;⑤对行为的裁量,即关于行政执法机关行为合法与否及如何行为的规则。

针对不同的主体,行政裁量基准的效力可以分为内部效力和外部效力,内部效力即对行政机关及其工作人员的效力,外部效力即对行政相对人的效力。就内

---

[1] 张水海、张显伟:《行政执法实务与案例指导》,中国法制出版社2011年版,第196页。

部效力而言，行政裁量基准是一种行政内部规则，对上级机关制定的裁量基准，下级机关基于行政服从关系应该执行；对自己制定的裁量基准，行政机关基于自我约束原则也同样应该遵守。对外部效力而言，裁量基准虽然没有对行政相对人独立地创设新的权利义务，不产生独立的新的法律效果，但是它规定了行政主体将如何适用相应法律规范，限定了行政主体对法律规范的实施标准或规则，因而对相对人的权利义务实际上是会产生影响的。

（二）法律规定

《湖南省行政程序规定》第90条：本规定所称裁量权基准，是指行政机关依职权对法定裁量权具体化的控制规则。

《湖南省行政程序规定》第91条：法律、法规和规章规定行政机关有裁量权的，应当制定裁量权基准，对裁量权予以细化、量化。

裁量权基准由享有裁量权的行政机关制定，或者由县级以上人民政府制定。裁量权基准的制定程序，按照行政规范性文件的制定程序办理。裁量权基准应当向社会公开。

上级行政机关已经制定裁量权基准的，下级行政机关原则上不再制定适用范围相同的裁量权基准。

行政机关应当遵守裁量权基准。

《湖南省行政程序规定》第92条：行政机关应当根据下列情形，制定裁量权基准：①所依据的法律、法规和规章规定的立法目的、法律原则；②经济、社会、文化等客观情况的地域差异性；③管理事项的事实、性质、情节以及社会影响；④其他可能影响裁量权合理性的因素

（三）典型案例

2015年3月31日下午，施某等14人在南通市开发区某室内赌博，被民警当场查获。现场查获并扣押施某人民币50元、无主人民币43 150元。公安机关一方面认定施某的赌资为50元，另一方面根据《江苏省公安厅关于赌博违法案件的量罚指导意见》（本案例中以下简称《意见》），以民警现场查获的无主人民币43 150元，按照参赌人员14人来计算，人均赌资超过3000元为由，对其从重处罚。施某不服，诉至法院，认为公安机关的行政处罚不适当、其行为不属于《治安管理处罚法》第70条规定的"参与赌博赌资较大、情节严重"。

一审法院认为《治安管理处罚法》对于"赌资较大、情节严重"并未作出具体明确的规定，被告依据《意见》作出的行政处罚适用法律正确，遂驳回施某的诉讼请求。施某不服，提起上诉。二审法院认为《意见》是规章以下的行政规范性文件，不是行政法上的法律根据，只有在确认《意见》作为行政裁量

的基准,其相关条款自身合法的前提下,才能进一步据此确认被诉行政行为的合法性,于是对《意见》本身进行了司法审查,经审查,公安机关据此作出相应判断合法合理,遂驳回上诉,维持原判决。[1]

本案即涉及行政裁量基准问题。具体而言,参赌人员为逃避打击,想方设法使"赌资"难以确定,这是《治安管理处罚法》所未预见的个别情况。《意见》针对这种情况,补充了"人均赌资"这一方法,将"法律具体化"。但类似《意见》这种行政裁量基准,多数效力位阶不高,行政机关及其工作人员在实践中运用时,不能机械套用,仍应结合个案差异,综合高位阶法律法规的规定,作出合法合理的判断。

十、行政不作为的认定及其法律责任?

(一) 理论分析

行政不作为,是指行政机关及其工作人员在行政管理中,具有某种应当履行的法定义务而不予履行,致使国家、集体和个人的合法权益遭受一定损害的情形。例如,公安机关接到报案不出警、行政机关不依法拆除违章建筑或者对公民的信息公开申请不予回复等。其认定标准有三个:

1. 行政主体依法具有行政作为义务。这种义务必须是一种法定的行政作为义务,且必须是一种现实的特定的行政作为义务,义务来源包括:①法律规范明文规定的作为义务;②行政行为设定的作为义务,即行政行为一旦作出,既能产生某种权利,又能引起一定的法律义务;③先行行为引起的作为义务,即由于行政主体先行实施的行为使行政相对人某种合法权益处于遭受严重损害的危险状态,行政主体因此产生积极行动阻止损害结果发生的作为义务;④其他行为产生的作为义务。

2. 行政主体能够履行该作为义务。"能够履行"指的是有无做出履行法定行政作为义务这一行为本身的能力或者说可能性,而非能够完全实现或者完成这一法定作为义务的能力,也就是说此处的"能够履行"并非针对作为的结果,而仅仅是针对履行的作为本身而言的。

3. 行政主体未履行该作为义务。在判断行政主体是否履行了行政作为义务时,与判断行政主体是否能够履行作为义务不同,此时不仅要看行政机关的作为行为或者说形式,还要看其作为的结果或者说实质。因为实践中很多情况下,行政机关虽采取了一些行动,但实际上却并未履行其法定的作为义务,其采取的措

---

[1] "施某诉南通市公安局开发区分局案",载北大法宝。

施与结果之间并不匹配，即形式作为而实质不作为，对行政机关的该种行为也应认定为行政不作为。

行政机关不履行法定职责的行为是一种违法行为，有权必有责，行政不作为的主体要因此承担相应的法律责任。行政不作为所引发的法律责任，包括行政赔偿责任、行政过错责任及刑事责任三个方面。首先，行政赔偿责任是国家赔偿的一种，行政不作为应当承担国家赔偿责任已经是理论界的普遍主张，行政不作为的国家赔偿构成要件为行政不作为客观存在、行政不作为给相对人的合法权益造成实际损害，以及行政不作为与损害结果之间有法律上的因果关系。但遗憾的是，2012年修订的《国家赔偿法》并没有将行政不作为明确纳入赔偿事项中。其次，行政过错责任主要包括两方面，一是行政机关内部的责任追究与惩罚制度，可按照《公务员法》的相关规定进行；二是面对行政相对人，行政机关应当采取消除影响、公开道歉等形式的补偿或表示。另外，行政机关还应当依据行政复议决定或行政诉讼判决，依法履行其法定职责。但必须明确的是，行政过错责任的追究并不影响行政赔偿责任的承担，两者是并行独立的。最后，刑事责任，行政不作为如果触犯《刑法》，那么就会涉及刑事犯罪问题，行政主体或责任人必须承担相应的刑事责任。如《刑法》第九章渎职罪中第404条的徇私舞弊不征或者少征税款罪、第408条环境监管失职罪等。

（二）法律规定

《行政复议法》第6条：有下列情形之一的，公民、法人或者其他组织可以依照本法申请行政复议：……⑨申请行政机关履行保护人身权利、财产权利、受教育权利的法定职责，行政机关没有依法履行的；⑩申请行政机关依法发放抚恤金、社会保险金或者最低生活保障费，行政机关没有依法发放的……

《行政复议法》第28条：行政复议机关负责法制工作的机构应当对被申请人作出的具体行政行为进行审查，提出意见，经行政复议机关的负责人同意或者集体讨论通过后，按照下列规定作出行政复议决定：……②被申请人不履行法定职责的，决定其在一定期限内履行……

《行政诉讼法》第12条：人民法院受理公民、法人或者其他组织提起的下列诉讼：……③申请行政许可，行政机关拒绝或者在法定期限内不予答复，或者对行政机关作出的有关行政许可的其他决定不服的；……⑥申请行政机关履行保护人身权、财产权等合法权益的法定职责，行政机关拒绝履行或者不予答复的；……⑩认为行政机关没有依法支付抚恤金、最低生活保障待遇或者社会保险待遇的……

《行政诉讼法》第72条：人民法院经过审理，查明被告不履行法定职责的，判决被告在一定期限内履行。

《行政诉讼法》第 73 条：人民法院经过审理，查明被告依法负有给付义务的，判决被告履行给付义务。

《行政诉讼法》第 74 条第 2 款：行政行为有下列情形之一，不需要撤销或者判决履行的，人民法院判决确认违法：……③被告不履行或者拖延履行法定职责，判决履行没有意义的。

《刑法》第 404 条：税务机关的工作人员徇私舞弊，不征或者少征应征税款，致使国家税收遭受重大损失的，处 5 年以下有期徒刑或者拘役；造成特别重大损失的，处 5 年以上有期徒刑。

《刑法》第 408 条：负有环境保护监督管理职责的国家机关工作人员严重不负责任，导致发生重大环境污染事故，致使公私财产遭受重大损失或者造成人身伤亡的严重后果的，处 3 年以下有期徒刑或者拘役。

（三）典型案例

2014 年 10 月 22 日，被告北京市朝阳区人民政府收到原告李某某等 14 人邮寄的《村务公开申请书》，请求事项为由朝阳区政府责令北湖渠村村民委员会依据《村民委员会组织法》向原告公开村务，后朝阳区政府将材料转至来广营乡人民政府处理。2015 年 1 月 13 日，来广营乡告知原告，经调查核实，北湖渠村村民委员会每年进行两次村务公开，如需了解请于每年村务公开之时进行了解监督。原告不服，诉至法院。

一审法院认为根据《村民委员会组织法》的规定，朝阳区政府有对村民反映的村务公布事项进行调查核实、责令公开的职责，朝阳区政府在收到《村务公开申请书》后将其作为信访事项，交由来广营乡政府处理的行为，构成不履行法定职责，故责令其对原告关于北湖渠村村务公布事项进行调查处理。[1]

本案涉及上、下级行政机关均负有法定职责时，上级行政机关接到履责申请后将其转交下级行政机关处理是否构成不履行法定职责的问题。当法律对行政机关管辖权的转移作出规定，例如规定上级行政机关可以将相关事项交由下级行政机关处理时，该种处理合法。但具体到本案，《村民委员会组织法》并未作出此种规定，因此朝阳区政府将李某某等人的申请材料转交来广营乡政府处理的做法缺乏法律依据，来广营乡政府的处理行为并不能视为朝阳区政府履行法定职责的行为。

---

〔1〕 "李某某等诉北京市朝阳区人民政府行政不作为案"，载法治政府网。

十一、如何理解权力清单制度?

(一) 理论分析

党的十八届三中全会提出:"推行地方各级政府及其工作部门权力清单制度,依法公开权力运行流程。"十八届四中全会进一步提出:"推行政府权力清单制度,坚决消除权力设租寻租空间。"《法治政府建设实施纲要(2015-2020年)》将该项工作具体化,提出"在全面梳理、清理调整、审核确认、优化流程的基础上,将政府职能、法律依据、实施主体、职责权限、管理流程、监督方式等事项以权力清单的形式向社会公开,逐一厘清与行政权力相对应的责任事项、责任主体、责任方式。省级政府2015年年底前、市县两级政府2016年年底前基本完成政府工作部门、依法承担行政职能的事业单位权力清单的公布工作"。

所谓权力清单制度,一般是指政府及其职能部门把所掌握的各项行政权力进行全面统计,对每项权能进行细化后制作成"清单",并详细说明每项行政权的职能定位、管理权限、操作流程等。[1] 通过权力清单的制定,行政机关可以明确自己执掌的权能有多少,权限有多大,从而明确哪些是自己该做的,哪些是自己不能做的。如果权力清单能够依法制作、全面准确地反映行政职权,能够根据法律、法规和规章的变动及时修订、调整,那么行政机关"依据清单行政"与"依法行政"原则就不会发生矛盾和冲突。而且,由于权力清单对政府工作部门的行政权力加以梳理、汇总,克服了行政权力在各种不同法律文件中规定的分散性、繁杂性,具有单一性、统一性和简明性,可以为行政执法人员提供执法指引,为检索执法依据提供便利,从而在一定程度上有助于行政效率的提高。因此,权力清单制度的推进在一定程度上对法治政府的建设有积极作用[2]。

(二) 法律规定

2015年3月中共中央办公厅、国务院办公厅印发了《关于推行地方各级政府工作部门权力清单制度的指导意见》(本部分以下简称《意见》),对政府权力清单制度内容的规定:①政府权力清单的制定是指"全面梳理现有行政职权""大力清理调整行政职权""依法律法规审核确认"和"优化权力运行流程"等制度内容;②"公布权力清单"是清单的公开制度;③"建立权力清单的动态调整和长效管理机制"是清单的事后评估制度;④"强化权力监督和问责"是

---

[1] 王春业:"论地方行政权力清单制度及其法制化",载《政法论丛》2014年第6期。
[2] 参见杨登峰:"正确认识政府权力清单 依法推进法治政府建设",载《金陵法律评论》2015年第2期。

清单实施的监督制度。[1]

《意见》第6条：优化权力运行流程。对确认保留的行政职权，地方各级政府工作部门要按照透明、高效、便民原则，制定行政职权运行流程图，切实减少工作环节，规范行政裁量权，明确每个环节的承办机构、办理要求、办理时限等，提高行政职权运行的规范化水平。

《意见》第7条：公布权力清单。地方各级政府对其工作部门经过确认保留的行政职权，除保密事项外，要以清单形式将每项职权的名称、编码、类型、依据、行使主体、流程图和监督方式等，及时在政府网站等载体公布。垂直管理部门设在地方的具有行政职权的机构，其权力清单由其上级部门进行合法性、合理性和必要性审核确认，并在本机构业务办理窗口、上级部门网站等载体公布。

（三）典型事例及流程图示意

2013年1月9日，北京市西城区人民政府开通"西城区行政权力公开透明运行网"，将2128张行政权力运行流程图在网上公布并通过该网"曝光"其"权力清单"。经过普查，全面摸清了全区68个部门所掌握的5000余项行政职权，实现了部门全覆盖等。[2]

西城区实施这一举措时，"权力清单制度"还处于试点阶段，西城区分阶段、分步骤地实施措施，依次进行了动员部署、全面梳理审核、编制职权目录并绘制权力运行流程图、公开权力运行的全过程、建立健全行政权力网上公开透明运行系统。[3] 西城区政府布局思路清晰，时间安排合理，并明确规定要"制定流程图"，既方便群众理解，又使行政机关更加熟悉自己的办事流程。

---

[1] 参见崔红："行政法视角对政府权力清单制度的定性"，载《辽宁经济》2016年第11期。
[2] 参见柳霞："权力清单制度：将权力关入透明的制度之笼"，载《光明日报》2014年1月17日。
[3] 参见《北京市西城区推进政府行政权力公开透明运行工作方案》。

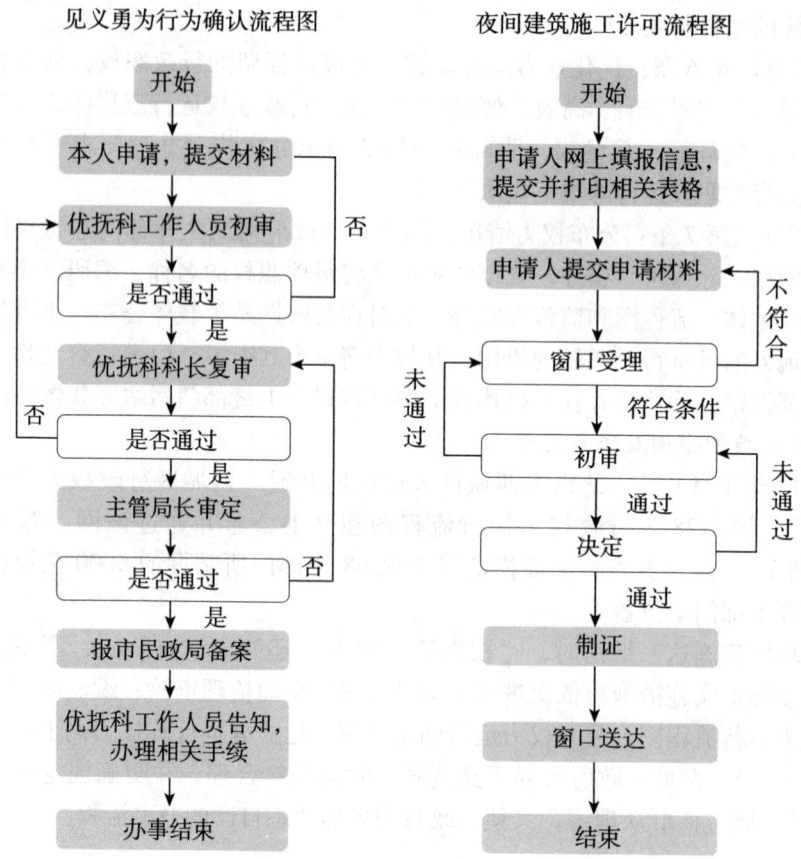

图 1-1 流程图

第二章

行政决策与行政规范性文件

一、重大行政决策的根本要求与基本原则是什么？

（一）理论分析

重大行政决策是指对经济社会和科学文化发展有重大影响的或对广大人民群众切身利益有重大影响的决策事项中具有全局性、长期性、综合性的问题。[1]近年来，各地方、各部门在实践中探索出了很多规范行政决策的好经验、好做法。但是，"先拍脑袋决策，再拍胸脯保证，最后拍屁股走人"这样的"三拍决策"也是屡见不鲜。为贯彻落实党的十八届四中全会关于"健全依法决策机制"的决定，进一步提高重大行政决策质量和效率，2019年国务院公布了《重大行政决策程序暂行条例》。《重大行政决策程序暂行条例》明确将坚持和加强党的全面领导作为重大行政决策的根本要求，同时，规定了重大行政决策应遵循三项基本原则：科学决策原则、民主决策原则、依法决策原则。

科学决策原则，也称理性决策原则，要求决策贯彻新发展理念，坚持从实际出发，利用科学技术和方式，尊重客观规律。

民主决策原则，是人民当家作主和民主集中制的重要体现。决策民主化要求行政决策主体在决策过程中与社会公众保持密切联系，最大限度地让人民群众参与决策，使人民群众能够通过各种有效的信息渠道，充分表达对各种行政决策选择方案的意见和建议，达到决策体制符合民愿、决策目标体现民情、决策方式考虑民力、决策过程尊重民意、决策结果顺应民心，最终实现广大人民群众的根本利益。[2]

---

[1] 黄捷、刘晓广、杨立云：《法律程序关系论》，湖南师范大学出版社2009年版，第209页。

[2] 彭程甸、罗依平："行政决策民主化、科学化、法治化及其辩证关系"，载《湖南财经高等专科学校学报》2002年第5期。

依法决策原则，要求按照法治思维和方式进行决策，是法治国家、法治政府建设的必然要求。[1] 具体包括作出重大行政决策应当严格遵守法定权限，依法履行法定程序，保证决策内容符合法律、法规和规章规定。

（二）法律规定

《重大行政决策程序暂行条例》第4条：重大行政决策必须坚持和加强党的全面领导，全面贯彻党的路线方针政策和决策部署，发挥党的领导核心作用，把党的领导贯彻到重大行政决策全过程。

《重大行政决策程序暂行条例》第5条：作出重大行政决策应当遵循科学决策原则，贯彻创新、协调、绿色、开放、共享的发展理念，坚持从实际出发，运用科学技术和方法，尊重客观规律，适应经济社会发展和全面深化改革要求。

《重大行政决策程序暂行条例》第6条：作出重大行政决策应当遵循民主决策原则，充分听取各方面意见，保障人民群众通过多种途径和形式参与决策。

《重大行政决策程序暂行条例》第7条：作出重大行政决策应当遵循依法决策原则，严格遵守法定权限，依法履行法定程序，保证决策内容符合法律、法规和规章等规定。

（三）典型事例

2011年3月初，南京市政府为建设南京地铁3号线以及10号线，将南京市主城区内许多于20世纪中期栽种的梧桐等树木移栽。该行为引起南京市民的强烈不满，人们通过各种途径和方式表达对砍伐梧桐树的抗议，如黄健翔、孟非等社会公众人物通过微博对该事件予以关注和谴责；网友自发发起了"绿丝带行动"——在梧桐树上系上绿丝带以抗议树木被伐；上千南京市民在南京图书馆前集会抗议。另外，时任中国国民党立委邱毅在国民党中常会中提案，希望透过海协会和海基会协调南京市梧桐砍伐事件。2011年3月20日，南京市相关负责人称，地铁3号线的移树工作已全面停止，而政府将公开征集民意，以进一步优化地铁建设方案。[2]

民主决策是重大行政决策的基本要求。本案中，南京市政府在作出移栽梧桐等树木的重大决策前没有做到公众参与，征求和听取人民群众的意见，没有做到民主决策，违背了重大行政决策的基本要求。

---

〔1〕 李洪雷："科学决策、民主决策、依法决策——贯穿《重大行政决策程序暂行条例》的红线"，载《中国司法》2019年第7期。

〔2〕 案例来自：http：//baike.baidu.com/link？url＝71D_ gcrnxdzt0TuSw2LGTPWQbvPxI2H39b8O5BmxCpzgvLEn4AkPB7jXGr7PPP-Lk0-aa1xyIybJFDp0xJGK。

二、如何理解重大行政决策的事项范围与特征？

（一）理论分析

厘清重大行政决策事项范围是我国行政决策法治化的首要任务，只有明确重大行政决策的界定标准，使重大行政决策的事项范围能让普通公民知晓，才能进一步通过规范化的程序"把权力关进制度的笼子里"。

我国幅员辽阔、人口众多、行政管理事务繁杂，几乎所有的公共管理活动都需要决策机关的参与。如果对所有的行政决策程序都进行严格的法律规制显然会耗费大量的资源，也会严重影响行政效率，因此首先要进行重大行政决策与一般行政决策的区分。重大行政决策具有基础性、战略性、全局性、长期性等特点，一般针对的是宏观的基础建设性等问题，涉及决策的利益群体范围广，成本投入较大，因此重大行政决策往往不能迅速而便捷地作出，其时效性也没有一般行政决策强。当然，重大行政决策与一般行政决策最大的区别在于重大行政决策程序要受到更为严格的政治与法律的控制。[1]

借鉴地方实践经验，《重大行政决策程序暂行条例》采用正面列举加兜底描述加反面排除的方式，明确了重大行政决策事项范围。《重大行政决策程序暂行条例》对常见的四类重大行政决策事项作了列举规定，便于各级政府操作；同时采用兜底条款明确重大行政决策特点为"对经济社会发展有重大影响、涉及重大公共利益或者公众切身利益的重大事项"，为决策机关结合本地实际确定决策事项目录明确了基本标准；《重大行政决策程序暂行条例》还充分考虑到部分决策事项的特殊性，将宏观调控决策、行政立法决策、突发事件应急处置决策三类决策排除在《重大行政决策程序暂行条例》适用范围之外。为切实解决立法适用难的问题，《重大行政决策程序暂行条例》吸收了江苏省苏州市等地方采用的决策事项目录机制，鼓励决策机关确定决策事项目录，向社会公开。[2]

（二）法律规定

《重大行政决策程序暂行条例》第3条：本条例所称重大行政决策事项（以下简称决策事项）包括：①制定有关公共服务、市场监管、社会管理、环境保护等方面的重大公共政策和措施；②制定经济和社会发展等方面的重要规划；③制

---

[1] 黄学贤、桂萍："重大行政决策之范围界定"，载《山东科技大学学报（社会科学版）》2013年第5期。

[2] 王万华："健全科学、民主、依法决策机制大力推进法治政府建设"，载《中国司法》2019年第7期。

定开发利用、保护重要自然资源和文化资源的重大公共政策和措施；④决定在本行政区域实施的重大公共建设项目；⑤决定对经济社会发展有重大影响、涉及重大公共利益或者社会公众切身利益的其他重大事项。

法律、行政法规对本条第 1 款规定事项的决策程序另有规定的，依照其规定。财政政策、货币政策等宏观调控决策，政府立法决策以及突发事件应急处置决策不适用本条例。

决策机关可以根据本条第 1 款的规定，结合职责权限和本地实际，确定决策事项目录、标准，经同级党委同意后向社会公布，并根据实际情况调整。

（三）典型事例

2017 年深圳市人民政府办公厅印发了《深圳市人民政府 2017 年度重大行政决策事项目录》和《深圳市人民政府 2017 年度重大行政决策听证事项目录》。[1] 目录结合地方具体实际，将"决策事项名单""组织承办部门""决策时间计划"以表格的形式依次列明，并向社会公布，效果良好。

三、作出重大行政决策需要遵循哪些程序？

（一）理论分析

2008 年《国务院关于加强市县政府依法行政的决定》提出了完善市县政府重大行政决策机制的程序制度，于是有关行政决策的程序规定成了近年来地方政府规章的立法热点，目前全国大部分省、市都已出台行政决策的程序规定。在地方立法实践的基础上，《重大行政决策程序暂行条例》精心打造了一系列程序安排，以基本流程为架构共分三章加以规定，分别为决策草案的形成、合法性审查和集体讨论决定、决策执行和调整。

决策草案的形成是决策的第一个环节，决定着决策的准备和基础是否充分。为此，《重大行政决策程序暂行条例》规定了决策启动、公众参与、专家论证和风险评估四大程序机制，并对各个机制作出具体规定，以期通过决策承办单位的精心准备、汇集民众的智慧和专家意见，以及借助风险评估这一新型治理手段，为决策作出提供坚实基础。[2]

合法性审查是决策的第二个环节，决定着决策是否正当、合法。《重大行政决策程序暂行条例》规定未经合法性审查或者经审查不合法的不得提交决策机关讨论。同时，要求负责合法性审查的部门及时提出合法性审查意见并对意见负

---

[1] 参见深府办〔2017〕14 号。
[2] 杨伟东："提升重大行政决策质量的制度保障"，载《中国司法》2019 年第 7 期。

责,决策承办单位根据意见进行必要调整或者补充。

集体讨论决定和公布是决策的第三个环节,也是决策的实质性环节。《重大行政决策程序暂行条例》规定决策草案应当经过决策机关常务会议或者全体会议讨论,在坚持行政首长负责制的同时,为防止一把手恣意决策,要求行政首长末位发言,并且当其拟作决定与多数人意见不一致时应当说明理由。《重大行政决策程序暂行条例》还体现了"决策会议案卷制度"[1]的精神,如集体讨论决定情况应当如实记录并与责任追究挂钩。《重大行政决策程序暂行条例》同时规定决策出台前应依规定向同级党委请示报告。

决策执行和调整是基本流程之外的延伸环节,也是合理、有效决策不可或缺的环节。《重大行政决策程序暂行条例》规定决策机关应明确决策执行单位,执行单位则应当全面、及时、正确地执行决策,并及时报告情况。《重大行政决策程序暂行条例》还确立了决策后评估制度,明确评估要求,同时对需要调整的决策进行严格的程序限制,即未经法定程序不得随意变更或者停止执行,需要作出重大调整的,应当履行相关法定程序。

总体而言,公众参与、专家论证、风险评估、合法性审查和集体讨论决定为政府作出重大行政决策应当遵循的五项法定程序,其中,合法性审查、集体讨论决定为所有重大行政决策的法定必经程序。

---

[1] 在集体决策会议中,参与集体决策的人员均需要承担责任,但若能证明自己在会议的讨论或表决中提出不同意见、反对最终决策的,则构成减轻责任或免责的事由。因此,重大行政决策必须建立会议案卷制度,对会议中的相关信息进行准确的记录并保存。

（二）重大行政决策流程图

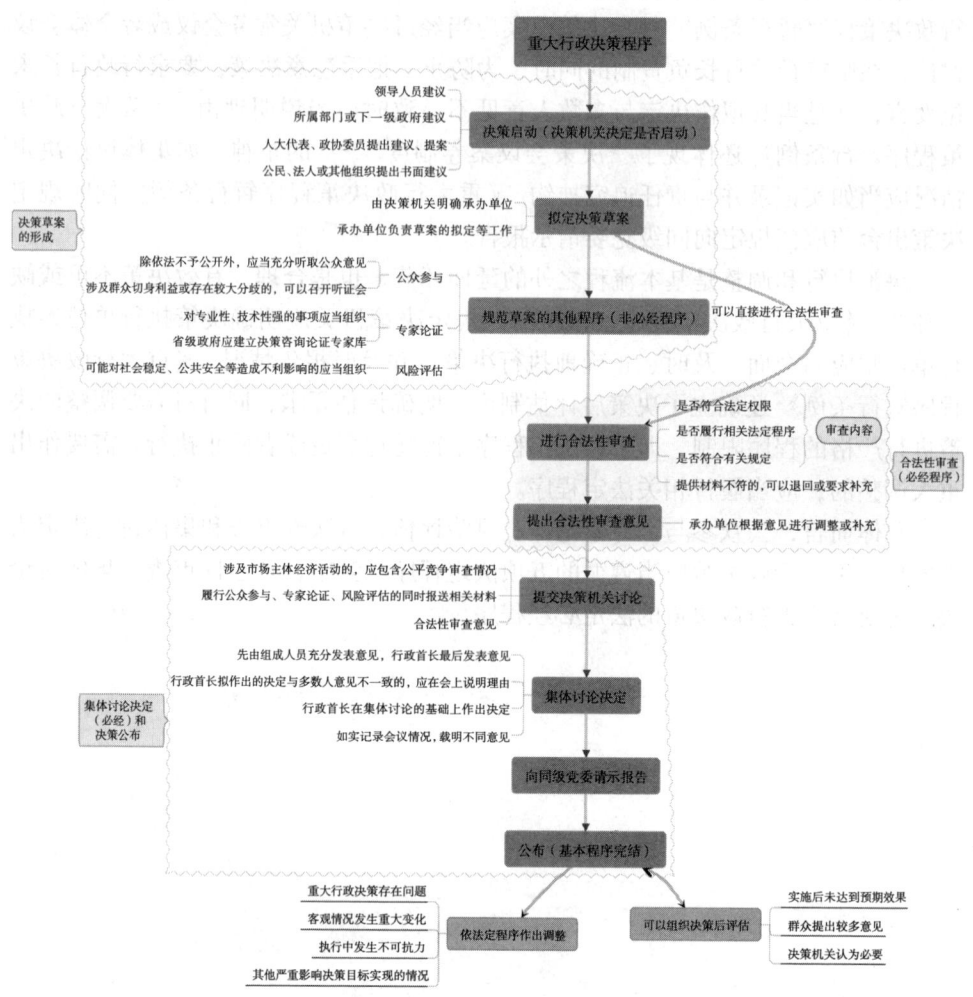

图 2-1 重大行政决策流程图

四、公众参与行政决策的价值和途径？

（一）理论分析

公众参与决策是现代社会发展的必然要求。民主决策体制中的公众参与的过程，构成了政府决策者和社会主体之间良好的联络，使政府和社会形成互动。可以说，政府决策的社会过程比单纯的政府过程更重要。公众参与行政决策的意义在于：①以尊重民意的姿态和彰显决策的民主性来获得政策的正当性，促使行政过程的"自我合法化"；②获得公众对决策内容的理解和支持，"增加公民对政府决策公正性的信任"，减少执行中的矛盾和冲突；③弥补决策所需要的智慧、知识以及信息的不足，提高决策质量。[1]

国务院《全面推进依法行政实施纲要》第12条规定，社会涉及面广、与人民群众利益密切相关的决策事项，应当向社会公布，或者通过举行座谈会、听证会、论证会等形式广泛听取意见。

应提供多种途径保障公众参与，具体而言：①通过座谈会、听证会、论证会等形式广泛听取意见；②完善民意调查和民意反映制度，提高公众参与意识和参与水平。所谓民意调查制度，是指决策主体运用访问、问卷调查等方式，了解普通公民的利益需求和建议，了解普通公民对决策行为和绩效的评价，根据公民利益需求和价值偏好制定决策方案，根据公民对决策行为与绩效的满意度调整决策内容。[2]

（二）法律规定

《重大行政决策程序暂行条例》第14条：决策承办单位应当采取便于社会公众参与的方式充分听取意见，依法不予公开的决策事项除外。

听取意见可以采取座谈会、听证会、实地走访、书面征求意见、向社会公开征求意见、问卷调查、民意调查等多种方式。

决策事项涉及特定群体利益的，决策承办单位应当与相关人民团体、社会组织以及群众代表进行沟通协商，充分听取相关群体的意见建议。

《重大行政决策程序暂行条例》第15条：决策事项向社会公开征求意见的，决策承办单位应当通过政府网站、政务新媒体以及报刊、广播、电视等便于社会公众知晓的途径，公布决策草案及其说明等材料，明确提出意见的方式和期限。公开征求意见的期限一般不少于30日；因情况紧急等原因需要缩短期限的，公开征求意见时应当予以说明。

对社会公众普遍关心或者专业性、技术性较强的问题，决策承办单位可以通过专家访谈等方式进行解释说明。

《重大行政决策程序暂行条例》第18条：决策承办单位应当对社会各方面提

---

〔1〕 杨寅：《行政决策程序、监督与责任制度》，中国法制出版社2011年版，第97页。

〔2〕 杨寅：《行政决策程序、监督与责任制度》，中国法制出版社2011年版，第99页。

出的意见进行归纳整理、研究论证，充分采纳合理意见，完善决策草案。

(三)典型事例

厦门市海沧 PX 项目，是 2006 年厦门市引进的一项总投资额 108 亿元人民币的对二甲苯化工项目，该项目号称厦门"有史以来最大工业项目"，选址于厦门市海沧台商投资区，投产后每年的工业产值可达 800 亿元人民币。该项目于 2006 年 11 月开工，原计划 2008 年投产。由于 PX 项目区域位于人口稠密的海沧区，临近拥有 5000 名学生的厦门外国语学校和北师大厦门海沧附属学校，项目 5 公里半径范围内的海沧区人口超过 10 万，居民区与厂区最近处不足 1.5 公里。同时，该项目与厦门风景名胜地鼓浪屿仅 5 公里之遥，与厦门岛仅 7 公里之距。项目开工后便遭受广泛质疑。

2007 年 3 月，由全国政协委员、中国科学院院士、厦门大学教授赵玉芬发起，有 105 名全国政协委员联合签名的"关于厦门海沧 PX 项目迁址建议的提案"在两会期间公布，提案认为 PX 项目离居民区太近，如果发生泄漏或爆炸，厦门百万人口将面临危险。遗憾的是国家相关部门和厦门市政府没有采纳他们的建议，而且加快了 PX 项目的建设速度。但厦门 PX 事件却进入了公众视野，越来越多的公众通过不同方式和渠道表达自己的看法和意见。

12 月 8 日，厦门市委主办的厦门网上，开通了"环评报告网络公众参与活动"的投票平台，有 5.5 万张票反对 PX 项目建设，支持的有 3000 票。

12 月 13 日，厦门市政府开启公众参与的最重要环节——市民座谈会。驻厦中央级媒体包括新华社、《人民日报》、《光明日报》等，以及厦门本地媒体，获准入内旁听。整场座谈会持续 4 个小时。最终结果显示，49 名与会市民代表中，超过 40 位表示坚决反对上马 PX 项目，随后发言的 8 位政协委员和人大代表中，也仅一人支持复建项目。

12 月 14 日，第二场市民座谈会继续举行。第二场座谈会有市民代表、人大代表和政协委员等 97 人参加，62 人发言。在座谈中，除了约 10 名发言者表示支持 PX 项目建设之外，其他发言者都表示反对。座谈会上，曾对海沧区做过独立环境测评的厦门大学袁东星教授，用数据及专业知识对 PX 项目表示反对。

12 月 16 日，福建省政府针对厦门 PX 项目问题召开专项会议，会议决定迁建 PX 项目。[1]

---

[1] "超半数市民代表反对厦门海沧 PX 项目"，载 http://baike.baidu.com/link? url=cnAZLRCCF-hEwhbeEtuZTliOV3vBnb3OFRxLtCBoF1zOT388X5xvi_bwZ90bU1sgUpTLhag78qaitqTrBNbvnK#2_2，最后访问时间：2020 年 6 月 5 日。

本案中，我们看到了公众参与的强大力量和重要作用。只有尊重和保障公众的参与权，才能作出更加科学合理的决策，更好地进行公共管理。

五、重大行政决策听证的具体要求？

（一）理论分析

重大行政决策听证程序，是指行政机关在作出关系社会利益和公共利益的重大决策前，举行会议，广泛听取和考虑相关方面的意见，在此基础上作出决定，以促进决策民主化、科学化的程序制度。[1]《国务院关于加强法治政府建设的意见》（现已失效）第11条规定："……完善重大决策听证制度，扩大听证范围，规范听证程序，听证参加人要有广泛的代表性，听证意见要作为决策的重要参考……"

《国务院关于加强市县政府依法行政的决定》第8条对重大决策听证制度作了具体要求：①要扩大听证范围。法律、法规、规章规定应当听证以及涉及重大公共利益和群众切身利益的决策事项，都要进行听证。②要规范听证程序。要科学合理地遴选听证代表，确定、分配听证代表名额要充分考虑听证事项的性质、复杂程度及影响范围。听证代表确定后，应当将名单向社会公布。听证举行10日前，应当告知听证代表拟作出行政决策的内容、理由、依据和背景资料。除涉及国家秘密、商业秘密和个人隐私的外，听证应当公开举行，确保听证参加人对有关事实和法律问题进行平等、充分的质证和辩论。对听证中提出的合理意见和建议要吸收采纳，意见采纳情况及其理由要以书面形式告知听证代表，并以适当形式向社会公布。

（二）法律规定

《重大行政决策程序暂行条例》第16条：决策事项直接涉及公民、法人、其他组织切身利益或者存在较大分歧的，可以召开听证会。法律、法规、规章对召开听证会另有规定的，依照其规定。

决策承办单位或者组织听证会的其他单位应当提前公布决策草案及其说明等材料，明确听证时间、地点等信息。

需要遴选听证参加人的，决策承办单位或者组织听证会的其他单位应当提前公布听证参加人遴选办法，公平公开组织遴选，保证相关各方都有代表参加听证会。听证参加人名单应当提前向社会公布。听证会材料应当于召开听证会7日前送达听证参加人。

---

[1] 黄捷、刘晓广、杨立云等：《法律程序关系论》，湖南师范大学出版社2009年版，第209页。

《重大行政决策程序暂行条例》第 17 条：听证会应当按照下列程序公开举行：①决策承办单位介绍决策草案、依据和有关情况；②听证参加人陈述意见，进行询问、质证和辩论，必要时可以由决策承办单位或者有关专家进行解释说明；③听证参加人确认听证会记录并签字。

（三）典型事例

根据《国家发展改革委关于调整成品油价格的通知》（发改电〔2006〕64号），北京市 93 号汽油价格再次上升，已从 1998 年 6 月 1 日的每升 2.32 元调整为 2006 年 3 月 26 日的 4.65 元。燃油价格的持续上涨使出租车运营成本不断增加。为了平衡各方面利益，北京市运输管理局向北京市发展和改革委员会递交了《关于调整本市出租汽车租价的申请》的报告，建议 1.60 元/公里车型租价标准调整为 2.00 元/公里，并按国家有关规定建立油价与租价联动机制。

2006 年 4 月 18 日，北京市发展和改革委员会发布听证会公告。根据《中华人民共和国价格法》和《北京市政府价格决策听证办法实施细则》的规定，北京市发展和改革委员会定于 2006 年 4 月 26 日上午，在首创股份新大都饭店国际会议中心多功能厅举行价格听证会，对北京市运输管理局《关于调整本市出租汽车租价的申请》进行公开听证。

公告规定，本次听证会设旁听席位 10 个。有意参加旁听的本市公民通过电话报名，报名时间从 2006 年 4 月 25 日上午开始，额满为止。报名人员请提供姓名、性别、身份证号码、工作单位和联系电话。听证会当天上午旁听人员持本人身份证到会场领取旁听证。申请采访的新闻记者报名时间为 2006 年 4 月 25 日，听证会当天上午记者持本人记者证和听证会有效证件进入会场。〔1〕

我们可以看到，本案中调整成品油价格这一决策的听证会在确定参加听证会的人员时通过向社会公布旁听电话等方式，充分地保障了听证人员的广泛性；另外，旁听人员及记者的确定程序公开透明，符合对重大行政决策听证会的程序性要求。

六、行政决策中如何进行专家论证？

（一）理论分析

重大行政决策的顺利完成需要相关领域的专家提供科学的咨询论证。专家论证，又叫专家咨询，"是指各级政府制定的关于依靠专家群体进行行政决策的咨

---

〔1〕 王锡锌主编：《行政过程中公众参与的制度实践》，中国法制出版社 2008 年版，第 98~100 页。

询、论证活动,以提高政府决策质量,保障决策科学化的规则体系"[1]。

国务院《全面推进依法行政实施纲要》第 11 条规定要"建立健全公众参与、专家论证和政府决定相结合的行政决策机制"。目前,我国很多政府及其部门都建立了专家咨询论证制度,并制定出台了诸如《重大行政决策事项专家咨询论证办法》等行政规范性文件,具体做法根据各地区、各部门自身行政管理的具体情况有所不同。一般而言,行政机关会建立一个专家库,邀请经济、法律、公共服务和城市建设等领域的权威学者、资深人士和企业家参加,当需进行重大行政决策专家咨询论证时,在专家库中选取专家。对于专家的准入条件和专家库的构成情况及论证专家的数量,各地规定不尽相同,如《广东省重大行政决策专家咨询论证办法(试行)》中要求专家库构成"以技术专家为主,行政领导为辅",且参加咨询论证的专家不少于 5 人,对于涉及面较广、争议性较强或内容特别复杂、敏感的重大行政决策,一般应有 9 名以上专家。

在重大行政决策作出前,行政机关应当组织专家论证。对于前期论证时专家意见不一致的,应充分重视少数人的意见。对于应进行专家咨询论证而没有进行专家咨询论证,或者对专家提出的合理可行的咨询论证意见、建议不予采纳而导致决策不当、造成损失或不良影响的,应追究有关行政机关和责任人的责任。

(二)法律规定

《重大行政决策程序暂行条例》第 19 条:对专业性、技术性较强的决策事项,决策承办单位应当组织专家、专业机构论证其必要性、可行性、科学性等,并提供必要保障。

专家、专业机构应当独立开展论证工作,客观、公正、科学地提出论证意见,并对所知悉的国家秘密、商业秘密、个人隐私依法履行保密义务;提供书面论证意见的,应当署名、盖章。

《重大行政决策程序暂行条例》第 20 条:决策承办单位组织专家论证,可以采取论证会、书面咨询、委托咨询论证等方式。选择专家、专业机构参与论证,应当坚持专业性、代表性和中立性,注重选择持不同意见的专家、专业机构,不得选择与决策事项有直接利害关系的专家、专业机构。

(三)典型事例

2009 年 11 月 28 日,中国建筑工程总公司在南京召开了"京沪高铁南京南站站房工程钢结构施工方案"专家论证会。由中国航空工业规划设计研究院设计大师刘树屯、铁道部工程设计鉴定中心高工徐箩等资深专家组成的专家组,考察了

---

[1] 杨寅:《行政决策程序、监督与责任制度》,中国法制出版社 2011 年版,第 100 页。

现场，听取了方案报告，详细审查论证了《站房钢结构工程施工方案》。专家组一致认为针对本工程特点、重点、难点制定的方案合理、措施可行，具有很强的指导性和可操作性，并结合施工实际情况提出了具体建议。会后，专家组一行还参观了南京中建钢结构有限公司的钢铸件加工场，详细了解了现场钢结构的制作过程，认为南站钢结构工程施工，一定能够严格按照方案执行，确保工程质量和目标。[1]

对重大行政决策进行专家论证是保障重大行政决策科学化的一个重要且必要的要求，重大行政决策的提出及实施需要相关领域的专家提供科学的咨询论证。本案中，此次论证会紧密结合项目施工的实际情况，为站房主体钢结构方案的顺利实施起到了保驾护航的作用。

七、什么是行政决策风险评估机制？

（一）理论分析

党的十七届五中全会通过的《中共中央关于制定国民经济和社会发展的第十二个五年规划的建议》对完善风险评估机制提出了明确要求：畅通和规范群众诉求表达、利益协调、权益保障渠道，建立重大工程项目建设和重大政策制定的社会稳定风险评估机制，正确处理人民内部矛盾，把各种不稳定因素化解在基层和萌芽状态。

国务委员马凯在 2010 年全国依法行政工作会议上明确指出：保证行政决策合法、科学、民主，减少决策风险，是推进依法行政、建设法治政府的一项重要任务，开展行政决策风险评估，特别是进行社会稳定风险评估，是从源头上预防和化解社会矛盾、维护改革发展稳定大局的现实需要，是推动科学发展、促进社会和谐的内在要求。各地区、各部门都要进一步总结实践经验，建立完善行政决策风险评估机制，做到综合评估、风险可控。

综合评估，就是对行政决策进行综合评判、多方权衡，科学、全面、客观地论证行政决策的合法性、合理性、可行性。风险可控，就是通过综合评估，确定决策事项的风险等级，凡是风险不可控的，不得列入决策议程。做到决策风险可控，关键是做到三条：一是明确界定风险评估范围；二是把风险评估结果作为行政决策的重要依据，决不能将评估结论束之高阁；三是建立行政决策纠错机制。实践中，一些地方人民政府和国务院部门已经建立了行政决策风险评估机制，开

---

[1] "中建总公司召开京沪高铁南京站站房工程钢结构施工方案"，载 http：//stock.sohu.com/20091201/n268593300.shtml，最后访问时间：2020 年 6 月 5 日。

展了风险评估特别是社会稳定风险评估方面的工作，积累了一些好的经验和做法。有必要对地方和部门的这些经验和做法进行总结，以进一步完善行政决策风险评估机制。[1]

《国务院关于加强法治政府建设的意见》曾规定：完善行政决策风险评估机制。凡是有关经济社会发展和人民群众切身利益的重大政策、重大项目等决策事项，都要进行合法性、合理性、可行性和可控性评估，重点是进行社会稳定、环境、经济等方面的风险评估。建立完善部门论证、专家咨询、公众参与、专业机构测评相结合的风险评估工作机制，通过舆情跟踪、抽样调查、重点走访、会商分析等方式，对决策可能引发的各种风险进行科学预测、综合研判，确定风险等级并制定相应的化解处置预案。要把风险评估结果作为决策的重要依据，未经风险评估的，一律不得作出决策。

（二）法律规定

《重大行政决策程序暂行条例》第22条：重大行政决策的实施可能对社会稳定、公共安全等方面造成不利影响的，决策承办单位或者负责风险评估工作的其他单位应当组织评估决策草案的风险可控性。

按照有关规定已对有关风险进行评价、评估的，不作重复评估。

《重大行政决策程序暂行条例》第23条：开展风险评估，可以通过舆情跟踪、重点走访、会商分析等方式，运用定性分析与定量分析等方法，对决策实施的风险进行科学预测、综合研判。

开展风险评估，应当听取有关部门的意见，形成风险评估报告，明确风险点，提出风险防范措施和处置预案。

开展风险评估，可以委托专业机构、社会组织等第三方进行。

《重大行政决策程序暂行条例》第24条：风险评估结果应当作为重大行政决策的重要依据。决策机关认为风险可控的，可以作出决策；认为风险不可控的，在采取调整决策草案等措施确保风险可控后，可以作出决策。

（三）典型事例

1987年，关于深圳机场的选址方案有两种：一是在市北建黄田机场；二是在市区南面填海建白石洲机场。建黄田机场的理由是：客源主要来自内陆地区，不会影响城市的发展，便于飞机安全飞行。建白石洲机场的理由是：与香港共用，争取更多的国际客源。机场到底建在哪里，争论非常激烈。反对建白石洲机

---

[1] 引自"马凯国务委员在全国依法行政工作会议上的讲话"，载 http://www.mohrss.gov.cn/fgs/FGSlingdaojianghua/201009/t20100919_83161.htm，最后访问时间：2020年6月27日。

场的人认为，机场建在白石洲，妨碍城市的进一步发展，机场自身也无扩展的余地，机场的噪音严重影响深圳大学，而且对附近的红树林和鸟类保护区带来破坏性的影响。赞成建白石洲机场的人认为，与香港争客源是最重要的，上述问题可以采取安装双重玻璃窗和"驱鸟器"等措施来解决。最后决定以"白石洲机场方案"作为首选方案向中央领导汇报，但反对者拒绝在该方案上签字。最后，国务院派出专门的工作组赴实地考察，在多次听取各方面的意见后，否定了"白石洲机场方案"，批准了"黄田机场方案"。

本案中，行政机构在深圳机场的选址这一决策的作出中提出了两种方案，并对每一种方案都综合评判、多方权衡，进行了可行性分析。可以说，这一行政决策的作出是进行了风险评估之后的结果。

八、如何进行重大决策的合法性审查？

（一）理论分析

《国务院全面推进依法行政实施纲要》第12条规定"重大行政决策在决策过程中要进行合法性论证"，《国务院关于加强法治政府建设的意见》曾规定"重大决策事项应当在会前交由法制机构进行合法性审查，未经合法性审查或者经审查不合法的，不能提交会议讨论、作出决策"。

依法决策是现代法治社会对政府行为提出的基本要求，行政决策及其实施都必须在宪法和法律的框架内进行，因此在决策过程中，重大行政决策拟定单位必须将重大行政决策交由法制机构进行合法性审查，未经审查或者经审查不合法的，不能提交会议讨论、作出决策。

政府法制机构应当从以下方面对重大行政决策进行合法性审查：①是否与法律法规政策相抵触；②是否超越决策机关的法定职权范围；③是否滥用行政自由裁量权；④是否存在决策程序不合法；⑤是否存在其他的法律问题。[1]

另外，法制机构可以邀请有重大行政决策相关专业背景知识的专家参与审查，对专家论证意见进行认真研究，并就专家论证意见及采纳情况向重大行政决策拟定单位出具书面说明。

政府法制机构对重大行政决策进行合法性审查时，一般应采取书面审查方式，对情况复杂或法制机构认为必要的，也可以通过召开听证会、座谈会等形式广泛听取社会各界的意见和建议，或者根据需要组织有关单位和专家学者以研讨

---

[1] 参考《惠州市政府重大行政决策合法性审查规定》（惠府办[2010]19号），2010年3月1日发布。

会形式进行法律论证。

(二) 法律规定

《重大行政决策程序暂行条例》第 25 条：决策草案提交决策机关讨论前，应当由负责合法性审查的部门进行合法性审查。不得以征求意见等方式代替合法性审查。

决策草案未经合法性审查或者经审查不合法的，不得提交决策机关讨论。对国家尚无明确规定的探索性改革决策事项，可以明示法律风险，提交决策机关讨论。

《重大行政决策程序暂行条例》第 26 条：送请合法性审查，应当提供决策草案及相关材料，包括有关法律、法规、规章等依据和履行决策法定程序的说明等。提供的材料不符合要求的，负责合法性审查的部门可以退回，或者要求补充。

送请合法性审查，应当保证必要的审查时间，一般不少于 7 个工作日。

《重大行政决策程序暂行条例》第 27 条：合法性审查的内容包括：①决策事项是否符合法定权限；②决策草案的形成是否履行相关法定程序；③决策草案内容是否符合有关法律、法规、规章和国家政策的规定。

《重大行政决策程序暂行条例》第 28 条：负责合法性审查的部门应当及时提出合法性审查意见，并对合法性审查意见负责。在合法性审查过程中，应当组织法律顾问、公职律师提出法律意见。决策承办单位根据合法性审查意见进行必要的调整或者补充。

(三) 典型事例

某市是徽文化的发祥地，是国家徽文化生态保护实验区的核心区。全市 1121 个村落中，古村落达 106 处，古建筑达 13 438 幢。这些历史文化遗存，是徽文化的典型代表，也是中华民族文化的重要组成部分，更是人类共同的宝贵财富。为更好地保护与开发徽州古村落、徽派古民居建筑文化遗产资源，实现古村落和古民居保护利用的良性循环和可持续发展，发展旅游经济，该市市委、市政府决定启动"百村千幢"古民居保护利用工程。

由于"百村千幢"古民居保护利用工程涉及文物保护、土地使用权、房屋产权、建设规划等多方面法律关系，市委、市政府提出，在实施"百村千幢"工程中要坚持科学规划与依法推进相结合，规划一定要具有科学性和可操作性，要依照相关法律、法规搞好古民居的保护与利用。同时要求市政府法制办积极开展调查论证，提出法律意见和建议，为工程的实施提供法制保障。

市政府法制办牵头成立法律支撑和法制保障专题调研组，对工程实施涉及的法律、法规和规章进行全面梳理，汇集整理市内外古民居保护利用的成功案例，并到市内古村落古民居保护利用做得较好的村镇进行实地调研，在此基础上对保护利用工程中涉及的六大类涉法问题进行法律分析，对重点法律问题召开由市政府法律顾问和其他相关专家参加的法律论证会，探讨解决路径，形成法律意见书。在上报供市委、市政府决策参考的法律论证意见中，不仅列出了法律的禁止性规定，同时提出了解决问题的方法，并建议制定《某市古村落保护办法》等六个行政规范性文件，保证了"百村千幢"古民居保护利用工作的顺利实施。[1]

本案中，市委、市政府在决定启动"百村千幢"古民居保护利用工程时，要求政府法制机构先进行合法性审查，并根据法律论证意见，制定相关行政规范性文件，做到依法决策，审慎决策，从而保证了这一重大决策的顺利实施。

九、什么是集体审议制度？

（一）理论分析

《国务院关于加强市县政府依法行政的决定》第10条明确提出"坚持重大行政决策集体决定制度。市县政府及其部门重大行政决策应当在深入调查研究、广泛听取意见和充分论证的基础上，经政府及其部门负责人集体讨论决定，杜绝擅权专断、滥用权力"。人类认识与实践的历史表明，一个决策如果是建立在个体经验基础之上的，那么它是片面的或错误的可能性比较大；如果它是建立在集体的实践和认识的基础之上，一般都是可靠的。一项行政决策，在个体无法判断出它是正确还是错误的情况下，集体往往可以作出判断。[2]

重大行政决策特别是事关人民群众切身利益和未来长期利益的，必须坚持少数服从多数，由集体审议决定。而集体审议制度至少应当包括以下三部分[3]：

1. 议事前的规则。对于重大行政决策草案，要求经过征求公众意见、合法性审查等必要程序，获得草案的认可度；对于会议形式，要求应采用政府常务会议、全体会议或行政办公会议等形式；对于会议出席人数，要求应当满足一定的比例，这是保证决策结果民主性的重要方面。

2. 议事中的规则。承办部门作决策方案的草案说明，科学决策的前提是了解决策内容，因此承办部门有必要在决策前向会议组成人员介绍这些情况；会议

---

〔1〕安徽省人民政府法制办公室编：《依法行政案例评析》，合肥工业大学出版社2011年版，第1~3页。
〔2〕杨寅：《行政决策程序、监督与责任制度》，中国法制出版社2011年版，第110~111页。
〔3〕以下三部分参见杨寅：《行政决策程序、监督与责任制度》，中国法制出版社2011年版，第111~113页。

组成人员发表意见，这是集体审议制度的核心内容；行政首长发表意见并作出决定，这是集体审议制度不改变行政首长负责制的关键，行政首长与多数人意见不一致的，应当在会上说明理由。

3. 议事后的规则。会议记录，即会议组成人员的意见应当有案可查，尤其是分歧意见，应当如实记录在案，为决策责任的认定提供客观依据，这也是实行过错责任追究的一项必要的配套制度；会议纪要，其可以记录会议最后决定的内容和形成决定的依据、理由，可以明确落实决定的责任及实施监督的办法；决定的公布和报批。

2019年颁布的《重大行政决策程序暂行条例》明确集体讨论决定为必经程序，通过一系列制度设计，充分贯彻落实了民主集中制的根本组织原则。

（二）法律规定

《重大行政决策程序暂行条例》第30条：决策草案应当经决策机关常务会议或者全体会议讨论。决策机关行政首长在集体讨论的基础上作出决定。

讨论决策草案，会议组成人员应当充分发表意见，行政首长最后发表意见。行政首长拟作出的决定与会议组成人员多数人的意见不一致的，应当在会上说明理由。

集体讨论决定情况应当如实记录，不同意见应当如实载明。

（三）典型案例

自2010年季某上任南京市长以来，就一直主推全城雨污分流工程。根据当时的计划，从2010年至2014年底投资人民币180亿元，在南京市全部城区实施这项常见的城市排污排涝工程。其原本目的是让城市污水和雨水，进入不同的管道，最后分流进入污水处理场所。

然而由于着急"上马"，该项工程在没有大面积征集民意的情况下，几乎是在极短的时间内就全城动工。"花了上百亿财政资金的全市工程，市长说上马就上马，既没有开市民听证会讨论，也不听专家学者的意见，到处开挖，处处都是工地、条条道路都堵车。"几年来，南京市到处都听得到市民对雨污分流工程的抱怨和意见。一个市长对于一座城市的重大影响，正如季某落马之后"人走政息"的速度一样惊人。南京的雨污分流工程，既可以说成民生工程，也可以解读为劳民伤财的政绩工程。两者的区别就在于：有没有充分尊重民意，有没有严格遵循决策程序，有没有经过科学论证。换句话说，如果某个官员心血来潮一拍大腿，就足以画下一番"宏伟蓝图"，其他人连参与讨论的资格都没有，这样，很容易出现问题。[1]

十、什么是重大行政决策后评估制度？

（一）理论分析

国务院 2008 年印发的《国务院关于加强市县政府依法行政的决定》首次提到了"建立重大行政决策实施情况后评价制度"，其后，为全面推进法治政府建设，中共中央与国务院于 2015 年又发布了《法治政府建设实施纲要（2015－2020 年）》（以下简称《纲要》）。《纲要》提出，决策机关应当跟踪决策执行情况和实施效果，根据实际需要进行重大行政决策后评估，以检测重大行政决策的制定质量以及实施效果情况。中央政策出台后，地方纷纷响应，已有不少地方政府出台了关于重大行政决策后评估相关内容的行政规范性文件。

重大行政决策实施后评估（简称决策后评估）是指在重大行政决策实施后，决策机关要定期组织有关部门、社会组织和专家对决策执行情况和决策效果进行评估，对决策实施过程中可能出现的问题及时提出修正意见，并向社会公布。[2]因此，可以说重大行政决策后评估是对重大行政决策自身的评估。

想要理解决策后评估制度，首先要和其他相近概念进行区分。不同于决策前的风险评估制度，决策后评估是对已经执行的决策的评估，它所针对的对象是已经实施的决策，是在决策实施一段时间后开展的评估。决策如果尚未付诸实施，就不在决策后评估的范畴之内，因为这样的评估对决策没有任何实质意义。[3]决策后评估也不同于决策执行监督。决策执行监督侧重于对决策在实践中的贯彻执行情况进行监督，考察的是决策所要求的各项任务措施是否落实到位，主要目的是提高决策执行水平。在决策执行监督过程中虽然可能会发现决策本身的不足，但监督本身并不涉及对决策问题的评价、原因分析以及决策调整的建议。而决策后评估的重点在于收集与决策有关的信息，客观评价决策的实施效果，并提出完善建议，目的是提高决策质量。[4]

（二）法律规定

《重大行政决策程序暂行条例》第 36 条：有下列情形之一的，决策机关可以

---

[1] 参见盛翔："事前尊重民意才能避免劳民伤财"，载《福建日报》2013 年 11 月 22 日，第 11 版。
[2] 参见湖南省人民政府法制办公室编：《湖南省行政程序规定释义》，法律出版社 2008 年版，第 77 页。
[3] 梁玥："地方政府重大行政决策后评估制度研究"，载《苏州大学学报（哲学社会科学版）》2013 年第 5 期。
[4] 刘峰铭："重大行政决策后评估的理论探讨和制度建构"，载《湖北社会科学》2018 年第 5 期。

组织决策后评估,并确定承担评估具体工作的单位:①重大行政决策实施后明显未达到预期效果;②公民、法人或者其他组织提出较多意见;③决策机关认为有必要。

开展决策后评估,可以委托专业机构、社会组织等第三方进行,决策作出前承担主要论证评估工作的单位除外。

开展决策后评估,应当注重听取社会公众的意见,吸收人大代表、政协委员、人民团体、基层组织、社会组织参与评估。

决策后评估结果应当作为调整重大行政决策的重要依据。

(三) 典型事例

2017 年,中国政法大学法治政府研究院评估团队从法治政府评估的角度出发,对全国 100 个城市的法治政府建设情况进行了全面的评估,在其评估指标中,涉及了重大行政决策后评估指标,它在各项指标中被该团队称为"决策追踪"。决策追踪是行政决策评估指标的二级指标之一,以是否建立了重大行政决策后的信息追踪收集以及向决策层进行反馈为观测点,内容包括信息追踪收集制度的收集主体、方式、时限和反馈制度的方式、时限等,测评了全国共 100 个城市,得分大多数在及格线周围。评估结果表明,我国地方政府已初步建立起重大行政决策评估后的信息追踪收集制度以及反馈制度,但仍需进一步改善强化。得分较低的城市往往仅在重大行政决策程序规定、政府工作规则或者其他行政规范性文件中简单提及该项制度,无单独的制度设计,因而更无从提及将其实际运作。[1]

行政决策的作出并不是终点,行政机关需要继续跟踪行政决策的实施情况。

十一、如何理解行政决策的法律责任及其制度构建?

(一) 理论分析

责任是法律的生命,无责任,则法治将会成为无本之木、无源之水。《国务院全面推进依法行政实施纲要》第 13 条规定:"……要加强对决策活动的监督,完善行政决策的监督制度和机制,明确监督主体、监督内容、监督对象、监督程序和监督方式。要按照'谁决策、谁负责'的原则,建立健全决策责任追究制度,实现决策权和决策责任相统一。"在强调"监督决策、权责统一"的基础上,《中共中央关于全面推进依法治国若干重大问题的决定》进一步提出,要强

---

[1] 中国政法大学法治政府研究院:《法治政府蓝皮书之——中国法治政府评估报告(2017)》,社会科学文献出版社 2017 年版,第 86~106 页。

化行政决策的法律责任及其制度构建，尤其是对重大决策应当进行倒查和终身责任追究。这表明在新的法治背景下，行政决策必须走规范化的道路，而行政决策规范化与否和其是否有相应的责任追究制度密不可分，与其是否能够长期性地得到法律的约束密不可分。[1]

经过归纳总结中央政策精神、地方立法实践，《重大行政决策程序暂行条例》构建了一套自成体系且相对完善的责任追究制度。《重大行政决策程序暂行条例》将重大行政决策情况作为考核评价决策机关及其领导人员的重要内容，通过这种方式，将问责直接与决策者的政治前途、政治生命挂钩，如同悬在决策者头上的达摩克利斯之剑，有着独特的监督和激励作用，正如有学者所言："它给行政执法人员带来的激励、督促、压力乃至惶恐，远甚于行政诉讼、正当程序和公众参与等其他任何一种依法行政进路。"[2]

《重大行政决策程序暂行条例》还针对决策机关、决策承办单位、决策执行单位、参与决策的各类主体分别规定了各自的责任机制，覆盖面之全，使重大行政决策的各个环节都处于有序监督和权责统一的理想状态之下。其中，更是明确提出"倒查责任，实行终身责任追究制"。所谓重大行政决策终身责任追究，是指一个重大的行政决策作出后，若存在实体和程序上的瑕疵，那么决策者就应当对该决策负永久性的责任，该责任不因决策主体身份关系的变化而变化。重大行政决策的不利后果一般不会立刻显现，在此种特点下，决策者不规范决策、不科学决策的心理有可能被诱发和进一步纵容：决策时所需权衡的天平两头一边是短期内即可实现的政绩和生产总值的大幅增长，另一边则是遥遥无期甚至因为时间久远而难以启动的问责。在趋利心理的影响下，决策者往往会存在侥幸心理，认为只要自己能够得到升职或其他任用，即使原来的决策出了问题，也可以"大事化小，小事化了"。从这个角度来看，终身责任追究是消除和遏制决策者侥幸心理的良药。[3]

（二）法律规定

《重大行政决策程序暂行条例》第38条：决策机关违反本条例规定的，由上一级行政机关责令改正，对决策机关行政首长、负有责任的其他领导人员和直接责任人员依法追究责任。

---

[1] 关保英："行政决策终身责任追究研究"，载《江海学刊》2016年第5期。
[2] 余凌云："对我国行政问责制度之省思"，载《法商研究》2013年第3期。
[3] 孔祥稳："重大行政决策终身问责制度的困境与出路——以地方立法样本为素材的分析"，载《行政论坛》2018年第1期。

决策机关违反本条例规定造成决策严重失误，或者依法应当及时作出决策而久拖不决，造成重大损失、恶劣影响的，应当倒查责任，实行终身责任追究，对决策机关行政首长、负有责任的其他领导人员和直接责任人员依法追究责任。

决策机关集体讨论决策草案时，有关人员对严重失误的决策表示不同意见的，按照规定减免责任。

《重大行政决策程序暂行条例》第 39 条：决策承办单位或者承担决策有关工作的单位未按照本条例规定履行决策程序或者履行决策程序时失职渎职、弄虚作假的，由决策机关责令改正，对负有责任的领导人员和直接责任人员依法追究责任。

《重大行政决策程序暂行条例》第 40 条：决策执行单位拒不执行、推诿执行、拖延执行重大行政决策，或者对执行中发现的重大问题瞒报、谎报或者漏报的，由决策机关责令改正，对负有责任的领导人员和直接责任人员依法追究责任。

《重大行政决策程序暂行条例》第 41 条：承担论证评估工作的专家、专业机构、社会组织等违反职业道德和本条例规定的，予以通报批评、责令限期整改；造成严重后果的，取消评估资格、承担相应责任。

（三）典型案例

2011 年 7 月 23 日 20 点 30 分左右，北京南站开往福州站的 D301 次动车组列车运行至甬温线上海铁路局管内永嘉站至温州南站间双屿路段，与前行的杭州站开往福州南站的 D3115 次动车组列车发生追尾事故，后车四节车厢从高架桥上坠下。这次事故造成 40 人（包括 3 名外籍人士）死亡，约 200 人受伤。

事后，国务院批复了"7·23"甬温线特别重大铁路交通事故调查报告。经调查认定，"7·23"甬温线特别重大铁路交通事故是一起因列控中心设备存在严重设计缺陷、上道使用审查把关不严、雷击导致设备故障后应急处置不力等因素造成的责任事故。报告还针对各责任主体，提出了建议给予党纪、政纪处分人员名单及各自过错。例如，铁道部原部长、党组书记刘志军，违反基本建设程序，未经批准擅自将甬温铁路项目批复的设计标准由 200 公里/小时提高到 250 公里/小时。正是由于其作出了错误的决策，才致使甬温铁路的质量安全检测、验收、评定、评估等工作中产生一系列违规操作和不规范行为。

按照"谁决策、谁负责"的原则，相关责任人员最终被追究相应的行政责任。

十二、什么是行政规范性文件?

(一) 理论分析

要了解行政规范性文件,我们先来了解一下"红头文件"。"红头文件"并非法律用语,是人民群众对"各级政府机关下发的带有大红字标题和红色印章的文件"的俗称,其可以分为广义的"红头文件"和狭义的"红头文件"。

广义的"红头文件"就是从字面理解的带红头和红色印章的文件,既包括行政机关直接针对特定公民和组织而制发的文件,也包括行政机关不直接针对特定公民和组织而制发的文件,以及行政机关内部因明确一些工作事项而制发的文件。狭义的"红头文件"是专指行政机关针对不特定的公民和组织而制发的文件,这类文件对公众有约束力、涉及他们的权利和义务,也就是法律用语所称的行政法规、规章以外的其他具有普遍约束力的行政规范性文件。

我们此处所说的行政规范性文件,也就是俗称的狭义"红头文件",是指国家行政机关为执行法律、法规和规章,对社会实施管理,依法定权限和法定程序发布的规范公民、法人和其他组织行为的具有普遍约束力的文件。[1] 简单来说,行政规范性文件就是行政机关制定和发布的行政规范性文件中,除了行政法规、规章外的其他行政规范性文件。行政规范性文件多表现为规定、通知、要求、行政解释等。

实践中,从国务院到乡镇级政府,各类各级行政机关都制定了大量的行政规范性文件,大多反映某个领域或某个地区的经济和社会发展情况,服务于某个领域或某个地区的经济和社会发展需要,对行政管理的规范化起到了积极的促进作用。

(二) 法律规定

《国务院办公厅关于加强行政规范性文件制定和监督管理工作的通知》规定:行政规范性文件是除国务院的行政法规、决定、命令以及部门规章和地方政府规章外,由行政机关或者经法律、法规授权的具有管理公共事务职能的组织(以下统称行政机关)依照法定权限、程序制定并公开发布,涉及公民、法人和其他组织权利义务,具有普遍约束力,在一定期限内反复适用的公文。

《北京市行政规范性文件备案规定》第 2 条:本规定适用于本市行政规范性文件备案工作。

---

[1] 引自姜明安主编:《行政法与行政诉讼法》,北京大学出版社、高等教育出版社 1999 年版,第 171 页。

本规定所称行政规范性文件，是指市人民政府工作部门、区人民政府及其工作部门、乡镇人民政府（以下统称制定机关）制定的，涉及公民、法人和其他组织权利和义务，具有普遍约束力的文件；不包括制定机关的内部工作制度、人事任免决定、对具体事项的处理决定，以及涉密和依法不对外公布的文件。

《湖南省行政程序规定》第 45 条：本规定所称行政规范性文件是指除政府规章以外，行政机关和法律、法规授权的组织制定的，涉及公民、法人和其他组织权利义务，在一定时期内反复适用，具有普遍约束力的行政公文。

（三）典型案例

2014 年初，浙江省台州市下发"红头文件"，要求"市级单位开展'助力五水共治'捐款"，文件写明："捐款原则上参考以下标准：正厅级 8000 元、副厅级 7000 元、正处级 5000 元、副处级 4000 元、正科级 3000 元、副科级 2000 元、科员 1000 元。请各单位于 2014 年 1 月 13 日下午下班前完成认捐工作。"一时间，"红头文件"劝捐的新闻成为网民热议的话题。

本案中，台州市下发的"'助力五水共治'捐款"文件，强制规定了机关内部不同级别工作人员的捐款数额，是一份违法的"红头文件"。在实际生活中，"红头文件"往往是行政机关作出罚款、吊销营业执照等具体行政行为的直接依据。然而，根据现行《行政诉讼法》的规定，行政相对人是不能对"红头文件"提起行政诉讼的，因此，那些越权错位的行政规范性文件，必然会导致以其为依据的具体行政行为侵犯公民、法人或者其他组织的合法权益。因此，行政机关在制定行政规范性文件时，应当严格遵守法定权限和程序，使其符合法律、法规、规章和国家的方针政策。

十三、制定行政规范性文件应当遵循哪些程序？

（一）理论分析

行政机关制定行政规范性文件应当严格遵守法定权限和程序，符合法律、法规、规章和国家的方针政策，不得违法增加公民、法人或者其他组织的义务，不得违法创设行政许可、行政处罚、行政强制、行政收费等行政权力。《国务院办公厅关于加强行政规范性文件制定和监督管理工作的通知》（以下简称《通知》）更是明确指出，要"严禁越权发文、严控发文数量"，即坚持法定职责必须为、法无授权不可为，严格按照法定权限履行职责，严禁以部门内设机构名义制发行政规范性文件；对内容相近、能归并的尽量归并，可发可不发、没有实质性内容的一律不发，严禁照抄照搬照转上级文件、以文件"落实"文件。这些规定从源头上遏制了"红头文件泛滥"的情况，而按照法定程序制发必要的行政规范性文件，则是确保其合法有效的重要保障。行政规范性文件的制定程序如下：

1. 起草。行政规范性文件应该由既了解行政管理业务又熟悉法律和政策的专业部门及其专业人员来起草，起草前需认真评估论证。《通知》第4条规定："……起草行政规范性文件，要对有关行政措施的预期效果和可能产生的影响进行评估，对该文件是否符合法律法规和国家政策、是否符合社会主义核心价值观、是否符合公平竞争审查要求等进行把关。对专业性、技术性较强的行政规范性文件，要组织相关领域专家进行论证。评估论证结论要在文件起草说明中写明，作为制发文件的重要依据。"

2. 听取意见。制定行政规范性文件应当采取多种形式广泛听取意见，未经听取意见的，不得发布施行。《通知》第5条规定："广泛征求意见。除依法需要保密的外，对涉及群众切身利益或者对公民、法人和其他组织权利义务有重大影响的行政规范性文件，要向社会公开征求意见……对涉及群众重大利益调整的，起草部门要深入调查研究，采取座谈会、论证会、实地走访等形式充分听取各方面意见，特别是利益相关方的意见。建立意见沟通协商反馈机制，对相对集中的意见建议不予采纳的，公布时要说明理由。"

3. 审批。起草完毕后，一般要进行合法性审查，并由制定机关负责人集体讨论决定，未经合法性审查并经集体讨论决定的，不得发布施行。《通知》第6条规定："……制定机关的办公机构要对起草部门是否严格依照规定的程序起草、是否进行评估论证、是否广泛征求意见等进行审核。制定机关负责合法性审核的部门要对文件的制定主体、程序、有关内容等是否符合法律、法规和规章的规定，及时进行合法性审核。未经合法性审核或者经审核不合法的，不得提交集体审议。"

《通知》第7条规定："……地方各级人民政府制定的行政规范性文件要经本级政府常务会议或者全体会议审议决定，政府部门制定的行政规范性文件要经本部门办公会议审议决定。集体审议要充分发扬民主，确保参会人员充分发表意见，集体讨论情况和决定要如实记录，不同意见要如实载明。"

4. 公布。行政规范性文件经听取意见、合法性审查并由集体讨论审核批准后，要以"政府令"序列或行政机关"规"字序列文件的形式发布。对涉及公民、法人或者其他组织合法权益的行政规范性文件，要通过政府公报、政府网站、新闻媒体等向社会公布；未经公布的行政规范性文件，不得作为行政管理的依据。《通知》第8条规定："及时公开发布。行政规范性文件经审议通过或批准后，由制定机关统一登记、统一编号、统一印发，并及时通过政府公报、政府网站、政务新媒体、报刊、广播、电视、公示栏等公开向社会发布，不得以内部文件形式印发执行，未经公布的行政规范性文件不得作为行政管理依据……"

5. 备案。备案的目的是接受审查。备案机关对报备的行政规范性文件要严格审查，发现与法律、法规、规章和国家方针政策相抵触或者超越法定权限、违反制定程序的，要坚决予以纠正，切实维护法制统一和政令畅通。《通知》第10条规定："强化备案监督。健全行政规范性文件备案监督制度，做到有件必备、有备必审、有错必纠。制定机关要及时按照规定程序和时限报送备案，主动接受监督。省级以下地方各级人民政府制定的行政规范性文件要报上一级人民政府和本级人民代表大会常务委员会备案，地方人民政府部门制定的行政规范性文件要报本级人民政府备案，地方人民政府两个或两个以上部门联合制定的行政规范性文件由牵头部门负责报送备案……"

（二）法律规定

《北京市行政规范性文件备案规定》第5条：报送备案的行政规范性文件，应当符合下列要求：①已经制定机关的法制机构进行合法性审核；②对公民、法人和其他组织的权利和义务产生直接影响的行政规范性文件，已经制定机关集体讨论；③行政规范性文件已经公布。

（三）典型案例

2004年，某县政府发布《关于规范药品零售市场的通告》，规定新开零售药店须与原有零售药店相距400米以上。外地某药品经营公司经药监部门批准到该县一老药店附近筹建新药店，老药店依据县政府通告予以阻止，双方为此闹得不可开交。[1]

药品企业的开办许可和监督管理是药品监督管理部门的法定职权。药品监督管理部门实行省以下垂直领导体制，即市、县药监局并不是同级政府的工作部门。因此，本案中，县政府发文设定药品零售企业开办许可条件，属于越俎代庖。该行政规范性文件的制定超越了法定权限。

十四、如何理解行政规范性文件合法性审核机制？

（一）理论分析

《中共中央关于全面深化改革若干重大问题的决定》提出，要完善行政规范性文件合法性审核机制，其后，中共中央、国务院印发的《法治政府建设实施纲

---

[1] "地方政府'红头文件'九大怪"，载 http://www.docin.com/p-99607937.html，最后访问时间：2020年6月5日。

要（2015-2020年）》也提出要求完善行政规范性文件制定程序，落实合法性审核制度。

本文所称的合法性审核是指各级政府和部门在行政规范性文件起草程序完成后，应由特定审查机构依照相应的审查标准或要点，对其进行事前合法性审查，及时发现其制定程序、条文内容所存在的问题，起草单位再根据审核意见对行政规范性文件作必要的修改或补充，是一种事前防止政府违法、滥权行为的程序机制。

全面推行行政规范性文件合法性审核机制，是推进依法行政、建设法治政府的必然要求，有利于维护国家法制统一、政令统一，有利于从源头上防止违法文件出台、促进行政机关严格规范公正文明执法，有利于保障人民群众合法权益。对坚持依法治国、依法执政、依法行政共同推进，坚持法治国家、法治政府、法治社会一体建设，实现国家治理体系和治理能力现代化具有十分重要的意义。[1]

《国务院办公厅关于全面推行行政规范性文件合法性审核机制的指导意见》（以下简称《指导意见》）首次从国家层面对行政规范性文件合法性审核机制的主体、范围、程序、职责、责任等作出全面、系统的规定。《指导意见》提出要建立程序完备、权责一致、相互衔接、运行高效的合法性审核机制，确保所有行政规范性文件经过合法性审核，保证行政规范性文件合法有效。

（二）法律规定

《指导意见》（部分列举）

3. 明确审核范围。……凡涉及公民、法人和其他组织权利义务的行政规范性文件，均要纳入合法性审核范围，确保实现全覆盖，做到应审必审。行政机关内部执行的管理规范、工作制度、机构编制、会议纪要、工作方案、请示报告及表彰奖惩、人事任免等文件，不纳入规范性文件合法性审核范围。

4. 确定审核主体。……以县级以上人民政府或者其办公机构名义印发的行政规范性文件，或者由县级以上人民政府部门起草、报请本级人民政府批准后以部门名义印发的规范性文件，由同级人民政府审核机构进行审核；起草部门已明确专门审核机构的，应当先由起草部门审核机构进行审核……县（市、区）人民政府部门、乡镇人民政府及街道办事处制定的规范性文件，已明确专门审核机构或者专门审核人员的，由本单位审核机构或者审核人员进行审核；未明确专门审核机构或者专门审核人员的，统一由县（市、区）人民政府确定的审核机构

---

[1] 参见司法部有关负责人就《关于全面推行行政规范性文件合法性审核机制的指导意见》答记者问。

进行审核。

5. 规范审核程序。……起草单位直接将文件送审稿及有关材料报送审核机构进行审核的,审核机构要对材料的完备性、规范性进行审核,不符合要求的,可以退回,或者要求起草单位在规定时间内补充材料或说明情况。除为了预防、应对和处置突发事件,或者执行上级机关的紧急命令和决定需要立即制定实施行政规范性文件等外,合法性审核时间一般不少于5个工作日,最长不超过15个工作日。

6. 明确审核职责。……审核机构要根据不同情形提出合法、不合法、应当予以修改的书面审核意见。起草单位应当根据合法性审核意见对规范性文件作必要的修改或者补充;特殊情况下,起草单位未完全采纳合法性审核意见的,应当在提请制定机关审议时详细说明理由和依据。

7. 强化审核责任。要充分发挥合法性审核机制对确保规范性文件合法有效的把关作用,不得以征求意见、会签、参加审议等方式代替合法性审核。未经合法性审核或者经审核不合法的文件,不得提交集体审议……

《北京市行政规范性文件备案规定》第4条:制定机关对行政规范性文件的合法性负责。

备案的行政规范性文件,应当遵守行政机关的公文处理规定,符合制定机关法定职责权限,符合法律、法规、规章的规定,不得减损公民、法人和其他组织合法权益或者增加其义务。

(三) 对策进路

创新审核方式,提高审核效率。目前,行政规范性文件合法性审核还是以法制部门的书面审核和会议审核为主,为提高审核效率必须创新审核方式,应做到以下几点:

1. 关口前移。法制部门应提前介入,发现问题及时指出,使行政规范性文件的制定主体少走弯路;法制部门要全程参与,进行指导,将审核工作贯穿行政规范性文件制发的始终,提高行政规范性文件合法性审核的质量。

2. 开门审核。建立公众参与审核机制,通过互联网公开征求意见。

3. 坚持因地制宜。在坚持对合法性审核的范围、标准等事项作出统一要求和原则性规定的同时,为地方、部门结合实际落实合法性审核工作机制留有余地,不搞"一刀切",鼓励各地区、各部门根据工作实际创新符合自身特点的审核制度、方式及工作流程。

4. 按照《指导意见》的要求,各地政府部门应加强行政规范性文件合法性审核电子化办公系统的开发,实现与公文管理系统和政务信息公开平台的衔接。

对已审核的行政规范性文件进行精细化、动态化管理，充分运用大数据资源，建立行政规范性文件合法性审核信息共享机制，加快行政规范性文件合法性审核电子化进程，提高行政规范性文件合法性审核的现代化水平，进而提高行政规范性文件合法性审核效率。[1]

十五、行政规范性文件怎么进行备案审查？

（一）理论分析

行政规范性文件的作用在于规范公民、法人和其他社会组织的日常行为，是行政机关管理社会活动的依据，因此必须保证其遵循上位法的精神并且符合地区客观实际。行政规范性文件的备案审查，也称为事后审查制度，是指行政规范性文件的制定机关在文件发布后的一定期限内，依法将行政规范性文件报送上级行政机关；待上级机关审查之后，没有问题的予以登记备案，发现问题的依法进行纠正。根据国务院《全面推进依法行政实施纲要》的要求，对行政机关制定的行政规范性文件的审查必须做到"有件必备、有备必审、有错必纠"。我国法律仅规定了行政法规、部门规章以及地方性规章的备案方式，却并没有明确行政规范性文件如何备案，这就导致实践中对这些"红头文件"是否合法产生诸多争论。虽然我国在2018年出台了《国务院办公厅关于加强行政规范性文件制定和监督管理工作的通知》，但各地区的相关立法还未及时跟进，行政规范性文件的备案制度在各地区仍存在较大差异。

《最高人民法院关于适用〈中华人民共和国行政诉讼法〉的解释》，设专章对广泛存在的"红头文件"进行特别规定：①公民、法人或者其他组织在对行政行为提起诉讼时一并请求对所依据的行政规范性文件审查的，由行政行为案件管辖法院一并审查。②人民法院经审查认为行政行为所依据的行政规范性文件合法的，应当作为认定行政行为合法的依据；经审查认为行政规范性文件不合法的，不作为人民法院认定行政行为合法的依据，并在裁判理由中予以阐明。由此可见，对于行政规范性文件的法律规制力度正在不断加大，这在很大程度上督促行政机关严格依据上位法的规定制定行政规范性文件，并且在法律规定的范围内行使执法权。

（二）法律规定

《北京市行政规范性文件备案规定》第6条：制定机关应当自行政规范性文件公布之日起30日内报送备案。

---

[1] 申来津、邹逸："行政规范性文件合法性审核：问题与对策"，载《行政与法》2019年第3期。

报送行政规范性文件备案，制定机关应当提交备案报告和行政规范性文件正式文本及其电子文本。

备案报告应当载明制定该行政规范性文件的依据、目的、主要内容的说明以及合法性审核等情况。

《北京市行政规范性文件备案规定》第7条：市人民政府工作部门和区人民政府制定的行政规范性文件，报送市人民政府备案。

乡镇人民政府和区人民政府工作部门制定的行政规范性文件，报送区人民政府备案。

两个或者两个以上工作部门联合制定的行政规范性文件，由主办部门报送本级人民政府备案。

《北京市行政规范性文件备案规定》第12条：政府法制机构对下列事项进行审查：①是否超越制定机关的法定职责权限；②是否违法设定行政处罚、行政许可、行政强制、行政收费等；③是否违法设定减损公民、法人和其他组织合法权益或者增加其义务的规范；④是否存在违反法律、法规、规章的其他情形。

《北京市行政规范性文件备案规定》第13条：经审查，发现行政规范性文件存在违法情形的，政府法制机构应当向制定机关提出自行修改或者废止的审查意见。制定机关应当按照审查意见对行政规范性文件进行修改或者废止。

《湖南省行政程序规定》第53条：公民、法人或者其他组织认为行政规范性文件违法的，可以向有关人民政府法制部门提出审查申请。接到申请的政府法制部门应当受理，并在收到申请之日起30日内作出处理，并将处理结果书面告知申请人。

（三）典型事例

2004年10月25日，长沙市政府发布《关于加强市区咪表泊车管理的通告》[长政发（2004）43号]。通告称，为缓解市区临时停车难的问题，公安交通管理部门根据《道路交通安全法》的有关规定，在长沙市区部分路段划定了咪表泊车位，同时组建长沙市泊车有限公司，具体办理咪表泊车有关业务。凡在咪表泊车位内泊车未刷卡计费的车辆，驾驶员未离开车辆的，泊车管理人员应要求驾驶员刷卡计费；驾驶员离开了车辆具体停车时间不详的，按停车一日计费；拒不刷卡缴费的，泊车管理人员可限制车辆驶离；强行驶离的，由市泊车有限公司诉请人民法院依法追缴。通告发出后，泊车有限公司在实施过程中的粗暴"执法"，受到了市民的质疑。

2008年，李志员律师就此文件的合法性向湖南省政府法制办提出了审查申请。收到申请后，湖南省政府法制办与文件的执行单位——长沙市泊车有限公司进行了沟通和协调，并于同年 12 月 18 日给李志员作出复函。湖南省政府法制办在复函中表示，该公司同意在咪表泊车管理工作中进一步规范操作，将"驾驶员离开了车辆具体停车时间不详的，按停车一日计费"的规定，变通为"值守员发现泊车位内停放的车辆未刷卡计费的，按车辆实际停放时间报公司核准收费"。这一处理结果仅仅是改变了文件中的个别语句，其实并没有针对其合法性进行解释，依据《湖南省行政程序规定》第 53 条来看，湖南省政府法制办实际上没有严格履行合法性审查的职责。[1]

由此可见，当前我国"红头文件"从制定到具体的实施和事后审查都存在较大问题。虽然有不少地方出台规定规范"红头文件"，但如何将条文应用到实践，还需要大量行政、司法案例的推动。就行政规范性文件的备案审查来说，行政机关在日后的工作中应当规范自身行为，严格按照法律、法规、部门规章以及地方性法规规定的内容进行备案审查，为执法工作提供充分的依据。

十六、如何清理行政规范性文件？

（一）理论分析及流程图

行政规范性文件的清理，是指文件制定机关根据法律的规定或现实的需要对现行有效的行政规范性文件进行梳理和审查，并决定是否修改或废止的活动。[2]《国务院关于加强市县政府依法行政的决定》也明确要求"建立行政规范性文件定期清理制度"。

行政规范性文件的清理，最常见的是命令式清理（详细步骤参见下文流程图）以及定期清理。如果是定期清理，一般在行政规范性文件失效前 6 个月，对行政规范性文件进行评估，评估后，制定机关再根据清理的标准对行政规范性文件进行处理，确定其继续有效、无效、废止或需要修改，并予以公示。[3]

---

〔1〕案例来源："湖南长沙：两律师质疑市政府文件合法性接连提出审查申请"，载法制网，http://www.legaldaily.com.cn/index_article/content/209-01/07/content_1015318.htm，最后访问时间：2020 年 6 月 5 日。

〔2〕郭庆珠：《行政规范性文件制定正当性研究》，中国检察出版社 2011 年版，第 242~243 页。

〔3〕参见张开俊："行政规范性文件的清理制度"，苏州大学 2012 年硕士学位论文。

第二章 行政决策与行政规范性文件

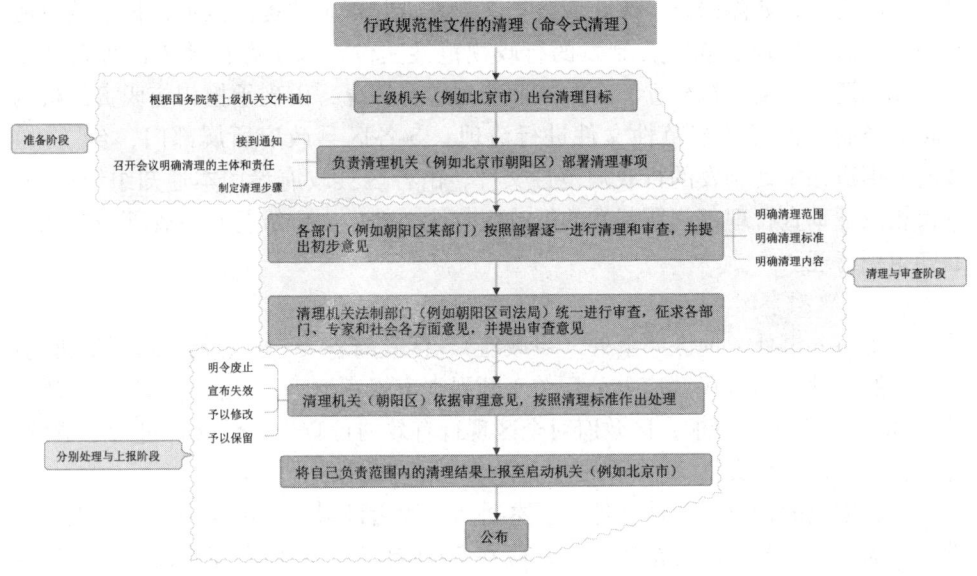

图2-2 行政规范性文件清理流程图

(二) 法律规定

《国务院关于加强市县政府依法行政的决定》第15条：建立规范性文件定期清理制度。市县政府及其部门每隔两年要进行一次规范性文件清理工作，对不符合法律、法规、规章规定，或者相互抵触、依据缺失以及不适应经济社会发展要求的规范性文件，特别是对含有地方保护、行业保护内容的规范性文件，要予以修改或者废止。清理后要向社会公布继续有效、废止和失效的规范性文件目录；未列入继续有效的文件目录的规范性文件，不得作为行政管理的依据。

《北京市人民政府办公厅关于开展行政规范性文件清理工作的通知》第2条：清理标准：①行政规范性文件的主要内容与法律、法规、规章相抵触或者已经被其后发布的文件所替代的，应当明令废止。②行政规范性文件的适用期已过或者适用对象已经不存在的，应当宣布失效。③行政规范性文件的个别条款与上位法不一致或者可操作性差的，应当予以修改。④对合法且符合实际工作需要的行政规范性文件，应当予以保留。

《北京市人民政府办公厅关于开展行政规范性文件清理工作的通知》第3条：任务分工：①各区县、市有关部门负责对各自制定的行政规范性文件进行清理，并对清理结果负责。②由各区县、市有关部门起草，以市政府或市政府办公厅名义制发的文件，如需修改、废止或宣布失效，由起草单位提出意见，报市政府法制办统一研究处理。③联合制发的行政规范性文件，以主办机关为清理责任主体。④如遇原发文机构分立、合并或职能划转等情况，由现承担相应职责的机构负责对原制发的行政规范性文件进行清理。⑤各区县政府所属部门、乡（镇）政府、街道办事处制发的行政规范性文件，由各区县政府参照本通知组织清理。⑥市级以下垂直管理部门所制发的行政规范性文件，由市级行政主管部门参照本通知组织清理。

（三）典型事例

各街道办事处、地区办事处（乡政府），区政府各委、办、局，各区属机构：

按照《北京市人民政府办公厅关于开展本市规章清理工作的通知》（京政办发〔2010〕20号）要求，区政府对全区现行有效的行政规范性文件进行了清理。经审核，认定保留文件30个，废止文件8个，待修改文件11个。

列为废止的行政规范性文件，自本通知下发之日起，不再作为行政管理的依据；对需要修改的行政规范性文件，应在2011年7月1日之前修改完毕，按照规定程序报送和发布；予以保留的行政规范性文件及其他一般性政府文件，若在执行过程中出现与现行法律、法规、规章相抵触或不符合法律精神的情形，执行部门应及时报告区政府进行修改，并按照《政府信息公开条例》的要求予以公开。[1]

朝阳区作为法治政府建设的先行者、探索者，在朝政发〔2011〕4号中展现出了极强的法治思维。该通知按照"命令式清理"的一般步骤，先是领会了上级文件的精神，然后分门别类地对行政规范性文件进行了清理，并且对清理的后续工作，如政府信息公开等作出了明确规定，可以说是按照上级文件清理的典范步骤。

---

[1] 参见《北京市朝阳区人民政府关于发布行政规范性文件清理结果的通知》（朝政发〔2011〕4号）。

第三章

行政执法

第一节 行政执法的基本要求

一、行政回避制度的基本要求是什么?

(一)理论分析

行政回避制度,是指行政机关作出具体行政行为时,要求特定工作人员不予出面、不参与处理过程的制度。满足一定条件的行政工作人员被认为与所处理的法律事务有利害关系,要求这些人员进行回避,实际上是为了保证程序进展的顺利以及处理结果的公正。根据法律规定,回避制度包括以下三项内容:①任职回避。具有法律规定的亲属关系的公职人员不得在同一行政机关任职或者不得在同一行政机关内担任双方直接隶属于同一行政首长的职务或有直接上下级领导关系的职务。此外,如有亲属在行政机关担任领导职务,则相关公务员不得在该机关内从事诸如人事、财务、审计、监察等特定工作。②地区回避。一定级别、一定职务的公务员不得在原籍县、乡、镇任职。③公务回避。公务员在执行职务时,如果相应事项与本人有利害关系或者有其他关系可能影响公正处理的,不得参与该事项的处理。行政程序中的回避,通常指的就是公务回避。另外,前述"法定亲属关系"具体包括:夫妻关系,直系血亲关系,三代以内旁系血亲关系,近姻亲关系。

(二)法律规定

《行政处罚法》第37条第3款:执法人员与当事人有直接利害关系的,应当回避。

《公务员法》第74条:公务员之间有夫妻关系、直系血亲关系、三代以内旁系血亲关系以及近姻亲关系的,不得在同一机关双方直接隶属于同一领导人员的职位或者有直接上下级领导关系的职位工作，也不得在其中一方担任领导职务的机关从事组织、人事、纪检、监察、审计和财务工作。

公务员不得在其配偶、子女及其配偶经营的企业、营利性组织的行业监管或者主管部门担任领导成员。

因地域或者工作性质特殊，需要变通执行任职回避的，由省级以上公务员主管部门规定。

《公务员法》第75条：公务员担任乡级机关、县级机关、设区的市级机关及其有关部门主要领导职务的，应当按照有关规定实行地域回避。

《公务员法》第76条：公务员执行公务时，有下列情形之一的，应当回避：①涉及本人利害关系的；②涉及与本人有本法第74条第1款所列亲属关系人员的利害关系的；③其他可能影响公正执行公务的。

（三）典型案例

张某是市审计局副局长，其妻李某在该市财政局担任会计一职。2012年由于人事工作调整的需要，市财政局决定将李某调至审计局从事出纳工作。人事调动文书作出之前，李某主动找到人事部门将其与张某为夫妻关系的事实告知，最终财政局将李某调至另一行政机关担任出纳。

该案体现的是行政法中公务员任职回避的规定。夫妻属于具有法律规定关系的亲属，其不得在同一行政机关内担任双方直接隶属于同一领导人员的职务或有直接上下级领导关系的职务。李某在人事调动决定作出之前主动找到相关部门告知其与审计局领导张某之间的夫妻关系，是严格遵循行政法回避制度的表现。

二、告知制度的基本要求是什么？

（一）理论分析

行政告知是指"行政主体在行使行政职权的过程中，将行政行为通过法定程序向行政相对人公开展示，以使行政相对人知悉该行政行为的一种程序性法律行为"。[1] 行政告知是行政程序的重要环节，我国通过若干单行法律、法规及规章来规定告知制度。告知制度的设置目的在于保障相对人的知情权，要求行政机关作出具体行政行为时关注其给相对人造成的影响，并且将可能出现的不利后果以及可选择的救济途径及时予以告知。具体来说，告知制度包括以下几方面：①告知执法者身份及其职权范围，包括执法证件以及执法者身份证件等，这是行政执法合法性的前提，也是公民服从、配合行政执法的条件。②告知作出具体行政行

---

[1] 章剑生："论行政行为的告知"，载《法学》2001年第9期。

为的内容及依据，包括事实依据、法律依据以及行政机关进行裁量的依据。③告知行政相对人享有的权利及申请救济的途径，行政机关在作出行政行为时，不仅要使利害关系人知晓行政行为，而且还要让他知晓所享有的法律权利，包括陈述的权利、申辩的权利、申请回避的权利以及申请救济的权利等。④告知其他事项。这主要包括时间、期限、可选择的行为模式等内容。

在我国执法领域中，告知制度的落实具体表现在以下方面：行政许可中告知是否准予许可，告知当事人享有听证的权利；行政处罚中告知相对人处罚内容及不服处罚的权利救济方式；行政强制中告知当事人采取强制措施的主体，以及当事人需要缴纳的代履行费用等。行政工作人员应按告知制度的要求在行政执法过程中履行相应告知义务，如果不履行或者不完全履行告知义务，可能会承担不利的法律后果。

（二）法律规定

《行政强制法》第35条：行政机关作出强制执行决定前，应当事先催告当事人履行义务。催告应当以书面形式作出，并载明下列事项：①履行义务的期限；②履行义务的方式；③涉及金钱给付的，应当有明确的金额和给付方式；④当事人依法享有的陈述权和申辩权。

《行政强制法》第45条第1款：行政机关依法作出金钱给付义务的行政决定，当事人逾期不履行的，行政机关可以依法加处罚款或者滞纳金。加处罚款或者滞纳金的标准应当告知当事人。

《行政处罚法》第31条：行政机关在作出行政处罚决定之前，应当告知当事人作出行政处罚决定的事实、理由及依据，并告知当事人依法享有的权利。

（三）典型案例

2007年年底，哈尔滨市民朱先生在检车时被告知有违法记录，于是到公安交警支队进行查询，发现自2007年5月以来他家的出租车有14次违法记录，然而至查询时为止朱先生却仅收到一张罚款通知单。朱先生那张通知单上标明违法时间是2007年5月9日，而邮寄通知单信封的邮戳时间是2007年10月15日，朱先生公司所在区的邮戳时间已经是2007年10月16日。对此，哈尔滨市交警支队交通秩序处负责人解释说，目前哈尔滨市区交通违法罚单的送达率只能达到40%左右，造成这种局面的不是交通管理部门，而是驾驶员个人，是驾驶员个人留的信息有误差，以及部分出租车司机拒收交通违法罚单邮件。[1]

---

[1] "哈尔滨：电子交警只管罚，不管告知？"，载东北网黑龙江频道，http://heilongjiang.dbw.cn/system/2007/11/06/051040300.shtml，最后访问时间：2020年6月5日。

该案例反映出交警支队在工作中没有履行告知义务的情况，尽管存在客观障碍，但也应及时克服，可以通过行政机关内部网络等途径查询违法相对人的个人信息并据此进行通知，从而保障相对人的合法权利。行政机关作出具体行政行为，不能只有行为而没有告知，特别是行政处罚这种容易给相对人权益造成重大影响的行为，行政机关更应当严格按照法律规定进行告知，以保障相对人在最短时间内获悉行政机关的决定。

三、职能分离制度的具体要求是什么？

（一）理论分析

职能分离原来是司法程序中的一项法律制度，后来随着对行政权监督控制的加强，这一法律制度便移植和扩展到行政领域，并由此派生出行政领域中的职能分离制度。所谓职能分离制度，指的是把行政机关内部某些相互联系的职能加以分离，使它们分属于不同的机构或不同的工作人员掌握和行使，以加强权力制约，保证程序公正，防止滥用职权的一种法律制度。在实践工作当中，职能分离主要可以分为裁执分离和罚缴分离两类。裁执分离是指作出裁决的机关与执行的机关应该分离，从而体现权力的监督与制约，防止权力滥用；而罚缴分离则是指作出罚款决定的行政机关应当与收缴罚款的机构分离。在行政处罚中，职能分离最典型的表现就是罚缴分离，这在很大程度上杜绝了处罚机关为自身利益而滥罚的现象。除此之外，职能分离制度还表现为同一行政处罚案件中从事调查取证、听证、裁决的行政人员彼此独立，不相互干涉。

在行政行为过程中贯彻职能分离原则，一方面可以防止行政机关及其工作人员以及法律法规授权的组织等滥用职权，保证执法行为的公正性；另一方面也能够有效遏制腐败现象，落实十八届三中全会关于规范执法行为的精神。

（二）法律规定

《行政处罚法》第46条：作出罚款决定的行政机关应当与收缴罚款的机构分离。除依照本法第47条、第48条的规定当场收缴的罚款外，作出行政处罚决定的行政机关及其执法人员不得自行收缴罚款。当事人应当自收到行政处罚决定书之日起15日内，到指定的银行缴纳罚款。银行应当收受罚款，并将罚款直接上缴国库。

《行政强制法》第13条：行政强制执行由法律设定。法律没有规定行政机关强制执行的，作出行政决定的行政机关应当申请人民法院强制执行。

（三）典型案例

2009年3月，西安市莲湖区城管队员执法时发现西关正街一家商铺经营者正在店外张贴宣传品，当即上前将宣传品撕毁，这一粗暴执法举动引发了争执和群众围观、指责。恰好经过的莲湖区城管执法局负责人看到这一场面，对其执法方式进行了反思，并于当天召集领导班子会议，决心改变这种"习以为常"的执法方式。会议总结认为，城管执法有时得不到执法对象认可，原因在于历史形成的"随意执法"。以往莲湖区240多名城管执法队员，每个人都集检查权、调查权、处罚权于一身，执法随意性强，极易引发群众不满。

在探索标准化执法的过程中，莲湖区城管执法局建立了检查权、调查权、处罚权、强制权相分离的制度，对"四权"实行多个部门的链条式管理，从而使执法从"个人行为"变成了"组织行为""程序行为"。"四权分离"之后，莲湖区城管执法的检查权由局督办中心统一行使；调查权由各中队按督办任务行使；处罚权由中队法制员、局法制科、分管副局长三级审查行使，对案情复杂和处罚超过5000元的还要召开案审会；强制权交由莲湖区法院城管巡回法庭行使。同时还出台规定，收回各中队的空白法律文书，取消了罚款票据，当事人只凭正式的处罚决定到指定银行缴纳罚金，这就从源头上防止了乱罚款。[1]

上述案例反映出职能分离在实践当中的重要作用，不仅能够保证执法的公正，还可以维护正当的财政管理秩序，保护相对人的合法权益。严格贯彻落实职能分离制度，是依法行政的要求，需要行政机关以莲湖区城管局为学习对象，进行制度完善。

四、说明理由制度的含义是什么？

（一）理论分析

所谓说明理由，是指行政机关在作出某种（不利于相对人的）行政行为时应当说明理由，而且理由应当记录在决定书上，以告知相对人。[2] 行政机关实施具体行政行为时需要遵循说明理由制度，其内容主要为：行政机关应当将具体行政行为的内容告知相对人，特别是当行政机关作出的决定会对相对人权益造成不利影响时，如果采用书面形式，则需要在文书中载明其事实根据、法律依据以及其考虑的政策、社会秩序等；如果采用口头形式，则需要将上述内容当面告知或者以合理的能够被获知的方式告知行政相对人。说明理由制度需要说明的内容实际上就是两个方面，即行政行为的合法性理由和行政行为的正当性理由。前者

---

〔1〕"西安莲湖区城管四权分离，扭转执法野蛮印象"，载大秦网大秦新闻，http：//xian.qq.com/a/20100920/000007.htm，最后访问时间：2020年6月5日。

〔2〕［日］盐野宏：《行政法总论》，杨建顺译，北京大学出版社2008年版，第178、179页。

包括支撑行政行为合法成立的事实依据和法律依据，后者则包括行政裁量过程中的相关依据。在此需要注意的是，说明理由时不能仅指出"依据相关法律"，而应当指出具体的法律条文并且适当地进行解释。我国行政立法并没有将说明理由制度作为一项普遍性原则加以规定，但该制度广泛地见于行政单行法中。例如《行政处罚法》《治安管理处罚法》《行政许可法》以及《政府信息公开条例》中都有相关的规定。

说明理由制度的价值在于以相对完善的制度要求保障相对人的程序性权利，防止行政机关仅凭自身判断作出裁决，从而侵犯当事人利益。与说明理由制度相伴存在的往往是当事人的权利救济途径，通过说明理由使行政相对人了解行政机关的行为依据，如果其服从则程序终结，如果不服则转入权利救济渠道。

同时需要注意的是，对于行政机关而言，在法律明确规定的情况下，行政机关应当说明理由无须多言，但是在法律没有明确规定的情况下，行政机关是否要说明理由、在何种范围内作出理由说明、其效力如何等问题，则需要行政机关根据行政权本身的特性、公民权利保护、是否符合司法审查要求等角度具体加以分析后决定。

（二）法律规定

《行政处罚法》第31条：行政机关在作出行政处罚决定之前，应当告知当事人作出行政处罚决定的事实、理由及依据，并告知当事人依法享有的权利。

《行政许可法》第30条第2款：申请人要求行政机关对公示内容予以说明、解释的，行政机关应当说明、解释，提供准确、可靠的信息。

《行政强制法》第18条：行政机关实施行政强制措施应当遵守下列规定：……⑤当场告知当事人采取行政强制措施的理由、依据以及当事人依法享有的权利、救济途径；……

《政府信息公开条例》第36条：对政府信息公开申请，行政机关根据下列情况分别作出答复：①所申请公开信息已经主动公开的，告知申请人获取该政府信息的方式、途径；②所申请公开信息可以公开的，向申请人提供该政府信息，或者告知申请人获取该政府信息的方式、途径和时间；③行政机关依据本条例的规定决定不予公开的，告知申请人不予公开并说明理由；④经检索没有所申请公开信息的，告知申请人该政府信息不存在；⑤所申请公开信息不属于本行政机关负责公开的，告知申请人并说明理由；能够确定负责公开该政府信息的行政机关的，告知申请人该行政机关的名称、联系方式；⑥行政机关已就申请人提出的政府信息公开申请作出答复、申请人重复申请公开相同政府信息的，告知申请人不予重复处理；⑦所申请公开信息属于工商、不动产登记资料等信息，有关法律、行政法规对信息的获取有特别规定的,告知申请人依照有关法律、行政法规的规定办理。

(三) 典型案例

2016年4月27日,郭某向北京市规土委申请政府信息公开,要求获取"……编制完成并公示的《朝阳区将台乡城市化试点规划实施方案》用于解决劳动力安置问题所对应的地块名称"的申请。北京市规土委于2016年5月13日作出146号告知书。主要内容如下:"……经查,您申请的信息与您在我局(2015)年第078号申请信息内容相同,已依法答复,不重复办理……"郭某认为其所要求公开的政府信息与(2015)年第078号《政府信息公开告知书》申请政府信息公开的内容不相同,不服北京市规土委的告知书而提起行政诉讼。

人民法院经审理认为:据《最高人民法院关于审理政府信息公开行政案件若干问题的规定》第12条第1项规定,政府信息不存在,被告已经履行法定告知或者说明理由义务的,人民法院应当判决驳回原告的诉讼请求。本案中,郭某申请公开的政府信息系驼房营中心幼儿园登记注册材料,将台乡政府主张其已将审核后的上述材料全部送至朝阳区教委备案,后因备案材料不合格被朝阳区教委直接退回了驼房营中心幼儿园,综合现有证据,将台乡政府作出被诉《答复告知书》并无不当,其履行了法定告知答复的义务。[1]

由上述案例可知,说明理由是认定行政机关的行政行为是否合法的重要因素之一,行政机关执法过程中如作出不利于相对人的行为,需要说明理由。

五、什么是案卷排他原则?

(一) 理论分析

案卷排他原则是行政法的特有原则,是为了保障行政相对人的知情权和防卫权而设定的制度。执法笔录是实现案卷排他原则的主要依据,因此必须注重对笔录完整性的保护。案卷排他原则与听证程序密切相关,是保障听证实施质量的程序性原则。美国行政法上的案卷排他性原则起源于著名的第一摩根案件,该案确立了"决定者必须听证"的原则,指出决定者只能以听证中所确定的事实作为决定的依据,而不能根据听证之外的事实材料作出决定。因此,案卷排他的内涵是行政决定只能以行政案卷体现的事实为根据。凡是经过听证的案件,要求行政机关必须依据听证记录中的内容作出行政许可决定,这是"先取证,后裁决"规则的具体体现。在我国,《行政许可法》第一次规定了案卷排他原则。

---

[1] "郭某诉北京市规土委申请政府信息公开案",载无讼网。

案卷排他原则体现了行政程序尊重事实、追求客观真实的精神，有利于合理限制行政机关的自由裁量权，从而保障相对人的合法权益。

（二）法律规定

《行政许可法》第48条：听证按照下列程序进行：……⑤听证应当制作笔录，听证笔录应当交听证参加人确认无误后签字或者盖章。行政机关应当根据听证笔录，作出行政许可决定。

（三）典型案例

1948年，美国联邦贸易委员会向国会报告水泥工业的多重基准（basing-point）系统，并认为现有系统导致了固定价格。由于贸易委员会在裁决记录之外进行了事实调查，法院判决其决定构成了对基本问题的成见。在本案中，事前进行的单方调查必然导致官员在听证过程中封闭思维，从而造成先入为主的偏袒。如果偏向确实发生，那么有关审判者必须事先回避，否则有可能导致整个决定程序被撤销。[1]

美国这一案例体现了案卷排他原则的作用，彰显了此原则在行政领域中的重要性。严格以案卷中记录的内容作为定案依据，可以有效排除国家工作人员因主观臆断带来的不利后果，从而避免错误执法。

六、行政执法人员资格如何确认？

（一）理论分析

实行行政执法人员资格制度，是贯彻落实《全面推进依法行政实施纲要》，深化行政执法体制改革的一项重要措施。行政执法人员资格是指行政执法人员从事行政执法活动应当具备的条件，是行政执法人员从事行政执法活动的前提和基础。确立行政执法人员资格制度的目的就是通过设立执法准入门槛，增强行政执法的严肃性，规范行政执法行为，提高执法水平和质量，最终达到依法行政的目的。[2] 而关于行政人员执法资格目前并无统一规定，但根据《国务院办公厅关于全面推行行政执法公示制度执法全过程记录制度重大执法决定法制审核制度的指导意见》23条的规定，行政执法人员资格的取得应通过执法资格考试，如通过国家统一法律资格考试，取得法律职业资格的人员可以简化或者免于考试。由此可知，目前行政执法资格获得的趋势是通过相应考试来取得，而能够获得该资

---

[1] 参见张千帆："论行政中立——从美国行政法看行政公正的制度保障"，载《法商研究》2005年第6期。

[2] 马春生："行政执法人员资格确认的几个问题"，载《政府法制》2007年8月上期。

格的人员，根据执法类型的不同，要求也有所差别。

（二）法律法规

《国务院办公厅关于全面推行行政执法公示制度执法全过程记录制度重大执法决定法制审核制度的指导意见》第 23 条：加强队伍建设。高素质的执法人员是全面推行"三项制度"取得实效的关键。要重视执法人员能力素质建设，加强思想道德和素质教育，着力提升执法人员业务能力和执法素养，打造政治坚定、作风优良、纪律严明、廉洁务实的执法队伍。加强行政执法人员资格管理，统一行政执法证件样式，建立全国行政执法人员和法制审核人员数据库。健全行政执法人员和法制审核人员岗前培训和岗位培训制度。鼓励和支持行政执法人员参加国家统一法律职业资格考试，对取得法律职业资格的人员可以简化或免于执法资格考试。建立科学的考核评价体系和人员激励机制。保障执法人员待遇，完善基层执法人员工资政策，建立和实施执法人员人身意外伤害和工伤保险制度，落实国家抚恤政策，提高执法人员履职积极性，增强执法队伍稳定性。

《国务院关于加强市县政府依法行政的决定》第 19 条：加强行政执法队伍建设。实行行政执法主体资格合法性审查制度。健全行政执法人员资格制度，对拟上岗行政执法的人员要进行相关法律知识考试，经考试合格的才能授予其行政执法资格、上岗行政执法。进一步整顿行政执法队伍，严格禁止无行政执法资格的人员履行行政执法职能，对被聘用履行行政执法职责的合同工、临时工，要坚决调离行政执法岗位。健全纪律约束机制，加强行政执法人员思想建设、作风建设，确保严格执法、公正执法、文明执法。

《行政处罚法》第 38 条：在行政机关负责人作出决定之前，应当由从事行政处罚决定审核的人员进行审核。行政机关中初次从事行政处罚决定审核的人员，应当通过国家统一法律职业资格考试取得法律职业资格。

《行政强制法》第 17 条：行政强制措施应当由行政机关具备资格的行政执法人员实施，其他人员不得实施。

（三）典型案例

原告赵某诉称，2013 年 1 月初，第三人新王峪村委会以"配合桥梓镇政府拆违"为由，强制拆除了原告位于住所地的 40.3 平方米彩钢房。原告认为，根据《城乡规划法》的规定，彩钢房是否属于违法建设应当先由城市规划行政部门依法作出违法建设认定书。根据《行政强制法》第 17 条第 3 款"行政强制措施应当由行政机关具备资格的行政执法人员实施，其他人员不得实施"的规定，第三人新王峪村委会非"具备资格的行政执法人员"，在没有法律授权、没有城市规划行政部门出具的《违法建设认定书》、没有执法资格和依据的情形下，实施对原告彩钢房强制拆除的措施,其行为没有法律依据,已在事实上构成对原告的违法侵权。另根据《村民委员会组织法》第3条第2款的规定,第三人新王峪村委会的组织机构由被告依法设立,日常工作受被告的指导,被告桥梓镇政府对第三人新王峪村委会具有监督和管理的法定职责和义务,并对委托新王峪村委会实施强制拆除的措施和行为依法应承担相应法律后果。因此原告诉至法院,请求法院确认被告桥梓镇政府委托第三人新王峪村委会强制拆除原告彩钢房的行为,程序违法、超越职权。[1]

在本案中,对违法建筑具有强制拆除权的是桥梓镇政府,新王峪村委会作为桥梓镇政府依法设立,并受委托实施强制拆除措施的组织,其日常工作受桥梓镇政府的指导,且受镇政府的监督和管理。对于新王峪村委会实施强制拆除的措施和行为,应由桥梓镇政府承担相应的法律责任。

七、行政执法证据的含义及种类?

(一)理论分析

证据是证明案件事实的依据,其与待证事实之间应当具备关联性。行政执法证据是证据的一种,又可以称为行政程序证据,指的是行政主体在实施行政行为时的事实依据和法律依据。

行政执法证据的种类包括:书证、物证、证人证言、视听资料、电子数据、当事人陈述、鉴定意见、勘验笔录以及现场笔录等。书证,指的是以文字形式表现出来并以其内容证明待证事实的材料。在具体案例中,以其所表达的思想内容来证明案件事实的文字、符号或图画等都属于书证的范畴。物证,是指以外部特征、物质属性、所处位置以及状态等来证明案件情况的实物或痕迹。具体案件现场遗留的物品、印迹等均可作为物证。证人证言,是以语言陈述形式存在的证据材料,出自直接或间接了解案件情况的证人之口。一般情况下对于具体个案而言,证人应当出庭陈述证言;如确有困难不能出庭,经人民法院许可,可以提交书面证言。精神病人、未成年人作证应与其心理健康程度、心智成熟程度相适应。视听资料,是以录音、录像、扫描等技术手段制作的证据材料,它反映的是案件现场或与案件事实相关的声音、图像情况。在科技日益发达的今天,对视听资料的鉴定要求相对较高,以防止出现视听资料的造假情况。当事人陈述,是案件当事人在接受调查时向相关部门作出的有关案件事实的陈述。鉴定意见,是由具有专业技术特长的鉴定人利用专门的仪器、设备等,就与案件有关的问题进行

---

[1] "赵某诉桥梓镇政府案",载 https://www.itslaw.com/home,最后访问时间:2020年6月5日。

鉴定后所出具的专业性意见。在实践中根据鉴定对象的不同，鉴定工作主要可以分为医学鉴定、文书鉴定、会计鉴定等。勘验笔录，指的是行政机关工作人员或者人民法院审判人员对与行政案件有关的现场或者物品进行勘察、检验、测量、绘图、拍照等所作的记录。现场笔录，是指行政机关工作人员在行政管理过程中对与行政案件有关的现场情况及其处理所作的书面记录。

由于行政执法行为的特殊性，即一方主体为特定行政机关或者法律法规授权的组织，因此行政执法证据也就具备了独有的特征。首先，行政执法证据的收集主体仅限于行政执法主体。在行政机关作出具体行政行为的过程中，行政执法人员有权收集一切与案件相关、能够证明案件事实情况的材料。这并不意味着当事人没有权利自行收集相关证据，但其收集到的证据必须向行政机关提交并且经确认之后才能用于证明案件事实。其次，行政执法证据产生于案件事实发生的过程中或案件事实结束之后。这一特征体现出行政执法决定是严格根据事实情况作出的，即具体行政行为的客观公正性。最后，收集行政执法证据的目的是实现行政主体的主张，并为其行为提供依据。具体行政行为的对象为行政相对人，一项行政决定的作出很有可能会对相对人的权益造成不利影响，因此行政机关必须谨慎，必须在有确实依据的情况下进行许可、强制或者处罚等。倘若相对人不服行政决定提起复议或诉讼，充分合理的行政执法证据则能够成为行政机关的依据和理由。

（二）法律规定

《行政诉讼法》第31条：证据有以下几种：①书证；②物证；③视听资料；④电子数据；⑤证人证言；⑥证人证言；⑦鉴定意见；⑧勘验笔录、现场笔录。以上证据经法庭审查属实，才能作为定案的根据。

（三）典型案例

王先生的朋友因租赁合同与一家居公司发生纠纷。家居公司雇人将王先生的朋友放在出租屋内的财物强行搬走。其朋友随后将家居公司起诉至法院，要求对方返还财物，王先生作为朋友的代理人参加了法庭辩论。双方对强行拉走货物的事实没有异议，但对于具体数额存在很大争议。王先生向法庭提交了一份某工贸公司出具的出库单，证明对方拉走的货物数量。后这份出库单被一审法院采纳，做出判决。该家居公司提起上诉。在二审开庭时，家居公司的代理人突然出具了一份王先生的婚姻情况查询记录，证明王先生与提供出库单的工贸公司法定代表人是夫妻关系，质疑出库单的合法性。

王先生事后了解到，在二审诉讼过程中，该律师向民政局申请查询王先生的婚姻状况。民政局接受了申请，为该律师查询了王先生的婚姻状况，并向该律师出具了"查档证明",证明王先生与该公司的代理人曾经存在夫妻关系。王先生认为自己只是案件代理人而不是当事人,与案件没有直接法律关系,民政局为律师出具"查档证明"的行为侵犯了其隐私权,故向法院提起行政诉讼,要求确认被告民政局出具"查档证明"的行为违法。

法院认为民政部门出具查档证明的行为有事实依据,符合法定程序,不违背相关法律法规的规定,故判决驳回王先生的诉讼请求。[1]

分析本案需要梳理以下几方面内容:①证据证明力的界定。《最高人民法院关于行政诉讼证据若干问题的规定》中有规定,与一方当事人或者其代理人有利害关系的证人所作的对该当事人有利的证言不能单独作为认定案件事实的依据。本案中,由于工贸公司的代理人是原告代理人王先生的前妻,因此由其出具的出库单则存在证明力不足的情况。②律师取证的权利。具体到本案来说,对方律师对原告所交出库单的证明效力产生怀疑,在一审后重新取证,通过从当地民政局调取王先生的婚姻登记档案来求证一审中认定的出货单的证明力,是符合法律规定的。区民政局作为婚姻登记机关,其职责为办理婚姻登记、管理档案、办理查档服务。作为律师取证时涉及的相关单位,其应当在进行相关审查后,对符合条件的查档行为予以配合。因此民政局在对查档申请书、律师提供的相关材料、一审判决书、出库单等材料进行审查后,可以认定律师的查档符合有关规定。因此为其办理查档事项、提供相关证据是合法的,不属于违法公开信息。

八、行政执法人员怎样制作现场检查笔录和勘验笔录?

(一)理论分析

现场检查笔录是行政执法中所特有的证据,指的是行政执法人员在对与案件相关的场所、物品等进行勘验和现场检查时所作的书面记录,在行政执法过程中具有重要的意义和作用。执法人员掌握这种笔录的制作方法,有利于完成工作任务,并为自身的行为提供充足依据。

制作现场笔录和勘验笔录要求行政执法人员对检查过程中发现的以下情况进行详细记录:案件现场情况、具体物件的情况、实施强制措施的情况以及各方当事人陈述等。在制作上述笔录时还应特别注意以下几个方面的问题:①必须对案件现场以及具体的物件情况等进行准确、客观描述,尊重事实,切忌主观夸大。②原则上进行现场检查并制作相关笔录的行政执法人员人数应当大于等于2名。

---

[1] "王先生不服昌平区民政局信息公开案",载 http://www.110.com,最后访问时间:2020年6月5日。

③笔录的制作应当满足实时性，即不允许事后补充记载。④现场笔录和勘验笔录制作完成后需要有相对人或者在场证人的签字，以确保真实；如果相对人拒绝签字或者确实不能签字的，应当由执法人员注明原因。

（二）法律规定

《最高人民法院关于行政诉讼证据若干问题的规定》第14条：根据《行政诉讼法》第31条第1款第6项的规定，被告向人民法院提供的在行政程序中采用的鉴定结论，应当载明委托人和委托鉴定的事项、向鉴定部门提交的相关材料、鉴定的依据和使用的科学技术手段、鉴定部门和鉴定人鉴定资格的说明，并应有鉴定人的签名和鉴定部门的盖章。通过分析获得的鉴定结论，应当说明分析过程。

《最高人民法院关于行政若干诉讼证据问题的规定》第15条：根据《行政诉讼法》第31条第1款第7项的规定，被告向人民法院提供的现场笔录，应当载明时间、地点和事件等内容，并由执法人员和当事人签名。当事人拒绝签名或者不能签名的，应当注明原因。有其他人在现场的，可由其他人签名。法律、法规和规章对现场笔录的制作形式另有规定的，从其规定。

《行政强制法》第18条：行政机关实施行政强制措施应当遵守下列规定：……⑦制作现场笔录；⑧现场笔录由当事人和行政执法人员签名或者盖章，当事人拒绝的，在笔录中予以注明；⑨当事人不到场的，邀请见证人到场，由见证人和行政执法人员在现场笔录上签名或者盖章；……

《行政处罚法》第37条第1款：行政机关在调查或者进行检查时，执法人员不得少于两人，并应当向当事人或者有关人员出示证件。当事人或者有关人员应当如实回答询问，并协助调查或者检查，不得阻挠。询问或者检查应当制作笔录。

《治安管理处罚法》第88条：检查的情况应当制作检查笔录，由检查人、被检查人和见证人签名或者盖章；被检查人拒绝签名的，人民警察应当在笔录上注明。

（三）典型案例

2000年10月，罗某之子康某因交通事故死亡，四川省泸州市公安局交通警察支队三大队未将事故路面施工单位追加为交通事故的责任人，就以第2000-279号《道路交通事故责任认定书》认定驾驶员康某负交通事故全部责任。这一责任认定与交警三大队现场勘查笔录、询问笔录中载明的事故路面施工现场上无任何标志牌、防围设施、值勤人员提前下班等事实相矛盾。罗某将其诉至法院，认为作出该事故认定书的事实不清，证据不足，是违法的具体行政行为。请求撤销交警队的交通事故责任认定，判令其重新认定此次道路交通事故的责任。

原告罗某向法庭提交的证据有：①证人肖某、梁某、陈某的证言笔录，证明施工过程中施工路段实行车辆单行道通行，采取的措施是定人定点，从早上6点到晚上10点执勤，但事故时已无人执勤。②《交通事故现场勘查笔录》，证明事故发生地段的施工路面堆放有大量炭渣。

一审法院认为交警队不存在违法之处，故判决驳回原告的诉讼请求。原告不服，上诉至泸州市中级人民法院。二审法院经审理认为道路交通事故发生后，公安交通管理部门应当按照法定程序调查取证，查明事故原因。对涉及事故发生的各种因素，应当予以全面考虑并进行综合分析认定，严格依据现场勘查笔录，准确划分事故责任。被上诉人交警队对本案所涉重大交通事故作出的责任认定，事实不清，证据不足，适用法律错误，该行政行为不具有合法性。一审法院在审理本案时，虽然主持双方当事人进行了举证、质证、认证，但对通过审理能够确认的法律事实未加认定，就认为被上诉人交警队作出的第2000-279号《道路交通事故责任认定书》认定事实清楚，证据充分，程序合法，适用法律正确，判决维持了这个不具有合法性的行政行为，是错误的，应当纠正。上诉人罗某的上诉有理，予以采纳。综上，泸州市中级人民法院判决撤销一审行政判决，撤销被上诉人交警队于2000年10月19日作出的第2000-279号《道路交通事故责任认定书》，并判令被上诉人交警队对2000年9月5日发生在泸隆路41公里处的重大交通事故的责任重新进行认定。[1]

本案中，由于交警队没有严格按照现场勘查笔录记载的内容执法，导致相对人不服处理结果而诉至法院，行政机关的行为是缺乏合法性的。这也从侧面反映出现场笔录、勘验笔录在执法环节中的重要作用。

九、证人证言及当事人陈述作为证据时有哪些注意事项？

（一）理论分析

证人证言和当事人陈述具有较强的主观性，容易受到相关主体个人利益及心理状态的影响，因此行政机关在采纳这些内容作为证据时必须特别加以注意，需要对其形式、作出的时间和方式等进行考量。

对证人证言来说，根据普遍的证据采信规则应当对以下事项特别注意：①采信证人证言时必须考量提供该证言的证人素质，包括文化素质和思想道德素质等。因为主观能力、主观态度的不同会在很大程度上影响证人证言的真实性，所

---

[1] "不服道路交通事故责任认定案"，载110法律咨询网。

以需要执法人员根据实际情况进行判断和分析。②其他证人证言要优先于与当事人有亲属关系或者其他密切关系的证人提供的对该当事人有利的证言，因此在采信证据时有必要对这一客观事实进行合理的考量。③综合证人提供证言时的时间和场景，准确把握该证言与事实情况之间的联系，从证据的真实性与关联性特征出发加以判断，这就需要执法人员具备较强的识别能力和丰富的工作经验。对当事人陈述而言，因为同样属于主观性的内容，是相对人对已经发生过的事实场景的回忆，所以需要考量的具体内容也同样包括前述几个方面。

（二）法律规定

《最高人民法院关于行政诉讼证据若干问题的规定》第13条：根据《行政诉讼法》第31条第1款第4项的规定，当事人向人民法院提供证人证言的，应当符合下列要求：①写明证人的姓名、年龄、性别、职业、住址等基本情况；②有证人的签名，不能签名的，应当以盖章等方式证明；③注明出具日期；④附有居民身份证复印件等证明证人身份的文件。

（三）典型案例

2002年8月15日，黄某驾驶厢式小货车欲在某市中山南路东侧便道上停车。黄某在打开车门准备下车时，车门与骑助动车的赵某侧面相撞，造成赵某受伤。2002年8月20日，该市交警大队作出道路交通事故责任认定书，认定黄某临时停车，开门时未注意观察避让过往车辆，应负全责。9月25日，交警大队作出处罚决定书，决定给予黄某罚款105元、吊扣驾驶证4个月的处罚。黄某不服，经复议维持后向该市某区人民法院提起行政诉讼。被告交警大队在法定的举证期限内提供了以下证据：①黄某的询问笔录；②证人毛某的询问笔录；③交通事故现场勘验、检查记录；④《交通事故责任认定书》；⑤作出行政处罚程序的证据材料。在诉讼中原告对证人毛某的书面证言的真实性提出异议，认为被告提供的该书面证言未同时附有居民身份证复印件等证明毛某身份的文件，因此该证据法院不应采信。一、二审法院均认为被告提供的证人毛某的书面证言因未同时提供证明毛某身份的身份证复印件，不符合《最高人民法院关于行政诉讼证据若干问题的规定》第13条提供书面证言的要求，故对该书面证言不予采信。[1]

本案中，法院严格依据《最高人民法院关于行政诉讼证据若干问题的规定》中的要求对证人的询问笔录加以效力认定，这既体现了法律对证据材料的规范，也督促行政机关在执法过程中依法行使职权，不得忽略任何法定程序和步骤，从而更好地保障相对人的合法权益。

---

[1] "瑕疵书面证言在行政诉讼中的可采性探析"，载110法律咨询网。

十、行政机关行政执法过程中当事人拒不配合如何处理？

（一）理论分析

当事人拒不配合是指在行政机关执法过程中，与行政执法行为有关的相关人采取一种消极态度不配合甚至阻碍行政执法的一种情况，比如行政处罚中，当事人为了逃避处罚而不接受相关询问调查或者不如实进行回答，工商部门在执法过程中，当事人拒绝提交相关证据，拒绝扣留相关违法财物等，而上述的不配合很可能会导致行政机关执法时难以获取相关证据，从而致使整个执法进程停滞。

面对此种情况，就需要行政机关及相关执法人员在遵守相关法律法规的前提下灵活变通，从而保证整个执法活动的顺利进行。在实践中行政机关可从以下几方面进行处理：

1. 拒绝签收相关文书。对于此种情况行政机关可以根据文书的性质进行区分处理从而保证行政执法中送达行为的合法性。对于重要案件中直接影响案件程序的合法性或案件结果的重要文书的送达，诸如听证告知书、听证通知书、扣留或封存财物通知书、解除行政强制措施通知书、行政处罚决定书、行政复议决定书、先行处理物品通知书、罚没款催缴通知书等，如果当事人拒绝签收，办案机关可采取送达公证的方法，即申请当地公证处派2名公证员陪同监督这一送达行为，并出具合法有效的公证书，保全证据，公证这一送达行为。对于不影响案件性质和结果的一般文书，如责令改正通知书、询问通知书，可以在送达回证上写明拒绝签收原因及当时送达的情形，并让在场人员逐一签名。或者找有特殊身份的国家公职人员到场见证送达并在送达回证上签名。

2. 拒绝提供相关证据。在行政执法过程中需要当事人提供各种书证、物证。但是在实践中当事人因惧怕办案人员了解更多的违法事实从而使处罚加重，因而不愿配合工商部门，不愿给办案人员提供证据。此种情形下行政机关可以通过多次下达询问通知书的形式促使当事人尽快提供；对于某些行政机关并无相关执法权的情形，行政机关可以请求具有相关执法权的机关介入从而获得相关证据；对于已经达到妨碍公务情节要求的当事人，行政机关可以向公安机关报案从而寻求司法的帮助。

（二）法律规定

《行政处罚法》第37条：当事人或者有关人员应当如实回答询问，并协助调查或者检查，不得阻挠。询问或者检查应当制作笔录。

《治安管理处罚法》第50条：有下列行为之一的，处警告或者200元以下罚款；情节严重的，处5日以上10日以下拘留，可以并处500元以下罚款：①拒不执行人民政府在紧急状态情况下依法发布的决定、命令的；②阻碍国家机关工作人员依法执行职务的；③阻碍执行紧急任务的消防车、救护车、工程抢险车、警车等车辆通行的；④强行冲闯公安机关设置的警戒带、警戒区的。阻碍人民警察依法执行职务的，从重处罚。

（三）典型案例

2014年5月21日16时50分许，北京市公安局交通管理局西城交通支队六部口大队民警在复兴门内大街闹市口路口依法扣留了胡某的人力三轮车，经查胡某违反了复兴门内大街人力客货三轮车24小时昼夜禁止通行的规定，同时该三轮车还存在未按规定登记上路行驶的违法行为，民警有权滞留其车辆。当事人胡某拒不配合民警执法，甚至以暴力方法阻碍北京市公安局公安交通管理局交通民警对其进行执法，并且将民警打伤，因此被检察机关以妨碍公务罪起诉。[1]

由以上案例可知，当事人拒不配合行政执法工作时，行政机关可以根据相关法律法规的规定采取一定措施从而保证行政执法的顺利进行。

十一、如何进行证据保全？

（一）理论分析

行政执法证据多来源于实际的执法过程，是行政工作人员现场收集到的案件材料。由于执法现场具有复杂性，因此如不采取特定措施，则某些情况下相关证据不易得到完整的保存。证据保全是指在与案件有关的证据有可能损毁、灭失或者以后难以取得的情况下，通过一定措施对证据加以保护、使其得以保存的方式。行政执法活动中的证据保全问题，是执法人员实施具体行政行为时所必须关注的内容。

行政执法中的证据保全要求执法人员在调查、取证的过程中，将与案件相关或者能够证明案件事实的物品、照片、现场提存物以及证人证言等进行合理的保存，并且采取适当合理的方式防止上述证据遭到自然或人为的破坏。实践中，证据保全的具体形式包括：查封、扣押、拍照、录音、录像、复制、鉴定、勘验、制作笔录等。查封，指的是行政机关在执法过程中，对涉案物品、经营场所，或者行政相对人所有的与本案有关的存款、有价证券、房产等进行的就地封存措施，以禁止其被挪作不法之用。扣押，是指对于涉案的非法财物进行拘禁或扣留的措施。在实践中，如果对违法事实的认定不甚明确，比如根据群众举报对某商场涉嫌出售的假烟假酒进行检查，产品的真伪当场无法判定时，则采用查封与登

---

[1] "胡某妨害公务案"，载无讼网。

记保存，待情况落实之后进一步处理。如果违法的事实已经明确认定，比如生产厂家的技术鉴定人员陪同行政机关工作人员一同执法，当场认定商场所售商品为假冒产品，则此时应当将涉案产品予以扣押，并将其转移到其他地方存放，从而防止涉案物品的丢失。拍照、录音、录像、复制，均系对案发现场状况、在场人员所述情况以及现场物品等进行保全的措施，实际上属于证据材料副本的性质。鉴定意见，勘验以及制作笔录，则是对于涉案场所或物品状况进行的检验和记录，用来为之后的行政执法工作提供依据。行政机关采取上述保全措施后依法负有妥善保管的义务，以保证在今后的定案过程中能发挥相应证据的证明作用。

在实践中遇到法律适用问题时需要特别注意，此处提到的证据保全是《行政处罚法》意义上的先行登记保存，即对有可能灭失的证据进行封存、保管，而非《行政强制法》中所说的查封或扣押。行政强制措施中的查封、扣押目的在于防止违法行为对社会产生的危害持续扩大，是一种防范措施。

（二）法律规定

《行政处罚法》第37条第2款：行政机关在收集证据时，可以采取抽样取证的方法；在证据可能灭失或者以后难以取得的情况下，经行政机关负责人批准，可以先行登记保存，并应当在7日内及时作出处理决定，在此期间，当事人或者有关人员不得销毁或者转移证据。

《治安管理处罚法》第89条第1款：公安机关办理治安案件，对与案件有关的需要作为证据的物品，可以扣押；对被侵害人或者善意第三人合法占有的财产，不得扣押，应当予以登记。对与案件无关的物品，不得扣押。

（三）典型案例

某市开发区进行棚户区拆迁改造，欲对20世纪70年代建成的一栋筒子楼进行拆迁。张某在筒子楼中享有一间房屋的所有权，并且代为管理其朋友王某在该筒子楼中的另一间房屋。该市拆迁办公室在进行拆迁动员工作时对每一间房屋的实际建筑面积、建筑材料的构成以及房屋的新旧程度等均进行了现场勘查和评估，但由于王某的房屋格局、面积等与张某的房屋完全一致，所以拆迁办仅记录"与代管人房屋状况一致"字样，并没有进行详细的存档。一个月后王某归来，对这一评估结果持有异议并据此要求增加拆迁补偿款。此时筒子楼已被拆除，拆迁办不同意这一要求但又无法再次进行现场勘查，故而被王某诉至法院。

实践中这样的案例并不在少数，由于相关行政部门没有做好证据保全措施而为纠纷的发生制造了温床。由于代管人对被拆迁房屋没有所有权、处分权，因此在所有人不在的情况下，拆迁人应当就上述有关证据进行保全。如果代管人是房屋拆迁主管部门，则补偿、安置协议还必须经公证机关公证，并办理证据保全。

十二、行政执法人员怎样进行证据审查？

（一）理论分析

行政执法人员作出决定之前必须收集相关证据，这是"先取证，后裁决"规则的要求。证据材料必须经审查属实，才能作为定案根据。[1] 但是执法人员往往会收集到很多证据材料，这些证据中有些并不能或者不能单独作为定案依据，这就需要执法人员依据一定的标准进行判断，确定可以作为定案依据的证据材料。

证据审查过程可以分为形式审查和实质审查两步。形式审查主要指审查证据的外在形式，即是否满足一般证据的客观要件，例如是否附有证据的形成时间、制作主体、证明内容等，这是对证据进行的基本审查，不考虑其与案件的内在逻辑。实质审查是在形式审查之后所需要进行的步骤，主要指对证据材料真实性、合法性以及关联性的审查。审查真实性时要求执法人员主要考量以下三个方面的内容：①证据形成的原因；②发现证据时的客观环境；③证据是原件、原物，如果是复印件、复制品，那么与原件、原物是否相符；④如果为证人证言，还要考虑证人与相对人之间是否为亲属关系或其他可能影响证言真实性的利害关系。对证据合法性审查需要查证的内容有：①据制作主体的合法性，要求证据的收集、制作机关必须是法律明文规定的；未经法律授权的主体不能自行收集相关证据。②证据的获取方式及途径的合法性，不能以暴力、胁迫或者其他法律禁止的方式获取证据。审查证据关联性时要求执法人员充分运用其职业判断力和逻辑推理能力，探究证据材料与案件事实之间是否存在本质的、内在的、必然的联系。通过上述一系列的审查过程，力争确保作为定案依据的证据具备合法性、真实性以及关联性。

（二）法律规定

《行政许可法》第34条：行政机关应当对申请人提交的申请材料进行审查。申请人提交的申请材料齐全、符合法定形式，行政机关能够当场作出决定的，应当当场作出书面的行政许可决定。根据法定条件和程序，需要对申请材料的实质内容进行核实的，行政机关应当指派2名以上工作人员进行核查。

《行政处罚法》第36条：除本法第33条规定的可以当场作出的行政处罚外，行政机关发现公民、法人或者其他组织有依法应当给予行政处罚的行为的，必须全面、客观、公正地调查，收集有关证据；必要时，依照法律、法规的规定，可

---

[1] 参见宋大涵主编：《行政执法教程》，中国法制出版社2011年版，第264页。

以进行检查。

《行政处罚法》第 37 条第 1 款：行政机关在调查或者进行检查时，执法人员不得少于两人，并应当向当事人或者有关人员出示证件。当事人或者有关人员应当如实回答询问，并协助调查或者检查，不得阻挠。询问或者检查应当制作笔录。

（三）典型案例

2011 年 4 月 15 日，湖南红日生物科技开发有限公司（以下简称红日公司）股东张某向新邵县工商局提交《再次请求撤销虚假公司登记的紧急报告》，反映红日公司在 2004 年 12 月 12 日办理公司变更登记时提交虚假资料骗取公司登记，申请撤销红日公司 2004 年 12 月 12 日办理的虚假工商变更登记。经查，红日公司于 2004 年 12 月 10 日进行股权转让并形成两份股权转让协议，而该二份股权转让协议已经由邵阳市中级人民法院 2006 年 11 月 30 日的"（2006）邵中民二初字第 28 号民事判决书"认定"为以合法形式掩盖非法目的的无效合同"，因此作为公司登记机关的工商行政管理机关应当同样将其认定为无效合同。依据该无效合同提起的行政许可申请，应认定为提交虚假资料。行政机关在此过程中履行了证据审查的职责，对重要证据的合法性、真实性以及关联性进行审核，为案件的处理提供了有力依据。

法院经审理认为，鉴于红日公司于 2004 年 12 月 12 日提交虚假材料、以欺骗等不正当手段取得准予设立公司变更登记行政许可，且情节严重，依据《行政许可法》第 69 条第 2 款、《公司法》第 199 条、《公司登记管理条例》第 69 条及《企业登记程序规定》第 17 条第 2 款的规定，应当依法撤销该公司变更登记或吊销公司营业执照。[1]

本案的处理结果体现了行政机关在审查证据方面负有的严格责任。湖南省新邵县工商局对红日公司提交的两份股权转让协议进行审核，并且发现其作出原登记准许行为时所依据的证据是非法的。这一做法属于行政机关的事后纠错，从程序和实体上确保了证据对定案的重要意义，在很大程度上对伪造证据的当事人产生震慑作用。

---

[1] "湖南邵阳：省市两级法院判决遭县工商局软抵抗"，载腾讯新闻，http://news.qq.com/a/20110420/001202.htm，最后访问时间：2020 年 6 月 5 日。

十三、偷拍录像能否作为行政执法证据？

（一）理论分析

录音录像作为行政执法证据的一种，在判定案件事实方面起到很重要的证明作用。但证据要具备合法性才能作为定案依据，合法性的主要内容即为取得方式的合法。因此对于"偷拍"取得的录像材料能否作为行政执法的依据，就需要区分情况加以对待。

如果偷拍录像的设备被安置在公共区域内，其拍摄的内容是当事人在公共场所进行的一系列活动，不会给相对人的隐私、肖像等基本权利造成不利影响，而仅仅是对客观事实的记录，则可以将其作为行政执法的依据。但是，如果偷拍设备被安置在相对人的私人空间，例如卧室、私人办公室等场所内，拍到的是当事人相对私密性的行为，这就很有可能侵犯相对人的隐私权等合法权利。虽然由此产生的录像内容可能会对定案产生重要影响，但因其违反证据的合法性原则，因此不能予以采纳。

（二）法律规定

《最高人民法院关于行政诉讼证据若干问题的规定》第57条：下列证据材料不能作为定案依据：……②以偷拍、偷录、窃听等手段获取侵害他人合法权益的证据材料；……

（三）典型案例

卫生行政机关接到某小区住户举报，该小区内张某夫妻开设家庭诊所非法行医。执法人员为了查证落实，乔装成患者上门，发现张某正在其家中客厅为他人看病，于是采用偷拍偷录的方式将其看病治疗的全过程予以记录，并将这份录像作为了处罚张某夫妇非法行医的依据。

根据《最高人民法院关于行政诉讼证据若干问题的规定》，在对张某夫妇进行行政处罚的过程中，上述录像是可以作为行政机关的行为依据的。因为虽然客厅属于张某住宅的一部分，但由于其在客厅开办家庭诊所，实际上已经改变了客厅的性质，使其不再是单纯的私人空间。所以执法人员在张某家客厅偷拍的行医记录并没有侵犯张某及其妻子的隐私权等基本权利，是可以用作处罚依据的。

十四、"钓鱼执法"取得的证据能否作为定案的依据？

（一）理论分析

近年来，随着一些行政违法案件日益组织化、智能化、秘密化，采用常规的检查手段已经难以满足打击行政违法行为、制裁违法行为人的需要，于是刑事司法中的诱惑侦查手段越来越受到一些行政执法部门的青睐。这种行政执法被称为"钓鱼式"行政执法。即行政执法人员通过利诱性手段或者设计圈套的方式，使潜在的违法主体上钩并且实施违反法律规定的行为，而行政部门则据此收集相关证据对相对人进行处罚。从目前我国行政执法的实际状况来看，在公安、交通、技监等行政机关的行政执法活动中，"钓鱼式"行政执法不同程度地存在。从实践角度，这种执法方式在一定范围内应用于执法环节当中，确实帮助执法机关实现了管理社会事务的目的，但其合法性却频频遭受质疑，值得进一步探讨。

首先，钓鱼执法不符合依法行政的要求。行政执法是有关部门管理社会事务的行为，在很大程度上与公民的利益息息相关，所以必须在阳光下进行。由于行政违法行为的社会危害性一般而言并不是很大，因此也就不应允许其通过隐秘的钓鱼执法方式来获得行政相对人的违法证据。我们可以看到《行政处罚法》第36条规定：行政机关发现公民、法人或者其他组织有依法应当给予行政处罚的行为的，必须全面、客观、公正地调查和收集有关证据。2002年10月1日起施行的《最高人民法院关于行政诉讼证据若干问题的规定》第57条明确规定，"严重违反法定程序收集的证据材料"和"以利诱、欺诈、胁迫、暴力等不正当手段获取的证据材料"不能作为定案依据。这些规定从本质上就是为了保护行政相对人免受诸如钓鱼执法等行为的不当侵害。

其次，"钓鱼执法"不符合比例原则。比例原则要求行政主体在行政活动中注意协调各方利益，在衡量公益和私益的基础上选择对相对人侵害最小的方式。《行政处罚法》第4条规定："行政处罚遵循公正、公开的原则。设定和实施行政处罚必须以事实为依据，与违法行为的事实、性质、情节以及社会危害程度相当。"而钓鱼执法行为往往采取对相对人损害较大的方式进行，违法取证或者先取证后裁决，这使相对人因执法行为遭受的损失大于该行为所保护的社会利益，明显有违比例原则。

除此之外，"钓鱼执法"也一定程度上违反了程序正当、高效便民、权责统一以及诚实守信的要求，因此我们必须明确，"钓鱼执法"违背行政法的立法原则及实施目标，在实践中被严令禁止，这也是世界各国的惯例。

（二）法律规定

《行政处罚法》第36条：除《行政处罚法》第33条规定的可以当场作出的行政处罚外，行政机关发现公民、法人或者其他组织有依法应当给予行政处罚的行为的，必须全面、客观、公正地调查和收集有关证据……

《最高人民法院关于行政诉讼证据若干问题规定》第57条：以利诱、欺诈、胁迫、暴力等不正当手段获取的证据材料不能作为定案的依据。

（三）典型案例

2009年10月14日，上海男子孙某驾车经过浦东新区某建筑工程公司时看到一年轻人站在路中央拦车，便顺道开车将他送到了1.5公里外的目的地。途中，他还半开玩笑地问上车的人："兄弟，你是不是'钓鱼'的？"对方没有回答。然而就在孙某停车的瞬间，那名男青年突然从口袋里拿出钱放在副驾驶位置前的台面上，随后伸手去拔车钥匙。接着，路边一条胡同里冲出来好几个人，将孙某强行拽下车。就这样，浦东新区城市管理行政执法局认定孙某为"非法营运"。谁知为了证明清白，年仅18岁的孙某挥刀砍向了自己的手腕。所幸同事及时制止，他只伤及手指，没有酿成惨剧。事后孙某说："我没开黑车。当时路上没公交车了，那人看上去瑟瑟发抖怪可怜的。难道我有爱心也错了吗？"17日，孙某表示对执法部门的处罚决定并不认可，因此未在处罚书上签字。

对于"孙某事件"，上海市政府要求浦东新区政府迅速查明事实，并将调查结果及时公布于众。上海市政府强调，必须坚持依法行政、文明执法，依法维护正常的交通营运秩序，依法维护经营者、消费者的合法权益。对于采用非正常执法取证手段的行为，一经查实，将严肃查处。[1]

结合本案来看，上海浦东新区城市管理行政执法局在处罚孙某的过程中确实采用了"钓鱼执法"的方式。从表面上来看，行政执法局以"打击黑车、保护合法运营"为口号，处罚孙某是为了整顿市场秩序；但其背后却隐藏着任意扭曲执法程序的实质。钓鱼执法方式存在很强的隐匿性，这与公开执法的要求相悖离。除此之外，钓鱼执法作为一种引诱型执法方式，实际上并不能起到教育或者警示相对人的社会作用，违背了处罚与教育相结合的原则。

十五、哪些证据材料不得作为行政执法决定的依据？

（一）理论分析

行政工作人员在执法现场收集到的证据可能多种多样，但其中有一些并不符合证据规则，不适宜将其作为定案依据。与民事证据规则类似，在行政执法领域中，认定哪些证据不能作为定案依据时主要需要考虑以下几方面的问题：①提供证言的证人的心智水平，以及证人与相对人之间是否具有亲属关系或其他可能影响证言真实性的密切关系；②复印件、复制品与原件之间是否核对无误；③视听材料等经过加工制作而成的证据是否存有疑点；④鉴定意见是否能够科学、客

---

[1]"河南小伙疑遭上海'钓鱼执法'断指证'清白'"，载凤凰网，http://news.ifeng.com/c/7f2LuVoF06，最后访问时间：2020年6月5日。

观、真实地反应被鉴定材料的情况。

（二）法律规定

《最高人民法院关于行政诉讼证据若干问题规定》第71条：下列证据不能单独作为定案依据：①未成年人所作的与其年龄和智力状况不相适应的证言；②与一方当事人有亲属关系或者其他密切关系的证人所作的对该当事人有利的证言，或者与一方当事人有不利关系的证人所作的对该当事人不利的证言；③应当出庭作证而无正当理由不出庭作证的证人证言；④难以识别是否经过修改的视听资料；⑤无法与原件、原物核对的复制件或者复制品；⑥经一方当事人或者他人改动，对方当事人不予认可的证据材料；⑦其他不能单独作为定案依据的证据材料。

（三）典型案例

某美术学院学生李某与同学王某在李家看录像时突然断电，李某出门检查电路时，某派出所两名民警闯入李家，以李某传播淫秽录像为由，将李某和王某强行拘留。处罚过程中，有关部门出具了淫秽物品的鉴定结论，并没收了李家的电视机、录像机和录像带。李不服提出申诉，某市公安局维持了分局的裁决。李遂向法院起诉，并申请对录像带是否是淫秽物品进行重新鉴定。鉴定机关根据李某重新鉴定的申请，依据李、王的口供重新作出了鉴定。但是，鉴定虽然说明了检验申请的内容、依据（李、王口供描述的内容）、淫秽录像范围、论证过程等，却没有最后的鉴定意见。经法院审查，派出所将录像带收缴后就在某区公安局集中销毁，原鉴定意见依据的证据是被刑讯逼供的李某、王某的口供。在法院审理时李某提出自己看的是美术教学录像带，不是淫秽物品，由于被告提供不出录像带，鉴定机关仅依据李、王的口供作出的鉴定意见，属鉴定所依据的材料不充分。另外，由于重新鉴定的内容缺少意见一项，属内容不完整。因此，鉴于原鉴定依据的证据材料不确实、不充分，以及重新鉴定的内容不完整，两份鉴定意见均不能采纳，法院最终撤销了该裁决。[1] 由此可见，鉴定依据的证据材料不确实、不充分，以及鉴定意见错误、不明确或者内容不完整，是行政机关不能将其作为定案依据的重要原因。

最后需要指出，审查判断鉴定意见必须结合案内其他证据综合分析，进行对比研究。把这些证据与鉴定意见综合分析，既能对其他证据进行鉴别，也有利于

---

[1] 参见于忆书："浅议行政诉讼中不能作为定案依据的鉴定结论"，载法律教育网，http://www.chinalawedu.com/news/16900/172/2004/9/ma80982658341994002110936_131099.htm，最后访问时间：2020年6月5日。

发现鉴定意见的问题，对其作出正确的判断。在对比分析中发现矛盾时，一定要查清楚是鉴定意见有问题，还是其他证据有虚假。

十六、联合执法需要注意什么？

（一）理论分析

联合执法，指的是由多个行政部门联合行使行政执法权力的规则。在行政执法实践中，由于社会管理事务纷繁复杂，一个具体案件的管理往往涉及多个行政职能的行使。在这种情况下，将具有不同行政执法权力的部门联合起来共同行使职权，会在很大程度上提高执法效率，缩短执法时间，在便捷当事人的同时实现良好的社会管理。

由于联合执法涉及多个行政机关，因此在实施过程中必须特别注意权力的配置和制约，从而全面发挥这种制度的价值。首先，联合执法的前提是几个行政部门的职权之间存在联系。换言之，一例食品安全的具体案件涉及工商行政审批、市容市政建设、环境保护规范等方面的内容，那么就需要负责许可审批的工商行政部门，负责市容管理的城管部门以及负责环境整治的环保行政部门联合执法。其次，联合执法的行政部门之间需要建立良好的协调机制。由于多个行政部门都要在同一项社会管理事务中行使职权，难免会发生权力冲突，因此就需要有一个相对完善的协调制度来均衡权力、制约权力。最后，联合执法的文书应当分别出具，即由各行政机关以各自的名义对相对人实施处理或处罚，这也是细化责任承担的一种体现。

联合执法可以有效地实现执法主体、执法权限的整合；同时，联合执法事项大多属于特定区域内大量存在的但情节较轻、查处难度不大的违法行为，多是适用简易程序的案件和现场处理的案件，因而具有程序简易的特点和优点。但当前我国行政综合执法却面临多头执法、职权重叠等种种问题。因此，需要紧紧围绕职能转变和理顺职责关系这两个命题，不能按照计划经济体制下的旧思路处理与上级政府有关业务部门的关系；应重新整合综合执法机关的设置思路，本着精简的原则进行机构的归并和集中，并明确划分联合执法部门的层级体制，规定不同层级部门的职权范围，使权力明确且有限度。

（二）法律规定

《行政处罚法》第16条：国务院或者经国务院授权的省、自治区、直辖市人民政府可以决定一个行政机关行使有关行政机关的行政处罚权，但限制人身自由的行政处罚权只能由公安机关行使。

（三）典型案例

某烟草专卖局接电话举报：烟贩张某将于某时某地进行私烟买卖。该局当即与公安机关联系，并准时赶赴现场，将张某的一百箱香烟和一部汽车先行控制，继而由公安人员对张某、司机及有关人员进行询问，并制作了询问笔录。查明事实后，烟草专卖局对张某以无证销售为由作出如下处罚：①扣押香烟一百箱；②罚款20 000元。之后，张某不服处罚决定提起行政诉讼。

庭审中，双方争论激烈。张某主张，烟草专卖局所举证据（询问笔录）系公安人员询问、制作、署名，而非烟草专卖局依法取证，该证据应为无效证据，并以本案事实不清（烟草专卖局没有其他证据材料）为由，请求法院确认烟草专卖局的具体行政行为违法，并赔偿损失。烟草专卖局则依据自己所提供的国家烟草专卖局、国家工商行政管理局、国家质量技术监督局、公安部四家联合下发的《关于严厉打击制售假冒商标卷烟活动的通告》，山东省《烟草专卖管理稽查队工作规则》，东营市公安局和烟草专卖局联合下发的《关于成立烟草专卖管理稽查支队的通知》三份文件，力争联合办案合法有据，询问笔录合法有效，请求维持其具体行政行为，驳回张某的起诉。本案经过两次庭审后，烟草专卖局主动改变行政行为，张某申请撤回起诉，法院依法裁定准予撤回诉讼结案。

行政机关的联合办案，在行政执法中并非鲜见。最常见的有城建方面的拆除；工商、质检方面的强制查封扣押等。这种执法形式的特点是几家联合，共同或交替、交叉行动。如果没有合法的依据，那么进入诉讼阶段的"联合执法"很容易被审查出问题。就本案而言，被告的联合办案形式是两家合为一家，使执法主体成为组合体，但烟草专卖局在诉讼中没有此种形式合法的法律依据。通过审理发现，被告主张行为合法的认识来源主要在于对其所提供三份文件的误解。暂且不论通告中的"打击制售假冒商标卷烟"与制裁"无证销售"文不对题，仅就通告中的"密切配合"、规则中的"有效配合"，也决不能得出混合办案合法的结论。从其操作形式上看，是被告闻报立案，会同公安查处，由公安调查取证，被告以自己名义作出处罚。被告违背了《行政处罚法》必须客观公正地调查的规定。对于联合办案的正确理解，应是各有关部门依照各自的法定职责行使各自的职权，同时行动、互通信息、有效配合，以达到及时严惩违法的目的。但在行动中不得互相取代，不得超越职权。[1]

---

[1] "从一起案例谈行政机关联合办案程序效力的认定"，载中国法院网，http://www.chinacourt.org/article/detail/2006/10/id/221963.shtml，最后访问时间：2020年6月5日。

十七、行政机关进行送达的方式包括哪些?

（一）理论分析

行政机关作出行政决定之后，应当严格依据法律规定，在指定时间范围内将文书送达相对人。类比民事程序规定，行政机关的送达方式也可以归纳为以下五种：直接送达、留置送达、转交送达、委托送达、邮寄送达、公告送达。

直接送达是送达方式中最基本的一种，即行政机关将相关决定或文书直接交给行政相对人。如受送达人不在，可以交付给和他同住的成年家属签收。如受送达人已经向行政机关指定代收人的，交代收人签收同样视为直接送达。留置送达是指当受送达人无正当理由拒绝接收送达文书时，行政机关依照《民事诉讼法》规定，邀请有关基层组织或者所在单位的代表到场，说明情况，在送达回证上记明拒收事由和日期，由送达人与见证人签名或盖章，把送达文书留在受送达人的住所。转交送达是针对以下两种群体设定的，即受送达人是军人或者被监禁的人。在此种情况下，前者需要通过其所在部队的政治机关转交，后者通过其所在的监狱或社区单位转交。委托送达指直接送达确有困难时，如受送达人不居住在送达机关的辖区内，行政机关可以委托受送达人居住地的机关代为送达。邮寄送达是通过邮寄方式将行政文书送达相对人的一种方式。公告送达是将行政决定或行政文书在指定媒介上公开刊登的一种送达方式。行政机关需要根据不同案件的具体情况选择送达方式，以确保行政相对人能在最短的时间内了解行政决定的内容。

（二）法律规定

《行政强制法》第38条：催告书、行政强制执行决定书应当直接送达当事人。当事人拒绝接收或者无法直接送达当事人的，应当依照《中华人民共和国民事诉讼法》的有关规定送达。

（三）典型案例

申请人某县竹叶村委会与第三人客阳村委会为了两村交界处的80.9亩山林的权属发生纠纷，双方都认为该山林应当属于自己所有。1998年，申请人申请县政府对该80.9亩的土地所有权和使用权进行确权，2000年9月6日，县政府作出处理决定，将争议地内10.7亩林地划归申请人所有，其余的归第三人所有。2000年9月8日县政府工作人员将决定书送到客阳村委会，并通知申请人竹叶村村长刘某到场，经办人将处理决定送给刘某看，刘某看完后，拒绝在送达回证上签字。后来经办人把该处理决定送到镇政府办公室，由该镇办公室干部卜某在送达回证上签收，并要求其通知刘某到镇办公室领取，但卜某未能将处理决定送达给申请人,直至 2001 年 7 月 23 日,镇政府证明该处理决定仍保存在镇档案室。申请人认为县政府处理不公正,于 2001 年 7 月 19 日向某市政府申请行政复议。[1]

从本案情况看,申请人的法定代表人虽然看过处理决定的内容,但不同意在送达回证上签字,只要申请人的法定代表人刘某没有在处理决定的送达回证上签名确认,也未记明签收日期,就不符合诉讼文书送达的法定条件,从法律上不能认定为该法律文书已经送达,应当另行采取留置送达、邮寄送达或委托送达等方法送达。但根据实际情况来看,卜某并没有将处理决定转交到申请人手中,而是将其保存在档案室,因此本案中的委托送达也是无效的。

由此看来,处理决定始终没有按照法定要求采取任何送达方式送达申请人。所以由此导致的法律后果,也不应该由申请人承担。也就是说,申请人未能在法定的 60 日内提出行政复议申请,并不是申请人的过错,而是由行政机关工作人员造成的。所以,既然县政府没有将处理决定送达申请人,申请人当然依法享有"在接到本决定书之日起 60 日内向市政府申请复议"的权利。行政复议机关也应当依法给予相应的救济,这样才能切实保障当事人的合法权益。

十八、行政机关送达的期限如何界定?

(一)理论分析

在送达过程中,行政机关需要遵循一定的时间限制,在合法合理的期限内将行政决定或文书送达相对人手中。根据法律规定,行政机关送达的期限是固定的,这一点比较容易操作。但在实践中经常出现找不到当事人,或者当事人拒收文书的现象,那么如何解决送达难的问题、如何界定实际的送达期限,就成为行政机关送达工作的关键。

首先,行政机关可以采用多种送达方式并举的措施,即将直接送达(含留置送达)、邮寄送达、委托送达、公告送达相结合,保障送达工作不脱节。其次,关于送达期间的计算问题,法律规定的期间包括法定期间和指定期间,有法定期间的不得另行指定期间。期间开始的时和日不计算在期间内。期间届满的最后一日是节假日的,以节假日后的第一日为期间届满之日。实践中,送达期间应当这样确定:①直接送达的以有义务接收文书的人在文书上签收的时间为送达日期;②邮寄送达以回执上注明的收件日期为送达日期;③委托送达的以受送达人签收

---

[1]"政府疏忽没有送达,事隔一年照样告你",载南方网法制频道,http://www.southcn.com/law/fzzt/xzfy/xzfydxal/200405200497.htm,最后访问时间:2020 年 6 月 5 日。

的时间为送达日期;④公告送达的自发出公告之日起 60 日,视为送达。最后,关于送达期间的起算日期,由于行政机关作出的决定通常会对相对人的利益产生影响,因此相关法律均规定行政机关的告知或送达起算日期即为作出具体行政行为当日。行政机关必须严格按照相关法律的规定,依据其具体行政行为的不同而选择适用不同的送达期间。在行政强制和行政处罚中,由于行政执法人员往往会在现场作出决定,随即告知相对人,因此送达的起算时间就是作出具体行政行为当日。在行政许可领域中,行政机关要对申请人提交的材料进行审查,这可能需要一段时间来完成,因此送达期间的起算日则为审查结束作出准予或不予许可决定的当天。在行政复议中,送达期间的起算日为复议机关作出复议决定的当天;除此之外《行政复议法》还规定复议决定书一经送达即生效,这其实也是给相对人提供了期限保障。

(二)法律规定

《行政许可法》第 44 条:行政机关作出准予行政许可的决定,应当自作出决定之日起 10 日内向申请人颁发、送达行政许可证件,或者加贴标签、加盖检验、检测、检疫印章。

《行政复议法》第 31 条:行政复议机关应当自受理申请之日起 60 日内作出行政复议决定;但是法律规定的行政复议期限少于 60 日的除外。情况复杂,不能在规定期限内作出行政复议决定的,经行政复议机关的负责人批准,可以适当延长,并告知申请人和被申请人;但是延长期限最多不超过 30 日……行政复议决定书一经送达,即发生法律效力。

《行政处罚法》第 40 条:行政处罚决定书应当在宣告后当场交付当事人,当事人不在场的,行政机关应当在 7 日内依照《民事诉讼法》的有关规定,将行政处罚决定书送达给当事人。

(三)典型案例

万某系一企业职工,2002 年 12 月在工作中遭受伤害,当月就向劳动保障行政部门提请了伤残认定。当地劳动保障行政部门经调查在 2003 年 1 月作出了认定万某伤残性质为工伤的决定。万某在领取工伤认定书的同时,受托也将发给企业的那份认定通知书携带回企业,并直接交给了当班的企业负责人,但双方并没有办理任何签收手续。2003 年 4 月,万某听人讲受工伤应当得到企业的补偿,于是就落实工伤待遇问题向当地劳动争议仲裁委提起了劳动争议仲裁。企业要求仲裁委中止仲裁,并就万某受伤能否认定为工伤,在同年 6 月向上级劳动保障行政部门提请行政复议。[1]

　　这起具体行政行为发生在1月份，可当事人6月份才申请行政复议，远远超过了《行政复议法》规定的行政复议申请时限。上级机关予以受理，其原因是当地劳动保障行政部门的工伤认定决定书没有送达有关当事人。万某将认定书携带回企业交给当班的负责人，这一行为不符合法律规定的送达方式的任何一种，因此不能视为企业在1月份收到工商认定决定，故其有权在得知相关行政行为之日起60日内提起行政复议。

　　本案中，虽不排除行政机关遇到送达难的情况，但实际上却并不至于阻碍其送达工作的进行。相对人没有收到相关文书，这损害了其合法权益，故有权寻求救济。

第二节　行政处罚

一、什么是行政处罚？

（一）理论分析

　　行政处罚是指行政机关或其他行政主体依法定职权和程序，为维护公共利益和社会秩序，保护公民、法人或者其他组织的合法权益，对违反行政法律法规尚未构成犯罪的当事人给予行政制裁的具体行政行为。具体来说就是有权的行政主体针对特定的行政相对人实施的一种处罚，这是行政主体行使行政管理职能的一项重要手段，也是行政相对人承担行政法律责任的主要形式。

　　并不是所有的行政主体都可以作出行政处罚，行政处罚的主体是享有行政处罚权的行政主体，包括具有行政处罚权的行政机关和法律法规授权的具有管理公共事务职能的组织。行政主体必须严格依据法定权限行使行政处罚权，超越法定权限的处罚无效。

　　作为一类最为传统、也最为典型的行政行为，行政处罚在我国的行政管理实践中得到了极其广泛的应用。《行政处罚法》于1996年10月1日起实施，作为我国行政执法领域第一部综合性法律和第一部单行行政程序法，《行政处罚法》的颁行具有极为重要的现实意义。

---

　　[1] "工伤认定决定书，可以托人送达吗"，载中国劳动争议网，http://www.btophr.com/s_case/case1586.shtml，最后访问时间：2020年6月5日。

（二）法律规定

《行政处罚法》第 1 条：为了规范行政处罚的设定和实施，保障和监督行政机关有效实施行政管理，维护公共利益和社会秩序，保护公民、法人或者其他组织的合法权益，根据宪法，制定本法。

《行政处罚法》第 2 条：行政处罚的设定和实施，适用本法。

（三）典型案例

朱某与王某都是某村的村民。朱某家里养了几只羊，它们经常自己跑出去到庄稼地里啃食麦苗。有一次朱某不在家的时候羊又跑出去，并跑到王某家的自留地里啃麦苗。王某看到后非常生气，顺手拿起地边的枝条抽打羊，将羊赶出自己田地后仍旧觉得心里有火，于是找到朱某让他把自家的羊管好，不要再三番五次地跑出去祸害庄稼。朱某不服气，两人开始吵架，越吵越激烈，最后动起手来。在动手的时候王某失手打破了朱某的头。村委员对两个人进行处理，经过批评后两个人都表示同意接受。于是村委会决定，因为朱某对自家的羊不好好管理，任由其跑出去乱啃庄稼，违背了村里的村规民约，应当罚款 50 元；朱某犯错误在先，向王某赔礼道歉，王某动手打人也是不对的，应当承担朱某的医药费。

看到此我们不得不发出一个疑问，村委会的罚款是行政处罚吗？村委会是基层群众自治组织，属于自治机构，并非一级国家机关，一般也不能成为行政主体。而我们所说的行政处罚是由行政主体来实施的，只有行政机关或者法律法规授权的其他组织才能享有行政处罚权，才能针对违法行为作出行政处罚。村委会非国家的行政机关，当然也没有行政处罚权。所以在上面的案例中村委会是不能对朱某进行罚款的。

二、行政处罚与刑事处罚如何衔接？

（一）理论分析

行政处罚与刑事处罚都是行为人对其违法行为造成的法律后果所承担的责任，但两者有着明显的区别：行政处罚本质上是一种行政制裁，是针对违反行政法律规范但尚未构成犯罪的行为的一种制裁；刑事处罚属于司法的范畴，是对触犯刑法构成犯罪的行为的一种制裁。刑事违法往往具有较为严重的社会危害性，而行政违法虽然也具有一定的社会危害性，但其程度尚未达到犯罪程度。

在特定的条件下，同一违法行为不仅违反行政法规范同时又触犯《刑法》构成犯罪，此时就形成了行政处罚与刑事处罚的竞合。当出现行政违法时，行政主体应对该行为进行调查，收集有关证据。调查终结时，如果发现违法行为已构成犯罪的应当移送司法机关，不能以行政处罚代替刑事处罚。

如果给予行政处罚后才发现违法行为构成犯罪的，人民法院在判处拘役或者有期徒刑时，行政机关已经给予当事人行政拘留的，应当依法折抵相应刑期。人民法院判处罚金时，行政机关已经给予当事人罚款的，应当折抵相应罚金。

（二）法律规定

《行政处罚法》第7条第2款：违法行为构成犯罪，应当依法追究刑事责任，不得以行政处罚代替刑事处罚。

《行政处罚法》第28条：违法行为构成犯罪，人民法院判处拘役或者有期徒刑时，行政机关已经给予当事人行政拘留的，应当依法折抵相应刑期。

违法行为构成犯罪，人民法院判处罚金时，行政机关已经给予当事人罚款的，应当折抵相应罚金。

《行政处罚法》第38条第1款第4项：调查终结，行政机关负责人应当对调查结果进行审查，对违法行为已构成犯罪的，移送司法机关。

（三）典型案例

北京市朝阳区烟草专卖局的工作人员于2014年4月24日对张某根位于北京市朝阳区首城国际小区的地下车库储物间进行检查，制作了《检查（勘验）笔录》。因张某根涉嫌无烟草专卖零售许可证经营烟草制品零售业务，朝阳区烟草专卖局决定对涉案物品进行先行登记保存，制作了《先行登记保存批准书》《先行登记保存通知书》，共计品种161个，4755条，制作了《涉案物品核价表》，核定价值总计850 576.4元，张某根签字确认。2014年4月25日，朝阳区烟草专卖局制作《调查终结报告》，认定张某根未取得烟草专卖零售许可证经营烟草制品，经检验认定张某根假冒注册商标且伪劣卷烟价值为13 187.4元，真品卷烟价值837 389元。因认定张某根涉嫌无烟草专卖许可证经营烟草制品零售业务的行为涉嫌犯罪，朝阳区烟草专卖局于2014年4月25日作出《案件移送函》，决定将案件材料、涉案物品清单移交北京市公安局朝阳分局处理，劲松派出所于同日作出《案件移送回执》，决定予以接收，并发函委托朝阳区烟草专卖局将涉案物品代为保管。

根据《烟草专卖许可证管理办法》第44条的规定，公民、法人或者其他组织未领取烟草专卖许可证擅自从事烟草专卖品生产经营活动的，烟草专卖行政主管部门应当依法查处。构成犯罪的，依法移送司法机关追究刑事责任。《烟草专卖行政处罚程序规定》第12条规定，烟草专卖行政主管部门发现所查处的案件应当由其他行政机关管辖的，应当依法移送其他行政机关。违法行为构成犯罪的，烟草专卖行政主管部门应当将案件移送司法机关追究刑事责任，不得以行政处罚代替刑罚。本案中，张某根涉案物品品种多、数量大，货物价值高，朝阳区烟草专卖局在查处过程中认定原告行为构成犯罪，依法将案件线索移送至公安机关，朝阳区烟草专卖局的移送行为符合法律规定。[1]

三、什么是处罚法定原则？

（一）理论分析

行政处罚是行政主体行使行政职权的一个重要方面，它可能对行政相对人的权利或利益产生一定的影响。所以行政主体在实施行政处罚时要严格贯彻处罚法定原则。《行政处罚法》明确规定了处罚法定原则，包括以下几个方面：

处罚设定权法定。只有法律、行政法规、规章和地方性法规可以设定行政处罚，其他行政规范性文件不能设定行政处罚。

处罚主体及职权法定。除法律、法规、规章规定有处罚权的行政机关以及法律法规授权的组织外，其他任何机关组织和个人均不得行使行政处罚权。行政主体要在法律、法规或者规章规定的职权范围内行使职权，不得越权和滥用权力。

实施行政处罚必须有法定的依据。行政处罚的实施必须以法律、法规或者规章为依据，法无明文规定不得进行处罚。

实施行政处罚必须遵守法定的程序。不遵守法定程序的，行政处罚无效。

（二）法律规定

《行政处罚法》第3条：公民、法人或者其他组织违反行政管理秩序的行为，应当给予行政处罚的，依照本法由法律、法规或者规章规定，并由行政机关依照本法规定的程序实施。

没有法定依据或者不遵守法定程序的，行政处罚无效。

《行政处罚法》第15条：行政处罚由具有行政处罚权的行政机关在法定职权范围内实施。

《行政处罚法》第17条：法律、法规授权的具有管理公共事务职能的组织可以在法定授权范围内实施行政处罚。

（三）典型案例

胡某和赵某是邻居，两家为房屋间的通道发生争吵，当胡某拉赵某到村民委员会评理时，赵某在地上大喊"打死人了，打死人了"。张某闻声赶来劝开，在赵的要求下把赵某搀扶回家。之后，赵某告到当地派出所，派出所根据张某"听到喊声赶到，见赵某躺在地上"的证词，对胡某拘留3天。胡某不服，申诉到市公安局，市公安局经审查认为派出所越权处罚，决定撤销派出所对胡某的处罚。

---

[1] 见"张禹根与北京市朝阳区烟草专卖局其他一案一审行政判决书"，载无讼网。

事隔半月，胡某所在地县公安局认定胡某殴打赵某致轻微伤，对胡某作出拘留5天的处罚决定。

本案的关键是派出所是否是行政主体，是否享有行政处罚权，享有哪些行政处罚权。派出所是基层公安局（或者公安分局）的派出机构，属公安局的内部职能部门，在其辖区内行使公安局的职权。我国《治安管理处罚法》规定，派出所有处以警告和500元以下罚款的权力。因此在此权限范围内，派出所是有行政处罚权的。而上述案例中派出所决定对胡某拘留3天，超出了其行政处罚的权限，违反了处罚法定原则中的处罚主体及其职权法定的原则，因此其作出的处罚决定是无效的。

四、行政处罚的种类有哪些？

（一）理论分析

《行政处罚法》中明确规定了六种行政处罚，分别是警告，罚款，没收违法所得、没收非法财物，责令停产停业，暂扣或者吊销许可证、暂扣或者吊销执照，行政拘留。另外还提到了法律、行政法规可以规定其他行政处罚。在实践中，其他种类的行政处罚还包括：驱逐出境、禁止入境或者出境、限期出境，这是对于外国人和无国籍人而言的；通报批评，即行政机关对违法者的批评以书面形式公布于众。

我国现行的《行政处罚法》之所以要明确列举处罚的种类，意义在于使行政处罚形式逐步稳定、统一，并走向规范化。如果行政处罚形式不统一，种类过于繁多，加之由多个行政机关分别实施，将很难发挥其应有效用和维护其权威，也容易造成权力滥用。

对于行政处罚种类的设定，《行政处罚法》第9~14条也作出了规定。法律可以设定各种行政处罚。行政法规可以设定除限制人身自由以外的行政处罚。地方性法规可以设定除限制人身自由、吊销企业营业执照以外的行政处罚。部委规章和政府规章可以在法律、法规规定的给予行政处罚的行为、种类和幅度的范围内作出具体规定。其他行政规范性文件不得设定行政处罚。

（二）法律规定

《行政处罚法》第8条：行政处罚的种类：①警告；②罚款；③没收违法所得、没收非法财物；④责令停产停业；⑤暂扣或者吊销许可证、暂扣或者吊销执照；⑥行政拘留；⑦法律、行政法规规定的其他行政处罚。

《行政处罚法》第9条第1款：法律可以设定各种行政处罚。

《行政处罚法》第10条第1款：行政法规可以设定除限制人身自由以外的行

政处罚。

《行政处罚法》第 11 条第 1 款：地方性法规可以设定除限制人身自由、吊销企业营业执照以外的行政处罚。

（三）典型案例

2007 年 11 月 12 日，鲁潍公司从江西等地购进 360 吨工业盐。苏州盐务局认为鲁潍公司进行工业盐购销和运输时，应当按照《江苏盐业实施办法》的规定办理工业盐准运证，鲁潍公司未办理工业盐准运证即从省外购进工业盐涉嫌违法。2009 年 2 月 26 日，苏州盐务局经听证、集体讨论后认为，鲁潍公司未经江苏省盐业公司调拨或盐业行政主管部门批准从省外购进盐产品的行为，违反了《盐业管理条例》第 20 条、《江苏盐业实施办法》第 23 条、第 32 条第 2 项的规定，并根据《江苏盐业实施办法》第 42 条的规定，对鲁潍公司作出了处罚决定书，决定没收鲁潍公司违法购进的精制工业盐 121.7 吨、粉盐 93.1 吨，并处罚款 122 363 元。鲁潍公司不服该决定，于 2 月 27 日向苏州市人民政府申请行政复议。苏州市人民政府于 4 月 24 日作出了维持苏州盐务局作出的处罚决定的复议决定书，鲁潍公司不服向人民法院提起诉讼。人民法院经审理认为：根据《行政处罚法》第 13 条的规定，在已经制定行政法规的情况下，地方政府规章只能在行政法规规定的给予行政处罚的行为、种类和幅度内作出具体规定，《盐业管理条例》对盐业公司之外的其他企业经营盐的批发业务没有设定行政处罚，地方政府规章不能对该行为设定行政处罚。

本案是关于行政处罚种类的指导性案例，《盐业管理条例》并未对盐业公司之外的其他企业经营盐的批发业务设定行政处罚，那么《江苏盐业实施办法》这一地方政府规章不能对该行为设定行政处罚。根据《行政处罚法》第 13 条的规定，省、自治区、直辖市人民政府和省、自治区人民政府所在地的市人民政府以及经国务院批准的较大的市人民政府制定的规章可以在法律、法规规定的给予行政处罚的行为、种类和幅度的范围内作出具体规定。也就是说地方政府规章只能在法律法规规定的范围内作出具体规定，而不能与之相抵触。由于该地方政府规章规定的处罚超出了《盐业管理条例》的范围，因此该规定是没有法律效力的，依法应予撤销。[1]

---

[1] "指导案例 5 号：鲁潍（福建）盐业进出口有限公司苏州分公司诉江苏省苏州市盐务管理局盐业行政处罚案"，载北大法宝，http：//www.pkulaw.cn/case/pfnl_ a25051f3312b07f3abc16a6bf704194dad168d636743bfd5bdfb.html？keywords＝鲁潍＆match＝Exact，最后访问时间：2019 年 10 月 3 日。

五、什么是相对集中行政处罚权？

（一）理论分析

相对集中行政处罚权也被称为行政处罚的综合执法，是指国务院或经国务院授权的省级政府可以决定一个行政机关行使多个行政机关的处罚权，但限制人身自由的行政处罚权只能由公安机关行使。与行政机关在法定职权范围内实施行政处罚权的单独实施相对应。相对集中行政处罚权的意义在于避免行政执法中的重复执法、多头执法、交叉执法问题。

第一，从性质上看属于实质性集中，将分散的权力进行集中和转移，使原来由多个行政机关拥有的行政处罚权收归一个行政机关行使，原机关不再行使有关行政处罚权。

第二，在决定主体上，只能由国务院决定或经国务院授权的省级政府决定。

第三，在内容上，必须遵循必要、精简、效能的原则。

（二）法律规定

《行政处罚法》第16条：国务院或者经国务院授权的省、自治区、直辖市人民政府可以决定一个行政机关行使有关行政机关的行政处罚权，但限制人身自由的行政处罚权只能由公安机关行使。

（三）新闻链接

2017年11月30日，北京市政府发布了京政发〔2017〕32号《关于进一步相对集中城市管理领域部分行政处罚权的决定》。主要内容包括：①自2017年12月1日起，城市管理部门行使的全部行政处罚权及相应的行政强制权、园林绿化部门行使的城市园林绿化管理方面全部行政处罚权（林业和野生动植物保护除外）划入城市管理综合行政执法部门集中行使。相关部门"三定"方案调整工作以及下放行政处罚权相关工作，由机构编制部门组织实施，于行政处罚权划转之日起3个月内完成。②2017年12月31日前，由机构编制部门组织规划国土部门、住房城乡建设部门确定各自执法机构整合以及下放行政处罚权工作方案。规划国土部门、住房城乡建设部门要在上述方案确定后3个月内完成各自执法机构整合以及下放行政处罚权工作，实现行政处罚权在部门内部集中行使、在市区两级合理配置。③根据国家及本市深化机构和行政体制改革工作进程，适时将规划国土部门、住房城乡建设部门行使的全部行政处罚权以及水务部门行使的城市节水、给排水方面的行政处罚权划入城市管理综合行政执法部门集中行使。

相关部门"三定"方案调整工作由机构编制部门依据本决定适时组织实施。[1]

城市管理领域部分行政处罚权相对集中后,城市管理综合行政执法部门依法行使与划入行政处罚权相关的行政检查权。以统筹兼顾、提升效能、权责一致、运转协调、立足当前、谋划长远为原则,利于北京市深入推进城市执法体制改革、改进城市管理工作的决策部署,进一步提升行政执法效能,提高城市管理和公共服务水平。

六、什么是职能管辖、级别管辖和地域管辖?

(一) 理论分析

行政处罚的职能管辖是按照各个行政机关职能的不同而对行政处罚管辖权进行的划分,例如工商部门的职能是对市场进行管理,而税务部门的职能是税收征收。可以说,如果把地域管辖看作是解决实施处罚的地域范围问题即"块块"问题,那么职权管辖就主要是解决实施处罚的专业范围即"条条"问题。

级别管辖是上下级行政机关之间在实施行政处罚方面的分工。根据行政违法案件的性质、情节、社会影响来确定哪些行政违法行为可以由哪一个层级的行政机关进行管辖。关于级别管辖,不同的行政部门规定不一,应根据不同的法律规定予以确认。

地域管辖是指同种职能的行政机关之间在实施行政处罚方面的地域分工。也就是说在职能管辖相同的时候因为地域不同而发生的管辖不同,需要注意的是,地域管辖只发生在同级行政主体之间,例如同属于一个市的两个区的公安局之间。我国《行政处罚法》规定行政处罚由违法行为发生地的县级以上地方人民政府具有行政处罚权的行政机关管辖。这是地域管辖的一般原则,对于法律、行政法规另有规定的应该适用法律、行政法规的规定。

(二) 法律规定

《行政处罚法》第20条:行政处罚由违法行为发生地的县级以上地方人民政府具有行政处罚权的行政机关管辖。法律、行政法规另有规定的除外。

(三) 典型案例

某县工商局接到群众举报,反映张某所开的副食品商店出售假"红塔山"香烟。工商局立即派人查处。经调查,张某所售红塔山香烟系从南方某个体生产

---

[1] "北京市人民政府关于进一步相对集中城市管理领域部分行政处罚权的决定",载首都之窗,http://www.beijing.gov.cn/zhengce/zhengcefagui/201905/t20190522_60742.html,最后访问时间:2019年10月3日。

厂家购进的，确属假烟，该工商局依法对张某作出了行政处罚。张某不服，认为假烟是由南方某个体厂家生产的，违法行为发生地在南方，应由南方的执法部门处理，而该县工商局无权实施处罚，遂向人民法院提起行政诉讼。

该案的主要焦点是对于违法行为发生地的理解，根据《行政处罚法》第20条的规定行政处罚由违法行为发生地的县级以上地方人民政府具有行政处罚权的行政机关管辖，因此什么是违法行为发生地对于确定管辖权有着重要的意义。本案假烟生产地是制假行为的发生地，而销售地是危害结果的发生地。为了对制假售假行为加强处罚力度，对于违法行为发生地应该予以广义的理解，即对于生产地和危害发生地都应视为违法行为发生地，因此该县工商局是有权进行管辖的。

七、对行政处罚管辖权存在争议时如何解决？

（一）理论分析

《行政处罚法》规定对管辖发生争议的，报请共同的上一级行政机关指定管辖。所谓的指定管辖是指两个以上行政机关对行政处罚案件的管辖权发生争议，由有权行政机关指定某一行政机关进行管辖的制度。管辖权存在争议的主要原因有：两个以上的行政机关或组织在实施行政处罚时相互推诿或者争夺管辖权；因为法律、法规对处罚管辖权规定不明确，造成行政机关对管辖权产生不同理解；在特殊情况下不可抗力导致指定管辖等。

同时应该注意的是，在行政处罚管辖权发生争议时应由共同的上一级机关进行指定管辖，而不是所有的上级机关都可以进行指定。不同的行政机关其共同的上一级机关也不相同。如果争议各方是同一个政府所属的两个以上的工作部门，行使指定管辖权的机关就是本级人民政府。如果争议各方是两个以上人民政府，行使指定管辖权的机关就应当是两个人民政府共同的上一级人民政府。如果争议双方是不同级政府所属的两个以上工作部门，则需要具体问题具体分析。如果这两个以上部门都隶属于同一个行政主管部门，就由这一行政主管部门指定即可；如果这两个以上的部门不属于同一个行政主管部门，就应由他们共同的上级人民政府指定。

（二）法律规定

《行政处罚法》第21条：对管辖发生争议的，报请共同的上一级行政机关指定管辖。

（三）典型案例

王某于2014年11月2日向北京市工商行政管理局朝阳分局（以下简称朝阳区工商局）举报其辖区内的北京极草苑商贸有限公司通过销售人员介绍及店铺宣

传材料对"极草冬虫夏草"作虚假宣传，朝阳区工商局在立案调查后，于2015年1月29日将上述举报件移交青海省工商行政管理局处理。王某认为朝阳区工商局移交已经立案调查的举报案件违法，请求人民法院撤销朝阳区工商局非法移交案件的行为，重新处理原告举报案件。[1]

北京市朝阳区人民法院经审理认为，关于被告朝阳区工商局将举报材料移交青海省工商行政管理部门处理的问题，《行政处罚法》第20条规定，行政处罚由违法行为发生地的县级以上地方人民政府具有行政处罚权的行政机关管辖。法律、行政法规另有规定的除外。第21条规定，对管辖发生争议的，报请共同的上一级行政机关指定管辖。《工商行政管理机关行政处罚程序规定》第10条规定，两个以上工商行政管理机关因管辖权发生争议的，应当协商解决，协商不成的，报请共同上一级工商行政管理机关指定管辖。第14条规定，跨行政区域的行政处罚案件，共同的上一级工商行政管理机关应当做好协调工作，相关工商行政管理机关应当积极配合异地办案的工商行政管理机关查处案件。根据上述规定，国家工商行政管理总局针对青海省工商行政管理局的请示，确定由青海省工商行政管理机关对相关企业"极草广告"存在的虚假宣传问题统一进行调查处理并无不当。

朝阳区工商局与青海省工商行政管理局是不同级政府所属的两个工作部门，但这两个工作部门都从属于国家工商行政管理总局这一主管部门，当两个以上工商行政管理机关因管辖权发生争议的，应当协商解决，协商不成的，报请共同上一级工商行政管理机关指定管辖。所以国家工商行政管理总局指定青海省工商行政管理局管辖本案并无不当，此举可以防止工作部门之间相互争抢或者相互推诿的情况的发生。

八、行政处罚的时效如何计算？

（一）理论分析

时效制度是一项重要的法律制度，其主要目的在于维护社会秩序的稳定性。我国的《行政处罚法》主要规定的是行政处罚的追诉时效制度。行政处罚时效是指行政主体作出行政处罚的有效期限。只有在该有效期限内作出的行政处罚才有效，超过有效期限，不得给予行政处罚。《行政处罚法》规定违法行为在2年内未被发现的，不再给予行政处罚。法律另有规定的除外。这就是说，行政处罚

---

[1] "王海与北京市东城区食品药品监督管理局投诉举报办理告知书和北京市食品药品监督管理局行政复议决定书案"，载无讼网。

时效一般为2年,超过2年就不再处罚。法律另有规定的,则从其规定,也就是说当其他法律对行政处罚时效作出不同于《行政处罚法》中关于期限的规定时,就应该按其他法律的规定执行。这里的"法律"仅指狭义上全国人大及其常委会通过的法律。例如《治安管理处罚法》规定违反治安管理行为在6个月内公安机关没有发现的,不再处罚。

《行政处罚法》规定了行政处罚时效的计算,对2年期限的计算方法有两种情况:①行政违法行为没有连续或者继续状态的,从违法行为发生之日起计算;②行政违法行为有连续或者继续状态的,从行为终了之日起计算。

(二)法律规定

《行政处罚法》第29条:违法行为在2年内未被发现的,不再给予行政处罚。法律另有规定的除外。

前款规定的期限,从违法行为发生之日起计算;违法行为有连续或者继续状态的,从行为终了之日起计算。

《治安管理处罚法》第22条第1款:违反治安管理行为在6个月内公安机关没有发现的,不再处罚。

(三)典型案例

地平线餐饮公司成立于2005年7月7日,其住所现登记为北京市海淀区西冉村北路甲1号平房,经营范围为餐饮等项目。2017年7月25日,海淀区环保局执法人员对地平线餐饮公司的餐饮项目进行现场检查,发现其涉嫌未经环保验收、主体工程擅自投入使用的违法行为。海淀区环保局当日予以立案,并随后展开调查。2017年8月18日,海淀区环保局对地平线餐饮公司的委托代理人王某进行了询问。王某认可地平线餐饮公司于2005年7月开始正式营业;公司办理了环保审批手续,但未办理环保验收手续。2017年9月6日,海淀区环保局向地平线餐饮公司送达行政处罚事先告知书、行政处罚听证告知书,告知其享有陈述、申辩以及要求听证的权利。2017年9月27日,海淀区环保局作出责令限期改正通知书。同日,海淀区环保局作出《行政处罚决定书》,并于当日送达地平线餐饮公司。后地平线餐饮公司缴纳了罚款。地平线餐饮公司认为其被罚行为距调查已12年,依据《行政处罚法》有关追诉时效的规定,违法行为自发生之日起2年内未被发现的,不再给予行政处罚,因此于2018年3月13日向人民法院提起行政诉讼。[1]

在本案中,地平线餐饮公司于2005年7月开始正式营业,公司办理了环保

---

[1] "地平线餐饮公司不服海淀区环保局作出的行政处罚决定案",载无讼网。

审批手续，但未办理环保验收手续，该违法行为属于继续状态，《行政处罚法》第 29 条规定："违法行为在 2 年内未被发现的，不再给予行政处罚。法律另有规定的除外。前款规定的期限，从违法行为发生之日起计算；违法行为有连续或者继续状态的，从行为终了之日起计算。"对连续性违法行为的追诉时效，从行为终了之日起计算，因此海淀区环保局对其违法行为实施行政处罚不违反《行政处罚法》第 29 条的规定。

九、什么是一事不再罚原则？

（一）理论分析

一事不再罚原则是行政处罚中的一个基本原则，它是指行政主体对行政相对人的同一个违法行为，不得给予两次以上的同类处罚。我国《行政处罚法》明确规定，对当事人的同一个违法行为，不得给予两次以上罚款的行政处罚。对于该规定我们应该从广义上去理解，那就是一事不再罚原则不仅适用于罚款这一类行政处罚，而且还应该包括其他种类的行政处罚。当然对于同一违法行为进行两种以上的不同类的行政处罚是可以的，例如酒后驾驶机动车，可以对当事人进行了罚款并吊销驾驶证。

其中"同一个违法行为"有以下几种含义：

1. 是指一个独立的违法行为，所谓的独立是指行为从开始到终结的一个完整的过程。对在过程中的违法行为不能进行两次处罚，而只能进行一次。

2. 是指同一个违法行为，而不是指同一类的违法行为。在对一个违法行为作出行政处罚后，相对人又作出了与之前行为相同的违法行为，应该视为是两个违法行为，可以进行两次处罚。

3. 是指一个违法行为，而不是一次违法事件。一次违法事件可能有多个违法行为，每个违法行为均是独立的，均可以进行处罚。

4. 同一个违法行为仅指违反了行政法规范。如果一个违法行为同时违反了行政法规范和其他法律规范的，由有权机关依据各自的法律规定实行多重处罚，不再适用一事不再罚原则。如一个违法行为既违反了行政法规范又违反民法规范时，应该实行双重制裁。

（二）法律规定

《行政处罚法》第 24 条：对当事人的同一个违法行为，不得给予两次以上罚款的行政处罚。

（三）典型案例

2015 年 11 月 11 日，周某驾驶摩托车在二环主路最右侧车道由北向南行驶至天宁寺桥时，在没有任何警示标识的情况下，被交警强行拦截。交警以"违反禁令标志指示"和"违反规定在应急车道行驶"为由，分别对其作出了117号处罚决定和118号处罚决定。周某认为，北京市公安局公安交通管理局西城交通支队樱桃园大队（以下简称樱桃园大队）的处罚决定违反了"一事不再罚"原则。其要走"应急车道"则必须上"二环主路"，二者是无法分割的"同一违法行为"，该行为即使违反了两项规定，也只能作出一项罚款或两项不同种类的处罚。据此，周某不服樱桃园大队的处罚决定，向法院提起诉讼。

本案中，周某主张其驾驶摩托车进二环主路和在应急车道行驶应属于同一行为，樱桃园大队对此作出了117号和118号两个行政处罚，分别罚款200元和100元，明显违反行政处罚"一事不再罚"原则。"一事不再罚"原则适用的前提为"一事"，也即"一行为"。数行为数罚并不违反"一事不再罚"原则。单一行为应当包含"内在意思决定""外在身体动作"以及"法律规范之评价"三个要件，即行为人的一个单一的意思决定，实施一个单一的外在行为，法律规范对此只作了单一的评价。本案中，周某将摩托车驶入二环主路行驶和应急车道内行驶，并非出自一个单一的意思决定，实施的不是一个单一的外在行为，法律规范对此亦作了两种不同的评价，因此不是一个单一的行为。驾驶摩托车进入二环主路并非必然都在应急车道行驶，将车从其他道路驶入二环主路和从二环主路驶入应急车道应属于相互独立的并在法律上分别评价的两个行为。既然属于两个不同的行为，樱桃园大队据此分别作出罚款的行政处罚就不违反《行政处罚法》第24条之规定，应予维持。[1]

十、不予行政处罚的情形是什么？

（一）理论分析

不予处罚是指行为人的行为不构成应受行政处罚的违法行为或者行为人虽然实施了违法行为，但由于法定原因而免除处罚。这些法定原因有以下几种：

1. 出于精神状况的原因，即精神病人在不能辨认或者不能控制自己行为时有违法行为的，不予行政处罚，但应当责令其监护人严加看管和治疗；

2. 出于行为人年龄的原因，即不满14周岁的人有违法行为的，因其未达行政处罚责任年龄，不予行政处罚，但是应该责令监护人加以管教；

3. 出于对行为情节的考虑，即行为人行为轻微，危害不大，不构成应受行政处罚的违法行为；或者当事人违法行为轻微并及时纠正，没有造成危害后果

---

[1]"周明远诉樱桃园大队作出的行政处罚行为案"，载无讼网。

的，不予行政处罚；

4. 由于期限原因而免于行政处罚的，即违法行为在 2 年内未被发现的，不再给予行政处罚。法律另有规定的除外。

(二) 法律规定

《行政处罚法》第 25 条：不满 14 周岁的人有违法行为的，不予行政处罚，责令监护人加以管教。已满 14 周岁不满 18 周岁的人有违法行为的，从轻或者减轻行政处罚。

《行政处罚法》第 26 条：精神病人在不能辨认或者不能控制自己行为时有违法行为的，不予行政处罚，但应当责令其监护人严加看管和治疗。间歇性精神病人在精神正常时有违法行为的，应当给予行政处罚。

《行政处罚法》第 27 条第 2 款：当事人违法行为轻微并及时纠正，没有造成危害后果的，不予行政处罚。

《行政处罚法》第 29 条第 1 款：违法行为在 2 年内未被发现的，不再给予行政处罚。法律另有规定的除外。

(三) 典型案例

2008 年 7 月 3 日下午，张某受其子的委托与其妻至 U 法院参加案件开庭审理。下午 1 时 40 分许，张某夫妇接受了 U 法院的安检。因张某之妻穿时装拖鞋，被法院工作人员劝出安检处，张某随妻一起走出安检处。当张某再次欲进法庭时，法院工作人员要求张某进行安检，张某认为其已进行安检而不愿再次安检。之后，张某欲进入大厅，被法警郦某某拦阻。张某用背部顶住郦某某前身，强行顶进大厅门，郦某某拉张某出大厅门，张某在大厅门外地上躺了近半个小时后自行报警。上海市公安局 U 分局接张某报警后于当日受理案件，经过调查取证，认为郦某某违法事实不成立，于 2008 年 8 月 1 日作出了对郦某某不予行政处罚决定。张某不服，申请行政复议，上海市 U 人民政府维持了上海市公安局 U 分局的具体行政行为。张某仍不服，提起行政诉讼。

通过以上案例我们可以看出，法警郦某某是在履行其法警职责时，与原告张某发生了肢体接触，该接触并没有造成原告人身伤害和财产的损失，属于情节轻微，危害不大，不构成应受行政处罚的违法行为。因此被告作出不予行政处罚的决定事实认定清楚，执法程序合法，适用法律正确。

十一、从轻、减轻行政处罚的情形有哪些?

(一) 理论分析

从轻、减轻处罚是行政管理机关对违反行政管理秩序并具备法定量罚情节的行政相对人所作出的行政处罚。这一原则是针对特殊的违法行为人（如未成年人、精神病患者等）的生理、心理状况及违法情节、立功表现而相应从轻、减轻处罚，其实质也是为了达到教育与处罚相结合的效果，实现行政处罚的根本目的。从轻处罚是指在法定处罚种类和幅度内对行为人适用较轻种类或者较小幅度的处罚。减轻处罚是指在法定的最轻处罚种类和最小处罚幅度以下给予处罚。

《行政处罚法》规定了应当从轻、减轻处罚的法定情节。首先是出于对行为年龄的考虑，本法规定已满14周岁不满18周岁的人有违法行为的应当从轻、减轻处罚。其次出于对行为性质和情节的考虑，主动消除或者减轻违法行为危害后果的，受他人胁迫有违法行为的或者配合行政机关查处违法行为有立功表现的，应当从轻、减轻处罚。最后《行政处罚法》还作了一个开放式的规定，即其他依法从轻或者减轻行政处罚的也应当从轻或者减轻处罚，也就是说符合法律的其他情形的也是可以从轻或者减轻处罚的。

(二) 法律规定

《行政处罚法》第25条：已满14周岁不满18周岁的人有违法行为的，从轻或者减轻行政处罚。

《行政处罚法》第27条：当事人有下列情形之一的，应当依法从轻或者减轻行政处罚：①主动消除或者减轻违法行为危害后果的；②受他人胁迫有违法行为的；③配合行政机关查处违法行为有立功表现的；④其他依法从轻或者减轻行政处罚的。

(三) 典型案例

2017年6月14日，延庆区食药监局接到市民热线12345转来的《北京市食品药品监督管理局举报登记表》显示，投诉人冯某反映其于2017年6月12日在北京快乐三六五商店购买了一袋超过保质期的"徽记蜜汁山核桃味瓜子"，生产日期是2016年9月18日，保质期8个月，售价12.8元。在立案调查后，该局于2017年10月23日作出《行政处罚决定书》，认定北京快乐三六五商店的行为违反了《食品安全法》第34条第10项的规定，依据《食品安全法》第124条第1款第5项，对快乐三六五商店处以没收违法所得12.8元、罚款50 000元的行政处罚。该商店不服延庆区食药监局作出的行政处罚决定，诉至人民法院请求依法撤销被诉处罚决定。

人民法院经审理认为：《行政处罚法》第 27 条第 1 款规定，"当事人有下列情形之一的，应当依法从轻或者减轻行政处罚：①主动消除或者减轻违法行为危害后果的；②受他人胁迫有违法行为的；③配合行政机关查处违法行为有立功表现的；④其他依法从轻或者减轻行政处罚的"。其中，"从轻处罚"是指在法定幅度内选择较低限度予以处罚，"减轻处罚"是指在法定幅度最低限以下予以处罚。《食品安全法》第 124 条第 1 款第 5 项规定，生产经营标注虚假生产日期、保质期或者超过保质期的食品、食品添加剂，尚不构成犯罪的，由县级以上人民政府食品药品监督管理部门没收违法所得和违法生产经营的食品、食品添加剂，并可以没收用于违法生产经营的工具、设备、原料等物品；违法生产经营的食品、食品添加剂货值金额不足 1 万元的，并处 5 万元以上 10 万元以下罚款；货值金额 1 万元以上的，并处货值金额 10 倍以上 20 倍以下罚款；情节严重的，吊销许可证。[1]

本案中，上诉人销售的涉案过期瓜子仅有一袋，货值金额仅为 12.8 元，未造成任何实际危害后果，且在现场检查时未发现上诉人销售被投诉的同类过期食品。若依据《食品安全法》对上诉人处以 5 万元罚款，则在处罚幅度上存在明显不当。应当依据《行政处罚法》第 27 条第 1 款第 4 项的规定，对行政相对人予以减轻处罚。

十二、行政处罚的一般程序分为哪几个阶段？

（一）理论分析

行政处罚的一般程序是指除法律特别规定应当适用简易程序和听证程序以外，行政处罚通常所应适用的程序。一般程序的步骤包括：

1. 立案。《行政处罚法》没有规定立案的条件，有的部门规章和地方性立法中对立案的条件作出了明确的规定。

2. 调查取证。行政机关在立案后应当对案件主要事实、情节和证据进行查对。调查取证的目的在于查明案件的真实情况，是取得违法事实证据的过程。在实施调查或检查时，执法人员不得少于 2 人，并应当向当事人或者有关人员出示证件。在收集证据时，可以采取抽样取证的方法；在证据可能灭失或者以后难以取得的情况下，经行政机关负责人批准，可以先行登记保存，并应当在 7 日内及时作出处理决定。

3. 说明理由、听取当事人陈述和申辩。向当事人说明将要处罚的理由，并

---

[1] "北京快乐三六五商店与延庆区食药监局行政处罚案"，载无讼网。

采取一定的方式听取当事人的意见，允许其申辩与陈述，对于合理的意见应予采纳。在行政机关作出责令停产停业、吊销许可证或者执照、较大数额罚款等行政处罚决定之前，应当告知当事人有要求举行听证的权利；当事人要求听证的，行政机关应当组织听证。

4. 决定。行政机关在案件调查终结后，送行政机关首长审批，根据不同情况作出行政处罚决定，并制作行政处罚决定书。行政处罚决定书应当载明下列事项：当事人的姓名或者名称、地址；违反法律、法规或者规章的事实和证据；行政处罚的种类和依据；行政处罚的履行方式和期限；当事人不服行政处罚决定，申请行政复议或者提起行政诉讼的途径和期限；作出行政处罚决定的行政机关名称和作出决定的日期。

5. 送达。能当场交付当事人的当场交付；当事人不在场的，依照《民事诉讼法》的有关规定，将行政处罚决定书送达当事人。

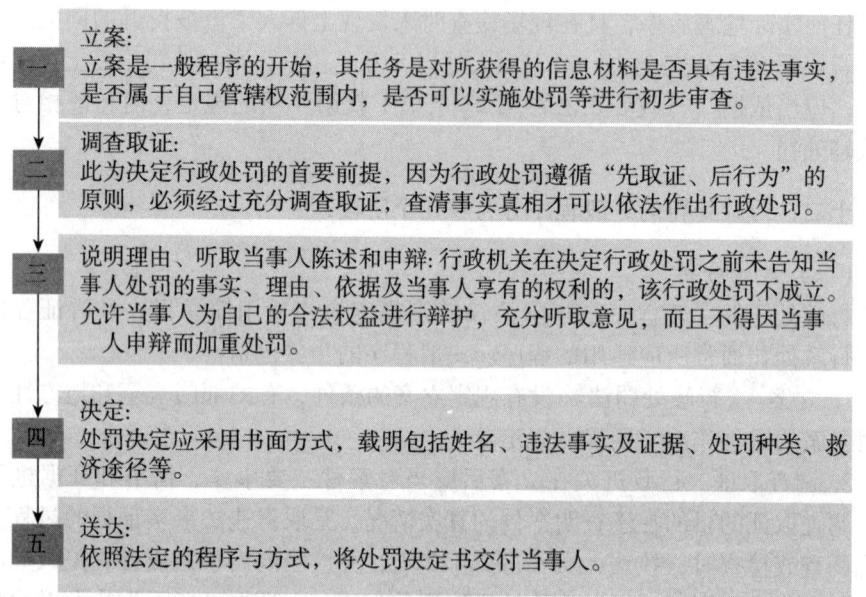

图 3-1　行政处罚的一般程序

（二）法律规定

《行政处罚法》第 36 条：除本法第 33 条规定的可以当场作出的行政处罚外，行政机关发现公民、法人或者其他组织有依法应当给予行政处罚的行为的，必须全面、客观、公正地调查，收集有关证据；必要时，依照法律、法规的规定，可以进行检查。

《行政处罚法》第38条第1款：调查终结，行政机关负责人应当对调查结果进行审查，根据不同情况，分别作出如下决定：①确有应受行政处罚的违法行为的，根据情节轻重及具体情况，作出行政处罚决定；②违法行为轻微，依法可以不予行政处罚的，不予行政处罚；③违法事实不能成立的，不得给予行政处罚；④违法行为已构成犯罪的，移送司法机关。

《行政处罚法》第39条：行政机关依照本法第38条的规定给予行政处罚，应当制作行政处罚决定书……

《行政处罚法》第40条：行政处罚决定书应当在宣告后当场交付当事人；当事人不在场的，行政机关应当在7日内依照民事诉讼法的有关规定，将行政处罚决定书送达当事人。

（三）典型案例

2016年5月6日17时25分，北京市公安局朝阳分局（以下简称朝阳分局）下属将台派出所接报反映：康某某在北京市朝阳区将台IT产业园58同城单位，利用高音喇叭扰乱单位秩序。民警赶赴现场，发现康某某因与58同城有纠纷，使用一个高音扩音器在现场播放，后民警将上诉人口头传唤至将台派出所进行调查。朝阳分局民警将上诉人因涉嫌扰乱单位秩序被传唤的情况告知上诉人亲属，并制作了《传唤通知家属工作说明》。当日，朝阳分局对上诉人作出《证据保全决定书》，决定对上诉人的扩音器予以扣押。同日，朝阳分局民警对康某某进行询问并制作了《询问笔录》，笔录中记载康某某到位于北京市朝阳区酒仙桥北路甲10号的58同城总部找说法维权，并用喇叭扬声器外放"58同城大骗子、付费推广不管用"等内容。朝阳分局民警于2016年5月6日对58同城公司保安韩某、58同城公司行政部经理王某、民警赵某等分别进行询问并制作了《询问/讯问笔录》，笔录中上述人员均陈述康某某在现场用喇叭反复播放录音及经民警制止不予配合的事实。2016年5月7日，朝阳分局制作《公安行政处罚告知笔录》，告知拟对其作出行政处罚决定的事实、理由和依据，笔录中载明"该人无正当理由，拒绝签字"。同日，朝阳分局作出《处罚决定书》，并由民警向康某某送达，其中注明"该人拒绝签字"。[1]

本案中，朝阳分局作出被诉行政处罚决定前履行了受案、传唤、调查取证等程序，作出处罚决定前向康某某告知拟对其作出行政处罚的事实、理由和依据，

---

〔1〕 "康远乐与北京市公安局朝阳分局治安管理处罚案"，载无讼网。

给予其陈述、申辩的权利，作出处罚决定后履行了送达等程序，朝阳分局作出行政处罚的程序符合法律规定，保障了被处罚人的合法权益，合法正当。

十三、简易程序的适用条件及实施步骤？

（一）理论分析

简易程序也称当场处罚程序，是指国家行政机关或者法律、法规授权的组织对符合法定条件的行政处罚事项，当场作出行政处罚决定的处罚程序。由于行政违法案件数量极多，而其中相当一部分违法案件事实清楚、简单。对此设立简易程序由执法人员当场作出处罚决定，不仅有利于及时处理问题，提高行政效率，客观上也便利了被处罚人，因此也为多数被处罚人所欢迎。

适用简易程序必须符合一定的条件，一个是违法事实确凿并有法定依据，另一个是较小数额的罚款或者警告的行政处罚，即对公民处以50元以下、对法人或者其他组织处以1000元以下罚款或者警告的行政处罚。按照《治安管理处罚法》的规定，较小数额罚款是指200元以下罚款。

简易程序的实施步骤包括：表明身份，出示执法身份证件；确认违法事实，说明处罚理由和依据，并告知当事人依法享有的权利，给予当事人提出异议或者申辩的机会，充分听取当事人意见；制作行政处罚决定书；交付当事人；必须报所属行政机关备案。

表3-1 一般程序与简易程序比较

程序	适用条件	调查人数	决定主体	签名盖章	送达时间	备案程序
一般程序	一般案件	2人以上	机关负责人或集体讨论决定	加盖作出机关公章	7日内	无
简易程序	对公民处以50元以下、法人1000元以下罚款或者警告	1人	执法人员	当场制作决定书，执法人员签名盖章	当场送达	事后须报所属行政机关备案

（二）法律规定

《行政处罚法》第33条：违法事实确凿并有法定依据，对公民处以50元以下、对法人或者其他组织处以 1000 元以下罚款或者警告的行政处罚的，可以当场作出行政处罚决定。

《行政处罚法》第 34 条：执法人员当场作出行政处罚决定的，应当向当事人出示执法身份证件，填写预定格式、编有号码的行政处罚决定书。行政处罚决定书应当当场交付当事人。

前款规定的行政处罚决定书应当载明当事人的违法行为、行政处罚依据、罚款数额、时间、地点以及行政机关名称，并由执法人员签名或者盖章。

执法人员当场作出的行政处罚决定，必须报所属行政机关备案。

（三）典型案例

2016 年 8 月 25 日，罗某驾驶两轮摩托车从马驹桥收费站驶入京沪高速路，沿京沪高速路进京方向行驶至大羊坊收费站，期间未戴头盔。北京市公安局公安交通管理局朝阳交通支队高速路大队（以下简称高速路大队）执法民警经查发现上述事实后，向罗某告知了其上述行为属违法行为，拟对其作出 50 元罚款的处罚。在当面告知罗某享有陈述和申辩的权利后，他未提出陈述和申辩。当日，高速路大队对罗某作出《简易程序处罚决定书》，认定他于 2016 年 8 月 25 日 7 时 17 分在京沪高速实施驾驶二轮摩托车时未按规定戴安全头盔的违法行为，根据《道路交通安全法》第 90 条的规定，决定处以罚款 50 元的处罚。罗某当场签收了该处罚决定。[1]

根据《道路交通安全违法行为处理程序规定》中的相关规定，对违法行为人处以警告或者 200 元以下罚款的，可以适用简易程序。适用简易程序可以由一名交通警察作出，并且履行告知、听取陈述和申辩、制作决定书、送达等相关程序。本案中，高速路大队适用简易程序对上诉人作出处罚，并履行了告知、保障陈述申辩权利、作出处罚决定并送达等程序，其履行程序符合上述规定。

十四、如何适用听证程序？

（一）理论分析

听证程序并不是与一般程序、简易程序并列的独立程序，而是在一定条件下添加至一般程序中的一项特别程序，其构成一般程序中的一个组成部分和重要阶段。《行政处罚法》首次在我国规定了听证制度，这在我国行政程序立法上具有里程碑的意义。该法第 42 条对行政处罚听证程序作出了具体规定。适用听证程

---

[1]"罗小迪与北京市公安局公安交通管理局朝阳交通支队高速路大队等处罚决定及行政复议决定上诉案"，载无讼网。

序的行政处罚种类包括了责令停产停业、吊销许可证或者执照和较大数额罚款三种，而对于其他类型并没有加以明确规定。

是否启动听证程序，由当事人选择决定。对于属于听证范围的事项，行政机关应当告知当事人有要求举行听证的权利。当事人要求听证的，行政机关应当组织听证。听证除涉及国家秘密、商业秘密或者个人隐私外一般都应该公开举行。主持听证的人员应该是由行政机关指定的非本案调查人员，听证应当制作笔录。

（二）法律规定

《行政处罚法》第42条：行政机关作出责令停产停业、吊销许可证或者执照、较大数额罚款等行政处罚决定之前，应当告知当事人有要求举行听证的权利；当事人要求听证的，行政机关应当组织听证。当事人不承担行政机关组织听证的费用。听证依照以下程序组织：①当事人要求听证的，应当在行政机关告知后3日内提出；②行政机关应当在听证的7日前，通知当事人举行听证的时间、地点；③除涉及国家秘密、商业秘密或者个人隐私外，听证公开举行；④听证由行政机关指定的非本案调查人员主持；当事人认为主持人与本案有直接利害关系的，有权申请回避；⑤当事人可以亲自参加听证，也可以委托1~2人代理；⑥举行听证时，调查人员提出当事人违法的事实、证据和行政处罚建议；当事人进行申辩和质证；⑦听证应当制作笔录；笔录应当交当事人审核无误后签字或者盖章。

当事人对限制人身自由的行政处罚有异议的，依照《治安管理处罚法》有关规定执行。

《行政处罚法》第43条：听证结束后，行政机关依照本法第38条的规定，作出决定。

（三）典型案例

2012年1月14日，李某将其种植、收获的甘蔗运至柳州市某区附近路段时，被某县人民政府的执法人员查获。因为甘蔗不是一般的商品，是政府控制价格的商品，不能自由买卖，并且李某没有甘蔗准运证和专用车辆。某县人民政府于2012年1月14日，依据《糖料管理暂行办法》第41条和《广西壮族自治区糖料蔗管理实施细则》第39条之规定，作出行政处罚决定书，决定没收查获的甘蔗34.029吨。李某诉称，某县人民政府作出行政处罚决定书的程序违法，因为某县人民政府没有告知其有举行听证的权利。

根据我国《行政处罚法》第42条规定行政机关责令停产停业、吊销许可证或者执照、较大数额罚款等行政处罚决定之前，应当告知当事人有要求举行听证的权利。这一条款明确规定了什么类型的处罚应当举行听证，本案某县人民政府作出的没收处罚不属该法规定的范围，因此听证程序不是该处罚的必经程序。李某称某县人民政府没有告知其可以行使听证权利，没有理由。

十五、罚款当场收缴的适用条件及程序？

（一）理论分析

我国行政处罚中一般遵循裁执分离原则，即行政处罚时，决定罚款的行政机关应当与收缴罚款的机构分离，以防止行政机关及其工作人员在行政处罚过程中同时拥有行政处罚决定权和执行权所可能产生的腐败现象。罚款当场收缴仅适用于法律规定的特殊情况下，根据我国《行政处罚法》第47条和第48条的规定，罚款当场收缴的适用条件包括：

1. 在简易程序中，即可以当场作出行政处罚决定的情况下，对依法给予20元以下的罚款的或不当场收缴事后难以执行的，执法人员可以当场收缴罚款。

2. 在边远、水上、交通不便地区，当事人向指定的银行缴纳罚款确有困难，经当事人提出的。

当场收缴罚款必须遵循法定的程序，首先应该出具省、自治区、直辖市财政部门统一制发的罚款收据，不出具该收据的，当事人有权拒绝缴纳。其次，当场收缴的罚款应当自收缴罚款之日起2日内，交至行政机关；在水上当场收缴的罚款，应当自抵岸之日起2日内交至行政机关。最后，行政机关应当在2日内将罚款缴付指定的银行。

（二）法律规定

《行政处罚法》第47条：依照本法第33条的规定当场作出行政处罚决定，有下列情形之一的，执法人员可以当场收缴罚款：①依法给予20元以下的罚款的；②不当场收缴事后难以执行的。

《行政处罚法》第48条：在边远、水上、交通不便地区，行政机关及其执法人员依照本法第33条、第38条的规定作出罚款决定后，当事人向指定的银行缴纳罚款确有困难，经当事人提出，行政机关及其执法人员可以当场收缴罚款。

《行政处罚法》第49条：行政机关及其执法人员当场收缴罚款的，必须向当事人出具省、自治区、直辖市财政部门统一制发的罚款收据；不出具财政部门统一制发的罚款收据的，当事人有权拒绝缴纳罚款。

《行政处罚法》第50条：执法人员当场收缴的罚款，应当自收缴罚款之日起2日内，交至行政机关；在水上当场收缴的罚款，应当自抵岸之日起2日内交至行政机关；行政机关应当在2日内将罚款缴付指定的银行。

（三）典型案例

某日下午，张某骑车与王某相撞，发生口角，继而动手推打。恰好县公安局副局长林某从此路过,见此情景,当场认定张某、王某的行为阻碍交通,扰乱公共秩序,触犯了《治安管理处罚法》的规定,决定分别给予张某、王某二人各罚款 100 元的行政处罚,并当场收缴了罚款,然后开车离去。

根据我国《行政处罚法》第 47 条和第 48 条的规定,在简易程序中,即可以当场作出行政处罚决定的情况下,对于依法给予 20 元以下的罚款的或者不当场收缴事后难以执行的,执法人员可以当场收缴罚款。另外在边远、水上、交通不便地区,当事人向指定的银行缴纳罚款确有困难,经当事人提出的可以进行当场收缴罚款。本案不属于简易程序范围也不属于边远、水上、交通不便地区,因此林某无权自行收缴罚款,应当由当事人自己在接到行政处罚决定书之日起 15 日内到指定的银行缴纳罚款。

十六、被行政处罚人在行政机关作出处罚决定前注销如何处理?

(一) 现实乱象

对于公司而言,公司注销是其自主经营权的体现,只要其注销申请符合注销的条件,行政机关就应当允许其注销。但公司主动注销并不意味着其不存在履行行政处罚的义务。实务中,不少公司在违反相关行政法规,被行政机关处以行政处罚后,为逃避行政处罚的执行,在行政机关作出处罚决定之前,主动将公司注销,以达到躲避行政处罚执行的目的。早在 2000 年《最高人民法院对关于非诉执行案件中作为被执行人的法人终止,人民法院是否可以直接裁定变更被执行人的请示的答复》中,最高人民法院即指出,人民法院在办理行政机关申请人民法院强制执行其具体行政行为的案件过程中,作为被执行人的法人出现分立、合并、兼并、合营等情况,原具体行政行为仍应执行的,人民法院应当通知申请机关变更被执行人。对变更后的被执行人,人民法院应当依法进行审查。因此,公司被恶意注销,并不代表行政处罚的必然消亡,相反,行政机关仍应该在此种情况下,追究被注销公司的责任,保证行政处罚权的实现,整治一系列破坏市场竞争、恶化营商环境的违法行为。行政机关在申请强制执行行政处罚时,可以变更作为行政相对人的被执行人。但对于作为被执行人的公司注销后,能否直接变更股东为被执行人,《行政诉讼法》及其司法解释均未予明确。为维护公共利益,保障行政罚款的及时有效收缴,应当如何依法严惩恶意股东的注销行为?可以建议有关机关撤销注销决定,恢复公司主体地位,并追加恶意股东为被执行人。[1]

---

[1] 刘东杰、仝永涛:"多措并举惩治注销公司逃避行政处罚",载《检察日报》2019 年 8 月 30 日,第 3 版。

首先，作为被执行人的公司通过虚假承诺无债务等方式，行政机关受欺骗作出注销公司的决定，意思表示不真实，该行政行为在内容方面存有明显瑕疵。对在成立时违法或者有瑕疵的具体行政行为，可予以撤销。其次，股东滥用公司法人独立地位，逃避债务，损害公共利益的，应当对公司债务承担连带责任。公司法明确要求股东不得滥用公司法人独立人格，否则应对公司债务承担连带责任。基于学理解释，滥用独立人格和股东有限责任的表现主要有四种：一是人格混同，二是财产混同，三是虚拟股东，四是不正当控制。股东滥用公司法人人格独立使得公司不再具有独立的意思和独立的利益，被股东恶意操作，成为其谋取个人利益的工具。

建议有关机关撤销注销决定，恢复公司主体地位，进而继续申请法院强制执行，并追加恶意股东为被执行人，充分考虑案件复杂性，提出的解决方案具有充足法律依据，既可以有效督促行政机关依法履职，又可以依法打击不诚信的公司、股东，能够确保取得较好办案效果。

（二）法律规定

《公司法》第20条：公司股东应当遵守法律、行政法规和公司章程，依法行使股东权利，不得滥用股东权利损害公司或者其他股东的利益；不得滥用公司法人独立地位和股东有限责任损害公司债权人的利益。

公司股东滥用股东权利给公司或者其他股东造成损失的，应当依法承担赔偿责任。

公司股东滥用公司法人独立地位和股东有限责任，逃避债务，严重损害公司债权人利益的，应当对公司债务承担连带责任。

《行政诉讼法》第70条：行政行为有下列情形之一的，人民法院判决撤销或者部分撤销，并可以判决被告重新作出行政行为：①主要证据不足的；②适用法律、法规错误的；③违反法定程序的；④超越职权的；⑤滥用职权的；⑥明显不当的。

《工商总局关于全面推进企业简易注销登记改革的指导意见》：企业有下列情形之一的，不适用简易注销程序：……有正在被立案调查或采取行政强制、司法协助、被予以行政处罚等情形的……

（三）新闻链接

营商环境是经济发展的软实力，也是各国各地区提升国际竞争力的关键要素，我国出台了一系列政策优化营商环境，如通过简化企业登记手续等等，为企业进入市场以及退出市场提供便利。但有一小部分企业竟然钻企业简易注册程序的空子进行恶意注销，以逃避行政罚款。

2017年年中，某诊所在坪山区注册成立，因使用非卫生技术人员开展医疗活动，以及未按规定进行诊疗时间公示，被坪山区卫生行政部门作出罚款的处罚决定。处罚决定书下达后半年时间过去了，该诊所经催告后仍拒交罚款，坪山区卫生行政部门向盐田区人民法院申请强制执行，盐田区人民法院作出准予强制执行的裁定。2018年12月11日，该诊所利用简易注销程序申请注销获核准，商事主体资格丧失，导致法院无法受理强制执行申请。近日，深圳市坪山区人民检察院在履行行政检察监督职责中发现，坪山区有部分企业为了逃避缴纳行政罚款，钻国家关于简化营商手续政策的空子，利用企业简易注册程序获得核准注销，导致行政相对人主体身份丧失，行政处罚无法继续执行。

关于恶意注销以逃避行政处罚的法律后果，相关行政法规都有规定。《工商总局关于全面推进企业简易注销登记改革的指导意见》（工商企注字〔2016〕253号）指出，"企业有下列情形之一的，不适用简易注销程序：……有正在被立案调查或采取行政强制、司法协助、被予以行政处罚等情形的……""对恶意利用企业简易注销程序逃避债务或侵害他人合法权利的，有关利害关系人可以通过民事诉讼，向投资人主张其相应民事责任，投资人违反法律、法规规定，构成犯罪的，依法追究刑事责任。"《深圳市企业简易注销登记规定》第15条规定："企业有采取其他欺诈手段隐瞒重要事实取得简易注销登记情形的，商事登记机关可以根据利害关系人请求或者依据职权，撤销企业注销登记，恢复其主体资格……"不仅如此，企业还可能面临工商登记部门的相关处罚。根据我国法律规定，企业申请登记时隐瞒真实情况、弄虚作假的，工商登记机关可依法对其进行处罚。

鉴于某诊所恶意注销以逃避行政处罚的行为，近日坪山区检察院向坪山区市场监管部门发出《检察建议书》，指出企业应当对其公告的拟申请简易注销登记和全体投资人承诺、向登记机关提交材料的真实性、合法性负责；并建议市场监管部门对企业在简易注销登记中隐瞒真实情况、弄虚作假的，依法作出撤销注销登记等处理，在恢复企业主体资格的同时将该企业列入严重违法失信企业名单，并通过国家企业信用信息公示系统公示。[1]

---

〔1〕"为了逃避行政罚款这家诊所竟然网上恶意注销"，载 https://wb.sznews.com/PC/layout/201907/15/node_A07.html，最后访问时间：2019年10月26日。

第三节 行政许可

一、什么是行政许可？

（一）理论分析

行政许可是指行政主体根据行政相对人的申请，经依法审查，通过颁发许可证或者执照的形式，依法作出准予行政相对人从事特定活动的行政行为。行政许可在社会生活中广泛存在，是行政主体管理经济社会事物的一项重要手段。行政许可的特征：首先，行政许可是一种依申请的行政行为；其次，行政许可主要是一种依法进行审查的行为；最后，行政许可是一种授益性行政行为，行政相对人因此获得一定的利益。行政许可的形式是指众多行政许可行为的具体表现形态，主要包括了许可证、执照、准许证和特许证等类型。

我国实行社会主义市场经济体制后，政府管理社会、经济的职能发生了重大变化，亟须从法律上对政府行为进行规范。行政许可制度能够有效地限制特殊行业和特殊行为，将其纳入国家监控范围，因而在规范、制约公民、法人行为等方面发挥了重要作用。《行政许可法》的出台是我国社会主义民主和法治建设的重大成果，被誉为中国"政治文明建设的又一座里程碑"。

（二）法律规定

《行政许可法》第2条：本法所称行政许可，是指行政机关根据公民、法人或者其他组织的申请，经依法审查，准予其从事特定活动的行为。

《行政许可法》第3条第2款：有关行政机关对其他机关或者对其直接管理的事业单位的人事、财务、外事等事项的审批，不适用本法。

（三）典型案例

济世康泰大药房有限公司（以下简称济世康泰公司）于2015年10月21日向北京市朝阳区食品药品监督管理局（以下称朝阳区食药局）提出开办药品零售企业申请，此后，朝阳区食药局开展审查工作。2015年10月23日，朝阳区食药局的工作人员到济世康泰公司拟注册地址进行实地测量，经测量该地址与最近的正在进行药品零售企业筹建申请审查的某堂公司的可行进距离仅为280米。《北京市开办药品零售企业暂行规定》第5条规定，开办药品零售企业应当符合"合理布局、方便群众购药"的原则，新开办药品零售企业应与已有药品零售企业之间具备350米以上的可行进距离。朝阳区食药局经实地测量认定济世康泰公司拟注册地址与最近的药品零售企业某堂公司的可行进距离不足350米，从而认定济世康泰公司的申请不符合上述规定,并作出不予许可决定。济世康泰公司不服诉至一审法院,请求法院判决撤销朝阳区食药局作出的决定书,责令朝阳区食药局重新作出准予行政许可决定。法院经审理认为,朝阳区食药局经实地测量认定济世康泰公司拟注册地址与最近的药品零售企业某堂公司的可行进距离不足350米,从而认定济世康泰公司的申请不符合上述规定,并作出不予许可决定。

本案中,朝阳区食药局在接到济世康泰公司的筹建申请后,依法履行了受理、审查的步骤,在法定时限内作出决定并送达济世康泰公司,朝阳区食药局履行程序亦无不当。综上,济世康泰公司要求撤销朝阳区食药局作出的决定书并责令朝阳区食药局重新作出准予许可决定的诉讼请求没有事实根据和法律依据,法院不予支持。[1]

行政许可是针对特定事项作出的具体行政行为,因事项的特殊性,并不是一经当事人申请就会得到批准,而是要经过行政机关的实质性审查后才能作出。本案中朝阳区食药局对济世康泰公司的申请开展了审查工作,通过实地测量认定其并不符合新开办药品零售企业的法定条件,因此作出了不予许可的决定。

二、行政许可需要遵循哪些基本原则?

(一)理论分析

行政许可的基本原则是指能够体现行政许可的基本价值,对行政许可具有指导性的基本理念。它既是学理上的原则因而具有指导性、原理性,也是法律上的原则因而具有操作性。我国《行政许可法》共规定了7个基本原则。

第一,行政许可的基本原则包括许可法定原则,公开、公平、公正原则,权利救济原则,加强监督原则等一般法律、法规中都会有的基础性原则。

第二,行政许可的一项重要原则是高效便民原则,即应该为行政相对人办理许可提供方便,提高办事效率。实践中如行政服务中心,行政机关在此地可以集中进行行政许可的办理,提高行政效率。

第三,行政许可另一项重要的原则就是信赖保护原则。依据这一原则,政府作出行政许可必须讲求诚实信用,行政许可一经作出,没有法定事由和未经法定程序不得随意撤回、撤销、废止或变更。

(二)法律规定

《行政许可法》第4条:设定和实施行政许可,应当依照法定的权限、范围、

---

[1] "北京济世康泰大药房有限公司与北京市朝阳区食品药品监督管理局许可决定上诉案",载北大法宝。

条件和程序。

《行政许可法》第 5 条：设定和实施行政许可，应当遵循公开、公平、公正、非歧视的原则。

有关行政许可的规定应当公布；未经公布的，不得作为实施行政许可的依据。行政许可的实施和结果，除涉及国家秘密、商业秘密或者个人隐私的外，应当公开……

符合法定条件、标准的，申请人有依法取得行政许可的平等权利，行政机关不得歧视任何人。

《行政许可法》第 6 条：实施行政许可，应当遵循便民的原则，提高办事效率，提供优质服务。

《行政许可法》第 7 条：公民、法人或者其他组织对行政机关实施行政许可，享有陈述权、申辩权；有权依法申请行政复议或者提起行政诉讼；其合法权益因行政机关违法实施行政许可受到损害的，有权依法要求赔偿。

《行政许可法》第 8 条：公民、法人或者其他组织依法取得的行政许可受法律保护，行政机关不得擅自改变已经生效的行政许可。

行政许可所依据的法律、法规、规章修改或者废止，或者准予行政许可所依据的客观情况发生重大变化的，为了公共利益的需要，行政机关可以依法变更或者撤回已经生效的行政许可。由此给公民、法人或者其他组织造成财产损失的，行政机关应当依法给予补偿。

《行政许可法》第 9 条：依法取得的行政许可，除法律、法规规定依照法定条件和程序可以转让的外，不得转让。

《行政许可法》第 10 条：县级以上人民政府应当建立健全对行政机关实施行政许可的监督制度，加强对行政机关实施行政许可的监督检查。

行政机关应当对公民、法人或者其他组织从事行政许可事项的活动实施有效监督。

（三）典型案例

王某想在某市开办一家网吧，按照该市有关规定，开办网吧必须具备"两证一书一照"，即网络文化准营证、互联网上网服务营业场所安全审核意见书和经营许可证。王某先到市文化局申请准营证，但两个月后仍未得到答复。经多次询问，市文化局才告诉王某要先到街道文化站请其提出意见并加盖公章，一个多月后王某获得了街道文化站同意其开办网吧的意见。王某持该意见再次到市文化局进行申请，经过两个多月，市文化局仍未作出答复。经王某多次催问，市文化局才又告知王某还需征得区文化局的同意并加盖公章。但根据有关规定，申请开办网吧应直接到市文化局提出申请，并未规定要先征得街道文化站和区文化局的同意。据此，王某就市文化局不履行职责向市政府申请行政复议。

本案涉及了《行政许可法》第4条的许可法定原则和第6条的高效便民原则。王某先后两次向市文化局提出申请，但是市文化局擅自提出两道违反规定的许可程序，并且第一次和第二次申请在2个月后才给出答复。《行政许可法》第6条规定，实施行政许可应当遵循高效便民的原则，提高办事效率，提供优质服务。本案中行政机关未按照法定程序进行许可，也未把高效便民原则落到实处。

三、行政机关何时可以变更或者撤回已生效的行政许可？

（一）理论分析

行政机关变更或者撤回已生效的行政许可涉及信赖保护原则。所谓的信赖保护原则是指行政机关不得擅自改变和撤销已生效的行政行为，应当保护行政相对人对已生效的行政行为的信赖利益，如果为了公共利益的考虑需要改变行政行为的，由此给相对人造成损失的应当给予补偿。在实践中，一些政府机关不讲信用，随意更改或者撤回已经生效的行政许可，给相对人造成了重大的财产损失，也使政府的形象受到了损害。该原则要求行政主体实施行政许可要诚实信用，限制对行政许可决定的变更或者撤回。这样做不仅有利于对相对人的信赖利益加以保护，而且有利于政府取信于民，建立诚信政府。

什么时候可以变更或者撤回已生效的行政许可呢？《行政许可法》规定行政许可所依据的法律、法规、规章修改或者废止，或者准予行政许可所依据的客观情况发生重大变化的，为了公共利益的需要，行政机关可以依法变更或者撤回已经生效的行政许可。也就是说，只有在上述条件下才能变更或者撤回行政许可。另外行政主体变更或者撤回行政决定时，给相对人造成财产损失的应该依法予以补偿，这是对相对人信赖利益损失的补偿。

（二）法律规定

《行政许可法》第8条：公民、法人或者其他组织依法取得的行政许可受法律保护，行政机关不得擅自改变已经生效的行政许可。

行政许可所依据的法律、法规、规章修改或者废止，或者准予行政许可所依据的客观情况发生重大变化的，为了公共利益的需要，行政机关可以依法变更或者撤回已经生效的行政许可。由此给公民、法人或者其他组织造成财产损失的，行政机关应当依法给予补偿。

（三）典型案例

2015年11月，经测绘部门勘测，金梦圆老年乐园向宏润公司租赁使用北京市石景山区八大处路35号的土地。2015年11月3日，北京市石景山区发展和改革委员会作出《关于永引南路（金顶北路—西五环路）道路工程项目核准的批复》。2015年12月16日，北京市石景山区重点工程建设中心向宏润公司送达房屋腾退通知，载明宏润公司出租给金梦圆老年乐园的位于八大处路35号的房屋在道路工程用地范围内，通知宏润公司于2015年11月5日至2016年2月5日腾退。2015年12月31日，宏润公司向金梦圆老年乐园送达租赁协议终止通知，告知金梦圆老年乐园承租场地涉及拆迁。2016年6月23日，石景山民政局向金梦圆老年乐园核发《北京市养老服务机构执业许可证》（许可证编号：110××××××××）。该许可证内容为："经核准，北京市石景山区金梦圆老年乐园符合国家关于养老服务机构执业的有关规定，具备养老服务机构执业资格，准予执业。……证书有效期：2017年6月22日……"2016年11月17日，石景山民政局作出《北京市石景山区民政局关于撤回北京市石景山区金梦圆老年乐园养老行政许可证的决定》，决定中指出："根据民政部《养老机构设立许可办法》第6条第1项的规定'设立养老机构应当有名称、住所、机构章程和管理制度'，你院与北京宏润投资经营公司之间的租赁协议书及补充协议解除后，已不具备合法的经营住所……你院获得设立许可所依据的客观情况已发生重大变化，为确保入住老人的合法权益，2016年11月17日，经我局局长办公会研究决定：撤回你院《北京市养老服务机构许可证》。"金梦圆老年乐园不服石景山民政局的撤回行政许可决定，向人民法院提起诉讼。

在本案中，石景山民政局向金梦圆老年乐园核发涉案许可证时，金梦圆老年乐园基于其与宏润公司之间的租赁协议及其补充协议，对石景山区八大处路35号的土地房屋享有使用权。后该处纳入永引南路道路工程项目用地范围内。金梦圆老年乐园与宏润公司的租赁合同亦被解除。金梦圆老年乐园已丧失上述合同项下的土地和房屋使用权。本区地方人民政府民政部门具有负责本行政区域内养老机构设立许可工作的法定职责。《养老机构设立许可办法》第6条规定，设立养老机构应当符合的条件中包括应当有住所以及符合养老机构相关规范和技术标准，符合国家环境保护、消防安全、卫生防疫等要求的基本生活用房、设施设备和活动场地等。石景山民政局颁发上述许可所依据的客观情况已经发生重大变化，其作出被诉决定，撤回该许可符合《行政许可法》第8条第2款的规定。[1]

---

[1] "北京市石景山区金梦圆老年乐园与北京市石景山区民政局二审行政判决书"，载无讼网。

四、行政机关可以委托其他行政机关实施行政许可吗？

（一）理论分析

行政许可的实施机关是指对申请人的申请进行审查并作出决定的机关，包括有行政许可权的行政机关和法律法规授权的具有管理公共事务职能的组织以及受委托的其他行政机关这三种类型。所以行政机关是可以委托其他行政机关实施行政许可的，但是需要满足以下几个条件：

1. 委托方应该是有行政许可权的行政机关。
2. 委托方应该依照法律、法规、规章的规定进行委托。
3. 不得再委托，即受委托的行政机关不得再委托其他组织或者个人。
4. 受委托的行政机关以委托行政机关的名义实施行政许可，后果归属于委托行政机关。

如国家质检总局可以根据实际需要全部或者部分委托出入境检验检疫机构或者地方质量技术监督局实施，这属于行政许可委托。

（二）法律规定

《行政许可法》第24条：行政机关在其法定职权范围内，依照法律、法规、规章的规定，可以委托其他行政机关实施行政许可。委托机关应当将受委托行政机关和受委托实施行政许可的内容予以公告。

委托行政机关对受委托行政机关实施行政许可的行为应当负责监督，并对该行为的后果承担法律责任。

受委托行政机关在委托范围内，以委托行政机关名义实施行政许可；不得再委托其他组织或者个人实施行政许可。

（三）典型案例

2006年，唐某租赁了某村岩场进行石灰岩开采。2009年唐某向某市安全生产管理局提交了办理《安全生产许可证》和对采石场安全生产设施进行竣工验收的报告，该局作出了同意颁发《安全生产许可证》的意见，并作出湘安监许决字〔2009〕026号《准予行政许可决定书》。随后省安监局向其颁发了安全生产许可证。覃某、许某获悉省安监局为唐某颁发安全生产许可证后，认为省安监局的颁证行为侵害了其合法权益，遂于2010年8月4日以省安监局为被告提起行政诉讼，请求撤销省安监局为唐某颁发的《安全生产许可证》。理由是唐某的石灰岩矿在覃某、许某居住的房屋旁，灰尘、噪音对覃某、许某的生活产生了影响。

根据《安全生产许可证条例》的规定，省、自治区、直辖市人民政府安全生产监督管理部门负责中央管理的非煤矿矿山企业以外的非煤矿矿山企业和危险化学品、烟花爆竹生产企业安全生产许可证的颁发和管理。根据《非煤矿矿山企业安全生产许可证实施办法》的规定，省级安全生产许可证颁发管理机关可以委托设区的市级安全生产监督管理部门实施非煤矿矿山安全生产许可证的颁发管理工作。

从上述案例可以看出，省安监局为委托人，而某市安监局为被委托人。省安监局委托某市安监局办理唐某的安全生产许可证的相关工作，符合法律规定，但行政委托产生的法律后果，应由省安监局承担，所以两原告以省安监局为被告提起诉讼。

五、行政机关作出许可决定的期限？

（一）理论分析

行政许可决定的期限，又称行政许可的审查期限，是指行政机关从受理行政许可后，直至作出行政许可的时间段。规定行政许可审查期限，体现了行政行为高效便民的要求。根据《行政许可法》的规定，有以下五种期限：①当场作出决定。能够当场作出行政许可决定的，行政机关应当当场作出。②受理之日起20日内作出决定。20日内不能作出决定的，经本行政机关负责人批准，可以延长10日作出决定。③行政机关采取集中办理、统一办理或联合办理的，受理之日起45日内作出决定，45日内不能决定的，经本级政府负责人批准，可以延长15日。④法律、法规有特殊规定的，依据特殊规定。例如《公民出境入境管理法》规定公安机关在30日内审批公民申请，《森林法实施细则》规定的期限为1个月。⑤依法应当先经下级行政机关审查后报上级行政机关决定的行政许可，下级行政机关应当自其受理行政许可申请之日起20日内审查完毕。

值得注意的是，有的行政许可在作出前依法需要听证、招标、拍卖、检验、检测、检疫、鉴定和专家评审，进行这些行为所用的时间是不计算在许可决定审查期限内的，但行政机关应当将所需时间书面告知申请人。

（二）法律规定

《行政许可法》第42条：除可以当场作出行政许可决定的外，行政机关应当自受理行政许可申请之日起20日内作出行政许可决定。20日内不能作出决定的，经本行政机关负责人批准，可以延长10日，并应当将延长期限的理由告知申请人。但是，法律、法规另有规定的，依照其规定。

依照本法第26条的规定，行政许可采取统一办理或者联合办理、集中办理的，办理的时间不得超过45日；45日内不能办结的，经本级人民政府负责人批准，可以延长 15 日，并应当将延长期限的理由告知申请人。

《行政许可法》第 43 条：依法应当先经下级行政机关审查后报上级行政机关决定的行政许可，下级行政机关应当自其受理行政许可申请之日起 20 日内审查完毕。但是，法律、法规另有规定的，依照其规定。

《行政许可法》第 44 条：行政机关作出准予行政许可的决定，应当自作出决定之日起 10 日内向申请人颁发、送达行政许可证件，或者加贴标签、加盖检验、检测、检疫印章。

《行政许可法》第 45 条：行政机关作出行政许可决定，依法需要听证、招标、拍卖、检验、检测、检疫、鉴定和专家评审的，所需时间不计算在本节规定的期限内。行政机关应当将所需时间书面告知申请人。

（三）典型案例

原国家食品药品监督管理局（以下简称原国家食药监管局）于 2010 年 11 月 19 日受理依生公司提出的仿制药注册申请。2011 年 6 月 29 日，原国家食药监管局收到依生公司的缴费；2011 年 6 月 30 日，依生公司提出的仿制药注册申请进入审评状态，国家食药监管总局以相关的技术审评工作尚未完毕为由，一直未针对依生公司的申请作出审批决定。依生公司认为原国家食药监管局未依法履行药品注册批准法定职责，于 2014 年 12 月 19 日向人民法院提起行政诉讼。

人民法院审理后认为，依据《行政许可法》第 42 条第 1 款之规定，行政机关应当自受理行政许可申请之日起 20 日内作出行政许可决定。20 日内不能作出决定的，经本行政机关负责人批准，可以延长 10 日。本案中，原国家食药监管局于 2010 年 11 月 19 日即已受理依生公司提出的仿制药注册申请，而迟至依生公司提起本案行政诉讼时，原国家食药监管局尚未作出审批决定，已经超出上述期限。原国家食药监管局辩称，因技术审评工作尚未结束，其无法作出审批决定，技术审评的时间应当予以扣除，扣除后其审批工作未超出法定期限。对此，法院经审查认为，《行政许可法》第 45 条规定，行政机关作出行政许可决定，依法需要听证、招标、拍卖、检验、检测、检疫、鉴定和专家评审的，所需时间不计算在本节规定的期限内。行政机关应当将所需时间书面告知申请人。《药品注册管理办法》第 150 条明确规定，仿制药申请的技术审评工作时间为 160 日。

本案中，涉案申请已交予国家食品药品监督管理总局药品审评中心（以下简称药品审评中心）进行技术审评，并于 2011 年 6 月 30 日进入审评状态，药品审评中心未能在法定期限内完成技术审评工作，其超出的时间不应予以扣除。因此，对于依生公司提出的药品注册申请，国家食药监管总局存在拖延履行法定职责之情形。[1]

六、行政许可的一般程序包括哪几个阶段？

（一）理论分析

行政许可的一般程序按照先后顺序分为申请、受理、审查、决定。重视程序规定，健全行政许可程序，对于提高行政效率，保护国家及公民个人的利益，具有意义。

1. 申请程序。行政许可程序因相对人向行政许可机关提出申请而开始。在申请阶段，行政机关应当将行政许可的事项及需要提交的材料目录和申请书范本等在办公场所公示；如果申请书采用格式文本，行政机关应当免费提供；如果申请人要求行政机关对公示内容予以说明解释的，行政机关应当说明、解释，提供明确、可靠的信息；行政机关应当建立和完善有关制度，推行电子政务，在行政机关的网站上公布行政许可事项，方便申请人，提高办事效率。

2. 受理程序。收到申请人提出的行政许可申请后，行政机关应对其形式要件进行审查，以决定是否受理。如果申请事项属于本行政机关职权范围，申请材料齐全，符合法定形式的，应当受理行政许可申请。而如果出现下列特殊情况，则应当分别作出相应处理：申请事项依法不需要取得行政许可的，应当即时告知申请人不受理；申请事项依法不属于本行政机关职权范围的，应当即时作出不予受理的决定，并告知申请人向有关行政机关申请；申请材料存在可以当场更正的错误的，应当允许申请人当场更正；申请材料不齐全或者不符合法定形式的，应当当场或者在5日内一次告知申请人需要补正的全部内容，逾期不告知的，自收到申请材料之日起即为受理。

3. 审查程序。行政机关受理行政许可申请后，即进入行政许可的审查阶段。行政机关应当按照法定条件和标准对申请人是否具备取得行政许可的要件进行审查，审查申请人提供的材料所反映的事实是否与设定行政许可的法律、法规的要求相一致。行政许可审查一般是书面审查，但是由于行政许可形式的不同，针对其内在性质规定了特定的审查程序，如现场核查、检验、检疫、检测、专家评审等。根据《行政许可法》的规定，行政机关对行政许可申请进行审查时，发现行政许可事项直接关系他人重大利益的，应当告知该利害关系人。申请人、利害关系人有权进行陈述和申辩。行政机关应当听取申请人、利害关系人的意见。

4. 决定程序。行政许可决定的类型有两种：准予行政许可和拒绝行政许可。

---

[1] "北京市高级人民法院（2014）高行终字第3758号行政判决书"，载裁判文书网。

决定的方式包括：准予行政许可的，应当作出书面决定，包括颁发证书、文件，在设备、设施、产品、物品上加贴标签或加盖印章。同时，应当予以公开，公众有权查阅；拒绝行政许可的，应当作出书面决定，说明不予行政许可的理由，并告知申请人享有依法申请行政复议或提起行政诉讼的权利。

（二）法律规定

《行政许可法》第29条：公民、法人或者其他组织从事特定活动，依法需要取得行政许可的，应当向行政机关提出申请。申请书需要采用格式文本的，行政机关应当向申请人提供行政许可申请书格式文本。申请书格式文本中不得包含与申请行政许可事项没有直接关系的内容。

申请人可以委托代理人提出行政许可申请。但是，依法应当由申请人到行政机关办公场所提出行政许可申请的除外。

行政许可申请可以通过信函、电报、电传、传真、电子数据交换和电子邮件等方式提出。

《行政许可法》第32条：行政机关对申请人提出的行政许可申请，应当根据下列情况分别作出处理：①申请事项依法不需要取得行政许可的，应当即时告知申请人不受理；②申请事项依法不属于本行政机关职权范围的，应当即时作出不予受理的决定，并告知申请人向有关行政机关申请；③申请材料存在可以当场更正的错误的，应当允许申请人当场更正；④申请材料不齐全或者不符合法定形式的，应当当场或者在5日内一次告知申请人需要补正的全部内容，逾期不告知的，自收到申请材料之日起即为受理；⑤申请事项属于本行政机关职权范围，申请材料齐全、符合法定形式，或者申请人按照本行政机关的要求提交全部补正申请材料的，应当受理行政许可申请。

行政机关受理或者不予受理行政许可申请，应当出具加盖本行政机关专用印章和注明日期的书面凭证。

《行政许可法》第34条：行政机关应当对申请人提交的申请材料进行审查。

申请人提交的申请材料齐全、符合法定形式，行政机关能够当场作出决定的，应当当场作出书面的行政许可决定。

根据法定条件和程序，需要对申请材料的实质内容进行核实的，行政机关应当指派两名以上工作人员进行核查。

《行政许可法》第38条：申请人的申请符合法定条件、标准的，行政机关应当依法作出准予行政许可的书面决定。

行政机关依法作出不予行政许可的书面决定的，应当说明理由，并告知申请人享有依法申请行政复议或者提起行政诉讼的权利。

（三）典型案例

2015年8月14日，北京市工商行政管理局房山分局（以下简称房山工商局）作出×××号个体工商户名称预先核准通知书，准予预先核准胡某出资设立的个体工商户名称。后胡某从房山工商局工作人员处领取空白个体工商户开业登记申请书。因房山工商局未给胡某核发营业执照，胡某诉至人民法院，要求房山工商局履行法定职责，为其核发工商营业执照。

人民法院经审理查明，申请个体工商户注册登记，依据《个体工商户登记管理办法》第14条的规定，应当提交下列文件：①申请人签署的个体工商户注册登记申请书；②申请人身份证明；③经营场所证明；④国家工商行政管理总局规定提交的其他文件。胡某虽从房山工商局领取空白的个体工商户开业登记申请书，但未依照上述规定填写申请书，并且其向房山工商局申请办理营业执照时没有向房山工商局提交"申请人签署的个体工商户注册登记申请书""经营场所证明"等法定申请材料，故胡某要求房山工商局履行为其办理营业执照法定职责的诉讼请求，缺乏事实和法律依据。[1]

公民、法人或者其他组织从事特定活动，依法需要取得行政许可的，应当向行政机关提出申请。申请书需要采用格式文本的，行政机关应当向申请人提供行政许可申请书格式文本。申请个体工商户登记，申请人可以直接到经营场所所在地登记机关登记。申请个体工商户注册登记，应当提交满足条件的相关文件。当事人未按要求提供行政许可所需全部材料的，行政机关可以按规定作拒绝行政许可的决定。当然，胡某依法备齐相关申请材料后，可向房山工商局提出申请。

七、行政许可的听证程序的具体要求？

（一）理论分析

行政许可听证的情形包括主动听证和依申请听证两种情况。主动听证包括法律、法规、规章规定应当听证的和涉及公共利益应当听证的。例如，公共出租车起步价及计价的提高就需要主动进行听证。依申请听证是指行政许可涉及申请人与他人之间重大利益关系的，申请人和利害关系人可以申请听证。例如，同一地方有两方申请设置幼儿园，而行政机关只授予了一方资格，同时申请的另一方就可以申请行政许可听证。《行政许可法》还第一次确立了听证的案卷排他原则，即行政机关作出行政决定，必须根据听证笔录，不能在笔录以外另行作出，这也是《行政处罚法》所未作规定的。

---

[1] "胡某诉北京市工商行政管理局房山分局履行法定职责案"，载北大法宝。

行政许可的听证程序要求：①行政机关应当在听证之日的 7 日以前将听证的时间、地点通知申请人或利害关系人，必要时应当公告；②听证应当公开；③听证主持人必须是审查行政许可申请工作人员以外的人，申请人、利害关系人有申请回避的权利；④举行听证时，双方都可以提交证据，并可以申辩和质证；⑤听证必须制作听证笔录，笔录应当交听证参加人确认后签字，听证笔录是行政机关作出行政许可决定的依据。

表 3-2 行政许可的听证程序

启动方式	依申请：行政许可直接涉及申请人与他人之间重大利益关系的，在作出决定前，应告知申请人、利害关系人享有要求听证的权利。
	依职权：法律、法规、规章规定实施行政许可应该听证的事项；行政主体认为需要听证的其他涉及公共利益的重大行政许可事项。
听证通知	7 日前通知申请人、利害关系人听证的时间、地点，必要时予以公告。
申请回避	听证由行政机关指定的非本案调查人员主持；当事人认为主持人与本案有直接利害关系的，有权申请回避。
听证公开	行政许可听证会应该公开进行。
听证笔录	听证应当制作笔录，听证笔录应当交听证参加人确认无误后签字或者盖章。行政机关应当根据听证笔录，作出行政许可决定。

（二）法律规定

《行政许可法》第 46 条：法律、法规、规章规定实施行政许可应当听证的事项，或者行政机关认为需要听证的其他涉及公共利益的重大行政许可事项，行政机关应当向社会公告，并举行听证。

《行政许可法》第 47 条：行政许可直接涉及申请人与他人之间重大利益关系的，行政机关在作出行政许可决定前，应当告知申请人、利害关系人享有要求听证的权利；申请人、利害关系人在被告知听证权利之日起 5 日内提出听证申请的，行政机关应当在 20 日内组织听证。

申请人、利害关系人不承担行政机关组织听证的费用。

《行政许可法》第 48 条：听证按照下列程序进行：①行政机关应当于举行听证的 7 日前将举行听证的时间、地点通知申请人、利害关系人，必要时予以公告；②听证应当公开举行；③行政机关应当指定审查该行政许可申请的工作人员以外的人员为听证主持人，申请人、利害关系人认为主持人与该行政许可事项有直接利害关系的，有权申请回避；④举行听证时，审查该行政许可申请的工作人员应当提供审查意见的证据、理由，申请人、利害关系人可以提出证据，并进行申辩和质证；⑤听证应当制作笔录，听证笔录应当交听证参加人确认无误后签字或者盖章。

行政机关应当根据听证笔录，作出行政许可决定。

（三）典型案例

北京市规划委员会（以下简称市规委）应市某集团公司的申请于2011年1月30日向市某集团公司核发了2011规建市政字0029号《建设工程规划许可证》（编号为建字第110000201100050号）（以下简称被诉规划许可证），许可市某集团公司在朝阳区×路实施锅炉房改造项目，项目性质分别为作为供热设施的主厂房和作为构筑物的烟囱，其中主厂房总建筑面积3994平方米，地上3652平方米，地下342平方米；层数为地上2层，地下1层；高度为地上21.65米，地下4.52米。烟囱的高度为80米。刘某、杨某、严某（以下简称刘某等三人）居住在北京市朝阳区×北里×号楼，该楼位于上述工程项目的北侧。刘某等三人认为市规委违反法定程序，修改控制性详细规划，未征求利害关系人意见、未举行听证会，遂向法院提起诉讼。

《行政许可法》第36条规定，行政机关对行政许可申请进行审查时，发现行政许可事项直接关系他人重大利益的，应当告知该利害关系人。申请人、利害关系人有权进行陈述和申辩。行政机关应当听取申请人、利害关系人的意见。第46条规定，法律、法规、规章规定实施行政许可应当听证的事项，或者行政机关认为需要听证的其他涉及公共利益的重大行政许可事项，行政机关应当向社会公告，并举行听证。第47条第1款规定，行政许可直接涉及申请人与他人之间重大利益关系的，行政机关在作出行政许可决定前，应当告知申请人、利害关系人享有要求听证的权利；申请人、利害关系人在被告知听证权利之日起5日内提出听证申请的，行政机关应当在20日内组织听证。在本案中，被诉规划许可证涉及的是将燃煤锅炉房改造为燃气锅炉房并接入城市热网的工程项目，系在原有项目基础上进行改造，市规委据此认为本案并未改变项目用地性质的现状和规划，未修改控制性详细规划，未直接导致刘某等三人权益的变更或产生新的权利义务，并不涉及刘某等三人的重大利益，且法律、法规、规章也没有规定需要对上述事项进行听证，故在本案中未听取意见，亦未举行听证会。[1]

---

〔1〕 "刘文才、杨嘉森、严丽娟与北京市规划委员会建设工程规划许可案"，载无讼网。

启动行政许可的听证程序，无论是行政相对人依申请提起还是行政机关依职权启动，都需要符合法律的规定，即涉及申请人与他人之间重大利益关系的，法律、法规、规章明确规定的或涉及重大公共利益的。听证程序的设定也应该满足为相对人服务、促进许可程序依法快速实现的目的，切不可盲目对一切行政许可行为都支持启动听证程序，这一方面会造成程序浪费，使行政机关作出行政许可的效率降低；也会使得行政许可程序空转，偏离设计初衷。

八、行政机关如何办理行政许可的变更和延续？

（一）理论分析

行政相对人需要经营许可范围外事项的，应当向行政许可的实施机关申请变更行政许可；行政机关主动发现行政许可超出经营范围的，也可以主动变更行政相对人的行政许可。

行政许可一般都具有有效期限制，行政许可有效期届满，许可自动失效。行政许可相对人需要继续从事行政许可事项的，必须在期限届满30日前或者法律、法规、规章规定的期限内向行政机关提出申请，申请延长许可期限，行政机关审查后认为符合条件的，应当准许相对人继续实施行政许可规定事项。行政机关不在规定时间内作出决定的，视为允许相对人延期。

（二）法律规定

《行政许可法》第49条：被许可人要求变更行政许可事项的，应当向作出行政许可决定的行政机关提出申请；符合法定条件、标准的，行政机关应当依法办理变更手续。

《行政许可法》第50条：被许可人需要延续依法取得的行政许可的有效期的，应当在该行政许可有效期届满30日前向作出行政许可决定的行政机关提出申请。但是，法律、法规、规章另有规定的，依照其规定。

行政机关应当根据被许可人的申请，在该行政许可有效期届满前作出是否准予延续的决定；逾期未作决定的，视为准予延续。

（三）典型案例

陆某在北京市石景山区老古城前街×号有私房两间。在老古城综合改造项目建设中，古城兴业公司取得了北京市石景山区住房和城乡建设委员会（以下简称区住建委）核发的《房屋拆迁许可证》（拆迁期限：2009年8月18日至2010年8月17日），陆某的房屋在拆迁范围内。该许可证的拆迁期限届满后，经被告多次核发续证，拆迁期限延长至2015年8月17日。2015年7月30日，古城兴业公司以拆迁工作未完成为由，向区住建委提交了《关于老古城项目拆迁许可证的延期申请》，申请拆迁许可证续证6个月，期限为2015年8月18日至2016年2月17日。受理申请后，区住建委于2015年8月6日作出《关于受理续证的申请的通知》，告知该公司其将于2015年8月18日前对该项目的房屋拆迁许可批准延期。此后，区住建委向古城建业公司核发了《房屋拆迁许可证》（京建石拆许字［2009］第176号续），该许可证续证注明拆迁期限为：2015年8月18日至2016年2月17日。陆某认为被告在核发该拆迁许可证续证时，没有履行法定的审查义务，也没有向其进行公示，违反了相关法律规定，侵害了他的合法权益，故陆某向人民法院提起诉讼。

人民法院经审理认为，《行政许可法》第50条第1款规定，被许可人需要延续依法取得的行政许可的有效期的，应当在行政许可有效期届满30日前向作出行政许可决定的行政机关提出申请。但是，法律、法规、规章另有规定的，依照其规定。《城市房屋拆迁管理条例》第9条第2款规定，需要延长拆迁期限的，拆迁人应当在拆迁期限届满15日前，向房屋拆迁管理部门提出延期拆迁申请；房屋拆迁管理部门应当自收到延期拆迁申请之日起10日内给予答复。本案中，古城兴业公司于2015年7月30日申请延长拆迁期限，符合在拆迁期限届满前15日提交相关申请的规定，且其申请的理由为相关拆迁工作尚未完成，亦符合客观状况。在此情况下，区住建委核发了《房屋拆迁许可证》（京建石拆许字［2009］第176号续）并不违反前述法律、法规、规章的规定。[1]

九、行政许可的撤回、撤销、注销与吊销的区别？

（一）理论分析

行政许可的撤回是指由于法律、法规、规章的修改或废止，或者行政许可所依据的客观情况发生了重大变化，为了公共利益，而撤回生效的行政许可。行政许可撤回的理由不是行政机关或行政相对人有违法行为。所以，行政机关撤回行政许可，应当基于信赖利益保护原则，给予相对人以适当的补偿，而不是赔偿。

行政许可的撤销是指由于行政机关或行政许可相对人的违法行为，导致不应该给予行政许可的事项给予了行政许可，从而将行政许可撤销。如果是行政机关的违法行为导致的，行政机关应当给予相对人赔偿；如果是行政相对人自己的违法行为导致行政许可被撤销的，不给予赔偿。撤销是申请时就存在违法行为，被许可人在无过错并受到实际损失时可以要求行政机关赔偿。例如，相对人向行政

---

[1] "陆红不服被告北京市石景山区住房和城乡建设委员会延长京建石拆许字［2009］第176号续《房屋拆迁许可证》的拆迁期限案"，载无讼网。

机关行贿，获得了某项许可，上级机关发现后，就可以撤销其行政许可，并不给予赔偿。

行政许可的注销指被许可人因特定的事实不再满足取得行政许可所要求的条件时，将行政许可予以注销，注销的原因可能是合法行为导致的，也可能是违法行为的后果。出现了法律规定的情形就可以注销，错误注销可以要求行政机关更正，造成损失的，可以要求行政机关赔偿。例如，某人获得律师执业资格证后，在一次交通事故中去世，行政机关就可以依法注销其律师执业资格证。

行政许可的吊销属于行政处罚的一种形式，是行政许可相对人违法实施行政许可，行政机关依法对行政相对人作出的一种行政处罚。吊销是被许可人行使许可时违法，被许可人不能要求行政赔偿。例如，被许可人违反国家限制经营或禁止经营的规定，超出范围经营的，行政机关就可以依法吊销其行政许可。

表3-3 撤回、撤销、注销、吊销的区别

行为	主体	性质	条件	赔偿或补偿
撤回	许可机关	许可的监督	依据的客观情况发生了重大变化、为了公共利益	适当的补偿
撤销	许可机关、上级机关、被越权的许可机关	许可的监督	行政许可作出时行政机关或行政许可相对人违法	赔偿条件：行政机关违法行为导致撤销
注销	法定的注销登记机关	许可的监督	相对人因特定事实不再满足行政许可要求的条件	
吊销	行政处罚机关	行政处罚	行政许可相对人违法实施行政许可	

(二) 法律规定

《行政许可法》第8条：公民、法人或者其他组织依法取得的行政许可受法律保护，行政机关不得擅自改变已经生效的行政许可。

行政许可所依据的法律、法规、规章修改或者废止，或者准予行政许可所依据的客观情况发生重大变化的，为了公共利益的需要，行政机关可以依法变更或者撤回已经生效的行政许可。由此给公民、法人或者其他组织造成财产损失的，行政机关应当依法给予补偿。

《行政许可法》第69条：有下列情形之一的，作出行政许可决定的行政机关或者其上级行政机关，根据利害关系人的请求或者依据职权，可以撤销行政许可：①行政机关工作人员滥用职权、玩忽职守作出准予行政许可决定的；②超越法定职权作出准予行政许可决定的；③违反法定程序作出准予行政许可决定的；④对不具备申请资格或者不符合法定条件的申请人准予行政许可的；⑤依法可以撤销行政许可的其他情形。

被许可人以欺骗、贿赂等不正当手段取得行政许可的，应当予以撤销。

依照前两款的规定撤销行政许可，可能对公共利益造成重大损害的，不予撤销。

依照本条第1款的规定撤销行政许可，被许可人的合法权益受到损害的，行政机关应当依法给予赔偿。依照本条第2款的规定撤销行政许可的，被许可人基于行政许可取得的利益不受保护。

《行政许可法》第70条：有下列情形之一的，行政机关应当依法办理有关行政许可的注销手续：①行政许可有效期届满未延续的；②赋予公民特定资格的行政许可，该公民死亡或者丧失行为能力的；③法人或者其他组织依法终止的；④行政许可依法被撤销、撤回，或者行政许可证件依法被吊销的；⑤因不可抗力导致行政许可事项无法实施的；⑥法律、法规规定的应当注销行政许可的其他情形。

（三）典型案例

2013年5月15日，深圳市罗湖区长虹大厦发生一起电梯夹死一名女孩的悲剧。经事故调查组认定，事故维保单位伟达电梯（深圳）有限公司维保人员在维保中负有保养不到位的责任，且在随后对该公司维保的603台电梯检查中发现，有273台不合格。广东省质量技术监督局最后撤销了伟达电梯（深圳）有限公司的特种设备安装、维修资格许可。该公司是深圳首家被撤销上述两项许可的电梯维保单位。

本案中，广东省质量技术监督局公布的是撤销伟达电梯（深圳）有限公司的行政许可。但笔者认为，行政许可的撤销是因为相对人在得到行政许可时就没有获得行政许可的资格。但广东省质量技术监督局并没有说明是否相对人在申请时就不具有相关资格，若答案是肯定的，则用撤销是正确的；若答案为否定的，则不应当是撤销，而应该给予行政处罚，作出"吊销行政许可"的决定。

第四节 行政强制

一、什么是行政强制？

（一）理论分析

行政强制是指行政主体为达到行政目的，依据法定职权和程序作出的对相对人的财产、人身及行为产生强制力的单方行为的总称。[1] 主要包括行政强制措施和行政强制执行。行政强制措施是指特定的行政主体为预防、控制违法行为或危险状态（不利后果）以及调查取证和执行的便利而依法对相对人的人身或财产作出一定行为使其保持一定状态的程序上的处置行为，[2] 主要包括强制带离现场、盘问、约束、留置，查封场所、设施或者财物，扣押财物，冻结存款、汇款等。行政强制执行是指作为义务主体的行政相对人不履行其应履行的义务时，行政机关或者人民法院依法采取行政强制手段，迫使其履行义务或者达到与履行义务相同状态的活动，[3] 主要包括执行罚、划拨、拍卖、排除妨害或恢复原状、代履行等，其中当行政机关没有法律明确的强制执行权时，应该依法向人民法院申请强制执行。这里的行政强制执行与司法强制执行不同，司法强制执行是人民法院依据生效的判决、裁定进行的强制执行，二者的执行主体和依据是不同的。

行政强制最重要的特征就是职权的法定性和行为的强制性。任何行政机关及其工作人员采取行政强制都必须有法律、法规的明确规定，即"法无授权即禁止"。行政机关实施行政强制必须依照法律、法规规定的程序进行，否则可能造成该行政行为的无效等不利后果。行政强制具有国家强制力，这是行政机关得以顺利实施行政强制的重要保障。此外，行政强制具有依附性，换言之其不是为了强制而强制，行政强制措施是为行政行为服务，行政强制执行是为了行政行为的实现而服务。

（二）法律规定

《行政强制法》第1条：为了规范行政强制的设定和实施，保障和监督行政机关依法履行职责，维护公共利益和社会秩序，保护公民、法人和其他组织的合法权益，根据宪法，制定本法。

---

[1] 张树义主编：《行政法学》，北京大学出版社2005年版，第250页。
[2] 张树义主编：《行政法学》，北京大学出版社2005年版，第251页。
[3] 莫于川主编：《案例行政法教程》，中国人民大学出版社2009年版，第170页。

《行政强制法》第 2 条：本法所称行政强制，包括行政强制措施和行政强制执行。

行政强制措施，是指行政机关在行政管理过程中，为制止违法行为、防止证据损毁、避免危害发生、控制危险扩大等情形，依法对公民的人身自由实施暂时性限制，或者对公民、法人或者其他组织的财物实施暂时性控制的行为。

行政强制执行，是指行政机关或者行政机关申请人民法院，对不履行行政决定的公民、法人或者其他组织，依法强制履行义务的行为。

（三）典型案例

张某参加其同事婚礼，席间喝醉酒并拒绝其同事送其回家。张某在回家途中对过往的行人寻衅滋事并对往来车辆乱扔土块。正在执勤的巡警将其带回公安机关予以管束，直至第二天凌晨张某醒酒之后才放其回家。[1]

《人民警察法》第 8 条规定，公安机关的人民警察对严重危害社会治安秩序或者威胁公共安全的人员，可以强行带离现场、依法予以拘留或者采取法律规定的其他措施。在本案中，巡警对张某采取的行为属于行政强制措施。张某的行为已经危及行人和过往车辆的安全，为了维护公共秩序和保护公众的人身安全，避免危害的发生，巡警将张某带离现场予以管束，并在张某醒酒后将其放回，具有暂时性的特点，所以巡警的行为属于行政强制措施。

二、行政强制执行与行政强制措施的区别是什么？

（一）理论分析

行政强制执行和行政强制措施都属于行政强制，是行政强制的主要内容。两者都是由有权行政机关通过强制性手段实施的，其外在行为表现极为相似，但二者却存在很多区别。主要有：

第一，前提条件不同。行政强制执行实施的前提条件是相对人拒不履行行政机关作出的决定中赋予相对人的义务；行政强制措施是行政机关为了制止违法行为、防止证据损毁、避免危害发生、控制危险扩大等情形，依法对相对人的人身自由、财产实施暂时性的限制，行政强制措施的实施没有相对人拒不履行义务这一条件。

第二，实施主体不同。行政强制执行是由具有行政强制权的行政机关或者行政机关申请的人民法院实施；行政强制措施必须由法律、法规授权的行政机关实施。

---

[1] 马怀德主编：《〈行政强制法〉条文释义及应用》，人民出版社 2011 年版，第 9 页。

第三，实施时间不同。行政强制执行是在行政机关作出行政决定之后，为了实现该决定所采取的措施；行政强制措施是行政机关在作出行政决定前所采取的措施。

第四，法律后果不同。行政强制执行具有终局性；行政强制措施具有暂时性，有法定期限限制。

表3-4 行政强制措施与行政强制执行的区别

	行政强制措施	行政强制执行
性质	"第一次行为"	具有依附性，"第二次行为"
前提条件	"情况紧急"	行政决定
实施主体	法律、法规授权的行政机关	具有行政强制权的行政机关或者行政机关申请的人民法院
实施时间	作出行政决定前	作出行政决定后
法律后果	对相对人人身、财产权利的暂时性约束和处置	具有终局性，是将已生效具体行政行为所确定的义务动态实现的过程

（二）法律规定

《行政强制法》第2条：本法所称行政强制，包括行政强制措施和行政强制执行。

行政强制措施，是指行政机关在行政管理过程中，为制止违法行为、防止证据损毁、避免危害发生、控制危险扩大等情形，依法对公民的人身自由实施暂时性限制，或者对公民、法人或者其他组织的财物实施暂时性控制的行为。

行政强制执行，是指行政机关或者行政机关申请人民法院，对不履行行政决定的公民、法人或者其他组织，依法强制履行义务的行为。

（三）典型案例

2007年某日，王某在自家饮酒过量，醉酒后站在自家阳台上与对面居住的邻居成某发生口角，并对成某进行侮辱，成某无法忍受，便向某县公安局派出所请求解决。该所立即派民警赶到现场，见王某衣着不整，仍呈醉酒状态，漫骂、威胁他人，对其进行劝阻，王某不但不服，还对劝阻的民警进行辱骂。为防止意外发生,该所民警将王某带回派出所,至其酒醒释放。[1]

在该案中,民警对王某的行为属于行政强制措施,因为其目的是制止违法行为、避免危害发生。由于没有行政机关的行政决定等前提条件,该民警的行为不属于行政强制执行。在王某的行为威胁他人安全的情况下,依照《治安管理处罚法》第15条"醉酒的人违反治安管理的,应当给予处罚。醉酒的人在醉酒状态中,对本人有危险或者对他人的人身、财产或者公共安全有威胁的,应当对其采取保护性措施约束至酒醒"的规定,民警有权对王某采取行政强制措施。

三、行政强制应遵循哪些原则?

(一)理论分析

行政法通过两条途径对行政权力的行使进行监督:一是法律规则,二是法律原则。法律规则具有形象具体、操作性强的特点,但法律规则的有限性使其无法完全应对纷繁复杂的现实生活,所以立法中要确立法律原则。法律原则抽象、灵活特点的使其应用范围具有广泛性和普遍性。

行政强制涉及公民、法人和其他组织的人身权、财产权,因此实施行政强制必须遵循一定的原则。行政强制的基本原则是规范行政机关实施行政强制行为的精神和灵魂,具有抽象、稳定、综合的特点。行政强制法律、法规的规定是行政强制基本原则的具体体现,明确行政强制的基本原则对于行政机关依法实施行政强制具有重要的指导意义。

行政强制的基本原则主要有法定原则、适当原则、教育与强制相结合原则、不得谋取利益原则、权利救济原则。法定原则指行政机关实施行政强制的权限、范围、条件和程序必须严格依照法律、法规的规定。就行政强制措施而言,"法"的范围包括法律和法规,其中法规(包括行政法规和地方性法规)只有在出现两种特殊的情况时才可以规定行政强制措施;就行政强制执行而言,"法"是指法律,即由全国人大或者全国人大常委会制定通过的法律文件。适当原则是行政法的比例原则在行政强制中的具体体现,只有采取其他手段无法达到行政管理的目的的时候,行政机关才可以实施行政强制,行政强制是行政机关的"最后手段"。教育与强制相结合的原则是指行政机关在采取行政强制之前,应该向相对人进行说服教育,给相对人履行相应义务的机会,只有相对人仍然拒不履行自己的义务时,才能依法实施行政强制。该原则的背后意义是实施行政强制不是最

---

[1] 参见赵志云主编:《中华人民共和国行政强制法条文解读与案例解析》,国家行政学院出版社2012年版,第13页。

终目的，而是达到行政管理、执法的手段之一。不得谋取利益原则是指行政机关不能通过行政强制为单位或个人谋取利益，该原则体现了行政强制是维护公共利益的一种公权力，有利于避免权力"寻租"。权利救济原则指行政相对人对行政机关实施的行政强制有陈述申辩权、求偿权。

（二）法律规定

《行政强制法》第4条：行政强制的设定和实施，应当依照法定的权限、范围、条件和程序。

《行政强制法》第5条：行政强制的设定和实施，应当适当。采用非强制手段可以达到行政管理目的的，不得设定和实施行政强制。

《行政强制法》第6条：实施行政强制，应当坚持教育与强制相结合。

《行政强制法》第7条：行政机关及其工作人员不得利用行政强制权为单位或者个人谋取利益。

《行政强制法》第8条：公民、法人或者其他组织对行政机关实施行政强制，享有陈述权、申辩权；有权依法申请行政复议或者提起行政诉讼；因行政机关违法实施行政强制受到损害的，有权依法要求赔偿。

公民、法人或者其他组织因人民法院在强制执行中有违法行为或者扩大强制执行范围受到损害的，有权依法要求赔偿。

（三）典型案例

2016年3月6日，康某取得了北京市怀柔区北房镇郑家庄村富艺园×号地块的使用权及地上物所有权。2017年8月22日，北房镇政府组织相关人员对康某位于北房镇郑家庄村富艺园×号地块上的看护用房、大门、围墙、硬化地面等建筑物予以强制拆除。怀柔区法院经审理认为北房镇政府在实施强制拆除行为前，未依法制作室内物品清单，未提前通知康某到场，亦未依法告知其存放物品的地点以及处理方式，确认北房镇政府强制拆除的行为违法。2018年5月14日，康某据此向北房镇政府递交了行政赔偿申请书，申请被告赔偿因强拆富艺园×号设施农业的"附属设施"而对业主个人造成的经济损失；要求尽快恢复公共设施，包括电网、水网、道路等；由于政府强拆自己合法建筑，使其无法在自己园区劳动生产，要求赔偿全部损失。[1]

在本案中，北房镇政府拆除相对人的附属设施，未依法制作室内物品清单，未提前通知康某到场，亦未依法告知其存放物品的地点以及处理方式，违反了行政强制法上的权利救济原则，该镇政府的强制拆除行为是违法行为。对于未依法

---

[1] "北京市怀柔区法院（2018）京0116行赔初86号行政赔偿判决书"，载无讼网。

享有陈述权、申辩权的情形，相对人有权提起行政诉讼；因行政机关违法实施行政强制受到损害的，相对人有权依法要求赔偿。

四、行政强制措施主要包括哪些种类？

（一）理论分析

我国行政机关对公民、法人、其他组织实施行政强制措施，必须依照法律、法规的具体规定。我国现有关于行政强制措施种类的各项法律、法规、规章众多。按照各个行政机关的权限不同，行政强制措施可大体分为两类：限制公民人身自由、限制相对人财产。

限制公民人身自由的强制措施是行政机关依法对公民的人身自由予以限制的行为，实施机关一般为公安机关，主要包括传唤、强制传唤、人身检查、强制检测、约束、盘问、扣留、拘留、强制隔离、收容教养、强行带离现场、强行驱散、驱逐、禁闭等，主要规定体现在《治安管理处罚法》《人民警察法》《道路交通安全法》《海关法》《突发事件应急法》《突发公共卫生事件应急条例》等众多法律、法规中。限制相对人财产的强制措施是行政机关依法对公民、法人、其他组织的财产实施扣押（扣留、暂扣）、查封（封存）、冻结等措施的行政行为，主要包括查封、扣押财物、冻结存款、汇款等，以限制当事人对其财产进行占有、使用、处分的权利。进入场所是指行政机关为了行政执法顺利进行，实现检查、调取证据、保护安全等目的而强制进入公民、法人、其他组织的住宅、生产经营场所，如对于关系生命健康安全的食品、药品的生产、销售，行政机关有权进入生产经营场所进行取证，但是进入场所在《行政强制法》中未予以规定，行政机关进入相对人的场所一定要依照相关法律规定进行。此外，还有如交通管制、通讯管理等其他强制措施。总之，行政机关实施行政强制措施必须有法律、法规的明确授权。

（二）法律规定

《行政强制法》第9条：行政强制措施的种类：①限制公民人身自由；②查封场所、设施或者财物；③扣押财物；④冻结存款、汇款；⑤其他行政强制措施。

（三）典型案例

在冬季征兵中，19岁的陈某参加征兵体检初检合格后，被县征兵办确定为入伍对象。可就在向陈某送达复检通知书的时候，陈某却拒绝参加，偷偷逃走，不知去向。征兵办工作人员上门反复做陈某父母的思想工作，但其父母仍隐瞒儿子的去向。县人民政府在进行调查后找到了陈某，要求其参加复检，为了避免其再次逃走，县人民政府临时限制了其人身自由。[1]

我国《兵役法》第61条规定，有服兵役义务的公民拒绝、逃避兵役登记和体格检查的；应征公民拒绝、逃避征集的；预备役人员拒绝、逃避参加军事训练和执行军事勤务和征召的，由县级人民政府责令限期改正；逾期不改的，由县级人民政府强制其履行兵役义务，并可以加处以罚款。陈某在初检合格后，已经被县征兵办确定为入伍对象，有义务进行兵役登记和体格检查，陈某拒不履行该项义务，县人民政府有权力实施行政强制措施，限制其人身自由。

五、行政强制措施实施的主体有哪些？

（一）理论分析

行政强制措施具有侵益性，对公民、法人、其他组织的人身权、财产权具有很大的影响，所以应该严格限制实施行政强制措施的主体，防止侵害相对人的合法权益。在《行政强制法》颁布以前，行政强制措施权可以由规章及规章以下的文件设定，这样造成的后果是行政强制措施的实施主体众多，很容易出现行政强制措施的滥用或者行使不当而对相对人造成损害的情形。《行政强制法》颁布以后，规定了只有两类主体可以实施行政强制措施：一类是有法定职权的行政机关；一类是法律、行政法规授权的具有管理公共事务职能的组织。行政机关不能将行政强制措施的实施权委托给其他组织，但是行政机关在实施行政强制措施时如有遇到事务性的工作则可以委托其他组织实施，如技术鉴定等。此外，《行政强制法》规定，依据《行政处罚法》的规定行使相对集中行政处罚权的行政机关，可以实施法律、法规规定的与行政处罚权有关的行政强制措施。可见，经过法定程序获得相对集中行政处罚权的行政机关自然也取得了与集中行使行政处罚权有关的行政强制措施权。

行政机关的任何行为最终都是由具体的人员来实施，行政强制措施的实施必须由具有资格的行政执法人员实施，非正式工作人员等不能实施。如"协警"、聘用的合同工、"协管"等，这些人员不具有执法资格。由具有资格的行政执法人员执法可以防止行政机关因此逃避相关责任，保障执法的质量，维护行政执法的权威性，利于行政相对人进行权利救济。

（二）法律规定

《行政强制法》第16条：行政机关履行行政管理职责，依照法律、法规的规定，实施行政强制措施。

---

[1] 马怀德主编:《〈行政强制法〉条文释义及应用》，人民出版社2011年版，第32页。

违法行为情节显著轻微或者没有明显社会危害的，可以不采取行政强制措施。

《行政强制法》第17条：行政强制措施由法律、法规规定的行政机关在法定职权范围内实施。行政强制措施权不得委托。

依据《中华人民共和国行政处罚法》的规定行使相对集中行政处罚权的行政机关，可以实施法律、法规规定的与行政处罚权有关的行政强制措施。

行政强制措施应当由行政机关具备资格的行政执法人员实施，其他人员不得实施。

《行政强制法》第70条：法律、行政法规授权的具有管理公共事务职能的组织在法定授权范围内，以自己的名义实施行政强制，适用本法有关行政机关的规定。

（三）典型案例

案例一：泉山区城市管理局行政执法人员以陈某擅自在徐州市淮海路与立达路交叉处附近占道经营影响市容为由，将陈某正在经营中使用的冰柜等物品予以扣押，并于第二天给陈某出具了物品暂扣单，暂扣单记载只扣押了冰柜和遮阳伞。该单上盖有泉山区城市环境综合整治指挥部的印章。其中徐州市泉山区城市环境综合整治指挥部是徐州市泉山区城市管理局自行设立的内部工作协调机构，与该局合署办公。[1]

在该案中，泉山区城市环境综合整治指挥部是泉山区城市管理局的内部机构，对外不能独立承担责任，不能以自己的名义实施行政强制措施，其在暂扣单上用自己的印章是不妥的。依照《行政强制法》第17条"依据《中华人民共和国行政处罚法》的规定行使相对集中行政处罚权的行政机关，可以实施法律、法规规定的与行政处罚权有关的行政强制措施"的规定，城市管理局是行使集中行政处罚权的行政机关，其具有在自己的职权范围内行使扣押这一行政强制措施的权力，所以在该案中行使行政强制措施的主体应该为泉山区城市管理局，在暂扣单上应该使用城市管理局的印章。

案例二：某市因为火车站地区管理需要，由市委办公厅、市政府办公厅联合发文，组建火车站综合管理处，该机构的设置、人员、管理均由区政府管理，职责为负责治安、工商行政、市容管理等。后由于该综合管理处企图征用某旅社，但该旅社拒绝，综合管理处发出通知要求旅社限期内完成交接手续，但在限期内

---

[1] "陈某诉徐州市泉山区城市管理局扣押行为案"，载北大法宝。

该旅社未搬离，综合管理处遂查封该旅社，并扣押店内物品。[1]

在该案中，综合管理处以自己的名义实施查封、扣押行为是违法的，因为该综合管理处不具有实施行政强制措施的主体资格。综合管理处的设置、人员、管理都由区政府决定，其不具有独立的行政主体资格。《行政强制法》第17条第1款规定："行政强制措施由法律、法规规定的行政机关在法定职权范围内实施。行政强制措施权不得委托。"综合管理处没有相关的法律、法规授权，不具有实施行政强制措施的权限，所以该综合管理处的查封、扣押行为违法。

六、乡镇政府有行政强制权吗？

（一）理论分析

行政强制权在性质上属于行政权，行政权来自宪法和法律，这是法治国家的基本原则。行政强制权是行政机关履行行政职权的保障，但同时也是对行政相对人的人身权和财产权的剥夺或者限制，是对公民、法人、其他组织权益的最直接的干预，所以行政强制权具有很强的侵益性，必须由宪法和法律来设置行政强制权。

行政强制包括行政强制措施和行政强制执行，行政机关依照法律、法规的规定实施行政强制措施，这里的法律指的是由全国人大或者全国人大常委会制定通过的法律文件，法规是国务院制定的行政法规和具有立法权的地方立法机关制定的地方性法规。行政强制执行与行政强制措施的暂时性不同，其最终会导致行政相对人的人身权或者财产权被永久性处置，不具有可恢复性。所以行政强制执行的实施主体必须由法律规定，即由法律授权。法律以外的法规、其他行政规范性文件都不能设定行政强制执行权，也就是说行政机关是否有权采取行政强制执行，必须由法律规定。法律没有规定行政机关具有行政强制权的，其作出行政决定的行政机关应当申请人民法院强制执行。所以只有在法律、法规特别规定的情况下，乡镇政府才享有行政强制权。

镇、乡、街道作为基层行政执法机关，往往承担了大量行政执法工作。乡、镇政府的行政强制权主要体现在事关城镇一体化建设中的违法建筑物、构建物、设施等的拆除中。《城乡规划法》第65条规定：在乡、村庄规划区内未依法取得乡村建设规划许可证或者未按照乡村建设规划许可证的规定进行建设的，由乡、镇人民政府责令停止建设、限期改正；逾期不改正的，可以拆除。按照上述规定，对于违反乡、村规划的违法建设，乡、镇人民政府既可以作为作出行政处罚

---

[1] 马怀德主编：《〈行政强制法〉条文释义及应用》，人民出版社2011年版，第71页。

决定的主体，也可以作为强制执行的主体。

（二）法律规定

《行政强制法》第10条：行政强制措施由法律设定。

尚未制定法律，且属于国务院行政管理职权事项的，行政法规可以设定除本法第9条第1项、第4项和应当由法律规定的行政强制措施以外的其他行政强制措施。

尚未制定法律、行政法规，且属于地方性事务的，地方性法规可以设定本法第9条第2项、第3项的行政强制措施。

法律、法规以外的其他行政规范性文件不得设定行政强制措施。

《行政强制法》第11条：法律对行政强制措施的对象、条件、种类作了规定的，行政法规、地方性法规不得作出扩大规定。

法律中未设定行政强制措施的，行政法规，地方性法规不得设定行政强制措施。但是，法律规定特定事项由行政法规规定具体管理措施的，行政法规可以设定除本法第9条第1项、第4项和应当的法律规定的行政强制措施以外的其他行政强制措施。

《行政强制法》第44条：对违法的建筑物、构筑物、设施等需要强制拆除的，应当由行政机关予以公告，限期当事人自行拆除。当事人在法定期限内不申请行政复议或者提起行政诉讼，又不拆除的，行政机关可以依法强制拆除。

《城乡规划法》第65条：在乡、村庄规划区内未依法取得乡村建设规划许可证或者未按照乡村建设规划许可证的规定进行建设的，由乡、镇人民政府责令停止建设、限期改正；逾期不改正的，可以拆除。

（三）典型案例

某礼章在未取得规划许可手续的情况下，于2012年3月24日在本村搭建了面积约80平方米的车棚。某镇政府于当日对某礼章作出《责令停止建设并自行拆除告知书（回执）》，认定该搭建建筑物的行为违反了《城乡规划法》的相关规定。某镇政府将某礼章搭建的车棚予以强制拆除。某礼章以某镇政府拆除车棚的主体不适格为由，向法院提起诉讼，要求确认某镇政府作出的被诉强制拆除行为违法。[1]

某镇政府依据《城乡规划法》第65条"在乡、村庄规划区内未依法取得乡村建设规划许可证或者未按照乡村建设规划许可证的规定进行建设的，由乡、镇人民政府责令停止建设、限期改正；逾期不改正的，可以拆除"之规定，对某礼

---

[1] "某礼章与上海市浦东新区某镇人民政府拆除违章建筑物行政行为纠纷上诉案"，载北大法宝。

章的违法建筑物进行强制拆除。《城乡规划法》是由全国人大常委会制定的法律，符合《行政强制法》第 11 条的规定，所以在本案中，某镇政府具有行政强制权。

七、行政强制措施实施的条件及程序是什么？

（一）理论分析

行政强制措施实施的条件及程序是指行政机关实施行政强制措施时的具体情形、方式、步骤、时限和顺序等。行政强制措施对行政相对人的权利具有高侵害性，行政机关在实施行政强制措施时享有较大空间的裁量权，并且行政强制措施事前、事中救济相对困难，所以决定了行政机关实施行政强制措施的条件和程序必须严格依照法律相关规定，达到法律要求。实施行政强制措施的主体是代表国家权力的行政机关，有强大的国家权力做后盾，而行政相对人力量弱小，被动接受行政强制措施，行政强制措施的实施主体与接受主体双方力量对比悬殊。为了避免行政强制措施给相对人造成不必要的损失或者出现行政强制措施无效情形，行政强制措施必须达到法定的实施条件才可以实施，并且实施的程序要依照法律、法规的具体规定进行，这样才有利于增强行政强制措施实施过程中双方主体的互动，提升行政相对人对行政强制措施的接受程度，保障相对人权利得到及时救济，从而减少行政机关实施行政强制措施的阻力，提升行政机关依法行政的水平。

行政强制措施实施的条件应该是：行政机关在执法过程中，发现相对人的行为违反法律、法规，需要制止该违法行为；需要及时预防或控制可能出现的违法行为或者危险状态；为了调查取证和执行的便利等。只要达到以上条件行政机关就可以实施行政强制措施。

行政强制措施实施的程序主要有一般程序和特别程序。一般程序主要包括：实施前报告批准程序、实施时表明执法身份、告知、听取陈述和申辩、制作现场笔录并签章的程序等，特别程序包括限制人身自由的程序、紧急程序等。其中，需要说明的是，对行政相对人实施限制人身自由的强制措施时，应该严格遵照法律的规定进行，如实施行政强制措施后立即通知当事人家属等。

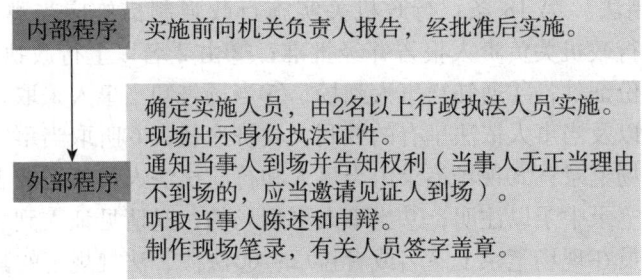

图 3-2　行政强制措施实施的一般程序

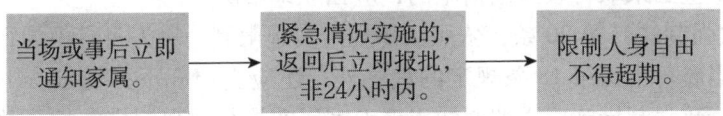

图 3-3　限制人身自由的程序

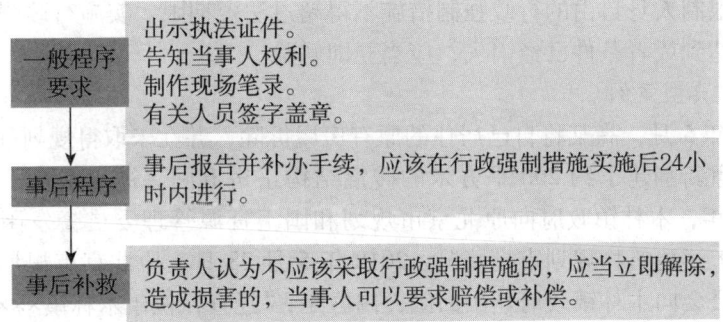

图 3-4　紧急程序

（二）法律规定

《行政强制法》第 11 条第 1 款：法律对行政强制措施的对象、条件、种类作了规定的，行政法规、地方性法规不得作出扩大规定。

《行政强制法》第 16 条：行政机关履行行政管理职责，依照法律、法规的规定，实施行政强制措施。

违法行为情节显著轻微或者没有明显社会危害的，可以不采取行政强制措施。

《行政强制法》第 18 条：行政机关实施行政强制措施应当遵守下列规定：①实施前须向行政机关负责人报告并经批准；②由 2 名以上行政执法人员实施；③出示执法身份证件；④通知当事人到场；⑤当场告知当事人采取行政强制措施的理由、依据以及当事人依法享有的权利、救济途径；⑥听取当事人的陈述和申辩；⑦制作现场笔录；⑧现场笔录由当事人和行政执法人员签名或者盖章，当事人拒绝的，在笔录中予以注明；⑨当事人不到场的，邀请见证人到场，由见证人和行政执法人员在现场笔录上签名或者盖章；⑩法律、法规规定的其他程序。

《行政强制法》第 19 条：情况紧急，需要当场实施行政强制措施的，行政执法人员应当在 24 小时内向行政机关负责人报告，并补办批准手续。行政机关负责人认为不应当采取行政强制措施的，应当立即解除。

《行政强制法》第 20 条：依照法律规定实施限制公民人身自由的行政强制措施，除应当履行本法第 18 条规定的程序外，还应当遵守下列规定：①当场告知或者实施行政强制措施后立即通知当事人家属实施行政强制措施的行政机关、地点和期限；②在紧急情况下当场实施行政强制措施的，在返回行政机关后，立即向行政机关负责人报告并补办批准手续；③法律规定的其他程序。

实施限制人身自由的行政强制措施不得超过法定期限。实施行政强制措施的目的已经达到或者条件已经消失，应当立即解除。

（三）典型案例

2016 年 5 月，高某将自己居住的原有房屋拆除，并在未取得规划许可手续的情况下，重新翻建了约 200 平方米的砖混结构正房五间，欲用于自己及家人居住。2018 年，木林镇政府向原北京市规划和国土资源管理委员会发函查询高某所翻建的上述建筑物规划审批情况。2018 年 5 月 28 日，原北京市规划和国土资源管理委员会向木林镇政府作出回函，内容是："经查，位于木林镇×××村东南角的由高某所建房屋、总建筑面积 200 平方米未依法取得乡村建设规划许可证。"此后，木林镇政府又调查了高某的宅基地登记卡。2018 年 6 月 8 日，木林镇政府向高某下发了［2018］第 11 号《强制拆除决定书》，内容是："经规划部门认定，高某在北京市顺义区木林镇×××村东侧建设的房屋、硬化地面、围墙，总建筑面积为 200 平方米，未依法取得乡村建设规划许可证，违反了《城乡规划法》第 41 条第 1 款的规定，依据《城乡规划法》第 64 条的规定，本镇政府于 2018 年 6 月 9 日 8 时 00 分之后对高某的上述违法建设予以强制拆除。请高某在 2018 年 6 月 9 日 8 时 00 分之前自行清理存放于上述违法建设中的财物，因拒绝清理而造成的一切损失，由高某自行承担。请高某本人或成年家属在 2018 年 6 月 9 日 8 时 00 分到场，拒不到场的，不影响实施强制拆除。"因工作人员失误，木林镇政府将该《强制拆除决定书》中"因拒绝清理而造成的一切损失,由高某自行承担"打印成"因拒绝清理而造成的一切损失,由高某 1 自行承担"。同日,木林镇政府将该《强制拆除决定书》向高某送达,高某拒绝在送达回证上签字。次日上午,木林镇政府组织有关人员将高某翻建的 200 平方米建筑物予以强制拆除。强拆前,木林镇政府将涉诉建筑物内可以移动的物品搬出,放在高某的院落空地内,但未制作物品清单。强拆时,高某在现场;木林镇政府未制作笔录;在举证期限内,木林镇政府亦未提交强制拆除涉诉建筑物所摄制的录像。因不服木林镇政府拆除其建筑物的行为,高某直接向法院提起诉讼。[1]

本案中,木林镇政府在实施强制拆除涉诉建筑物之前,未向高某进行调查,未告知高某享有陈述、申辩的权利,未限期要求高某自行拆除违法建设,未以书面形式催告高某自行履行义务,针对高某作出的《强制拆除决定书》未在强拆前提前 5 日在现场公告。强拆涉诉建筑物时,木林镇政府未制作笔录,未告知高某享有行政复议和行政诉讼等相关权利和义务,未制作物品清单,亦未提交证据证明对强拆过程进行了录像。因此,根据相关法律规定,木林镇政府对高某涉诉建筑物的强拆行为明显违反法定程序,应当确认木林镇政府于 2018 年 6 月 9 日强制拆除高某在北京市顺义区木林镇×××村村东所建面积为 200 平方米建筑物的行为违法。

八、行政机关如何实施查封、扣押?

(一)理论分析

查封和扣押是行政机关执法过程中的临时措施。查封是指为了保证当事人履行金钱给付义务,而限制当事人处理涉案场所、设施或者财物的行政强制措施。扣押是指行政机关在案件调查、检查过程中,发现与案件有关的需要作为证据的物品,依法强行扣押到行政机关,解除当事人对涉案的场所、设施或者财物占有的行政强制措施。[2]

具有行政强制措施实施权的行政机关应该按照《行政强制法》第 18 条规定的程序实施查封、扣押。此外,还应该依照《行政强制法》及其他法律、法规的规定,制作查封、扣押决定书和清单,并且载明法律所规定的事项,当场交付给行政相对人,这是与交付冻结决定书和清单的最大区别。办案人员还应该注意制作清单时,应该详细登记扣押物品,做到信息尽量明确、全面,一式两份,由

---

〔1〕 "高某与北京市顺义区木林镇人民政府强制拆除行为纠纷上诉案",载法治政府网。

〔2〕 江必新主编:《中华人民共和国行政强制法条文理解与实务指南》,中国法制出版社 2011 年版,第 104 页。

调查人员、见证人、持有人签名或者盖章。

行政机关实施查封、扣押的期限应该严格按照法律规定。查封和扣押并非是行政机关的最终决定，具有暂时性，行政相对人可能只是涉嫌违法，为了减少对相对人合法权益的损害和提升行政效率，查封、扣押的期限一定要合理，不宜过长。

行政机关对所查封、扣押的场所、设施、财物具有保管义务，主要包括三种方式：行政机关自己保管、指定当事人保管、委托第三人保管。行政机关在实施查封和扣押措施以后，应该在法定期限内作出处理决定。在遇到解除查封、扣押的法定情形时，应该及时解除对行政相对人的场所、设施、财物的查封和扣押。总之，行政机关实施查封、扣押措施时，应该严格依照法律、法规的规定进行。

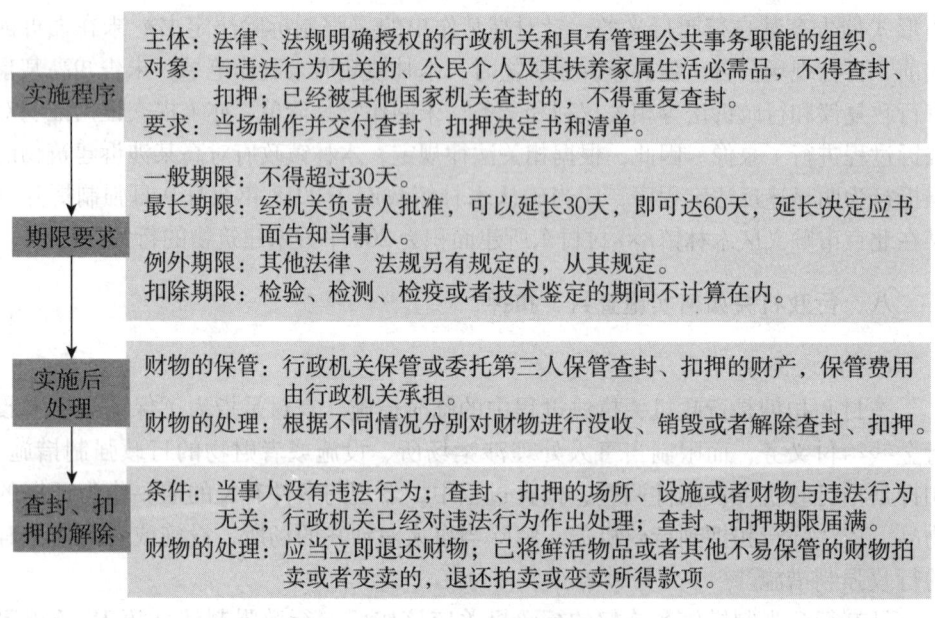

图 3-5　查封、扣押程序实施要点

（二）法律规定

《行政强制法》第 23 条：查封、扣押限于涉案的场所、设施或者财物，不得查封、扣押与违法行为无关的场所、设施或者财物；不得查封、扣押公民个人及其所扶养家属的生活必需品。

当事人的场所、设施或者财物已被其他国家机关依法查封的，不得重复查封。

《行政强制法》第 24 条：行政机关决定实施查封、扣押的，应当履行本法第

18条规定的程序,制作并当场交付查封、扣押决定书和清单。

查封、扣押决定书应当载明下列事项:①当事人的姓名或者名称、地址;②查封、扣押的理由、依据和期限;③查封、扣押场所、设施或者财物的名称、数量等;④申请行政复议或者提起行政诉讼的途径和期限;⑤行政机关的名称、印章和日期。

查封、扣押清单一式二份,由当事人和行政机关分别保存。

《行政强制法》第25条:查封、扣押的期限不得超过30日;情况复杂的,经行政机关负责人批准,可以延长,但是延长期限不得超过30日。法律、行政法规另有规定的除外。

延长查封、扣押的决定应当及时书面告知当事人,并说明理由。

对物品需要进行检测、检验、检疫或者技术鉴定的,查封、扣押的期间不包括检测、检验、检疫或者技术鉴定的期间。检测、检验、检疫或者技术鉴定的期间应当明确,并书面告知当事人。检测、检验、检疫或者技术鉴定的费用由行政机关承担。

《行政强制法》第26条:对查封、扣押的场所、设施或者财物,行政机关应当妥善保管,不得使用或者损毁;造成损失的,应当承担赔偿责任。

对查封的场所、设施或者财物,行政机关可以委托第三人保管,第三人不得损毁或者擅自转移、处置。因第三人的原因造成的损失,行政机关先行赔付后,有权向第三人追偿。

因查封、扣押发生的保管费用由行政机关承担。

《行政强制法》第27条:行政机关采取查封、扣押措施后,应当及时查清事实,在本法第25条规定的期限内作出处理决定。对违法事实清楚,依法应当没收的非法财物予以没收;法律、行政法规规定应当销毁的,依法销毁;应当解除查封、扣押的,作出解除查封、扣押的决定。

《行政强制法》第28条:有下列情形之一的,行政机关应当及时作出解除查封、扣押决定:①当事人没有违法行为;②查封、扣押的场所、设施或者财物与违法行为无关;③行政机关对违法行为已经作出处理决定,不再需要查封、扣押;④查封、扣押期限已经届满;⑤其他不再需要采取查封、扣押措施的情形。

解除查封、扣押应当立即退还财物;已将鲜活物品或者其他不易保管的财物拍卖或者变卖的,退还拍卖或者变卖所得款项。变卖价格明显低于市场价格,给当事人造成损失的,应当给予补偿。

(三)典型案例

2016年8月29日,张某与同院租户訾某发生交通事故纠纷,因协商不成,

2016年8月30日警某家人赵女士拨打122报警,北京市公安局公安交通管理局通州交通支队潞河大队(以下简称通州潞河交通大队)民警至现场进行调查取证,并扣留了张某的三轮车,出具公安交通管理行政强制措施凭证(以下简称《强制措施凭证》),《强制措施凭证》未向张某送达。2016年9月1日,张某至通州潞河交通大队索要三轮车,通州潞河交通大队告知其车辆驾驶人需要携带本人相关证件及三轮车的合法手续接受调查处理,交通事故处理完毕及存在的其他违法行为处理完毕后方可办理领取三轮车的相关手续,后张某留下电话号码后离开;2016年9月2日,通州潞河交通大队进行补充勘查;2016年9月5日,张某再次到通州潞河交通大队,因办案民警不在,未接受处理。2017年9月28日张某不服此行政强制措施向人民法院提起诉讼,至提起诉讼之时,张某的三轮车一直被扣留,且通州潞河交通大队未就涉案交通事故出具交通事故责任认定书。[1]

在本案中,通州潞河交通大队虽然出具了《强制措施凭证》但并未依法送达当事人,违反了《行政强制法》第24条当场向当事人交付扣押决定书的规定。《行政强制法》第25条规定:查封、扣押的期限不得超过30日;情况复杂的,经行政机关负责人批准可以延长,但是延长期限不得超过30日。法律、行政法规另有规定的除外。通州潞河交通大队在扣留三轮车后,未及时对事故进行调查处理,未作出道路交通事故认定书。在张某主动去通州潞河交通大队处要求处理交通事故时未将上述凭证送达给张某、亦未就交通事故及时进行调查处理,仅以张某未明确认可交通事故的发生、无法确定交通事故一方当事人为由搁置处理,明显超过了法定及合理期限,违反了扣押的法定程序。

九、行政机关实施冻结有哪些程序?

(一)理论分析

冻结是指行政机关依法要求金融机构在一定时期内禁止当事人提取、动用其账户内的全部或部分存款、汇款的强制措施。[2] 冻结措施一般涉及的财产金额较大,一旦滥用有可能对相对人造成巨大损失,还可能对国家的金融秩序和金融安全造成严重影响,所以法律严格限制冻结主体资格和范围。冻结主体遵循法定原则,即只有法律明确授权的行政机关有权实施冻结,如税务机关、证券监管机关、公安机关等,行政法规等其他行政规范性文件无权规定冻结主体,这比扣押、查封主体限制明显更加严格。冻结金额遵循比例原则,即行政机关所冻结财

---

[1] "张某诉通州潞河交通大队行政强制措施案",载无讼网。
[2] 莫于川主编:《行政强制操作规范与案例》,法律出版社2011年版,第94页。

产的金额必须与违法行为涉及的金额相当,并且其他国家机关不得重复冻结。

由于冻结可能会严重损害相对人的合法权益,行政机关实施冻结一定要严格依照法律规定的程序进行,如制作冻结通知书和送达冻结决定书等。行政机关实施冻结,还应该注意期限问题,这是为了保障相对人的权利和经济运行流畅。行政机关在实施冻结以后,在法定的期限内作出处理决定,情况复杂的,经批准可以适当延长。

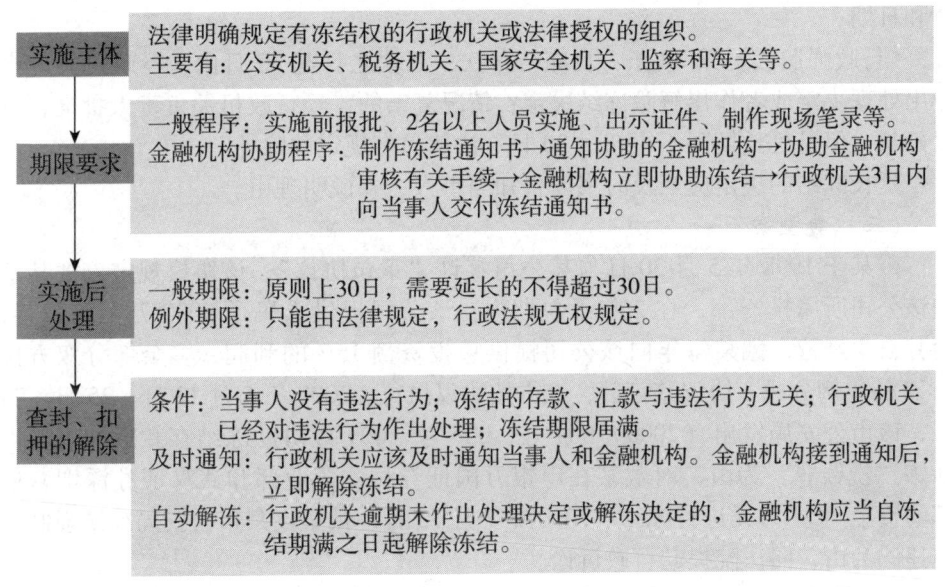

图 3-6 冻结程序

(二) 法律规定

《行政强制法》第 29 条:冻结存款、汇款应当由法律规定的行政机关实施,不得委托给其他行政机关或者组织;其他任何行政机关或者组织不得冻结存款、汇款。

冻结存款、汇款的数额应当与违法行为涉及的金额相当;已被其他国家机关依法冻结的,不得重复冻结。

《行政强制法》第 30 条:行政机关依照法律规定决定实施冻结存款、汇款的,应当履行本法第 18 条第 1 项、第 2 项、第 3 项、第 7 项规定的程序,并向金融机构交付冻结通知书。

金融机构接到行政机关依法作出的冻结通知书后,应当立即予以冻结,不得拖延，不得在冻结前向当事人泄露信息。

法律规定以外的行政机关或者组织要求冻结当事人存款、汇款的，金融机构应当拒绝。

《行政强制法》第31条：依照法律规定冻结存款、汇款的，作出决定的行政机关应当在3日内向当事人交付冻结决定书。冻结决定书应当载明下列事项：①当事人的姓名或者名称、地址；②冻结的理由、依据和期限；③冻结的账号和数额；④申请行政复议或者提起行政诉讼的途径和期限；⑤行政机关的名称、印章和日期。

《行政强制法》第32条：自冻结存款、汇款之日起30日内，行政机关应当作出处理决定或者作出解除冻结决定；情况复杂的，经行政机关负责人批准，可以延长，但是延长期限不得超过30日。法律另有规定的除外。

延长冻结的决定应当及时书面告知当事人，并说明理由。

（三）典型案例

戴某于1998年5月30日与某公司签订"承包协议"，该协议规定，戴某承包该公司所属投资部，在2年承包期内，该公司提供人民币8000万元给戴某，由其自主经营，戴某每年向该公司提供总投资额15%的利润，多余部分双方按3∶7的比例分成。协议签订后，双方按协议执行。2000年5月12日、25日、26日，该市公安局发出（2000）004号、006号、009号协助冻结存款通知书，以涉嫌"洗钱罪"为由，对戴某在申银万国证券长沙营业部和武汉证券深圳营业部的资金1091万元进行冻结。2000年7月13日，戴某以某市公安局冻结强制措施违法为由，向法院提起行政诉讼。[1]

在本案中，前去金融机构冻结的执法人员中，有一人使用假警官证，在程序上具有瑕疵。行政机关冻结的期限过长。从冻结之日起到戴某提起行政诉讼，已经长达两个月，但是行政机关未作出任何处理决定，即使延长冻结期限，也未书面告知当事人，违反了《行政强制法》第32条的规定，所以行政机关的冻结措施程序违法。

十、行政强制执行主要包括哪些方式？

（一）理论分析

行政强制执行依照行政机关的行政决定实施，其方式包括直接执行和间接执行。直接执行是指行政机关直接对义务人的人身或财产采取强制措施。直接强制

---

[1]"戴文锋诉长沙市公安局行政强制措施行为纠纷案"，载北大法宝。

按内容分为对人身、财物、行为的限制，主要包括没收财物、划拨存款汇款、拍卖、变卖、查封、责令停产、停业、恢复原状、排除妨碍、强制拆除、行政拘留等。间接强制是指当直接强制无法达到行政决定的目的时，行政机关可以实施代履行、执行罚。代履行，又叫代执行，是指义务人不履行法律、法规等规定的或者行政行为所确定的可代替作为义务，由行政强制执行机关或第三人代为履行，并向义务人征收必要费用的行政强制执行方法。执行罚是指有关国家机关对拒不履行已经生效的具体行政行为的当事人进行制裁，以迫使当事人自觉履行该具体行政行为所确定的义务的法律制度。执行罚包括加处罚款或滞纳金等。

此外，由于行政法实施比例原则，行政机关实施强制执行的方式还受到法律的限制。行政机关应当遵循比例原则，选择适当的方式来依法实施行政强制，不得为实现行政决定而损害相对人的基本权益。

（二）法律规定

《行政强制法》第43条：行政机关不得在夜间或者法定节假日实施行政强制执行。但是，情况紧急的除外。

行政机关不得对居民生活采取停止供水、供电、供热、供燃气等方式迫使当事人履行相关行政决定。

《行政强制法》第45条：行政机关依法作出金钱给付义务的行政决定，当事人逾期不履行的，行政机关可以依法加处罚款或者滞纳金。加处罚款或者滞纳金的标准应当告知当事人。

加处罚款或者滞纳金的数额不得超出金钱给付义务的数额。

《行政强制法》第46条：行政机关依照本法第45条规定实施加处罚款或者滞纳金超过30日，经催告当事人仍不履行的，具有行政强制执行权的行政机关可以强制执行……

《行政强制法》第47条：划拨存款、汇款应当由法律规定的行政机关决定，并书面通知金融机构。金融机构接到行政机关依法作出划拨存款、汇款的决定后，应当立即划拨。

法律规定以外的行政机关或者组织要求划拨当事人存款、汇款的，金融机构应当拒绝。

《行政强制法》第50条：行政机关依法作出要求当事人履行排除妨碍、恢复原状等义务的行政决定，当事人逾期不履行，经催告仍不履行，其后果已经或者将危害交通安全、造成环境污染或者破坏自然资源的，行政机关可以代履行，或者委托没有利害关系的第三人代履行。

《行政强制法》第52条：需要立即清除道路、河道、航道或者公共场所的遗洒物、障碍物或者污染物，当事人不能清除的，行政机关可以决定立即实施代履行；当事人不在场的，行政机关应当在事后立即通知当事人，并依法作出处理。

（三）典型案例

王某于 2001 年开始至 2007 年间在××经济沟内建设种植、养殖大棚，用于种植蓝莓，养殖牛羊鸡等。2018 年 5 月北京市平谷区峪口镇人民政府（以下简称峪口镇政府）接到国土部门移送线索后立案，经现场勘验、检查，认定涉案建筑系王某所建，砖混结构，建筑面积为 1503.49 平方米，并绘制现场图，拍摄了现场照片。2018 年 5 月 9 日，峪口镇政府作出京平峪协字〔2018〕6 号案件协查通知单，请规划部门认定涉案建筑是否取得乡村建设规划许可证，并于 2018 年 5 月 11 日前反馈，但规划部门并未回函。2018 年 5 月 20 日，峪口镇政府作出限期拆除决定及限期拆除公告。2018 年 5 月 26 日，峪口镇政府对涉案建筑实施强制拆除。王某不服，向人民法院提起行政诉讼。〔1〕

本案中，行政机关的强制拆除行为多处违法。首先，行政机关作出行政行为应当具有事实依据。峪口镇政府认定涉案建筑系违法建设的理由是涉案建筑未取得乡村建设规划许可证，但峪口镇政府并未提供规划部门关于涉案建筑未取得乡村建设规划许可证的认定回函就实施了强制拆除行为，故峪口镇政府的强制拆除行为主要依据不足。其次，行政机关实施强制执行的方式不合法。强制拆除的施行时间不符合法律规定。2018 年 5 月 20 日（星期天）贴的公告，2018 年 5 月 26 日（星期六）实施的强拆，都在法定节假日。根据《行政强制法》第 43 条的规定，行政机关不得在夜间或法定节假日实施行政强制执行，但是情况紧急的除外。本案在不属于情况紧急的条件下在法定节假日实施拆除行为，违反了法律规定，危害了王某的合法权益。

十一、行政机关强制执行的条件、时间及程序是什么？

（一）理论分析

行政权力本身就意味着强制，而且行政权力与强制往往紧密地联系在一起。〔2〕行政强制执行对于相对人的人身、财产等基本权益有着非常重要的影响，所以法律严格限制行政机关实施强制执行的条件、时间、方式。

---

〔1〕 "王新学与北京市平谷区峪口镇人民政府其他一审行政判决书"，载无讼网。

〔2〕 ［英］哈耶克：《自由秩序原理》（上），邓正来译，生活·读书·新知三联书店 1997 年版，第 166 页。

行政机关强制执行的条件包括：①主体条件。只有法律明确授权的行政机关才可以实施行政强制执行，具有行政强制执行权的行政机关与作出行政决定的行政机关是分离的，即执行机关有可能不是作出决定的机关。②前提条件。相对人在期限内不履行行政机关依法作出的、并且已经生效的行政决定中的义务时，行政机关或者依申请的法院才可以实施行政强制执行。行政强制执行的时间是行政机关依法作出行政决定以后。

行政强制执行的程序分为一般程序和特别程序。一般程序包括催告程序、抗辩程序、决定程序、送达程序，特殊程序包括金钱给付的程序、代履行的程序。

催告
在实施强制执行决定前应对义务人进行告诫，通知义务人在法定期限内履行义务，逾期将采取强制执行措施。
催告是行政强制执行的必经程序（立即实施的代履行除外），一般以书面方式作出。

↓

陈述申辩
当事人收到催告书后有权陈述申辩，行政机关应当充分听取当事人的意见

↓

制作行政强制执行决定
经催告，当事人逾期仍不履行行政决定的，且无正当理由的，行政机关可以作出强制执行决定。
以书面形式作出，并载明当事人的姓名或名称、地址；强制执行的理由和依据、方式和时间；救济的方式和期限；行政机关的名称、印章和日期。

↓

实施强制执行
在执行过程中，行政机关必须遵守相关程序和要求：表明身份、出示身份证件；说明情况；制作执行笔录等。行政机关实施强制执行的方式应该合法，不得在夜间或者法定节假日实施行政强制执行，不得对居民生活采取停止供水、供电、供热、供燃气等方式迫使当事人履行相关行政决定。

图 3-7　行政强制执行的一般程序

表 3-5　金钱给付的直接执行程序与间接执行程序

	直接执行程序	间接执行程序
主要内容	划拨存款、汇款 抵缴查扣物	加处罚款 加收滞纳金
程序要点	划拨存款、汇款应当由法律规定的行政机关决定，并书面通知金融机构	前提：当事人逾期不履行金钱给付义务 标准告知：依法加处罚款或滞纳金，应将标准告知当事人 加处的罚款或者滞纳金的金额不得超过金钱给付义务的数额 催告：自行政机关作出加处罚款或滞纳金决定之日起，当事人超过30日不履行的，行政机关需作出催告 强制执行：经催告当事人仍不履行的，具有行政强制执行权的行政机关可以强制执行或申请法院强制执行

表 3-6　代履行程序

实施主体	行政机关自己实施代履行
	行政机关委托没有利害关系的第三人代履行
适用范围	主要适用于保障交通安全、防止环境污染、保护自然环境领域

续表

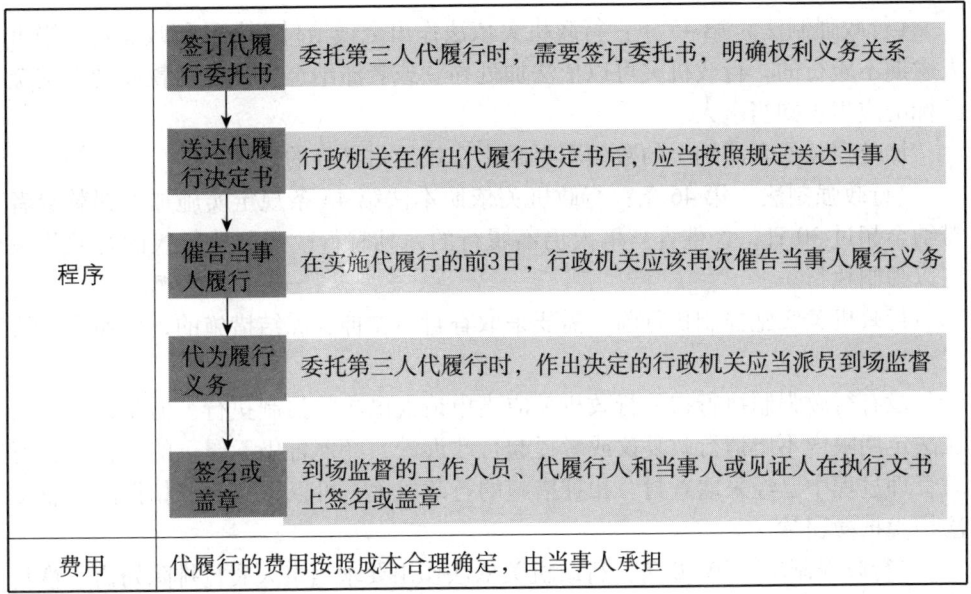

（二）法律规定

《行政强制法》第35条：行政机关作出强制执行决定前，应当事先催告当事人履行义务。催告应当以书面形式作出，并载明下列事项：①履行义务的期限；②履行义务的方式；③涉及金钱给付的，应当有明确的金额和给付方式；④当事人依法享有的陈述权和申辩权。

《行政强制法》第36条：当事人收到催告书后有权进行陈述和申辩。行政机关应当充分听取当事人的意见，对当事人提出的事实、理由和证据，应当进行记录、复核。当事人提出的事实、理由或者证据成立的，行政机关应当采纳。

《行政强制法》第37条：经催告，当事人逾期仍不履行行政决定，且无正当理由的，行政机关可以作出强制执行决定。

强制执行决定应当以书面形式作出，并载明下列事项：①当事人的姓名或者名称、地址；②强制执行的理由和依据；③强制执行的方式和时间；④申请行政复议或者提起行政诉讼的途径和期限；⑤行政机关的名称、印章和日期。

在催告期间，对有证据证明有转移或者隐匿财物迹象的，行政机关可以作出立即强制执行决定。

《行政强制法》第38条：催告书、行政强制执行决定书应当直接送达当事人。当事人拒绝接收或者无法直接送达当事人的，应当依照《中华人民共和国民事诉讼法》的有关规定送达。

《行政强制法》第 45 条：行政机关依法作出金钱给付义务的行政决定，当事人逾期不履行的，行政机关可以依法加处罚款或者滞纳金。加处罚款或者滞纳金的标准应当告知当事人。

加处罚款或者滞纳金的数额不得超出金钱给付义务的数额。

《行政强制法》第 46 条：行政机关依照本法第 45 条规定实施加处罚款或者滞纳金超过 30 日，经催告当事人仍不履行的，具有行政强制执行权的行政机关可以强制执行。

行政机关实施强制执行前，需要采取查封、扣押、冻结措施的，依照本法第三章规定办理。

没有行政强制执行权的行政机关应当申请人民法院强制执行。但是，当事人在法定期限内不申请行政复议或者提起行政诉讼，经催告仍不履行的，在实施行政管理过程中已经采取查封、扣押措施的行政机关，可以将查封、扣押的财物依法拍卖抵缴罚款。

《行政强制法》第 50 条：行政机关依法作出要求当事人履行排除妨碍、恢复原状等义务的行政决定，当事人逾期不履行，经催告仍不履行，其后果已经或者将危害交通安全、造成环境污染或者破坏自然资源的，行政机关可以代履行，或者委托没有利害关系的第三人代履行。

《行政强制法》第 51 条：代履行应当遵守下列规定：①代履行前送达决定书，代履行决定书应当载明当事人的姓名或者名称、地址，代履行的理由和依据、方式和时间、标的、费用预算以及代履行人；②代履行 3 日前，催告当事人履行，当事人履行的，停止代履行；③代履行时，作出决定的行政机关应当派员到场监督；④代履行完毕，行政机关到场监督的工作人员、代履行人和当事人或者见证人应当在执行文书上签名或者盖章。

代履行的费用按照成本合理确定，由当事人承担。但是，法律另有规定的除外。

代履行不得采用暴力、胁迫以及其他非法方式。

（三）典型案例

巨某，家住北京市门头沟区，并在该区体育场附近拥有房屋一套。2011 年 11 月 14 日，北京市门头沟区政府作出了对体育场住宅楼范围的房屋实施征收的《房屋征收决定》。2012 年 11 月 27 日，门头沟区政府作出《房屋征收补偿决定书》，主要包括补偿方式、补偿金额等内容。但巨某与门头沟政府未达成房屋征收协议，而且在《房屋征收补偿决定书》告知的期限内未完成腾房、交房，门头沟区政府在2012年11月30日拆除了巨某位于北京市门头沟区石龙北路×号的房屋。[1]

该案中，门头沟区政府自行对巨某的房屋进行了强制拆迁，违反了我国关于行政强制执行的规定。《行政强制法》第13条规定，行政强制执行由法律设定。法律没有规定行政机关强制执行的，作出行政决定的行政机关应当申请人民法院强制执行。《国有土地上房屋征收与补偿条例》第28条第1款规定，被征收人在法定期限内不申请行政复议或者不提起行政诉讼，在补偿决定规定的期限内又不搬迁的，由作出房屋征收决定的市、县级人民政府依法申请人民法院强制执行。依据上述规定，门头沟区政府应该申请人民法院强制执行。所以门头沟区政府自行拆除巨某的房屋属于超越法定职权，该行为违法。

十二、行政机关强制执行和解的前提是什么？

（一）理论分析

强制执行和解是指行政强制执行阶段，行政机关及相对人双方就执行标的的全部或部分达成协议，从而使相对人切实履行义务以终结执行程序的行为。[2]强制执行的基础是行政机关依法作出的行政决定，行政决定在作出后就具有执行力和公信力，任何人都应该遵守它。行政机关在强制执行的时候与相对人达成协议，利于行政决定的顺利实现，减少相对人的阻碍，增加相对人对强制执行的接受程度，是行政机关人性执法的体现。

强制执行和解虽然是行政主体与行政相对人相互妥协达成的一种协议，但是这种行为极容易造成行政违法或行政不当的后果，因此应该对强制执行和解进行一定程度的限制，使和解符合法律要求的前提条件，保证强制执行和解合法合理。

强制执行和解的前提有：①不能违反法律、法规的规定。强制和解是公权力与私权利达成的某种妥协，是为了保证强制执行的顺利进行而采取的一种合理变通方式，不能成为行政机关或者行政相对人违反法律、法规的工具。②不能损害公共利益和他人合法权益。如相对人严重违法的行为不能和解，因为其关系公共秩序，如果和解则会损害公共利益；如果强制执行涉及第三人的合法权益，和解前应该得到该第三人的同意。③和解的时间应该在行政执行阶段完成，但应早于

---

〔1〕 参照"巨某诉北京市门头沟区人民政府案"，载http://www.court.gov.cn/zgcpwsw/bj/bjsdyzjrm-fy/xz/201402/t20140217_349568.htm，最后访问时间：2014年4月9日。

〔2〕 莫于川主编：《行政强制操作规范与案例》，法律出版社2011年版，第115页。

执行完毕。如果在行政决定作出前进行和解，不仅违反程序正当性，而且容易使相对人与行政机关"协商"，这种行为严重损害了公权力的权威性和严肃性。

同时也应该注意到，强制执行和解只是强制执行的例外情况，行政机关使用强制执行和解应该持慎重态度，不能过多使用强制执行和解。

（二）法律规定

《行政强制法》第42条：实施行政强制执行，行政机关可以在不损害公共利益和他人合法权益的情况下，与当事人达成执行协议。执行协议可以约定分阶段履行；当事人采取补救措施的，可以减免加处的罚款或者滞纳金。

执行协议应当履行。当事人不履行执行协议的，行政机关应当恢复强制执行。

（三）典型案例

某市税务局在检查中发现个体户李某在纳税申报中有严重的逃税现象，遂依照法定程序对李某作出限期缴纳税款和罚款3万元的行政处罚决定，并将该书面决定送达李某。但是李某未在法定期限内履行缴纳义务，该市税务局决定依法对李某进行强制执行，强行扣押李某价值3万元的货物，并且李某当场缴纳了18 000元后，鉴于李某实际经济情况，某市税务局同李某达成和解协议，同意李某分期付款。

该案中，市税务局与被执行人李某达成和解协议的行为是合法的。该协议并未违反法律、法规的规定，被执行人通过分期付款的方式缴纳罚款，履行了行政机关的行政处罚决定；而且该协议未损害公共利益和他人合法权益，故合法有效。该和解协议实现了行政决定的目的，以分期付款的方式缴纳有利于减轻被执行人的负担，利于和谐社会的构建。

十三、行政机关立即实施代履行的条件及注意的问题？

（一）理论分析

行政机关立即实施代履行是强制执行的一种特殊形式。实践中有些情况需要行政机关立即决定亲自或由第三人实施代履行，如为了维护公共场所的顺畅通行和安全秩序，行政机关应立即采取行动，不必受限于程序要求。由于立即实施代履行不受程序要求，事前、事中救济困难，不利于当事人的合法权益保障，所以立即实施代履行应该有严格的条件限制，以防止行政机关滥用权力。立即实施代履行的前提条件是：①义务履行的紧迫性。立即代履行中要求相对人履行的义务具有紧迫性，如清除污染物、排除道路障碍等。②当事人履行不能。义务履行的紧迫性决定需要及时恢复公共秩序或者防止危害扩大，但是由于某些特殊原因，当事人不具备履行能力，此时行政机关应该立即实施代履行。③当事人不在场。当事人不在现场，行政机关无法通知相对人履行行政决定义务，行政机关可以立即实施代履行，如常见的拖车。

立即实施代履行应该符合前提条件，且由于实施的紧迫性，立即实施代履行的实施程序简易，在其中没有催告程序。但是在履行后还应该注意及时通知当事人，并依法作出处理。告知内容包括违法事实、立即实施代履行的法律依据等。在履行过程中，行政机关工作人员应该进行监督，或者邀请证人作证。行政机关、代履行的第三人、当事人应该在执行文书上签字，如果联系不上当事人，行政机关应该采取公告等方式通知代履行的相关事宜，并向当事人征收代履行费用。

（二）法律规定

《行政强制法》第52条：需要立即清除道路、河道、航道或者公共场所的遗洒物、障碍物或者污染物，当事人不能清除的，行政机关可以决定立即实施代履行；当事人不在场的，行政机关应当在事后立即通知当事人，并依法作出处理。

（三）典型案例

吴某、陈某承租北京市通州区宋庄镇宋梁路粮仓院内房屋后改建用于出租，2014年5月30日北京市通州区城市管理综合行政执法监察局（以下简称区城管执法局）向出租人下达《限期拆除通知书》，出租人未予以拆除。区城管执法局在未向二人送达限期拆除通知、书面催告，且房屋不存在危害后果的情况下，向出租房间送达告知书，导致房客纷纷退房索要押金、租金，强行拆走家电、床柜等物品抵债。2014年6月12日，区城管执法局向两相对人送达了《代履行决定书》，要求其缴纳代履行费，且在法定假日推平了房屋。[1]

根据《行政强制法》的规定，行政机关依法作出要求当事人履行排除妨碍、恢复原状等义务的行政决定，当事人逾期不履行，经催告仍不履行，其后果已经或者将危害交通安全、造成环境污染或者破坏自然资源的，行政机关可以代履行，或者委托没有利害关系的第三人代履行。本案中区城管执法局对相对人作出代履行决定前并未履行上述规定内容，在未向相对人送达限期拆除通知、书面催告的情况下直接作出代履行决定的行为属于主要证据不足、违反法定程序，应当予以撤销。

---

〔1〕"原告吴巧珍、陈永吉不服被告北京市通州区城市管理综合行政执法监察局代履行决定案"，载无讼网。

十四、行政机关如何申请人民法院强制执行？

（一）理论分析

相对人拒不执行行政机关依法作出的行政决定，也不申请行政复议或者提起行政诉讼，作出该行政决定的行政机关没有强制执行权，可以在法定期限内申请人民法院强制执行。行政强制执行权具有明显的侵益性，所以适用法律保留原则，即只有法律明确授权的行政机关才可以实施行政强制执行。行政强制执行由法院实施是原则，行政机关实施是例外。就执行罚与代履行而言，一般由行政机关实施，不需要申请法院强制执行。行政机关申请人民法院强制执行，应该满足程序要件和形式要件。具体如下：

第一，行政机关在申请法院强制执行时，应该履行催告义务。

第二，向有管辖权的人民法院申请。一般行政机关应该向其所在地的基层人民法院申请。但有例外情况：执行对象是不动产的，应向不动产所在地的人民法院申请。对于专利处理决定的执行，应该向被执行人住所地或财产所在地的省、自治区、直辖市的有权受理专利纠纷案件的中级人民法院申请，如北京市第一中级人民法院。国务院各部门、各省、自治区、直辖市人民政府和海关依照法律、法规作出的处理决定和处罚决定，由被执行人住所地或财产所在地的中级人民法院执行。[1]

第三，法定期限内提出申请。一般为不履行行政决定的期限届满起3个月内，如果有特别法规定则适用特别规定。注意该期限是不能中止或者中断的。

第四，申请材料依照《行政强制法》第55条的规定，内容主要有申请执行的明确意思表示、申请执行机关的名称、法定代理人、被申请人的姓名或名称、住址等内容、行政机关负责人的签名、机关印章、日期。

（二）法律规定

《行政强制法》第53条：当事人在法定期限内不申请行政复议或者提起行政诉讼，又不履行行政决定的，没有行政强制执行权的行政机关可以自期限届满之日起3个月内，依照本章规定申请人民法院强制执行。

《行政强制法》第54条：行政机关申请人民法院强制执行前，应当催告当事人履行义务。催告书送达10日后当事人仍未履行义务的，行政机关可以向所在地有管辖权的人民法院申请强制执行；执行对象是不动产的，向不动产所在地有管辖权的人民法院申请强制执行。

---

[1] 参见《最高人民法院关于人民法院执行工作若干问题的规定（试行）》。

《行政强制法》第 55 条：行政机关向人民法院申请强制执行，应当提供下列材料：①强制执行申请书；②行政决定书及作出决定的事实、理由和依据；③当事人的意见及行政机关催告情况；④申请强制执行标的情况；⑤法律、行政法规规定的其他材料。

强制执行申请书应当由行政机关负责人签名，加盖行政机关的印章，并注明日期。

《行政强制法》第 59 条：因情况紧急，为保障公共安全，行政机关可以申请人民法院立即执行。经人民法院院长批准，人民法院应当自作出执行裁定之日起 5 日内执行。

（三）典型案例

原北京市国土资源局（以下简称原市国土局）于 2015 年 1 月 27 日针对高某作出京国土朝阳分局罚字〔2014〕第 92 号《行政处罚决定书》（以下简称 92 号行政处罚决定），认定：高某未经土地行政主管部门批准，擅自占用××乡×××村东侧土地 11 851.42 平方米，建设高效净水养殖设施及管理用房的行为属非法占地。责令高某退还非法占用的土地，并决定给予如下行政处罚：自接到《行政处罚决定书》之日起 30 日内履行自行拆除在非法占用的 11 851.42 平方米的土地上建设的建筑物和其他设施，恢复土地原状。原市国土局据此向朝阳区法院申请强制执行。

朝阳区法院经审理认为，原市国土局提交的申请材料显示，送达 92 号行政处罚决定的《送达回证》上的签收人为"张某"，但现有申请材料中未有高某授权该人签收处罚决定的委托书，因此不能视为合法有效的送达。现有申请材料亦不能证明原市国土局作出 92 号行政处罚决定程序合法以及申请法院强制执行前依法履行了催告程序。据此，朝阳法院认为，市规土委的强制执行申请不符合《行政强制法》第 55 条规定的"当事人的意见及行政机关催告情况"的条件，因此裁定不准予强制执行。[1]

相对人拒不执行行政机关依法作出的行政决定，也不申请行政复议或者提起行政诉讼，作出该行政决定的行政机关没有强制执行权，可以在法定期限内申请人民法院强制执行，但是申请法院执行必须满足法律规定的形式要件和程序要件。

---

〔1〕 "北京市规划和国土资源管理委员会与高淑青执行裁定书"，载无讼网。

十五、行政机关及其工作人员违法实施行政强制应当承担哪些法律责任？

（一）理论分析

法律责任是法律关系主体因为违反法律、法规的相关规定而承担的法律后果。法律责任具有惩罚、预防、救济的功能。行政机关及其工作人员违法实施行政强制，应该依法承担法律责任，并且该法律责任应该与违法程度相一致，这样既有利于依法行政，也不会打击行政机关的工作热情。

行政机关及其工作人员违法实施行政强制，首先面临相对人申请行政复议或者提起行政诉讼，有可能导致行政强制无效或被撤销。行政机关及其工作人员还应该承担以下法律责任：

1. 行政处分。行政机关及其工作人员违法实施行政强制，该机关的直接负责人和其他直接责任人员承担警告、记过、记大过、降级、撤职、开除的内部纪律处分。

2. 责令改正责任。责令改正是指责令行政机关及其工作人员停止违法行为，并且予以纠正。

3. 追缴款项责任。没收行政机关因违法实施行政强制措施而非法所得的财物，恢复原状。

4. 国家赔偿责任。行政机关及其工作人员违法实施行政强制，该相对人造成损失的，行政机关应该承担国家赔偿责任，并有权向在国家侵权行为中具有故意、重大过失或者其他违法行为的工作人员追偿。

5. 刑事责任。行政机关及其工作人员违法实施行政强制，构成犯罪的，应该依法承担刑事责任。主要包括挪用公款罪、滥用职权罪、玩忽职守罪、私分罚没财物罪、职务侵占罪等。

（二）法律规定

《行政强制法》第61条：行政机关实施行政强制，有下列情形之一的，由上级行政机关或者有关部门责令改正，对直接负责的主管人员和其他直接责任人员依法给予处分：①没有法律、法规依据的；②改变行政强制对象、条件、方式的；③违反法定程序实施行政强制的；④违反本法规定，在夜间或者法定节假日实施行政强制执行的；⑤对居民生活采取停止供水、供电、供热、供燃气等方式迫使当事人履行相关行政决定的；⑥有其他违法实施行政强制情形的。

《行政强制法》第62条：违反本法规定，行政机关有下列情形之一的，由上级行政机关或者有关部门责令改正，对直接负责的主管人员和其他直接责任人员依法给予处分：①扩大查封、扣押、冻结范围的；②使用或者损毁查封、扣押场所、设施或者财物的;③在查封、扣押法定期间不作出处理决定或者未依法及时解除查封、扣押的;④在冻结存款、汇款法定期间不作出处理决定或者未依法及时解除冻结的。

《行政强制法》第63条:行政机关将查封、扣押的财物或者划拨的存款、汇款以及拍卖和依法处理所得的款项,截留、私分或者变相私分的,由财政部门或者有关部门予以追缴;对直接负责的主管人员和其他直接责任人员依法给予记大过、降级、撤职或者开除的处分。

行政机关工作人员利用职务上的便利,将查封、扣押的场所、设施或者财物据为己有的,由上级行政机关或者有关部门责令改正,依法给予记大过、降级、撤职或者开除的处分。

《行政强制法》第64条:行政机关及其工作人员利用行政强制权为单位或者个人谋取利益的,由上级行政机关或者有关部门责令改正,对直接负责的主管人员和其他直接责任人员依法给予处分。

《行政强制法》第68条:违反本法规定,给公民、法人或者其他组织造成损失的,依法给予赔偿。

违反本法规定,构成犯罪的,依法追究刑事责任。

(三) 典型案例

家住上海市徐汇区的张某连续用私家车载客收费。某天张某载客行驶在公路上,被徐汇区交通执法大队工作人员李某查获,李某向张某出具了《暂扣、扣押物品凭证》《处理告知书》,张某不服与李某发生肢体冲突,李某遂将张某殴打成重伤。张某的车辆在被交通执法大队扣留后,李某并未将车开回单位存放,而是将车直接转交给家人使用。[1]

该案中,李某将扣押车辆交给家人使用,违反了《行政强制法》第27条及第62条的规定,李某应该承担相应的行政责任。李某将张某殴打成重伤,应该依法承担刑事责任。

---

[1] 马怀德主编:《〈行政强制法〉条文释义及应用》,人民出版社2011年版,第252页。

第五节 其他行政执法行为

一、什么是行政征收?

(一)理论分析

行政征收是指行政机关根据国家和社会公共利益的需要,依法向行政管理相对人强制地、无偿地征缴一定数额金钱或者实物的单方具体行政行为。[1] 行政征收主要有下述特征:

第一,强制性。行政征收机关实施行政征收行为,实质上是履行国家赋予的征收权,这种权力具有强制他人服从的特征,因此,实施行政征收行为,不需要相对人的同意,甚至可以在违背相对人意志的情况下进行。

第二,无偿性。行政相对人的财产一经国家征收,其所有权就转移为国家所有,成为国家财产的一部分,由国家负责分配和使用,以保证国家财政开支的需求。行政征收必须是无偿的,是财产的单向流转。

第三,法定性。行政征收直接指向的是行政相对人的经济利益,由于其具有强制性和无偿性,决定了其对相对人的权益始终都具有侵害性。因此,为了确保行政相对人的合法权益不受违法行政征收行为的侵害,必须确立行政征收法定的原则。[2]

行政征收的种类很多,依据行政征收发生的根据不同,大致可以分为以下两种。

费,即各种社会费用,是一定行政机关凭借国家行政权所确立的地位,为行政相对人提供一定的公益服务,或者授予国家资源和资金的使用权而收取的代价。在我国,城市土地、矿藏、水流、山岭、草地、荒地、滩涂等自然资源属于国家所有。单位和个人在开采、使用国有资源时必须依法向国家缴纳资源费。如水资源费的征收、矿产资源补偿费的征收等;为确保国家的重点项目建设,解决重点建设资金不足问题面向公民、法人或其他组织征收建设资金,如公路养路费的征收、港口建设费的征收、国家能源交通重点建设基金的征收等;其他还包括排污费征收、滞纳金征收等行政征收内容。

税,即税收,是国家税收机关凭借其行政权力,依法强制地、无偿地取得财

---

[1] 范立新主编:《中国税务大词典》,中国税务出版社2011年版,第547页。
[2] 叶必丰:《行政法与行政诉讼法》,高等教育出版社2016年版,第160页。

政收入的一种手段。税收征收是行政征收中最主要的方面。税收只能由国家特定的行政机关——税务机关及海关负责征收。

（二）法律规定

《税收征收管理法》第4条：法律、行政法规规定负有纳税义务的单位和个人为纳税人。法律、行政法规规定负有代扣代缴、代收代缴税款义务的单位和个人为扣缴义务人。纳税人、扣缴义务人必须依照法律、行政法规的规定缴纳税款、代扣代缴、代收代缴税款。

《矿产资源法》第5条：国家实行探矿权、采矿权有偿取得的制度；但是，国家对探矿权、采矿权有偿取得的费用，可以根据不同情况规定予以减缴、免缴。具体办法和实施步骤由国务院规定。开采矿产资源，必须按照国家有关规定缴纳资源税和资源补偿费。

《渔业法》第28条：县级以上人民政府渔业行政主管部门应当对其管理的渔业水域统一规划，采取措施，增殖渔业资源。县级以上人民政府渔业行政主管部门可以向受益的单位和个人征收渔业资源增殖保护费，专门用于增殖和保护渔业资源。渔业资源增殖保护费的征收办法由国务院渔业行政主管部门会同财政部门制定，报国务院批准后施行。

《水法》第7条：国家对水资源依法实行取水许可制度和有偿使用制度。但是，农村集体经济组织及其成员使用本集体经济组织的水塘、水库中的水的除外。国务院水行政主管部门负责全国取水许可制度和水资源有偿使用制度的组织实施。

《环境保护税法》第2条：在中华人民共和国领域和中华人民共和国管辖的其他海域，直接向环境排放应税污染物的企业事业单位和其他生产经营者为环境保护税的纳税人，应当依照本法规定缴纳环境保护税。

按规定缴纳养路费的（包括按减征费额缴纳的），由公路管理部门发给已经缴费的凭证。属于免征范围内的，经市公路局审核，符合免征条件的，发给免征养路费凭证。

（三）典型案例

某市人民防空办公室（以下简称该市人防办）向某公司送达《限期办理"结建"审批手续告知书》，告知该公司新建的经济适用住房"秋实第一城"住宅小区工程未按照《人民防空法》第22条、《人民防空工程建设管理规定》第45条、第47条的规定，同时修建战时可用于防空的地下室，要求该公司限期到该市人防办办理"结建"手续，并提交相关资料。后该市人防办对该公司作出《市人民防空办公室征收防空地下室易地建设费决定书》，决定对该公司的"秋实第一城"项目征收"防空地下室易地建设费"172.46万元。[1]

该案中，人防办对公司征收"防控地下室易地建设费"的行为属于行政征收。《人民防空法》第22条规定"城市新建民用建筑，按照国家有关规定修建战时可用于防空的地下室"。《人民防空工程建设管理规定》第48条规定"按照规定应当修建防空地下室的民用建筑，因地质、地形等原因不宜修建的，或者规定应建面积小于民用建筑地面首层建筑面积的，经人民防空主管部门批准，可以不修建，但必须按照应修建防空地下室面积所需造价缴纳易地建设费，由人民防空主管部门统一就近易地修建"。即只有在法律法规规定不宜修建防空地下室的情况下，经济适用住房等保障性住房建设项目才可以不修建防空地下室，并适用免除缴纳防空地下室易地建设费的有关规定。该公司对依法应当修建的防空地下室没有修建，属于不履行法定义务的违法行为，有关行政机关有权向其征收防空地下室易地建设费。

二、什么是行政奖励？

（一）理论分析

行政奖励是给付行政行为的一种，是指对于符合行政目标或意图的行为，行政主体为表示对该种行为的肯定、鼓励、支持与倡导，赋予行为人以某种物质或精神上的利益的行为。[2] 行政奖励是一种授益性行政行为，但其也应该具备合法要件，主要包括：①依据合法。行政机关实施行政奖励必须要具有合法依据，如相关的法律、法规、规章等的明确规定。②主体合法。行政奖励的实施主体必须是具备法定权限的行政机关或者依法获得授权的社会组织。③客体合法。接受行政奖励的客体如某种行为必须合法，那些侵犯他人合法权益的行为则不具备接受行政奖励的条件。如广州市公安局为了改善当地交通秩序，鼓励市民拍交通违章照片作为行政处罚依据，并给予拍照市民一定报酬，这种行政奖励则不合法，因为市民拍照这一行为不具有合法性，可能侵犯他人的隐私权。④内容合法。行政主体赋予行为人的物质或精神利益必须合法。⑤程序合法。行政机关实施行政奖励应该遵循正当的法律程序，包括申请或提议、受理或接受、审查、决定、公布、实施等步骤。

（二）法律规定

《义务教育法》第10条：对在义务教育实施工作中做出突出贡献的社会组织

---

[1] "指导案例21号：内蒙古秋实房地产开发有限责任公司诉呼和浩特市人民防空办公室人防行政征收案"，载北大法宝。

[2] 莫于川主编：《行政法案例研习教程》，中国人民大学出版社2009年版，第205页。

和个人,各级人民政府及其有关部门按照有关规定给予表彰、奖励。

《促进科技成果转化法》第43条:国家设立的研究开发机构、高等院校转化科技成果所获得的收入全部留归本单位,在对完成、转化职务科技成果做出重要贡献的人员给予奖励和报酬后,主要用于科学技术研究开发与成果转化等相关工作。

《促进科技成果转化法》第44条:职务科技成果转化后,由科技成果完成单位对完成、转化该项科技成果做出重要贡献的人员给予奖励和报酬。

科技成果完成单位可以规定或者与科技人员约定奖励和报酬的方式、数额和时限。单位制定相关规定,应当充分听取本单位科技人员的意见,并在本单位公开相关规定。

(三) *典型案例*

2005年年初,深圳市龙岗区公安分局龙新派出所在其辖区怡丰路上悬挂"坚决打击河南籍敲诈勒索团伙"和"凡举报河南籍团伙敲诈勒索犯罪、破获案件的,奖励500元"的大横幅,此举引起了社会上的广泛争议,许多人质疑警方这种打击犯罪的方式存在地域歧视。[1]

该案中,龙新派出所在道路上悬挂的"凡举报河南籍团伙敲诈勒索犯罪、破获案件的,奖励500元"大横幅的行为属于行政奖励。但是该行政奖励的客体——举报河南籍团伙敲诈勒索犯罪有助于破获案件的行为因为构成了对河南籍居民的歧视,所以该行政奖励不具有合法性。行政机关为了提高行政效率,可以通过奖励的形式鼓励市民参与到行政管理过程中,但该行为一定要合法合理,否则可能引起社会问题。

三、什么是行政裁决?

(一) *理论分析*

行政裁决是指国家行政机关根据法律、法规的授权,以居间裁决者的身份,对特定范围内与裁决机关行政管理职权密切相关的民事纠纷依法作出处理的具体行政行为。根据这一定义,行政裁决应当包含以下几个方面的内容:①行政裁决的主体是国家法律、法规特别授权的行政机关。行政裁决是一项行政职权,依据依法行政的基本要求,任何行政权的产生都必须要有相应的法律依据。②行政裁决的范围是与行政管理职权密切相关的平等主体之间的特定民事纠纷。首先,行政裁决的对象是民事纠纷,不包括行政争议;其次行政裁决并非涉足所有民事纠

---

[1] 刘飞宇:"对于'河南籍歧视案'的规范分析",载《法制日报》2005年4月28日。

纷的处理，仅对与行政管理职权密切相关的民事纠纷依法享有裁决权。③行政裁决主体——行政机关，在行政裁决中的地位是居间裁决者。行政裁决法律关系是三方法律关系，其中，民事纠纷的双方当事人处于被裁决者的地位，拥有行政裁决权的行政机关则处于依职权对纠纷作出处理决定的裁决者的地位。④行政裁决的程序应当充分体现公开、公正、效率的行政司法特色。行政裁决是行政机关为主导的裁决纠纷的行政司法行为，不应当等同于一般行政行为，行政裁决程序必须体现公开、公平、公正的原则。⑤行政裁决仍然属于具体行政行为范畴。首先，行政裁决是行政机关履行行政管理职权的行为。其次，行政裁决是行政机关针对特定的民事纠纷双方当事人作出的、一次性适用、具有直接执行力的行为。⑥行政裁决结果对行政机关以及民事纠纷双方当事人的民事权益将产生实质性的影响。

1. 行政裁决的特征。

（1）行政裁决性质上的准司法性。行政裁决是具体行政行为，但是出于解决纠纷的公正性要求，行政裁决从程序到结果都更多地体现司法性特征。

（2）行政裁决程序上的可调解性。由于行政裁决的对象是民事纠纷，行政机关可以在不违反国家法律法规，不损害国家、集体和他人合法权益的前提下，通过调解，根据双方当事人达成的一致协议作出行政裁决。

（3）行政裁决效力上的强制性。行政裁决一旦作出并送达当事人即发生法律效力，非经行政诉讼或者其他法定途径，任何组织和个人均无权否定其法律效力。

（4）行政裁决结果上的非终局性。行政裁决处理民事纠纷仅仅是司法裁判程序的前置程序，当事人对行政裁决不服，有权依法向人民法院提起行政诉讼。[1]

2. 行政裁决的基本原则。行政裁决的基本原则是指反映行政裁决的基本特点和一般规律，贯穿行政裁决的整个过程，对行政裁决活动具有普遍性指导意义的基本行为准则。行政裁决作为一种准司法化的裁判活动，应当遵循以下原则：①公正、平等原则。公正平等原则要求行政主体在行使裁决权时应当平等对待民事纠纷的当事人，只能服从法律与事实，不能考虑其他任何与案件无关的因素。②公开裁判原则。公开裁判原则是指行政裁决机关裁决当事人之间的争议，除法律规定的特殊情况外，一律公开进行，包括对当事人的公开和对社会的公开，裁决规程公开和裁决结果公开。③简便、迅速原则。行政主体行使行政裁决权，必

---

[1] 应松年主编：《当代中国行政法》第五卷，人民出版社2018年版，第1917~1923页。

须在程序上提高效率、降低行政成本、减少费用,及时、有效地解决当事人之间的纠纷,实现行政职能。④客观、准确原则。行政裁决所涉及的问题具有较强的专业性和技术性,因此裁决机构必须全面和客观地调查、了解事实,必要时组织勘验和鉴定,贯彻客观、准确的原则。尊重科学、尊重事实。[1]

3. 行政裁决的种类:根据不同的标准可以对行政裁决进行不同的分类,以裁决的纠纷的性质以及裁决的法律关系的不同作为标准,可以将行政裁决划分为以下几种:

(1) 确认权属的裁决。权属纠纷是指当事人因某一财产的所有权或使用权的归属发生争议,包括草原、土地、水、滩涂等自然资源的权属争议以及其他非自然资源的产权争议。由行政主体裁决的权属争议裁决,大致划分为三类:自然资源权属争议裁决、知识产权权属争议裁决和其他权属争议裁决。

(2) 侵权纠纷的裁决。侵权纠纷是由于一方当事人的合法权益受到他方的侵犯而产生的纠纷。侵权纠纷裁决主要包括两大类:知识产权领域的侵权纠纷裁决和其他侵权损害赔偿纠纷裁决。

(3) 补偿纠纷的裁决。补偿纠纷的裁决是指在平等主体之间发生的,与批准征用、强制许可等行政行为密切相关的补偿数量、范围等争议,由行政机关进行裁决。补偿纠纷裁决主要包括以下几类:征用自然资源补偿纠纷的裁决、房屋拆迁补偿纠纷的裁决和强制许可补偿纠纷的裁决。

(4) 经济合同纠纷裁决。经济合同纠纷裁决是指行政机关对于当事人之间因经济合同发生的争议进行裁决。随着市场经济的发展,政府对于经济合同纠纷较少涉足,目前仍然有效的合同纠纷裁决比较少,如租赁经营合同纠纷裁决。

(5) 人事争议仲裁。人事争议仲裁是指国家设置的人事争议仲裁委员会根据合法、公正、及时处理的原则,裁决人才流动以及其他人事争议。我国现行制度下可以通过人事争议仲裁解决的人事争议包括:①国家行政机关与工作人员之间因录用、调动、履行聘任合同发生的争议;②事业单位与工作人员之间因辞职、辞退以及履行聘任合同或聘用合同发生的争议;③企业单位与管理人员和专业技术人员之间因履行聘任合同或聘用合同发生的争议;④依照法律、法规、规章规定可以仲裁的人才流动和其他人事争议。我国的人事争议案件实行仲裁前置程序。[2]

---

[1] 马怀德主编:《行政法学》,中国政法大学出版社2009年版,第241~242页。
[2] 马怀德主编:《行政法学》,中国政法大学出版社2009年版,第242~248页。

(二) 法律规定

《土地管理法》第14条：土地所有权和使用权争议，由当事人协商解决；协商不成的，由人民政府处理。

单位之间的争议，由县级以上人民政府处理；个人之间、个人与单位之间的争议，由乡级人民政府或者县级以上人民政府处理。

当事人对有关人民政府的处理决定不服的，可以自接到处理决定通知之日起30日内，向人民法院起诉。

在土地所有权和使用权争议解决前，任何一方不得改变土地利用现状。

《矿产资源法》第49条：矿山企业之间的矿区范围的争议，由当事人协商解决，协商不成的，由有关县级以上地方人民政府根据依法核定的矿区范围处理；跨省、自治区、直辖市的矿区范围的争议，由有关省、自治区、直辖市人民政府协商解决，协商不成的，由国务院处理。

《专利法》第57条：取得实施强制许可的单位或者个人应当付给专利权人合理的使用费，或者依照中华人民共和国参加的有关国际条约的规定处理使用费问题。付给使用费的，其数额由双方协商；双方不能达成协议的，由国务院专利行政部门裁决。

(三) 典型案例

2010年，北京市房山区因轨道交通房山线东羊庄站项目建设需要对部分集体土地实施征收拆迁，王某所居住的房屋被列入拆迁范围。该户院宅在册人口共7人，包括王某的儿媳和孙女。因第三人房山区土储分中心与王某未能达成拆迁补偿安置协议，第三人遂向北京市房山区住房和城乡建设委员会（以下简称房山区住建委）申请裁决。2014年3月6日，房山区住建委作出行政裁决，以王某儿媳、孙女的户籍迁入时间均在拆迁户口冻结统计之后、不符合此次拆迁补偿和回迁安置方案中确认安置人口的规定为由，将王某户的在册人口认定为5人。

本案中，虽然经北京市第二中级人民法院审理后，撤销了房山区住建委的行政裁决。但是可以从中看出，行政裁决可以作为解决特定类型民事争议的方式之一。

四、什么是行政指导？

(一) 理论分析

行政指导是行政机关在其职能、职责或管辖事务范围内，为适应复杂多样化的经济和社会管理需要，适时灵活地采取符合法律精神、原则、规则或政策的指导、劝告、建议等不具有国家强制力的方法，谋求行政相对人同意或协力，以有效地实现一定行政目的之行为。简言之，行政指导就是行政机关为谋求当事人作出或不作出一定行为以实现一定行政目的而在其职责范围内实施的指导、劝告、建议等不具有强制力且不直接产生法律效果的行为。[1]

行政指导行为具有非强制性、示范引导性、柔软灵活性、方法多样性、选择接受性等特征，是对传统依法行政的一种必要补充和一种灵活有效的行政活动方式。由于行政指导不具有强制性，不对相对人的权利义务造成影响，因此这种行政行为一般不具有可诉性。因此，行政机关实施行政指导，首先要尊重相对人的意愿，不能将为民服务的行政指导歪曲为侵害公民权益的强制指导；杜绝歧视性服务，行政指导应该一视同仁，不能将行政指导变为以权谋私的手段；行政指导应该明确权责，杜绝盲目性服务，切实发挥行政指导的功能。行政指导日益广泛地运用于许多国家的经济与行政管理过程中，起着补充和替代、辅导和促进、协调和疏通、预防和抑制等积极作用。

（二）法律规定

《药品管理法》第32条第3款：国务院药品监督管理部门制定药品委托生产质量协议指南，指导、监督药品上市许可持有人和受托生产企业履行药品质量保证义务。

《老年人权益保障法》第6条第3款：县级以上人民政府负责老龄工作的机构，负责组织、协调、指导、督促有关部门做好老年人权益保障工作。

《优化营商环境条例》第59条第1款：行政执法中应当推广运用说服教育、劝导示范、行政指导等非强制性手段，依法慎重实施行政强制。采用非强制性手段能够达到行政管理目的的，不得实施行政强制；违法行为情节轻微或者社会危害较小的，可以不实施行政强制；确需实施行政强制的，应尽可能减少对市场主体正常生产经营活动的影响。

（三）新闻链接

朝阳分局将行政指导工作引向深入，着力构建良好的市场生态环境[2]

1. 扩大助成性行政指导立项范围，明确指导的方向目标、方法手段和时限效果。以完善、巩固、推广去年助成性指导项目成果为重点，未形成机制的加快推进速度，已形成机制的要将其落实到具体的工作中，并对其推广情况进行效果

---

[1] 参见莫于川："法治视野中的行政指导行为——论我国行政指导的合法性问题与法治化路径"，载《现代法学》2004年第3期。

[2] "朝阳分局将行政指导工作引向深入，着力构建良好的市场生态环境"，载朝阳区政府网站，http://www.bjchy.gov.cn/business/tzzc/8a24f09a2775c8ef012794110f4801e5.html，最后访问时间：2019年10月26日。

评估，通过立项完善机制的建立。

2. 加强对行政指导数据采集、案例推广的研究，科学指导行政指导工作的开展。进一步完善法制科牵头、业务科负责、工商所实施的行政指导工作体制和机制，将行政指导项目的实施情况列为季度考核指标，并加强执法检查。结合实际统一行政指导统计口径，统一数据采集方式，丰富行政指导案例内容，完善行政指导评估方式，加强行政指导工作的宣传力度，进一步提升行政指导工作效能。

（四）经典案例

工商朝阳分局按照"办关系群众切身利益的案件、办政府关注的案件、办影响社会稳定的案件"办案思路，几年来，接连办理月球村公司销售月球土地案等大、要案件，有效地净化了区域市场环境。在严肃查处大要案件的同时，充分运用行政指导手段，提出"教育优先"的执法理念，积极对违规当事人进行行政指导、宣传教育，真正做到了"处理极少数、教育一大片"，使"从业企业服气、行业协会赞许、主管部门欢迎"，其社会影响和实际效果有目共睹。仅2008、2009两年，朝阳分局就累计开展行政指导29 083次。

工商朝阳分局积极探索知识产权保护长效机制，提出了"打击防范和引导提升相结合"的工作思路。在服装、小商品市场（后逐步向商场推广）全面推行商标授权经营管理制度，自主研发对商标风险和经营者信用动态评价的"双评价监管系统"，指导监管资源配置，依法处罚与行政指导、督促教育相结合，力求经过较长时间从根本上解决侵权问题。[1]

第六节 当前行政执法热点问题

一、"疏整促"执法中的常见问题

（一）"疏整促"执法中执法人员常用的执法行为有哪些？

执法机关实施监督检查有权要求有关单位和个人提供相关资料、就有关情况进行说明、进入或者查封现场、扣押工具、责令停止违法行为。

（二）"疏整促"执法中执法人员如何保全证据？

行政机关在收集证据时，可以采取抽样取证的方法；在证据可能灭失或者以

---

〔1〕 "工商朝阳分局立足职能求突破服务发展见实效"，载朝阳区政府网站，http://www.bjchy.gov.cn/business/tzzc/8a24f09a2673ef04012679370b8a0082.html，最后访问时间：2019年10月26日。

后难以取得的情况下,经行政机关负责人批准,可以先行登记保存,并应当在7日内及时作出处理决定,在此期间,当事人或者有关人员不得销毁或者转移证据。

(三)"疏整促"执法中执法人员如何应对当事人的听证申请?

在"疏整促"执法中,行政相对人只可以对行政机关作出的行政处罚提出听证申请。行政机关在接到行政相对人的听证申请之后,首先分辨是否是因行政处罚行为而申请的听证,如果不是,则直接告知不可申请听证并说明理由。如果是行政处罚的相对人,也需要进行甄别,根据《行政处罚法》的规定,只有责令停产停业、吊销许可证或营业执照以及较大数额罚款的当事人可以申请听证,其他行政处罚的当事人申请听证的,应当予以拒绝并告知理由。

对于符合听证申请条件的当事人的听证申请,行政机关应当在听证前7日通知当事人听证的时间、地点;除涉及国家秘密、商业秘密或者个人隐私的,听证应当公开;行政机关应指定非本案的调查人员主持听证会;听证结束后,工作人员应将听证笔录交当事人审核无误后签字。

(四)"疏整促"执法中执法人员进行查处违法建筑过程中如何处理相关物品?

查处违法建筑过程中,实施查封或者强制拆除的,执法机关应当通知违法建筑当事人清理违法建设内的物品;拒不清理的,应当制作物品清单,由违法建筑当事人签字确认;违法建筑当事人不签字的,可以由违法建筑所在地居委会、村委会确认。实施查封的,将物品一并查封;实施强制拆除的,执法机关应当将物品运送到指定场所,交还违法建筑当事人,违法建筑当事人拒绝接收的,执法机关可以在留存证据后根据实际情况妥善处置。

(五)"疏整促"执法中执法人员如何进行强制拆除?

执法机关作出强制拆除决定的,应当告知违法建筑当事人,其主张拆除后的违法建筑残值,应当在强制拆除前提出书面声明,并在限定的期限内自行处置;违法建筑当事人未事先提出书面声明或者事先提出书面声明但未在限定的期限内处置完毕的,执法机关可以予以清理。

二、物业管理执法中的常见问题

(一)物业管理执法中常用的执法行为有哪些?

在物业管理中,执法行政机关常用的执法行为包括行政命令、行政处罚和行政接管。其中,行政命令主要的表现形式是责令改正、责令限期撤出、责令履行职责;行政处罚主要的表现形式是罚款;行政接管的表现形式是行政机关接管物业管理区域。

（二）物业管理执法中执法人员如何保全证据？

行政机关在收集证据时，可以采取抽样取证的方法；在证据可能灭失或者以后难以取得的情况下，经行政机关负责人批准，可以先行登记保存，并应当在7日内及时作出处理决定，在此期间，当事人或者有关人员不得销毁或者转移证据。

（三）物业管理执法中执法人员如何应对当事人的听证申请？

在物业管理执法中，行政相对人只可以对行政机关作出的行政处罚提出听证申请。行政机关在接到行政相对人的听证申请之后，首先分辨是否是因行政处罚行为而申请的听证，如果不是，则直接告知不可申请听证并说明理由。如果是行政处罚的相对人，也需要进行甄别，根据《行政处罚法》的规定，只有责令停产停业、吊销许可证或营业执照以及较大数额罚款的当事人可以申请听证，其他行政处罚的当事人申请听证的，应当予以拒绝并告知理由。

在物业管理中，根据《北京市物业管理办法》的规定，行政机关可以采取的行政处罚方式只有罚款，因此，在物业管理执法中，只有较大数额罚款的行政相对人才可以申请听证。对于符合听证申请条件的当事人的听证申请，行政机关应当在听证前7日通知当事人听证的时间、地点；除涉及国家秘密、商业秘密或者个人隐私的，听证应当公开；行政机关应指定非本案的调查人员主持听证会；听证结束后，工作人员应将听证笔录交当事人审核无误后签字。

（四）物业管理执法中执法人员如何进行接管？

原物业服务企业拒绝交接、拒不撤出物业管理区域不能维持正常物业管理秩序的，由区县人民政府责成区县房屋行政主管部门、物业所在地街道办事处、乡镇人民政府及公安机关组织接管。

第四章

政府信息公开

一、什么是政府信息？行政机关公开政府信息应遵循哪些原则？

（一）理论分析

根据《政府信息公开条例》的相关规定，政府信息是指行政机关在履行行政管理职能过程中制作或者获取的，以一定形式记录、保存的信息。条例将政府信息限定在"履行行政管理职能"这一范围内，从而有助于改变旧条例在实践中，由于何为"履行职责"界定不明，导致实践中对政府信息的认定标准不统一的情况。根据条例规定，行政机关公开政府信息应当坚持以公开为常态，不公开为例外，遵循公正、公平、合法、便民的原则。以公开为常态，不公开为例外原则要求对法定应该主动公开的信息，政府应当主动公开，对未主动公开的信息，除非具有法定不予公开的理由，一旦公民、法人或者其他组织提出获取相关政府信息的申请，行政机关要予以公开。[1] 公正原则要求行政机关在公开政府信息时不偏私、不歧视，尽可能排除一切不合理的因素。如公开信息时涉及第三人合法权益的，应当书面征求第三人的意见。公平原则要求行政机关在公开政府信息时要一视同仁，对相同的人采取一致的公开标准。如规定任何公民、法人或其他组织都可以根据自身生产、生活、科研中的特殊需要，向有关机关或部门申请获取政府信息。合法原则则要求行政机关公开的政府信息以及公开的方式、过程应符合相关法律要求，比如应该按规定及时、准确地公开政府信息。便民原则要求行政机关在公开政府信息时，遵守法定时限要求，提高法定效率，为公民获得政府信息提供各种便利。比如设立信息公告栏、电子信息屏等，方便公民了解政府信息。

---

[1] 最高人民法院行政审判庭编：《中国行政审判指导案例》（第1卷），中国法制出版社2010年版，第117页。

(二) 法律规定

《政府信息公开条例》第 5 条：行政机关公开政府信息，应当坚持以公开为常态、不公开为例外，遵循公正、公平、合法、便民的原则。

《政府信息公开条例》第 6 条：行政机关应当及时、准确地公开政府信息。

行政机关发现影响或者可能影响社会稳定、扰乱社会管理秩序的虚假或者不完整信息的，应当在其职责范围内发布准确的政府信息予以澄清。

(三) 典型案例

原告李某某等 26 人系某市潘家村居民，曾向某市政府申请公开并获取了市政发 [2012] 102 号《某市人民政府关于潘家村城中村改造行政裁决有关问题的批复》（以下简称 102 号《批复》）。该批复的主要内容为："经 2012 年 10 月 30 日市政府专题会议研究，同意市法制字 [2012] 25 号《某市人民政府法制办公室关于潘家村拆迁行政裁决相关问题的报告》（以下简称 25 号《报告》），将《某市国有土地上房屋征收与补偿管理办法》实施前已核发房屋拆迁许可证项目遗留问题，继续由市征收办负责处理。" 2013 年 7 月 23 日，原告向某市政府申请公开 25 号《报告》的内容。某市政府法制办于 2013 年 8 月 2 日进行了答复，认为原告所申请公开的信息对外不产生法律效力，不属于政府信息公开范围。原告不服，认为某市房屋征收办依据 102 号《批复》对其作出了拆迁安置裁决。

在本案中被告答辩认为，25 号《报告》系市法制办就潘家村拆迁行政裁决相关问题向市政府呈报的内部意见和建议，属于《国务院办公厅关于做好政府信息依申请公开工作的意见》所规定的过程性信息，不应公开。但法院在审理过程中认为，原告提出信息公开申请时，某市政府已在该报告的基础上作出了批复。据此，可认定该报告已经作为批复的依据，属于"过程已成既往"，并非"处于讨论、研究或者审查中"的过程性文件。而根据政府信息公开条例中所规定的信息公开"以公开为常态，不公开为例外"，凡是不属于禁止公开范围的信息，均有予以公开之依据，而对于不予公开的信息，则必须提供相应的依据。因此 25 号《报告》不属于法律、法规、规章禁止公开的内容，某市政府应予公开。[1]

二、政府信息公开的主管部门及义务主体如何确定？

(一) 理论分析

政府信息公开工作作为一项行政工作，必须有相应的主管部门。根据条例相关规定，国务院办公厅是全国政府信息公开工作的主管部门，负责推进、指导、

---

[1] "李某某等诉某市政府政府信息公开纠纷案"，载北大法宝。

协调、监督全国的政府信息公开工作；县级以上地方人民政府办公厅（室）是本行政区域的政府信息公开工作主管部门，负责推进、指导、协调、监督本行政区域的政府信息公开工作；实行垂直领导的部门的办公厅（室）主管本系统的政府信息公开工作。新修改的条例对主管部门的设置作出统一规定，从而进一步加强了对政府信息公开工作的业务指导和沟通协调。

信息公开义务主体，存在广义和狭义之分。广义的信息公开义务主体是指信息公开法的适用范围，或者说，是根据法律规定，哪些机关负有公开信息的义务。狭义的信息公开义务主体，也可称为信息公开权限，是指在具体情形下确定政府信息公开适格义务主体的标准和原则。[1] 根据《政府信息公开条例》第10条的规定，"行政机关制作的政府信息，由制作该政府信息的行政机关负责公开。行政机关从公民、法人和其他组织获取的政府信息，由保存该政府信息的行政机关负责公开；行政机关获取的其他行政机关的政府信息，由制作或者最初获取该政府信息的行政机关负责公开。法律、法规对政府信息公开的权限另有规定的，从其规定。行政机关设立的派出机构、内设机构依照法律、法规对外以自己名义履行行政管理职能的，可以由该派出机构、内设机构负责与所履行行政管理职能有关的政府信息公开工作。两个以上行政机关共同制作的政府信息，由牵头制作的行政机关负责公开。"据上述规定，可以得出信息公开之诉的适格被告应是具有公开职责的行政机关，包括信息制作机关和保存机关，即遵循"谁制作，谁公开；谁保存，谁公开"的原则。同时明确了一定条件下派出机构、内设机构也可成为信息公开的义务主体，成为信息公开之诉的适格被告。共同制作的信息明确由牵头的行政机关来负责。同时在现实实践中，如果某政府信息是由一个行政机关制作，而最终保存在另一个不同的行政机关的时候，只要信息是某一行政机关制作的，无论其是否通过获取的方式为另一行政机关保存，仍由制作该信息的行政机关公开。

条例明确了制作和获取两种方式获得的政府信息的公开主体，同时对派出机构、内设机构以及多个行政机关共同制定的政府信息公开主体进行了规定，既避免了上下级行政机关重复公开、错误公开的情况，同时也防止了多个行政机关对信息公开职责的推诿扯皮。

（二）法律规定

《政府信息公开条例》第10条：行政机关制作的政府信息，由制作该政府信息的行政机关负责公开。行政机关从公民、法人和其他组织获取的政府信息，由

---

[1] 李广宇：《政府信息公开判例百选》，人民法院出版社2013年版，第332~334页。

保存该政府信息的行政机关负责公开；行政机关获取的其他行政机关的政府信息，由制作或者最初获取该政府信息的行政机关负责公开。法律、法规对政府信息公开的权限另有规定的，从其规定。

行政机关设立的派出机构、内设机构依照法律、法规对外以自己名义履行行政管理职能的，可以由该派出机构、内设机构负责与所履行行政管理职能有关的政府信息公开工作。

两个以上行政机关共同制作的政府信息，由牵头制作的行政机关负责公开。

（三）典型案例

2011年8月9日，原告张某向北京市国土资源局西城分局（以下简称西城国土分局）提出政府信息公开申请，要求提供北京市西城区人民政府2009年第32期、第40期会议纪要的复印件。2011年8月30日，西城国土分局作出《非本机关政府信息告知书》，告知张某，其申请获取的政府信息不属于该机关公开范围，关于其提出的事项内容，该分局已于2011年3月23日给其的《国土资源信访事项处理意见书》中作出了相应答复。张某收到以上告知书后诉至法院，法院作出行政判决，撤销了西城国土分局作出的《非本机关政府信息告知书》，并判令该局于判决生效后15个工作日内针对张某要求获取北京市西城区人民政府2009年第32期、第40期会议纪要的申请重新作出答复。此后，西城国土分局于2012年1月11日作出第389号非本重告知书，告知张某，其申请获取的政府信息不属于本机关公开范围。并建议其向北京市西城区人民政府咨询。原告不服，起诉要求撤销被告作出的第389号非本重告知书，并要求予以重新答复。

根据《政府信息公开条例》的有关规定，除法律、法规对政府信息公开的权限另有规定的之外，确定政府信息公开义务主体的标准有两个：一是由该行政机关制作，二是由该行政机关保存。本案中，张某申请公开的北京市西城区人民政府第32期、第40期会议纪要是土地登记申请主体在申请办理北京市西城区大齐家胡同28号院土地登记手续时向西城国土分局提交保存的土地权属来源文件，西城国土分局以此作为办理土地登记手续的依据。西城国土分局在已保存两份会议纪要，并依此办理土地登记手续的情况下，仍对张某申请获取的政府信息以该信息不属于本机关公开范围为由全部拒绝公开，属未正确履行政府信息公开的义务，因此，对于被诉第389号非本重告知书，法院应予撤销。[1]

---

[1] "张某诉北京市国土资源局非本机关政府信息告知案"，载北大法宝。

三、行政机关主动公开的政府信息的范围及要求？

（一）理论分析

主动公开是指行政机关及其他有权组织机构主动公开其在履行公共事务过程中所产生、获得、制作的政府信息。修订后的《政府信息公开条例》进一步扩大了主动公开的范围和深度。《政府信息公开条例》明确，各级行政机关应当主动公开机关职能、机构设置、行政处罚等行为的依据条件程序、公务员招考等15类信息，并规定设区的市级、县级人民政府及其部门，乡（镇）人民政府，还应当根据本地方的具体情况主动公开与基层群众关系密切的政府信息。建立健全政府信息管理动态调整机制，要求行政机关对不予公开的政府信息进行定期评估审查，对因情势变化可以公开的政府信息应当公开；建立依申请公开向主动公开的转化机制，行政机关可以将多个申请人申请公开的政府信息纳入主动公开的范围，申请人也可以建议行政机关将依申请公开的政府信息纳入主动公开的范围，从而推动政府信息公开工作深入开展。

（二）法律规定

《政府信息公开条例》第19条：对涉及公众利益调整、需要公众广泛知晓或者需要公众参与决策的政府信息，行政机关应当主动公开。

《政府信息公开条例》第20条：行政机关应当依照本条例第19条的规定，主动公开本行政机关的下列政府信息：①行政法规、规章和规范性文件；②机关职能、机构设置、办公地址、办公时间、联系方式、负责人姓名；③国民经济和社会发展规划、专项规划、区域规划及相关政策；④国民经济和社会发展统计信息；⑤办理行政许可和其他对外管理服务事项的依据、条件、程序以及办理结果；⑥实施行政处罚、行政强制的依据、条件、程序以及本行政机关认为具有一定社会影响的行政处罚决定；⑦财政预算、决算信息；⑧行政事业性收费项目及其依据、标准；⑨政府集中采购项目的目录、标准及实施情况；⑩重大建设项目的批准和实施情况；⑪扶贫、教育、医疗、社会保障、促进就业等方面的政策、措施及其实施情况；⑫突发公共事件的应急预案、预警信息及应对情况；⑬环境保护、公共卫生、安全生产、食品药品、产品质量的监督检查情况；⑭公务员招考的职位、名额、报考条件等事项以及录用结果；⑮法律、法规、规章和国家有关规定规定应当主动公开的其他政府信息。

《政府信息公开条例》第21条：除本条例第20条规定的政府信息外，设区的市级、县级人民政府及其部门还应当根据本地方的具体情况，主动公开涉及市政建设、公共服务、公益事业、土地征收、房屋征收、治安管理、社会救助等方面的政府信息;乡(镇)人民政府还应当根据本地方的具体情况,主动公开贯彻落实农业农村政策、农田水利工程建设运营、农村土地承包经营权流转、宅基地使用情况审核、土地征收、房屋征收、筹资筹劳、社会救助等方面的政府信息。

《政府信息公开条例》第22条:行政机关应当依照本条例第20条、第21条的规定,确定主动公开政府信息的具体内容,并按照上级行政机关的部署,不断增加主动公开的内容。

《政府信息公开条例》第44条:多个申请人就相同政府信息向同一行政机关提出公开申请,且该政府信息属于可以公开的,行政机关可以纳入主动公开的范围。

对行政机关依申请公开的政府信息,申请人认为涉及公众利益调整、需要公众广泛知晓或者需要公众参与决策的,可以建议行政机关将该信息纳入主动公开的范围。行政机关经审核认为属于主动公开范围的,应当及时主动公开。

(三)典型案例

市民郑某先后三次向北京市交通执法总队申请政府信息公开,其中包括2003年至2009年每年查处黑车所得罚款总额及流向;所有无人认领车辆的数量及被解体车辆数量;查处所有黑车车主的籍贯、罚款额、联系方式等内容。遭到拒绝后,郑某提起诉讼。最后,西城法院作出裁定,认为交通执法总队作出的《不予公开告知书》对郑某的权利义务未产生实际影响,其不具备原告的诉讼主体资格,不予受理郑某的起诉。

根据《政府信息公开条例》的规定,需要公众广泛知晓和参与的事项属于政府应当主动公开的信息,其中涉及城乡建设和管理的重大事项,还属于政府应当重点公开的信息。很明显,郑某要求公开的信息,即使没有人申请,政府也应主动公开。

公共事项涉及不特定群体,但这并不意味着"无利益无诉权",也不意味着法院可以否定非利益相关人对涉及公共事务的诉权。这是因为:①《信息公开条例》在某种程度上拓展了传统原告资格的范围,允许公民纠正违法行政行为,维护公共利益,而不是只是出于个人权利。②《信息公开条例》通过丰富"利害关系"内涵拓展了原告资格,即"条例"规定了诸多行政机关应当主动公开的政府信息,公民认为这些信息与自己的生产、生活和科研等特殊需要有关,则无需申请，便产生了事实上法定的利害关系。[1]

四、哪些信息属于依法不予公开的范围？

（一）理论分析

"公开为基本原则，不公开为例外"是政府信息公开的基本原则。这意味着信息公开的范围并非是无穷无尽的，即存在可豁免公开的政府信息。根据条例相关规定可知，我国对以下信息不予公开：一是依法确定为国家秘密的信息；二是法律、行政法规禁止公开的政府信息；三是公开后可能危及国家安全、公共安全、经济安全、社会稳定的政府信息；四是公开会对第三方合法权益造成损害的政府信息。同时行政机关内部事务信息、过程性信息、行政执法案卷信息，行政机关可以不予公开。条例规定，行政机关应当依照《保守国家秘密法》以及其他法律、法规和国家有关规定对拟公开的政府信息进行审查。行政机关不能确定政府信息是否可以公开的，应当依照法律、法规和国家有关规定报有关主管部门或者保密行政管理部门确定。同时行政机关应当建立健全政府信息管理动态调整机制，对本行政机关不予公开的政府信息进行定期评估审查，对因情势变更可以公开的政府信息应当公开。关于第三人的合法权益涉及商业秘密及个人隐私等方面，可知隐私是"一种与公共利益、群体利益无关的，当事人不愿令他人知道或他人不便知道的个人信息、当事人不愿他人干涉或他人不便干涉的个人私事以及当事人不愿他人侵入或他人不便侵入的个人领域"。[2] 在我国，关于隐私权的法律保护起步较晚，无系统立法，有关部门法中的规定较零乱、琐碎，缺乏衔接性、统一性，法律尚未明确确认隐私权，司法实践中亦经常将其与名誉权混为一谈。[3] 但是需要注意的是，对于涉及商业秘密、个人隐私的政府信息，并不是绝对的不公开。对于商业秘密和个人隐私的信息，如果征得第三方的书面同意，就可以公开。

---

[1] "北京市交通执法总队被指信息不公开，市民提起诉讼"，载 http://news.163.com/10/0212/08/5VAD5PG2000120GU.html，最后访问时间：2020年6月5日。

[2] 转引自刘莘、吕艳滨："政府信息公开研究"，载《政法论坛》（中国政法大学学报）2003年第2期。

[3]《最高人民法院关于贯彻执行〈中华人民共和国民法通则〉若干问题的意见（试行）》第140条以及《最高人民法院关于审理名誉权案件若干问题的解答》第7条中规定，擅自公布、宣扬他人隐私的，按照侵害他人名誉权处理，但是隐私权与名誉权在内容、受侵害的形式等方面都有着极大的不同，这样的规定并不利于对隐私权的有效保护。而2001年2月26日出台的《最高人民法院关于确定民事侵权精神损害赔偿责任若干问题的解释》第1条第2款规定：违反社会公共利益、社会公德侵害他人隐私的，受害人诉求精神损害赔偿的，人民法院应当受理。这显然又对侵害隐私权的行为要件增加了不应有的限制。

修改后的条例,进一步丰富了不予公开的政府信息的种类,明确将内部事务信息、过程性信息、行政执法案卷信息纳入到具体列举的范围。内部事务信息属于行政机关内部事务,对行政相对人的权利义务不产生直接或实际影响,公开之后可能会对行政机关的正常工作造成不必要的影响。过程性信息尚处于讨论、研究或者审查过程中,不具有确定性,公开后可能会误导公众,也可能干扰行政机关公正、合理地作出决策。内部事务信息和过程性信息不宜公开,既是绝大多数国家的通行做法,也是条例实施的实践经验。而关于行政执法案卷信息可以不予公开,主要的考虑是,行政执法案卷信息主要涉及当事人、利害关系人的权益,相关法律、法规、规章对于如何在具体行政程序中保障当事人、利害关系人的知情权已有规定;这类信息与其他主体没有直接利害关系,公开后可能会对行政机关的执法工作和当事人、利害关系人的权益产生不利影响。但是,法律、法规、规章规定行政执法案卷信息应当公开的必须要公开。比如,《行政复议法》规定申请人、第三人可以查阅被申请人提出的书面答复、作出具体行政行为的证据、依据和其他有关材料,除涉及国家秘密、商业秘密或者个人隐私外,行政复议机关不得拒绝。[1]

（二）法律规定

《政府信息公开条例》第14条:依法确定为国家秘密的政府信息,法律、行政法规禁止公开的政府信息,以及公开后可能危及国家安全、公共安全、经济安全、社会稳定的政府信息,不予公开。

《政府信息公开条例》第15条:涉及商业秘密、个人隐私等公开会对第三方合法权益造成损害的政府信息,行政机关不得公开。但是,第三方同意公开或者行政机关认为不公开会对公共利益造成重大影响的,予以公开。

《政府信息公开条例》第16条:行政机关的内部事务信息,包括人事管理、后勤管理、内部工作流程等方面的信息,可以不予公开。

行政机关在履行行政管理职能过程中形成的讨论记录、过程稿、磋商信函、请示报告等过程性信息以及行政执法案卷信息,可以不予公开。法律、法规、规章规定上述信息应当公开的,从其规定。

《政府信息公开条例》第17条:行政机关应当建立健全政府信息公开审查机制,明确审查的程序和责任。

行政机关应当依照《中华人民共和国保守国家秘密法》以及其他法律、法规和国家有关规定对拟公开的政府信息进行审查。

---

[1] 周汉华:"如何界定不予公开的政府信息范围?",载司法部官网。

行政机关不能确定政府信息是否可以公开的，应当依照法律、法规和国家有关规定报有关主管部门或者保密行政管理部门确定。

《政府信息公开条例》第18条：行政机关应当建立健全政府信息管理动态调整机制，对本行政机关不予公开的政府信息进行定期评估审查，对因情势变化可以公开的政府信息应当公开。

（三）典型案例

2017年3月9日，韩某通过北京市政府官网向市政府提出政府信息公开申请，要求公开"市政府同意京环发［2016］29号文件的同意函或者同意文件"。韩某申请获取政府信息的方式为邮寄、政府信息的载体形式为纸质文本。同日，市政府向韩某作出《登记回执》。市政府经核查，查明"市领导对'京环发［2016］29号文件'确有批示，但未有正式批复文件"。2017年3月27日，市政府对韩世明作出《告知书》。《告知书》的主要内容为，"经查，市领导对《关于对国Ⅰ及国Ⅱ排放标准轻型汽油车采取交通管理措施的通告》（以下简称《通告》）确有批示，但未有正式批复文件。根据国务院办公厅《关于做好政府信息依申请公开工作的意见》（国办发［2010］5号）'行政机关在日常工作中制作或者获取的内部管理信息以及处于讨论、研究或者审查中的过程性信息，一般不属于《条例》所指应公开的政府信息'和《北京市政府信息公开规定》第28条第5项'申请公开的政府信息属于行政机关在日常工作中制作或者获取的内部管理信息或者处于行政机关讨论、研究或者审查中的过程性信息，应当告知申请人不属于应当公开的政府信息'之规定，现告知您所申请的信息不属于《中华人民共和国政府信息公开条例》所指应公开的政府信息"。韩某不服该告知书，向一审法院提起本案诉讼。

本案中，政府作出告知书的步骤、期限、形式等方面程序合法，而根据新修订的《政府信息公开条例》第16条的规定，政府的内部性信息和过程性信息可以不予公开。被诉告知书告知韩某"市领导对'京环发［2016］29号文件'确有批示，但未有正式批复文件"，告知了韩某"京环发［2016］29号文件"已经市政府批示，结合"京环发［2016］29号文件"本身载明"经市政府同意"的信息以及韩某据此提出的本案信息公开申请的事实，联系起来理解可以看出，被诉告知书实质上是告知了韩某"京环发［2016］29号文件"为已经由市政府批示同意的信息，只不过该信息载体系"市领导"在内部签报上批示同意的底稿，没有公文意义上的"正式批复文件"可以提供给韩某，而该内部签报底稿本身又属于行政机关在日常工作中的内部事项范围，按照上述规定依法不属于应当公开的政府信息范围。由此可见，市政府在履行信息公开职责过程中已经履行了相应的信息公开告知义务,并对无法向韩某提供其所要求的"纸质文本"进行了合理说明,被诉告知书并无不当。因此法院在进行判决时亦驳回了韩某的诉讼请求。[1]

五、依申请公开的政府信息,行政机关应如何处理?

(一)理论分析

行政机关在公开政府信息时应有主动公开和依申请公开两种方式,修订后的《政府信息公开条例》将依申请公开与主动公开置于同一位阶,由此可见依申请公开的重要性。修订后的《政府信息公开条例》明确了申请受理机构、补正申请内容、行政机关答复形式规范、征求意见程序、提交时间起算等内容,并要求行政机关建立健全政府信息公开申请登记、审核、办理、答复、归档的工作制度,加强工作规范。例如《政府信息公开条例》第29条规定,公民、法人或者其他组织申请获取政府信息的,应当向行政机关的政府信息公开工作机构提出;《政府信息公开条例》第30条规定了补正申请内容的相关内容,行政机关在此过程中承担着指导和释明的职责;《政府信息公开条例》第36条规定了有关行政机关答复的情况;《政府信息公开条例》第31条是行政机关收到政府信息公开申请的时间的有关规定;《政府信息公开条例》第33条规定行政机关受理公民的申请后,应当在法定的期限内作出受理与否及公开与否的决定。依申请公开的政府信息,行政机关在收到申请公开的申请书后,能够当场答复的,应该当场予以答复;不能当场答复的,应当自收到申请之日起20个工作日内予以答复,需要延长答复期限的,应当经政府信息公开工作机构负责人同意并告知申请人,延长的期限最长不得超过20个工作日。行政机关征求第三方和其他机关意见所需时间不计算在前款规定的期限内。

(二)法律规定

《政府信息公开条例》第29条:公民、法人或者其他组织申请获取政府信息的,应当向行政机关的政府信息公开工作机构提出,并采用包括信件、数据电文在内的书面形式;采用书面形式确有困难的,申请人可以口头提出,由受理该申请的政府信息公开工作机构代为填写政府信息公开申请。

政府信息公开申请应当包括下列内容:①申请人的姓名或者名称、身份证明、联系方式;②申请公开的政府信息的名称、文号或者便于行政机关查询的其他特征性描述;③申请公开的政府信息的形式要求,包括获取信息的方式、

---

[1] "韩世明诉北京市人民政府信息公开案",载北大法宝。

途径。

《政府信息公开条例》第 30 条：政府信息公开申请内容不明确的，行政机关应当给予指导和释明，并自收到申请之日起 7 个工作日内一次性告知申请人作出补正，说明需要补正的事项和合理的补正期限。答复期限自行政机关收到补正的申请之日起计算。申请人无正当理由逾期不补正的，视为放弃申请，行政机关不再处理该政府信息公开申请。

《政府信息公开条例》第 31 条：行政机关收到政府信息公开申请的时间，按照下列规定确定：①申请人当面提交政府信息公开申请的，以提交之日为收到申请之日；②申请人以邮寄方式提交政府信息公开申请的，以行政机关签收之日为收到申请之日；以平常信函等无需签收的邮寄方式提交政府信息公开申请的，政府信息公开工作机构应当于收到申请的当日与申请人确认，确认之日为收到申请之日；③申请人通过互联网渠道或者政府信息公开工作机构的传真提交政府信息公开申请的，以双方确认之日为收到申请之日。

《政府信息公开条例》第 33 条：行政机关收到政府信息公开申请，能够当场答复的，应当当场予以答复。

行政机关不能当场答复的，应当自收到申请之日起 20 个工作日内予以答复；需要延长答复期限的，应当经政府信息公开工作机构负责人同意并告知申请人，延长的期限最长不得超过 20 个工作日。

行政机关征求第三方和其他机关意见所需时间不计算在前款规定的期限内。

《政府信息公开条例》第 36 条：对政府信息公开申请，行政机关根据下列情况分别作出答复：①所申请公开信息已经主动公开的，告知申请人获取该政府信息的方式、途径；②所申请公开信息可以公开的，向申请人提供该政府信息，或者告知申请人获取该政府信息的方式、途径和时间；③行政机关依据本条例的规定决定不予公开的，告知申请人不予公开并说明理由；④经检索没有所申请公开信息的，告知申请人该政府信息不存在；⑤所申请公开信息不属于本行政机关负责公开的，告知申请人并说明理由；能够确定负责公开该政府信息的行政机关的，告知申请人该行政机关的名称、联系方式；⑥行政机关已就申请人提出的政府信息公开申请作出答复、申请人重复申请公开相同政府信息的，告知申请人不予重复处理；⑦所申请公开信息属于工商、不动产登记资料等信息，有关法律、行政法规对信息的获取有特别规定的，告知申请人依照有关法律、行政法规的规定办理。

（三）典型案例

2013 年 8 月 1 日，冀某通过邮政特快专递方式向东莞市人民政府寄出《信息公开申请表》，要求公开对冀某在 2005 年 6 月 28 日被东莞市厚街镇新塘村委会治安队员殴打致残问题进行调查核实的结论报告。2013 年 8 月 5 日，东莞市人民政府收到上述申请当日即转交东莞市公安局办理，且东莞市公安局亦在法定期限内相继对该申请作出答复，并向冀某寄送《关于政府信息公开申请延期答复告知书》及《关于政府信息公开申请的答复》。2013 年 10 月 22 日，东莞市人民政府又作出《政府信息公开告知书》，并于 10 月 26 日通过邮政特快专递方式向冀某寄出，再次明确告知冀某对其申请的办理流程和处理结果。

冀某对此不服，向东莞市中级人民法院提出了行政诉讼。

法院审理认为，对因何故致残的调查属于公安部门的职责范围，并不属东莞市人民政府信息公开的范围，而东莞市人民政府虽未及时将转交东莞市公安局办理的情况告知冀某，但已就冀某提交的政府信息公开申请作出答复，答复行为存在一定瑕疵，但并不违法，故东莞中院作出一审判决，依法驳回冀某的诉讼请求。[1]

该案中，东莞市政府在受理冀某的信息公开申请后，虽然在法定期限内作出了答复，但未及时告知申请人其申请已转交的情况，存在瑕疵。因此，行政机关在受理申请人的信息公开申请后必须严格依照法律规定进行答复或告知，否则就可能承担诉讼中败诉的风险。

六、对于不合理利用政府信息公开申请权的行为应如何规范？

（一）理论分析

权利不合理利用是政府信息公开申请制度下的衍生问题，不合理利用政府信息公开申请权的行为造成了众多负面影响，若置若罔闻、不予规制，不仅无法保障政府信息公开申请权的实现，还会动摇信息公开制度之根本。[2] 因此修订后的《政府信息公开条例》对此种行为进行了一定规范，对于少数申请人反复、大量提出政府信息公开申请的问题，规定了不予重复处理、要求说明理由、延迟答复并收取信息处理费等措施；对于申请人以政府信息公开申请的形式进行信访、投诉、举报等活动的，行政机关应当告知申请人通过相应渠道解决。

（二）法律规定

《政府信息公开条例》第 35 条：申请人申请公开政府信息的数量、频次明显

---

[1] "冀中星诉东莞市政府信息公开案"，载 http://www.chinanews.com/fz/2014/01-11/5724848.shtml，最后访问时间：2020 年 6 月 3 日。

[2] 王敬波："如何规范不合理利用政府信息公开申请权？"，载 http://fzzfyjy.cupl.edu.cn/info/1021/10387.htm，最后访问时间：2019 年 10 月 22 日。

超过合理范围，行政机关可以要求申请人说明理由。行政机关认为申请理由不合理的，告知申请人不予处理；行政机关认为申请理由合理，但是无法在本条例第33条规定的期限内答复申请人的，可以确定延迟答复的合理期限并告知申请人。

《政府信息公开条例》第39条第1款：申请人以政府信息公开申请的形式进行信访、投诉、举报等活动，行政机关应当告知申请人不作为政府信息公开申请处理并可以告知通过相应渠道提出。

《政府信息公开条例》第42条：行政机关依申请提供政府信息，不收取费用。但是，申请人申请公开政府信息的数量、频次明显超过合理范围的，行政机关可以收取信息处理费。

行政机关收取信息处理费的具体办法由国务院价格主管部门会同国务院财政部门、全国政府信息公开工作主管部门制定。

（三）典型案例

原告陆某某于2013年11月26日向被告南通市发改委申请公开"长平路西延绿化工程的立项批文"。2013年11月28日，南通市发改委作出通发改信复［2013］14号《政府信息公开申请答复书》并提供了通发改投资［2016］67号《市发改委关于长平路西延工程的批复》。原告认为自己申请公开的是"长平路西延绿化工程"，而被告公开的却是"长平路西延工程"，虽只有两字之差，但内容完全不同，遂向江苏省南通市港闸区人民法院起诉，请求依法撤销被告作出的《政府信息公开申请答复书》并责令重新作出答复。被告南通市发改委辩称，被诉答复公开的《市发改委关于长平路西延工程的批复》包括长平路西延工程的道路、桥涵、管线、绿化及附属设施等建设内容，包含了原告陆某某申请公开的内容；并辩称，原告陆某某及其家人存在明显滥用政府信息公开申请权的行为，违背了《政府信息公开条例》的目的和宗旨，其行为不具有正当性，请求驳回原告的诉讼请求。江苏省南通市港闸区人民法院裁定原告陆某某存在滥用获取政府信息权、滥用诉权行为。原告陆某某不服一审裁定，向南通市中级人民法院提起上诉，二审法院裁定原审法院认定陆某某滥用获取政府信息权、滥用诉权是适当的。[1]

获取政府信息和提起诉讼是法律赋予公民的权利。为了保障公民知情权的实现，行政机关应当主动公开政府信息，从而提高政府工作的透明度。但是我们要

---

［1］"陆红霞诉南通市发展和改革委员会政府信息公开答复案"，载北大法宝，http://www.pku-law.cn/case/pfnl_a25051f3312b07f383ab74a250eadc412f753fb855fabeadbdfb.html?keywords=%E9%99%86%E7%BA%A2%E9%9C%9E，最后访问时间：2019年10月22日。

知道的是，公民在行使自由和权利的时候，不得损害国家的、社会的、集体的利益和其他公民的合法的自由和权利；公民在行使权利时，应当按照法律规定的方式和程序进行，接受法律及其内在价值的合理规制。[1] 在本案中，陆某某在申请政府信息公开时，存在多次重复申请、申请内容繁复等情形，原告陆某某这种做法，显然与《政府信息公开条例》制定的目的相悖离，已经构成了获取政府信息权利的滥用。

七、政府信息公开中如涉及第三人的信息行政机关应该如何进行处理？

（一）理论分析

《政府信息公开条例》对第三方权利的保护只用了一个条款来规定，只规定涉及第三人利益的，应当征得第三人的书面同意。对于具体应当如何征求第三方意见，却没有明确规定。而通过梳理域外立法规定发现，基本上大多数国家都对信息公开中第三人通知程序有着较详细的规定，并且关于通知的内容亦被分成通知范围和通知具体内容等情形。有学者建议在征求第三方意见时应经过以下几个步骤：①第三人意见表达。行政机关告知第三人与其合法权益有关的信息被申请公开后，第三人在一定期限内提出同意或反对公开的意见。第三人可以就自己的意见向行政机关进行陈述，表明申请公开的信息涉及自身的商业秘密或者个人隐私，如果公开可能对自身的合法权益造成损害，请求行政机关不予公开，以免合法权益受损。②第三人意见审查。为了全面了解信息属性，正确地作出信息公开与否的决定，防止决定的武断和任意，行政机关应当仔细对第三人意见进行实质性审查。在审查之后，行政机关根据第三人的意见作出公开与否的决定：第三人同意公开，则公开；第三人不同意公开，不得公开。③裁量公开。若第三人不同意公开，但信息"可能对公共利益造成重大影响"，行政机关也可以裁量决定公开。裁量过程主要是将第三人商业秘密或个人隐私与公共利益进行利益衡量。过程中坚持"公共利益优先"的原则。④第二次通知。裁量予以公开的情况，必须将决定公开的政府信息内容和理由书面通知第三人。

但是值得注意的是，修订后的条例明确了征求第三方意见的时间期限，从而使征求第三方意见的时间不再是无期限地中止计算。这其实从立法上对第三人的权利进行了某种限制，究其原因可能是出于对政府信息公开效能价值的考量。

---

[1] 陈枭窈："政府信息公开中滥用获取政府信息权的认定——基于'陆红霞案'的思考"，浙江大学 2017 年硕士学位论文。

（二）法律规定

《政府信息公开条例》第 32 条：依申请公开的政府信息公开会损害第三方合法权益的，行政机关应当书面征求第三方的意见。第三方应当自收到征求意见书之日起 15 个工作日内提出意见。第三方逾期未提出意见的，由行政机关依照本条例的规定决定是否公开。第三方不同意公开且有合理理由的，行政机关不予公开。行政机关认为不公开可能对公共利益造成重大影响的，可以决定予以公开，并将决定公开的政府信息内容和理由书面告知第三方。

如下：

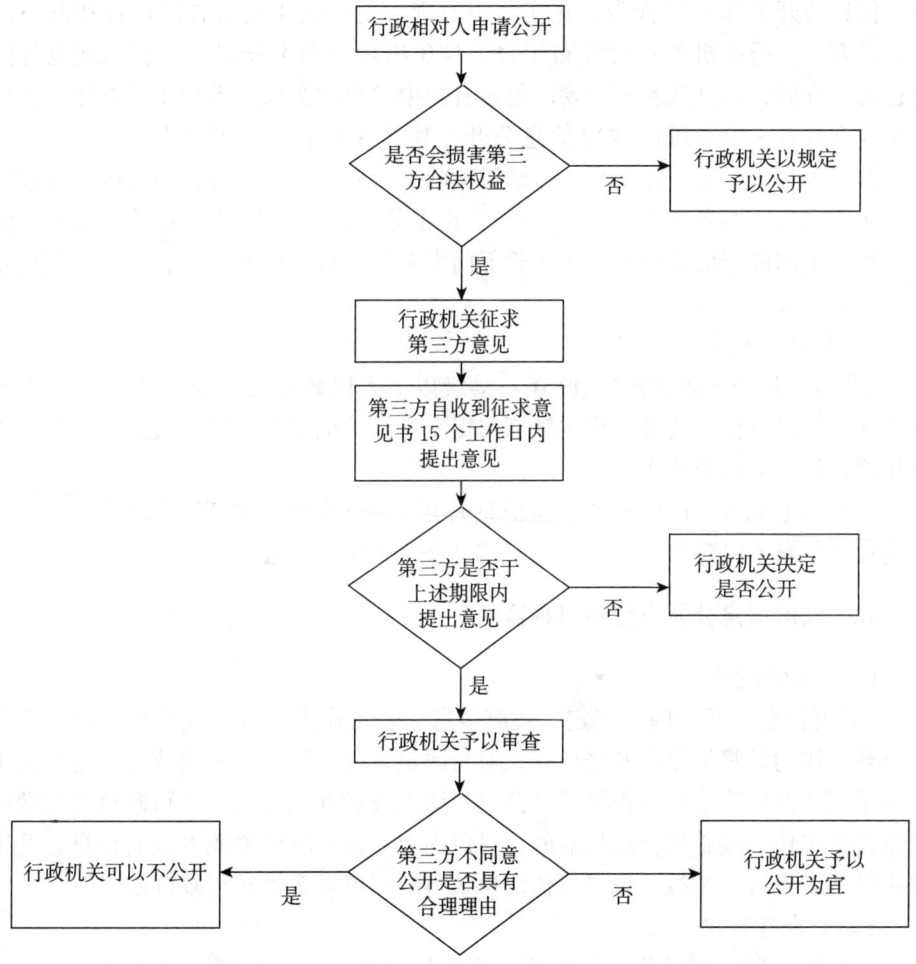

图 4-1　行政机关处理涉及第三人信息的流程图

八、政府信息公开的行政机关应如何进行信息发布？

（一）理论分析

关于政府信息发布的问题，根据修改后的《政府信息公开条例》，主要体现于以下方面：县级以上人民政府部门向本级政府信息公开工作主管部门提交本行政机关上一年度政府信息公开工作年度报告并向社会公布的截止时间，从原来的每年3月31日提前至1月31日。此外还增加规定，县级以上地方人民政府的政府信息公开工作主管部门应当在每年3月31日前向社会公布本级政府上一年度政府信息公开工作年度报告。在实践中发现，现行的年度报告制度存在两个问题，一方面，行政机关自行发布年报，难免出现发布不守时、内容不规范等问题；另一方面，有分散发布的要求但没有集中发布的要求，不利于从总体上把握一个地方或者一个系统的政府信息公开工作。修订后的《政府信息公开条例》将分散发布与集中发布相结合，行政机关除自行向社会发布外，还要向本级政府提交年度报告，由各级政府信息公开工作主管部门汇总后统一对社会发布。同时，授权全国政府信息公开工作主管部门发布年度报告格式模板，进一步规范年度报告的形式。

（二）法律规定

《政府信息公开条例》第49条：县级以上人民政府部门应当在每年1月31日前向本级政府信息公开工作主管部门提交本行政机关上一年度政府信息公开工作年度报告并向社会公布。

县级以上地方人民政府的政府信息公开工作主管部门应当在每年3月31日前向社会公布本级政府上一年度政府信息公开工作年度报告。

九、政府信息公开应受到何种监督？

（一）理论分析

《政府信息公开条例》规定，政府信息公开工作主管部门应当加强对政府信息公开工作的日常指导和监督检查，对行政机关未按照要求开展政府信息公开工作的予以督促整改或者通报批评。公民、法人或者其他组织认为行政机关在政府信息公开工作中侵犯其合法权益的，可以向上一级行政机关或者政府信息公开工作主管部门投诉、举报，也可以依法申请行政复议或者提起行政诉讼。

（二）法律规定

《政府信息公开条例》第46条：各级人民政府应当建立健全政府信息公开工作考核制度、社会评议制度和责任追究制度，定期对政府信息公开工作进行考核、评议。

《政府信息公开条例》第 47 条：政府信息公开工作主管部门应当加强对政府信息公开工作的日常指导和监督检查，对行政机关未按照要求开展政府信息公开工作的，予以督促整改或者通报批评；需要对负有责任的领导人员和直接责任人员追究责任的，依法向有权机关提出处理建议。

公民、法人或者其他组织认为行政机关未按照要求主动公开政府信息或者对政府信息公开申请不依法答复处理的，可以向政府信息公开工作主管部门提出。政府信息公开工作主管部门查证属实的，应当予以督促整改或者通报批评。

《政府信息公开条例》第 51 条：公民、法人或者其他组织认为行政机关在政府信息公开工作中侵犯其合法权益的，可以向上一级行政机关或者政府信息公开工作主管部门投诉、举报，也可以依法申请行政复议或者提起行政诉讼。

十、新旧条例应当如何适用衔接？

在新旧交替期间，信息公开机关可按下列规则适用新旧法：

表 4-1 新旧法适用规则

申请时间	答复时间	适用规则
2019 年 5 月 15 日前	2019 年 5 月 15 日前	适用 2008 年《政府信息公开条例》
20019 年 5 月 15 日前	2019 年 5 月 15 日后	一般情况下"实体从旧，程序从新"，如新法对行政相对人更有利的适用新法
2019 年 5 月 15 日后		适用 2019 年《政府信息公开条例》

第五章

行政复议和行政诉讼

第一节 行政复议

一、行政复议的含义及功能？

（一）理论分析

行政复议是指公民、法人或者其他组织认为行政机关的具体行政行为侵犯其合法权益，依法向法定的行政复议机关提出申请，行政复议机关依法对该具体行政行为进行合法性、适当性审查，并作出行政复议决定的行政行为。

行政复议有如下特征：①行政复议是一种行政机关内部监督和纠错的机制。行政复议是由行政系统内部的行政机关对下级或者所属的行政机关作出的违法或者不当的具体行政行为实施的一种监督和纠错行为。②行政复议以行政争议为处理对象。行政争议是由公民、法人或者其他组织认为行政机关的具体行政行为侵犯其合法权益而引起的争议。行政复议只以行政争议为处理对象，它不解决民事争议和其他争议。③行政复议是依申请的行为。行政行为应由认为具体行政行为侵犯其合法权益的公民、法人或者其他组织提出，如公民、法人或者其他组织不提出复议申请，行政复议机关不能自主启动行政复议程序。④行政复议是一种行政司法行为。行政复议虽然是一种行政行为，但创设这项制度的目的是解决行政争议。从公正性的要求考虑，行政复议需要比较严格的程序，从复议申请的提出，到复议申请的受理和审理直到作出复议决定，都与司法行为类似，而与一般的行政行为则有较明显的区别。

行政复议的功能主要表现为：①行政复议是有效解决行政争议的一种行政方法。②行政复议作为一种重要的行政救济方法，及时纠正行政机关的错误，既能够为公民、法人或者其他组织的合法权益提供有力的法制保障，使其免受不法行政的侵害，并使受到侵害的权益得到恢复，又能够维护行政活动的严肃性和权威性，保障行政活动顺畅进行，提高行政效率。③行政复议是行政系统内部自我监督的一种重要方式。

现行的《行政复议法》是由1999年4月29日第九届全国人民代表大会常务委员会第九次会议通过，在同年10月1日起施行。此后，随着我国社会主义法治的发展，为了进一步发挥行政复议制度在解决行政争议、建设法治政府、构建社会主义和谐社会中的作用，2007年5月23日，国务院第177次常务会议通过了《行政复议法实施条例》，该条例于2007年8月1日起实施。2008年国务院法制办正式启动了行政复议委员会试点工作。2009年8月27日第十一届全国人民代表大会常务委员会第十次会议《关于修改部分法律的决定》对1999年制定的《行政复议法》进行了第一次修正。为了进一步完善行政复议制度，推动中国特色社会主义法治体系建设，2017年9月1日第十二届全国人民代表大会常务委员会第二十九次会议根据《关于修改〈中华人民共和国法官法〉等八部法律的决定》对《行政复议法》进行了第二次修正。

（二）法律规定

《行政复议法》第1条：为了防止和纠正违法的或者不当的具体行政行为，保护公民、法人和其他组织的合法权益，保障和监督行政机关依法行使职权，根据宪法，制定本法。

《行政复议法》第2条：公民、法人或者其他组织认为具体行政行为侵犯其合法权益，向行政机关提出行政复议申请，行政机关受理行政复议申请、作出行政复议决定，适用本法。

（三）典型案例[1]

韩某某系北京市房山区长阳镇高佃三村村民，该村正在由北京市房山区土地储备中心房山区分中心以"北京市房山区轨道交通稻田站C地块土地一级开发项目"名义实施征地拆迁。为核实该征地拆迁项目的合法性，韩某某于2014年5月20日向北京市房山区住房与建设委员会（以下简称房山住建委）提出要求公开"房山区轨道交通稻田站C地块土地一级开发项目的拆迁补偿方案"（以下简称"补偿方案"），2014年6月9日，韩某某收到房山住建委作出的房建信（2014）第88号《政府信息告知书》，告知韩某某其机关并无补偿方案的政府信息，但曾获取《指导意见》，并向韩某某公开了《指导意见》。韩某某认为房山住建委公开的《指导意见》违反了法律规定，侵害了韩某某的合法权益，对此，

---

[1] "韩桂成诉北京市房山区人民政府不服复议决定案一审行政判决书"，载无讼网。

韩某某于 2014 年 6 月 14 日通过邮寄方式对《指导意见》向房山区政府申请行政复议，请求房山区政府撤销《指导意见》责令长阳镇政府重新作出拆迁安置补偿方案。房山区政府认为《指导意见》并非具体行政行为，对韩某某不产生利害关系，于 2014 年 8 月 4 日作出被诉复议决定，驳回了韩某某的行政复议申请。韩某某不服被诉复议决定，起诉至法院。

法院认为，《行政复议法》第 2 条规定，"公民、法人或者其他组织认为具体行政行为侵犯其合法权益，向行政机关提出行政复议申请，行政机关受理行政复议申请、作出行政复议决定，适用本法"。本案中，韩某某向房山区政府提出行政复议申请，请求撤销《指导意见》，房山区政府认为《指导意见》不是具体行政行为，韩某某所提申请不属于《行政复议法》和《行政复议法实施条例》规定的受理范围，并据此驳回韩某某的复议申请并无不当。现韩某某起诉虽认为《指导意见》属于行政复议的受理范围，但事实与法律依据并不充足，故本院对其诉讼请求，不予支持。

综上，依照《最高人民法院关于执行〈中华人民共和国行政诉讼法〉若干问题的解释》第 56 条第 4 项的规定，判决驳回原告韩某某要求确认被告北京市房山区人民政府于 2014 年 8 月 4 日所作房政复字〔2014〕42 号行政复议决定书违法并判令北京市房山区人民政府重新作出复议决定的诉讼请求。

二、哪些事项不可以进行行政复议？

（一）理论分析

行政复议的受案范围，是指行政复议机关依照行政复议法律规范的规定可以受理的行政争议案件的范围。行政复议的范围在行政复议制度中具有极为重要的意义，它决定着哪些行政行为可以成为复议审查的对象，关系到行政复议的价值评判和功能定位，实质上表示的是复议权的深度和广度以及对公民、法人等行政相对人的合法权益进行保护的纵深程度。

目前我国行政复议主要以行政机关的具体行政行为作为审查对象，但也不完全局限于具体行政行为。依据相关法律的规定，公民、法人或者其他组织认为行政机关的具体行政行为所依据的规定（指行政规章以下的行政规范性文件，俗称"红头文件"）不合法，在对具体行政行为申请行政复议时，可以一并向行政复议机关提出对该规定的审查申请。换言之，这种对部分行政规范性文件的审查，是附带性的，而不能提起直接的抽象审查。行政复议机关也可以依职权主动对具体行政行为的依据进行审查。

为了进一步明确行政复议的范围，《行政复议法》又规定了如下几种事项不属于行政复议的受理范围：①抽象行政行为。所谓抽象行政行为包括行政机关制定和发布的行政法规、行政规章和行政规定。②内部行政行为。内部行政行为是指行政机关对其所属国家公务员作出的行政处分或者其他人事处理决定。被处分或被处理的人不服，不能申请复议，但可依照有关法律和行政法规的规定提出申诉。③居间行为。行政机关对公民、法人或者其他组织之间的民事纠纷作出的调解、仲裁等行为，对双方当事人的约束力取决于其自愿接受，因此，一方当事人如不服，可以向人民法院提起诉讼或者向仲裁机关申请仲裁，但不能申请行政复议。

（二）法律规定

《行政复议法》第7条：公民、法人或者其他组织认为行政机关的具体行政行为所依据的下列规定不合法，在对具体行政行为申请行政复议时，可以一并向行政复议机关提出对该规定的审查申请：①国务院部门的规定；②县级以上地方各级人民政府及其工作部门的规定；③乡、镇人民政府的规定。

前款所列规定不含国务院部、委员会规章和地方人民政府规章。规章的审查依照法律、行政法规办理。

《行政复议法》第8条：不服行政机关作出的行政处分或者其他人事处理决定的，依照有关法律、行政法规的规定提出申诉。

不服行政机关对民事纠纷作出的调解或者其他处理，依法申请仲裁或者向人民法院提起诉讼。

（三）典型案例[1]

2015年9月12日，张某、董某与邓某及其妻子郁某发生纠纷，并对后二者进行殴打，导致两人受伤。嘉善县公安局西塘派出所接警后，经调解，双方达成协议：①张某、董某向邓某、郁某道歉，邓某、郁某答应和解。②此纠纷就此解决，双方互不追究对方法律责任。③双方不得因此事再发生纠纷。同日，嘉善县公安局西塘派出所出具了《治安调解协议书》。2017年8月26日，邓某及其妻子郁某就嘉善县公安局西塘派出所处理2015年9月12日其与张某夫妇一案，通过邮寄的方式向嘉兴市公安局申请行政复议，要求责令嘉善县公安局限期履行法律职责，对2015年9月12日下午作出殴打行为的张某夫妇作出治安行政处罚决定。嘉兴市公安局于2017年8月28日收到原告行政复议申请材料后，于2017年8月29日作出不予受理决定。

本案涉及的问题是：对公安机关依法对民事纠纷进行调解的行为是否可以提

---

[1] "邓才明、嘉兴市公安局一审行政判决书"，载无讼网。

起行政复议。《行政复议法》第 8 条第 2 款规定，不服行政机关对民事纠纷作出的调解或者其他处理，依法申请仲裁或者向人民法院提起诉讼。《公安机关办理行政复议案件程序规定》第 28 条第 1 款第 2 项规定，对公安机关依法调解不服的不属于公安行政复议范围。邓某及其妻子郁某向嘉兴市公安局申请行政复议，嘉兴市公安局认为不属于行政复议范围而作出不予受理决定，适用法律正确，程序合法。申请人不服，应当依法申请仲裁或向人民法院提起诉讼。

三、行政复议机关应如何贯彻全面审查原则？

（一）理论分析

所谓全面审查原则是指行政复议机关对被申请的具体行政行为不仅应当审查其合法性，而且还应当审查其合理性。合法性审查是指行政复议机关应当审查被申请的具体行政行为是否具有明确的法律依据，是否符合法律规定；合理性审查是指行政复议机关应当审查被申请的具体行政行为是否合情合理地行使了自由裁量权。

现代行政权的核心是行政自由裁量权，通过行政法控制行政权的关键在于控制行政自由裁量权不被滥用。全面审查原则便是用来防止行政自由裁量权滥用机制的根本准则之一。我们知道，由于被申请的具体行政行为绝大多数是行政机关行使行政自由裁量权的结果，如果行政复议不深入审查被申请的具体行政行为的合理性，往往难以达到行政复议的目的。因此，在行政复议中，对被申请的具体行政行为的审查，不仅要考虑其合法性，而且还应当考虑其合理性。只有这样，才能起到监督和规范行政自由裁量权，保障相对人的合法权益的作用。

（二）法律规定

《行政复议法》第 1 条：为了防止和纠正违法的或者不当的具体行政行为，保护公民、法人和其他组织的合法权益，保障和监督行政机关依法行使职权，根据宪法，制定本法。

《行政复议法》第 4 条：行政复议机关履行行政复议职责，应当遵循合法、公正、公开、及时、便民的原则，坚持有错必纠，保障法律、法规的正确实施。

（三）典型案例[1]

2017 年 3 月 15 日，通州住建委收到李某红提交的政府信息公开申请，申请公开事项为"通州马驹桥镇新海南里××号楼×××室在竣工验收备案资料中关于该户的分户验收合格证"。通州住建委于当日受理，并出具登记回执。同年 3 月 31

---

[1]"李永红与北京市通州区住房和城乡建设委员会等信息公开告知一审行政判决书"，载无讼网。

日，通州住建委作出被诉告知书，明确通过当面领取方式向李某红提供所申请公开的政府信息，并向其公开该户的《住宅工程质量分户验收表》复印件1份。4月5日，李某红在被诉告知书上签署"出问题未取"，后于5月17日将被诉告知书和《住宅工程质量分户验收表》复印件取走。

针对被诉告知书，李某红于2017年5月26日向市住建委提起行政复议申请。市住建委于次日予以受理，并向通州住建委送达了复议答复通知等材料，通州住建委于同年6月5日提交了答复书及相关材料。市住建委经审查认为，通州住建委作出的被诉告知书将申请内容予以公开，事实清楚、程序合法，适用依据正确，依据《行政复议法》第28条第1款第1项之规定，即"具体行政行为认定事实清楚，证据确凿，适用依据正确，程序合法，内容适当的，决定维持"，于7月17日作出维持该告知书的被诉复议决定，并邮寄送达给李某红和通州住建委。

根据《政府信息公开条例》第4条的规定，通州住建委具有受理公民向其提出的政府信息公开申请，并作出相应处理答复的法定职责。同时，依据《行政复议法》第12条的规定，市住建委作为通州住建委的上一级主管部门，依法负有相应的行政复议职责。

根据《政府信息公开条例》第28条规定，《政府信息公开条例》第27条规定的行政机关应当建立、完善、政府信息公开申请渠道，为申请人依法获取政府信息提供便利。《政府信息公开条例》第33条规定，行政机关收到政府信息公开申请，能够当场答复的，应当当场予以答复。行政机关不能当场答复的，应当自收到申请之日起15个工作日内予以答复；如需延长答复期限的，应当经政府信息公开工作机构负责人同意并告知申请人，延长答复的期限最长不得超过20个工作日。

本案中，市住建委作为复议机关根据已查明事实，认定通州住建委在收到李某红的政府信息公开申请后，经审查在法定期限内履行了公开义务，作出被诉告知书并以当面领取的方式向李某红公开了其申请的政府信息。据此，通州住建委作出的被诉告知书认定事实清楚、证据确凿，程序合法，适用法规得当，市住建委作出维持通州住建委的复议决定。市住建委作为复议机关，对争议的行政行为的合法性和适当性进行了全面审查，符合《行政复议法》第3条的规定，即"审查行政复议的具体行政行为是否合法与适当"，正确地履行了行政复议机关的法定职责。

四、行政复议机关应当审查申请人的哪些材料？

（一）理论分析

行政复议是依申请的行为，以行政相对人的申请为前提，即如果行政相对人不提出申请，行政复议机关不能主动管辖。申请人在申请行政复议时需要提交相应的材料，相应地，行政复议机关应当对申请人所提交的材料进行审查。虽然法律法规没有具体规定申请人应当提交的材料，但参考各地实践中的做法，申请人一般应当提交以下材料：①行政复议申请书正本一份，根据被申请人和第三人数量提交副本若干份。②申请人的身份证明。申请人是公民的，提交身份证复印件；申请人是法人的，提交营业执照复印件、法定代表人身份证明；申请人是其他组织的，提交有关机关批复成立该组织的文件和负责人的身份证明。③被申请人作出的所申请行政复议的具体行政行为或行政不作为的证明材料。④申请人委托代理人参加复议的，应当提交有效的委托代理文书、委托代理人的身份证明，并载明委托代理权限。⑤其他相关证据材料。此外，如果由于客观原因，申请人不能自行提供第②、③项材料的，可以向行政复议机构书面说明情况，由行政复议机构调取有关材料。因此，行政复议机关应当对以上申请人的材料进行审查。

当然，为方便申请人，申请人申请行政复议，也可以口头申请。对于口头申请行政复议的，行政复议机构应当依照《行政复议法实施条例》第19条的规定，当场制作行政复议申请笔录交申请人核对或者向申请人宣读，并由申请人签字确认。

（二）法律规定

《行政复议法》第11条：申请人申请行政复议，可以书面申请，也可以口头申请；口头申请的，行政复议机关应当当场记录申请人的基本情况、行政复议请求、申请行政复议的主要事实、理由和时间。

《行政复议法》第17条：行政复议机关收到行政复议申请后，应当在5日内进行审查，对不符合本法规定的行政复议申请，决定不予受理，并书面告知申请人；对符合本法规定，但是不属于本机关受理的行政复议申请，应当告知申请人向有关行政复议机关提出。

除前款规定外，行政复议申请自行政复议机关负责法制工作的机构收到之日起即为受理。

《行政复议法》第11条：申请人申请行政复议，可以书面申请，也可以口头申请；口头申请的，行政复议机关应当当场记录申请人的基本情况、行政复议请求、申请行政复议的主要事实、理由和时间。

《行政复议法实施条例》第 19 条：申请人书面申请行政复议的，应当在行政复议申请书中载明下列事项：①申请人的基本情况，包括，公民的姓名、性别、年龄、身份证号码、工作单位、住所、邮政编码；法人或者其他组织的名称、住所、邮政编码和法定代表人或者主要负责人的姓名、职务；②被申请人的名称；③行政复议请求、申请行政复议的主要事实和理由；④申请人的签名或者盖章；⑤申请行政复议的日期。

《行政复议法实施条例》第 20 条：申请人口头申请行政复议的，行政复议机构应当依照本条例第 19 条规定的事项，当场制作行政复议申请笔录交申请人核对或者向申请人宣读，并由申请人签字确认。

《行政复议法实施条例》第 21 条：有下列情形之一的，申请人应当提供证明材料：①认为被申请人不履行法定职责的，提供曾经要求被申请人履行法定职责而被申请人未履行的证明材料；②申请行政复议时一并提出行政赔偿请求的，提供受具体行政行为侵害而造成损害的证明材料；③法律、法规规定需要申请人提供证据材料的其他情形。

《行政复议法实施条例》第 29 条：行政复议申请材料不齐全或者表述不清楚的，行政复议机构可以自收到该行政复议申请之日起 5 日内书面通知申请人补正。补正通知应当载明需要补正的事项和合理的补正期限。无正当理由逾期不补正的，视为申请人放弃行政复议申请。补正申请材料所用时间不计入行政复议审理期限。

（三）典型案例

申请人甲公司不服该市人民政府某局依法作出的行政处罚决定，在法定期限内委托律师代为申请行政复议。市人民政府法制机构在对该行政复议案件初审期间，发现申请人的申请材料不全，没有该公司的有效证明文件、授权委托书及被委托人的相关身份证明，于是 5 日内书面通知申请人补正。但经多次催告，该公司及其代理人仍不提供，且无正当理由。最后，复议机关依照《行政复议法》第 17 条、《行政复议法实施条例》第 29 条的规定，作出不予受理决定，并书面告知申请代理人。

本案中，由于申请人没有依法提供证明法人和委托人身份的证据材料，而且逾期不予补正，实际上就是没有履行自身承担的部分证明责任，可视为放弃行政复议申请权利，因此要承担不利的法律后果。所以复议机关作出不予受理决定是合法的。

五、被申请人收到行政复议申请书副本后应该怎么做？

（一）理论分析

依据《行政复议法》第 23 条的规定，被申请人应当自收到申请书副本或者申请笔录复印件之日起 10 日内，提出书面答复，并提交当初作出具体行政行为的证据、依据和其他有关材料。这实际上就明确了被申请人在行政复议中承担主要举证责任。

所谓主要举证责任，具体体现为在行政复议中被申请人要对以下问题提供证据予以证明：①作出具体行政行为的事实根据。在行政复议中，被申请人要对其作出具体行政行为有关的法律事实认定是否清楚、准确问题提供证据进行证明，具体包括管理相对人的行为是否合法、认定其行为违法的证据是否确凿充分、具体行政行为的作出是否必要以及条件是否具备等。②适用法律、行政法规、规章或其他行政规范性文件的依据。适用依据准确是具体行政行为得以成立的首要前提，因此，在行政复议中，被申请人必须提供证据证明其作出具体行政行为所适用的法律、行政法规、行政规章以及有关行政规范性文件是正确的。③作出具体行政行为符合法定程序。违反法定程序的具体行政行为往往会侵害管理相对人的合法权益，因此对于法律有明确程序性规定的行政管理事项，行政机关所作具体行政行为引起行政复议后，行政机关必须提供能够证明该行政行为程序合法的有关证据。④具体行政行为的适当性。行政复议的审查范围包括具体行政行为的合法性和适当性两个方面。根据《行政复议法》第 28 条的规定，具体行政行为明显不当的，（复议机关）可以撤销或变更该具体行政行为。因此，被申请人不仅要证明具体行政行为合法，还要提供证据对其适当性问题加以证明。

在行政复议中，如果被申请人不能提供充分有利的证据，证明其所实施的具体行政行为的合法性和适当性，就会承担上述具体行政行为被复议机关撤销、变更或确认违法的法律后果。此外，被申请人还必须在规定期限内完成举证责任，否则也将承担不利后果。

（二）法律规定

《行政复议法》第 23 条第 1 款：行政复议机关负责法制工作的机构应当自行政复议申请受理之日起 7 日内，将行政复议申请书副本或者行政复议申请笔录复印件发送被申请人。被申请人应当自收到申请书副本或者申请笔录复印件之日起 10 日内，提出书面答复，并提交当初作出具体行政行为的证据、依据和其他有关材料。

《行政复议法》第 28 条第 1 款第 4 项：被申请人不按照本法第 23 条的规定

提出书面答复、提交当初作出具体行政行为的证据、依据和其他有关材料的，视为该具体行政行为没有证据、依据，决定撤销该具体行政行为。

《行政复议法实施条例》第 46 条：被申请人未依照《行政复议法》第 23 条的规定提出书面答复、提交当初作出具体行政行为的证据、依据和其他有关材料的，视为该具体行政行为没有证据、依据，行政复议机关应当决定撤销该具体行政行为。

(三) 典型案例[1]

2016 年 10 月 3 日，肖某通过江苏省文物局门户网站向江苏省文物局提出信息公开申请，申请获取《江苏省第三次全国文物普查实施方案》和《江苏省第三次全国文物普查工作报告》，所需信息用途描述为：了解。2016 年 10 月 30 日，江苏省文物局作出《政府信息公开申请答复告知书》，告知肖某提交的政府信息公开申请涉及多个政府信息，根据国办发 [2010] 5 号的相关规定，要求根据"一事一申请"的原则，分别提出申请。2016 年 11 月 15 日，肖某再次通过江苏省文物局门户网站分别提交政府信息公开申请。2016 年 11 月 23 日，江苏省文物局作出两份《政府信息公开补正申请告知书》，告知肖某因其无法确定肖某申请公开的政府信息与其本人生产、生活、科研等特殊需要的关系，要求肖某根据相关规定，补充相关证明材料。2016 年 12 月 17 日，肖某出具《对要求补正的答复书》，说明申请政府信息公开的理由系因江苏省文物局此前曾拒绝公开其要求获取"三普江苏先秦遗址"的政府信息。2017 年 1 月 3 日，江苏省文物局针对肖某要求获取《江苏省第三次全国文物普查工作报告》的申请作出《政府信息公开补正申请告知书》；针对肖某要求获取《江苏省第三次全国文物普查实施方案》的申请作出《政府信息公开申请答复告知书》，均以肖某申请公开的政府信息与其生产、生活、科研等特殊需要无关为由，决定不予提供。肖某不服该答复告知行为，于 2017 年 3 月 1 日向国家文物局申请行政复议。2017 年 3 月 3 日，国家文物局依法受理，并向江苏省文物局出具《关于请提供行政复议答复材料的函》，要求江苏省文物局收到函件 10 日内回复。江苏省文物局在法定期限内作出《行政复议答复书》并提交了相关材料。2017 年 4 月 24 日，国家文物局作出 857 号复议决定，维持江苏省文物局所作答复。复议决定于 2017 年 4 月 27 日邮寄送达肖某。

《行政复议法》第 23 条第 1 款规定："行政复议机关负责法制工作的机构应当自行政复议申请受理之日起 7 日内，将行政复议申请书副本或者行政复议申请

---

[1] "肖岩与国家文物局、江苏省文物局信息公开一审行政判决书"，载无讼网。

笔录复印件发送被申请人。被申请人应当自收到申请书副本或者申请笔录复印件之日起10日内，提出书面答复，并提交当初作出具体行政行为的证据、依据和其他有关材料。"第31条第1款规定："行政复议机关应当自受理申请之日起60日内作出行政复议决定；……"本案中，国家文物局依法受理原告肖某的行政复议申请，依法向江苏省文物局送达《关于请提供行政复议答复材料的函》，要求江苏省文物局提供复议答复意见及相关证据材料。江苏省文物局在法定期限内提交行政复议答复意见书及相关材料，国家文物局于2017年4月24日作出857号复议决定并依法送达，复议程序符合《行政复议法》的规定。

六、行政复议和解制度的原则及其要求？

（一）理论分析

长期以来，行政法界认为行政机关的行政管理职权是人民通过国家法律赋予的，是公权，不能自由处分，必须严格履行行政管理的职能。因此，在《行政复议法》中，并没有规定和解制度。但由于我国正处于社会矛盾特别是官民矛盾的凸显期，为了妥善化解行政争议，减轻当事人的压力，实现案结事了，2007年国务院出台的《行政复议实施条例》首次规定了行政复议和解制度。

行政复议和解是指申请人与被申请人之间达成解决争议的协议的一种活动。行政复议和解制度的内涵和要求包含以下几个方面：

1. 行政复议和解制度并非适用于所有行政复议案件，只适用于特定范围的行政复议案件，即公民、法人或者其他组织对行政机关行使法律、法规规定的自由裁量权作出具体行政行为不服而申请行政复议的案件。所谓行政自由裁量权是国家赋予行政机关在法律法规规定的幅度和范围内所享有的一定选择余地的处置权力。比如在行政处罚案件中，行政机关可在法定的处罚幅度内自由选择某一具体的处罚措施或处罚数额。

2. 行政复议申请人与被申请人达成和解必须经行政复议机构准许。

3. 行政复议和解必须符合法定的形式，即申请人与被申请人自愿达成和解的，应当向行政复议机构提交书面和解协议，而不是仅仅要求达成和解意思告知行政复议机构即可。

4. 行政复议和解必须在法定的时间阶段进行，即申请人与被申请人自愿达成和解只能在行政复议决定作出前。

5. 申请人与被申请人依法经准许达成和解的，导致行政复议终止的法律效果，即行政复议机构不再继续审理。

此外，和解内容不得损害社会公共利益和他人的合法利益。

（二）法律规定

《行政复议法实施条例》第 40 条：公民、法人或者其他组织对行政机关行使法律、法规规定的自由裁量权作出的具体行政行为不服申请行政复议，申请人与被申请人在行政复议决定作出前自愿达成和解的，应当向行政复议机构提交书面和解协议；和解内容不损害社会公共利益和他人合法权益的，行政复议机构应当准许。

（三）典型案例[1]

2008 年 3 月 18 日，潘某经人介绍到洛阳领行工贸有限公司（以下简称领行工贸公司）处干活。3 月 21 日上午 10 时许，潘某在干活期间，左手被电锯锯伤，双方由此发生纠纷。2009 年 8 月 10 日，洛阳市劳动和社会保障局作出洛（劳社）工伤认定（2009）W 第 036 号工伤认定决定书，认定潘某所受伤害为工伤。2009 年 10 月 12 日，洛阳市劳动能力鉴定委员会做出洛劳鉴结字（2009）490290 号劳动能力鉴定意见通知书，认定原告伤残为五级。领行工贸公司对洛阳市劳动和社会保障局的工伤认定不服，向洛阳市人民政府提出行政复议。2009 年 12 月 18 日，潘某和领行工贸公司经过协商，并经洛阳市劳动和社会保障局同意，三方签订一份《行政复议和解书》。和解书约定："①被告向原告支付 66000 元作为事故伤害赔偿；②原告自动放弃工伤保险要求，撤回仲裁申请。③洛（劳社）工伤认定（2009）W 第 036 号工伤认定决定书停止执行；④以上条款属各方真实意思表示，各方均应自觉履行，不得反悔。本协议自签订之日生效，被告同时撤回行政复议申请。本和解协议一式四份，当事人各执一份，向洛阳市人民政府法制局提交一份。"该协议最后有原告本人的签名，被告法定代表人的签名，以及洛阳市劳动和社会保障局委托代理人的签名。和解书签订当日，被告按照约定支付给原告 66 000 元，原告向被告出具收条。2009 年 12 月 21 日，洛阳市人民政府作出洛政复终字（2009）第 8 号行政复议终止决定书，认为行政复议期间，三方自愿达成和解，并向行政复议机关提交书面和解协议，依法行政复议终止。

在本案中，《行政复议和解书》实质是一份潘某、领行工贸公司和洛阳市劳动和社会保障局达成的三方协议，协议包含两部分内容，一部分是潘某和领行工贸公司之间就事故伤害问题达成的协议，另一部分是潘某和洛阳市劳动和社会保障局达成的和解。潘某与洛阳市劳动和社会保障局达成和解协议，符合《行政复议法实施条例》第 40 条的规定，此后撤回复议申请，有效地实现和解制度案结

---

[1] "潘桃霞诉洛阳领行工贸有限公司劳动争议纠纷一案一审民事判决书"，载无讼网。

事了的目的。

七、行政复议调解的原则及程序？

（一）理论分析

为了妥善化解行政争议，减轻当事人的压力，实现案结事了，《行政复议法实施条例》首次规定了行政复议中的调解制度。

行政复议的调解，是在复议机关主持下申请人与被申请人之间达成解决争议协议的一种活动。有下列情形之一的，行政复议机关可以按照自愿、合法的原则进行调解：

1. 公民、法人或者其他组织对行政机关行使法律、法规规定的自由裁量权作出的具体行政行为不服申请行政复议的。比如行政机关在行政处罚中显失公正。

2. 当事人之间的行政赔偿或者行政补偿纠纷。比如对相对人的土地进行征收而补偿金额过少引起的纠纷。

除以上两种情形外，在其他行政复议案件中都不得使用调解。

经行政复议机关调解后，当事人之间达成协议的，行政复议机关应当制作行政复议调解书。调解书应当载明行政复议请求、事实、理由和调解结果，并加盖行政复议机关印章。行政复议调解书经双方当事人签字，即具有法律效力。行政复议调解书生效后一方反悔的，不影响行政复议调解书的效力。调解未达成协议或者调解书生效前一方反悔的，行政复议机关应当及时作出行政复议决定。

（二）法律规定

《行政复议法实施条例》第50条：有下列情形之一的，行政复议机关可以按照自愿、合法的原则进行调解：①公民、法人或者其他组织对行政机关行使法律、法规规定的自由裁量权作出的具体行政行为不服申请行政复议的；②当事人之间的行政赔偿或者行政补偿纠纷。

当事人经调解达成协议的，行政复议机关应当制作行政复议调解书。调解书应当载明行政复议请求、事实、理由和调解结果，并加盖行政复议机关印章。行政复议调解书经双方当事人签字，即具有法律效力。

调解未达成协议或者调解书生效前一方反悔的，行政复议机关应当及时作出行政复议决定。

(三) 典型案例[1]

申请人：某置业公司

被申请人：某区环保局

被申请人在执法检查中认定申请人向大气排放污染物（二氧化硫）超过国家和地方规定的排放标准，2011年1月5日对其作出罚款10万元的行政处罚决定，申请人对处罚决定不服，向某区人民政府申请行政复议。

申请人认为，被申请人执法检查时，采暖期使用的10吨锅炉正在维修，监测的是备用的6吨锅炉，以备用锅炉的监测数据作为处罚依据不公平。而且，申请人两年来一直在亏损状态下运营，确保了本小区居民供热，为社会作出了贡献，请求撤销被申请人的行政处罚决定。

被申请人认为，无论申请人使用的是备用锅炉还是常规锅炉，都必须达到环保标准。根据现场监测取得的数据，该企业使用的锅炉向大气排放污染物严重超过国家规定标准，根据《大气污染防治法》的规定，只要排放污染物超标，就应予以处罚。无论申请人企业经营状况如何，向大气排放污染物都必须符合国家相关规定，企业亏损不是不予处罚的理由。

行政复议机关认为，被申请人认定事实清楚、证据确凿，程序合法，适用法律正确。但是根据案件具体情况，被申请人处罚过重。经过调解，双方达成了对申请人的违法行为罚款6万元的调解协议。行政复议机关制作了行政复议调解书，并经双方当事人签字生效。

本案中被申请人对申请人因排放污染物超标而予以行政处罚，是被申请人的法定职权。同时，根据《大气污染防治法》的规定，向大气排放污染物超过国家或地方规定排放标准的，处1万元以上10万元以下罚款。被申请人有根据具体情况作出具体罚款数额的自由裁量权。因此，本案在复议中可以适用调解。

本案中，申请人虽然违法事实清楚，证据确凿，但申请人只使用备用锅炉排放了两天，没有造成严重后果，且被申请人之前没有对申请人的违法行为进行批评教育，没有责令被申请人整改。在这种情况下，直接对申请人处以最高额罚款显然不够恰当。从解决纠纷、维护社会和谐的角度出发，适当地调整处罚幅度，更能保证执法效果。有鉴于此，行政复议机关通过耐心细致的工作，搭建了申请人与被申请人有效沟通的平台，在对案情达成共识的情况下，争议双方很快在行政复议机关的主持下达成调解协议，申请人及时缴纳了罚款，被申请人帮助申请人制定了详细的整改方案，达到了行政复议案结事了。

---

[1] 甘藏春主编：《行政复议典型案例选编》，中国法制出版社2013年版，第28~31页。

八、被申请人不履行行政复议决定,应当承担什么法律责任?

(一) 理论分析

行政复议决定是指行政复议机关通过复议审理,在查明事实的基础上,依照法律、法规和规章以及其他行政规范性文件,对有争议的具体行政行为是否合法、适当作出的判断和处理。行政复议决定书一经送达,即发生法律效力。行政复议决定发生法律效力的表现之一在于其具有执行力。执行力是指生效的行政复议决定具有使其内容得以完全实现的法律效力,其中就包括被申请人要履行决定所附的义务。

但在实践中,被申请人无正当理由拖延履行或者不执行复议决定的案例频频发生,严重影响行政复议决定的法律效力、损害了法律的尊严。为了保证行政复议的权威性,促使其得到有效履行,《行政复议法》和《行政复议法实施条例》规定了责任追究制度,对无正当理由拖延履行或者不执行复议决定的被申请人,追究其直接负责人的行政责任,从而促使被申请人认真及时履行行政复议决定。

(二) 法律规定

《行政复议法》第32条:被申请人应当履行行政复议决定。

被申请人不履行或者无正当理由拖延履行行政复议决定的,行政复议机关或者有关上级行政机关应当责令其限期履行。

《行政复议法》第37条:被申请人不履行或者无正当理由拖延履行行政复议决定的,对直接负责的主管人员和其他直接责任人员依法给予警告、记过、记大过的行政处分;经责令履行仍拒不履行的,依法给予降级、撤职、开除的行政处分。

《行政复议法实施条例》第62条:被申请人在规定期限内未按照行政复议决定的要求重新作出具体行政行为,或者违反规定重新作出具体行政行为的,依照《行政复议法》第37条的规定追究法律责任。

(三) 典型案例

2009年4月,申请人郑某不服某市国土资源局不依法履行支付安置补助费、土地补偿费的职责,向某省国土资源厅提起了行政复议。2009年5月31日,该省国土资源厅作出行政复议决定,责令某市国土资源局自该决定生效之日起30日内依法支付安置补助费、土地补偿费。在行政复议决定生效后,申请人多次到该市国土资源局要求履行,均被各种理由拒绝。申请人的合法权益得不到保障,于是向市人大、市政府信访部门投诉,仍未得到解决。

经过媒体报道后,市政府法制办向同级行政监察部门发送了建议函,请求行政监察部门依据《行政复议法》第37条的决定，给予市国土局负责人记过处分。市行政监察部门收到建议函后，依法对市国土局相关负责人作出了记过决定。受到处分后，市国土局认识到错误，及时履行了行政复议决定。

本案中，市国土局不履行行政复议决定的行为，不仅严重损害申请人的权利，而且造成了恶劣影响，导致申请人四处上访，增加了社会不安定因素，也对政府形象造成了负面影响。因此依据法律规定，市国土局负责人要受到相关行政处分。

第二节　行政诉讼

一、什么是行政诉讼？

（一）理论分析

行政诉讼，俗称"民告官"，是指公民、法人或者其他组织认为行政机关或法律法规授权的其他组织或个人在行使行政职权过程中侵犯了自己的合法权益，向人民法院提起诉讼，由人民法院行使行政审判权解决行政争议的司法活动。

行政诉讼有如下特征：①行政诉讼是解决行政纠纷的一种诉讼活动，是行政纠纷的行政相对人一方，请求人民法院按照法定程序解决与行政主体一方的纠纷的一种活动。②行政诉讼的原告只能是相对人，即认为行政机关的具体行政行为侵犯了自己合法权益的公民、法人和其他组织。③行政诉讼的被告是作出具体行政行为的行政机关或法律、法规授权组织。④行政诉讼是人民法院行使行政审判权的活动。由人民法院行使对行政行为的司法审查权，是行政诉讼与行政复议等救济方式相区别的关键。

此外，行政诉讼具有双重目的。一是为合法权益受到行政机关的行政行为侵犯的行政相对人提供法律救济；二是监督行政机关依法行政，从而实现法治行政。

（二）法律规定

《行政诉讼法》第1条：为保证人民法院公正、及时审理行政案件，解决行政争议，保护公民、法人和其他组织的合法权益，监督行政机关依法行使职权，根据宪法，制定本法。

《行政诉讼法》第2条：公民、法人或者其他组织认为行政机关和行政机关工作人员的行政行为侵犯其合法权益，有权依照本法向人民法院提起诉讼。

前款所称行政行为，包括法律、法规、规章授权的组织作出的行政行为。

(三) 典型案例[1]

原告陈某系北京市大兴区北臧村镇北高各庄村春明巷11号户籍户主，其称1983年5月3日，原大兴县北臧村公社管理委员会曾以陈某甲（原告陈某祖父）的名义批准了房屋准建证。原告陈某自2011年3月26日至2016年8月23日期间，曾经三次向被告北臧村镇政府申请要求安装电表，被告北臧村镇政府认为其建筑系违法建筑，以陈某的安装请求不符合京兴北政通〔2011〕6号《规定通知》为由，未给原告办理安装电表手续。

法院认为，依据《行政诉讼法》第2条第1款之规定，公民、法人或者其他组织认为行政机关和行政机关工作人员的行政行为侵犯其合法权益，有权依照本法向人民法院提起诉讼。依据《北京市禁止违法建设若干规定》第21条的规定，以违法建设为经营场所的，有关行政主管部门依法不得办理相关证照。负有查处职责的机关作出责令限期改正或者限期拆除决定的，应当通知房屋行政主管部门暂停办理房屋登记手续；当事人依法改正的，应当及时通知房屋行政主管部门。市政公用服务单位办理供水、供电、供气、供热等服务手续时，应当查验建设工程的规划许可证件或者房屋产权证明，对没有规划许可证件或者房屋产权证明的，不得提供相应服务。本案中，被告北臧村镇政府作出的京兴北政通〔2011〕6号《规定通知》具有相关法规依据，且行政行为与其职责相符，其行为并无不妥。本案原告陈某持有被告北臧村镇政府核发的准建证及宅基地证明，被告北臧村镇政府不认可且认为原告的房屋系违法建设，但未提供有效证据予以证实，故其对原告不予办理安装电表手续的行政行为没有法律依据，应确定为行政行为违法。

本案中，原告认为自己的合法权益受到当地镇政府的侵犯，向法院提起行政诉讼。法院经过依法审查，认定北臧村镇政府的行为无法律依据，遂确认其行为违法。原告的合法权利在行政诉讼中得到了救济，并且对北臧村镇政府的行为进行了监督，有利于促进其依法行政。

二、行政机关可被起诉的期限？

(一) 理论分析

公民认为行政机关作出的具体行政行为侵犯了自身合法利益，可以向人民法院提起行政诉讼，但起诉必须在法定期限以内。超过起诉期限，公民就丧失了胜诉权。一旦人民法院受理了公民提起的、但已经超过起诉期限的行政争议案件，

---

[1] "陈浩民与北京市大兴区北臧村镇人民政府二审行政判决书"，载无讼网。

行政机关可以超过诉讼期限为由提出抗辩，要求法院裁定驳回起诉。设定起诉期限的目的，是稳定行政法律关系，便于法院查清事实，及时解决争议。

由于行政行为的复杂性，行政诉讼中的起诉期限也较为复杂。根据《行政诉讼法》和相关司法解释的规定，行政诉讼起诉期限的一般规则是：①行政行为经过复议的，应在 15 日内向法院起诉；直接向法院起诉，起诉期限为 6 个月。②如果行政机关作出具体行政行为时，未告知公民诉权或者起诉期限的，起诉期限就从公民知道或应当知道诉权或者起诉期限之日起计算，但从知道或者应当知道具体行政行为内容之日起最长不超过 1 年。③如果公民不知道行政机关作出的具体行政行为内容的，其起诉期限从知道或者应当知道具体行政行为内容之日起计算。对涉及不动产的具体行政行为从作出之日起超过 20 年、其他具体行政行为从作出之日起超过 5 年提出诉讼的，人民法院不予受理。

此外，根据《行政诉讼法》相关规定，对于起诉期限，其他法律另有规定的，依据其他法律的规定。比如，《行政诉讼法》规定，经过行政复议的案件，应在 15 日内向法院起诉。此外，《森林法》规定起诉期限为 30 日。如因起诉人以外的原因致使起诉超过法定期限的，法院应视情况延长起诉期限。

（二）法律规定

《行政诉讼法》第 45 条：公民、法人或者其他组织不服复议决定的，可以在收到复议决定书之日起 15 日内向人民法院提起诉讼。复议机关逾期不作决定的，申请人可以在复议期满之日起 15 日内向人民法院提起诉讼。法律另有规定的除外。

《行政诉讼法》第 46 条：公民、法人或者其他组织直接向人民法院提起诉讼的，应当自知道或者应当知道作出行政行为之日起 6 个月内提出。法律另有规定的除外。

因不动产提起诉讼的案件自行政行为作出之日起超过 20 年，其他案件自行政行为作出之日起超过 5 年提起诉讼的，人民法院不予受理。

《行政诉讼法》第 47 条：公民、法人或者其他组织申请行政机关履行保护其人身权、财产权等合法权益的法定职责，行政机关在接到申请之日起 2 个月内不履行的，公民、法人或者其他组织可以向人民法院提起诉讼。法律、法规对行政机关履行职责的期限另有规定的，从其规定。

公民、法人或者其他组织在紧急情况下请求行政机关履行保护其人身权、财产权等合法权益的法定职责，行政机关不履行的，提起诉讼不受前款规定期限的限制。

《行政诉讼法》第 48 条：公民、法人或者其他组织因不可抗力或者其他不属于其自身的原因耽误起诉期限的，被耽误的时间不计算在起诉期限内。

公民、法人或者其他组织因前款规定以外的其他特殊情况耽误起诉期限的，在障碍消除后10日内，可以申请延长期限，是否准许由人民法院决定。

《最高人民法院关于适用〈中华人民共和国行政诉讼法〉的解释》第63条：行政机关作出行政行为时，没有制作或者没有送达法律文书，公民、法人或者其他组织只要能证明行政行为存在，并在法定期限内起诉的，人民法院应当依法立案。

《最高人民法院关于适用〈中华人民共和国行政诉讼法〉的解释》第64条：行政机关作出行政行为时，未告知公民、法人或者其他组织起诉期限的，起诉期限从公民、法人或者其他组织知道或者应当知道起诉期限之日起计算，但从知道或者应当知道行政行为内容之日起最长不得超过1年。复议决定未告知公民、法人或者其他组织起诉期限的，适用前款规定。

《最高人民法院关于适用〈中华人民共和国行政诉讼法〉的解释》第65条：公民、法人或者其他组织不知道行政机关作出的行政行为内容的，其起诉期限从知道或者应当知道该行政行为内容之日起计算，但最长不得超过《行政诉讼法》第46条第2款规定的起诉期限。

《最高人民法院关于适用〈中华人民共和国行政诉讼法〉的解释》第66条：公民、法人或者其他组织依照《行政诉讼法》第47条第1款的规定，对行政机关不履行法定职责提起诉讼的，应当在行政机关履行法定职责期限届满之日起6个月内提出。

(三) 典型案例[1]

李某与高某于1980年9月25日登记结婚，李某于1997年在其单位分得涉案房屋，房屋所有权登记在李某一人名下，且当时仅有李某一人的户口登记在涉案房屋。因夫妻感情不和，李某起诉要求离婚，北京市朝阳区人民法院于2008年12月31日作出判决，准予李某与高某离婚。高某在与李某婚姻持续期间及离婚后一直独自持有和控制李某的户口本、房产证、结婚证等重要证件。离婚后，高某一直要求李某将李某名下的涉案房屋更名至其名下。为解决出国工作等所需证件问题，李某迫于无奈于2010年在不了解具体情况及更名手续的情况下，签名配合更名，以此获取自己的重要证件。2018年李某才得知，2010年高某在办理过户更名时，系以夫妻间更名程序进行，且提交已失效的结婚证进行办理，由此而办理的过户更名应予以撤销，故在2018年6月20日诉至法院，请求判令撤

---

[1] "李传儒与北京市规划和国土资源管理委员会一审行政裁定书"，载无讼网。

销市规土委颁发给高某的位于北京市朝阳区慧忠北里 304 号楼 808 号的房屋所有权证（×京房权证朝字第××号），并将该房屋恢复登记至李某名下。

诉讼过程中，李某认可，涉案房屋转移登记系其亲自到场办理，李某于 2010 年即已知道被诉房屋转移登记行为。

根据《行政诉讼法》第 46 条第 1 款的规定，公民、法人或者其他组织直接向人民法院提起诉讼的，应当自知道或者应当知道作出行政行为之日起 6 个月内提出。法律另有规定的除外。《最高人民法院关于适用〈中华人民共和国行政诉讼法〉的解释》第 64 条第 1 款规定，行政机关作出行政行为时，未告知公民、法人或者其他组织起诉期限的，起诉期限从公民、法人或者其他组织知道或者应当知道起诉期限之日起计算，但从知道或者应当知道行政行为内容之日起最长不得超过 1 年。本案中，李某自认其于 2010 年即已经知道被诉房屋转移登记行为，其于 2018 年 6 月 20 日向法院提起行政诉讼，显然已经超过法定的起诉期限。因此，法院判决驳回了李某的起诉。

三、行政机关在收到起诉状副本后，应如何应诉？

（一）理论分析

行政机关在行政诉讼中作为被告，承担主要的举证责任。行政机关在收到起诉状副本之日起 15 日内向人民法院提交答辩状，并提供作出具体行政行为的证据、依据。如果确因不可抗力或者其他正当事由，不能在收到起诉状副本之日起 15 日内向人民法院提交证据、依据的，行政机关应当及时以书面形式向人民法院提交延期提供证据、依据的申请。如果行政机关不提供或者无正当理由逾期提供的，就视为该具体行政行为没有证据、依据，就会承担败诉的后果。

另外，行政机关在行政诉讼中虽然作为被告，但除了要主动提供作出具体行政行为的证据、依据外，并不是无所作为。行政机关同样可以依据相关法律、司法解释的规定，在法定的答辩时间内，就下列问题向人民法院提出异议：①属于行政复议前置，但未经行政复议的；②依法应当由行政机关作出最终裁决的；③依法不属于受诉人民法院管辖的；④原告不具备主体资格的；⑤起诉超过法定期限的；⑥法律规定的其他情形。如果确实存在这些情形，行政机关也免受诉讼之累。

（二）法律规定

《行政诉讼法》第 34 条：被告对作出的行政行为负有举证责任，应当提供作出该行政行为的证据和所依据的行政规范性文件。

被告不提供或者无正当理由逾期提供证据，视为没有相应证据。但是，被诉行政行为涉及第三人合法权益，第三人提供证据的除外。

《行政诉讼法》第35条：在诉讼过程中，被告及其诉讼代理人不得自行向原告、第三人和证人收集证据。

《行政诉讼法》第36条：被告在作出行政行为时已经收集了证据，但因不可抗力等正当事由不能提供的，经人民法院准许，可以延期提供。

原告或者第三人提出了其在行政处理程序中没有提出的理由或者证据的，经人民法院准许，被告可以补充证据。

《行政诉讼法》第37条：原告可以提供证明行政行为违法的证据。原告提供的证据不成立的，不免除被告的举证责任。

《行政诉讼法》第67条：人民法院应当在立案之日起5日内，将起诉状副本发送被告。被告应当在收到起诉状副本之日起15日内向人民法院提交作出行政行为的证据和所依据的行政规范性文件，并提出答辩状。人民法院应当在收到答辩状之日起5日内，将答辩状副本发送原告。

被告不提出答辩状的，不影响人民法院审理。

《最高人民法院关于适用〈中华人民共和国行政诉讼法〉的解释》第34条：根据行政诉讼法第36条第1款的规定，被告申请延期提供证据的，应当在收到起诉状副本之日起15日内以书面方式向人民法院提出。人民法院准许延期提供的，被告应当在正当事由消除后15日内提供证据。逾期提供的，视为被诉行政行为没有相应的证据。

《最高人民法院关于适用〈中华人民共和国行政诉讼法〉的解释》第36条：当事人申请延长举证期限，应当在举证期限届满前向人民法院提出书面申请。

申请理由成立的，人民法院应当准许，适当延长举证期限，并通知其他当事人。申请理由不成立的，人民法院不予准许，并通知申请人。

（三）典型案例[1]

中华人民共和国国家卫生健康委员会（以下简称国家卫建委）于2017年10月11日收到张某提交的政府信息公开申请表，张某申请公开：《国家卫生计生委办公厅关于通报成人饮酒者DEHP和DBP初步风险评估结果的函》（国卫食品函〔2013〕283号）。国家卫建委于2017年10月31日作出告知书，告知原告：你申请公开的文件属于国家秘密，不予公开。国家卫建委于2017年10月31日将告知书邮寄给张某，张某于2017年11月3日签收。后张某不服，于2018年4月29日通过邮寄方式向法院提起行政诉讼。

---

[1] "张彦涛信息公开一审行政判决书"，改编自无讼网。

在案件审理过程中,被告国家卫建委没有提交原告张某所申请公开文件属于国家秘密的证据。

法院认为:《行政诉讼法》第34条第2款规定,被告不提供或者无正当理由逾期提供证据,视为没有相应证据。该法第67条第1款规定,被告应当在收到起诉状副本之日起15日内向人民法院提交作出行政行为的证据和所依据的行政规范性文件,并提出答辩状。本案中,被告在被诉告知书中认定原告申请的信息属于国家秘密,被告对原告申请的政府信息不予公开。但是被告在法定的举证期限内未提交证据证明申请信息属于国家秘密,应视为被诉告知书没有相应的证据。被告对此应承担主要证据不足的法律后果,被诉告知书依法应予撤销。

四、行政机关负责人应当如何应诉?

(一)理论分析

行政机关负责人出庭应诉制度,也被称为"告官要见官"制度,这个制度是中国特色社会主义法治的产物,也是中国行政诉讼制度的一个创新。行政机关负责人出庭应诉制度能起到以下重要作用:①有利于化解行政争议。在行政诉讼中,行政相对人和行政机关负责人直接面对面,陈述其主张和理由,缓和了相对人与行政机关的对立情绪,有利于行政纠纷的解决。②有利于增强人民群众对法治的信心,提高了全社会的法治观念。行政机关负责人出庭应诉,既表明了行政机关积极应诉的态度,也表明了行政机关对法律、法治的尊重。行政机关和领导干部,自觉接受和服从人民法院的依法监督,对全社会形成了良好的引导作用。③有利于提升行政执法水平。行政机关负责人通过出庭应诉,可以进一步提升法治意识,进一步掌握法律知识,从而提升自身依法行政能力和水平。④有利于提高负责人学法用法的能力。负责人出庭应诉是行政首长负责制的应有之义,也是领导干部学法用法的主要表现形式之一,行政负责人是否经常性出庭应诉、在出庭应诉中的表现,是评价和考核领导干部法治思维、法治能力和学法、用法效果的较好形式。⑤有利于树立法律权威。行政诉讼是对行政行为合法性的审查制度,通过各方在庭审中的辨法析理,可以让法律规定更加清晰,使法律真正成为裁判的准绳,树立法律的权威。[1] 行政机关负责人出庭应诉制度最早规定在2015年5月1日起实施的《行政诉讼法》,该法第3条第3款规定:"被诉行政机关负责人应当出庭应诉。不能出庭的,应当委托行政机关相应的工作人员出庭。"该条属于宣示性的原则条款,但在法律实践应用中缺乏可操作性。为了进一步完

---

[1] 耿宝建:《行政机关负责人出庭应诉指南》,法律出版社2016年版,第17~19页。

善行政机关负责人出庭应诉制度,解决实践中"告官不见官"的问题,2017年修订的《行政诉讼法》和2018年2月施行的《最高人民法院关于适用〈中华人民共和国行政诉讼法〉的解释》对此制度作出了具体规定,明确了行政机关负责人的范围、行政机关负责人应当出庭的案件范围、行政机关负责人不出庭的说明义务、行政机关负责人出庭时应提交的证明材料以及行政机关负责人拒不出庭应诉的后果等一系列规定。

(二)法律规定

《行政诉讼法》第3条:人民法院应当保障公民、法人和其他组织的起诉权利,对应当受理的行政案件依法受理。

行政机关及其工作人员不得干预、阻碍人民法院受理行政案件。

被诉行政机关负责人应当出庭应诉。不能出庭的,应当委托行政机关相应的工作人员出庭。

《最高人民法院关于适用〈中华人民共和国行政诉讼法〉的解释》第128条:《行政诉讼法》第3条第3款规定的行政机关负责人,包括行政机关的正职、副职负责人以及其他参与分管的负责人。

行政机关负责人出庭应诉的,可以另行委托1~2名诉讼代理人。行政机关负责人不能出庭的,应当委托行政机关相应的工作人员出庭,不得仅委托律师出庭。

《最高人民法院关于适用〈中华人民共和国行政诉讼法〉的解释》第129条:涉及重大公共利益、社会高度关注或者可能引发群体性事件等案件以及人民法院书面建议行政机关负责人出庭的案件,被诉行政机关负责人应当出庭。

被诉行政机关负责人出庭应诉的,应当在当事人及其诉讼代理人基本情况、案件由来部分予以列明。

行政机关负责人有正当理由不能出庭应诉的,应当向人民法院提交情况说明,并加盖行政机关印章或者由该机关主要负责人签字认可。

行政机关拒绝说明理由的,不发生阻止案件审理的效果,人民法院可以向监察机关、上一级行政机关提出司法建议。

《最高人民法院关于适用〈中华人民共和国行政诉讼法〉的解释》第130条:《行政诉讼法》第3条第3款规定的"行政机关相应的工作人员",包括该行政机关具有国家行政编制身份的工作人员以及其他依法履行公职的人员。

被诉行政行为是地方人民政府作出的,地方人民政府法制工作机构的工作人员,以及被诉行政行为具体承办机关工作人员,可以视为被诉人民政府相应的工作人员。

《最高人民法院关于适用〈中华人民共和国行政诉讼法〉的解释》第131条：行政机关负责人出庭应诉的，应当向人民法院提交能够证明该行政机关负责人职务的材料。

行政机关委托相应的工作人员出庭应诉的，应当向人民法院提交加盖行政机关印章的授权委托书，并载明工作人员的姓名、职务和代理权限。

《最高人民法院关于适用〈中华人民共和国行政诉讼法〉的解释》第132条：行政机关负责人和行政机关相应的工作人员均不出庭，仅委托律师出庭的或者人民法院书面建议行政机关负责人出庭应诉，行政机关负责人不出庭应诉的，人民法院应当记录在案和在裁判文书中载明，并可以建议有关机关依法作出处理。

（三）典型案例[1]

上诉人（一审原告）：海口琼山宏兴石材销售点

经营者：朱某

被上诉人（一审被告）：海口市琼山区生态环境保护局

被上诉人（一审被告）：海口市琼山区人民政府

上诉人海口琼山宏兴石材销售点（以下称宏兴销售点）因与被上诉人海口市琼山区生态环境保护局（以下简称琼山区环保局）、海口市琼山区人民政府（以下简称琼山区政府）环境行政处罚一案，不服海南省海口市中级人民法院（以下简称一审法院）（2018）琼01行初96号行政判决（以下简称一审判决），向海南省高级人民法院提起上诉。法院立案后，依法组成合议庭于2018年11月19日公开开庭审理了本案。上诉人宏兴销售点经营者朱某、委托诉讼代理人杨某，被上诉人琼山区环保局委托诉讼代理人邢某、吴某，琼山区政府委托诉讼代理人吴某、王某到庭参加诉讼。琼山区环保局、琼山区政府分别向法院作出负责人不能出庭应诉的书面说明。本案现已审理终结。

上诉人宏兴销售点认为琼山区环保局、琼山区政府负责人在一审程序中未出庭应诉，违反法律规定，并以此作为理由之一请求法院撤销一审判决。

法院查明，一审期间琼山区环保局、琼山区政府分别向一审法院提交负责人不能出庭的书面说明并分别加盖了行政机关印章。5月7日开庭时，琼山区环保局委托该局工作人员邢某、琼山区政府委托该区工作人员吴某出庭。

根据《行政诉讼法》第3条第3款的规定，"被诉行政机关负责人应当出庭

---

[1] "海口琼山宏兴石材销售点与海口市琼山区生态环境保护局、海口市琼山区人民政府行政处罚二审行政判决书"，载无讼网。

应诉。不能出庭的，应当委托行政机关相应的工作人员出庭"。《最高人民法院关于适用〈中华人民共和国行政诉讼法〉的解释》第 129 条第 3 款规定："行政机关负责人有正当理由不能出庭应诉的，应当向人民法院提交情况说明，并加盖行政机关印章或者由该机关主要负责人签字认可。"第 130 条第 1 款规定："行政诉讼法第 3 条第 3 款规定的'行政机关相应的工作人员'，包括该行政机关具有国家行政编制身份的工作人员以及其他依法履行公职的人员。"本案中，琼山区环保局、琼山区政府在一审开庭时向一审法院提交负责人不能出庭的书面说明，分别加盖了行政机关印章。开庭时分别委托了琼山区环保局、琼山区政府工作人员出庭，符合法律规定。宏兴销售点关于琼山区环保局、琼山区政府负责人在一审程序中未出庭应诉，违反规定的上诉理由不成立，法院不予支持。

五、行政机关的举证责任？

（一）理论分析

行政诉讼中的举证责任，是指由法律预先规定，在行政案件的真实情况难以确定的情况下，由一方当事人提供证据予以证明，如果他提供不出证明相应事实情况的证据，则承担败诉风险及不利后果的制度。这个概念包含三个层次的意义：一是指当事人对所主张的事实提供证据；二是当事人所提供的证据能够证明其主张；三是指当事人在其主张不能提供证据时要承担败诉的不利后果。

行政机关需要举证的内容包括：①行政主体合格。即被告有独立作出具体行政行为的行政主体资格，且有权对某些事项作出具体行政行为。②行政程序合法。即被告作出的具体行政行为符合法律、法规和规章规定的行政程序。③认定事实清楚。即被告有充分的证据证明发生了某种法定事实，需作出某种具体行政行为。④适用法律正确。即被告对于发生的某种事实，依据相关法律规定做出了具体行政行为。

《行政诉讼法》确定行政机关对被诉的具体行政行为负举证责任，主要目的在于：①由行政机关负举证责任，有利于保护原告一方的诉权。行政诉讼是作为原告的行政相对人认为行政机关的具体行政行为侵犯其合法权益而提起的。而行政相对人往往难以了解行政管理行为的具体依据和有关的专业知识，如果要原告承担举证责任，让其证明具体行政行为的违法性，显然不利于保护原告的诉权。②由行政机关负举证责任，有利于充分发挥行政主体的举证优势。在国家行政管理活动中，行政机关处于主导地位。因此，行政机关的举证能力比原告强，在诉讼中让举证能力强的一方当事人负举证责任，有利于当事人双方的诉讼地位在事实上的平等，同时也体现负担公平原则。③由行政机关负举证责任，有利于促进行政机关依法行政。由行政机关负举证责任，有利于促进行政机关依据事实和法律正确作出行政行为，推进依法行政。

（二）法律规定

《行政诉讼法》第34条：被告对作出的行政行为负有举证责任，应当提供作出该行政行为的证据和所依据的行政规范性文件。

被告不提供或者无正当理由逾期提供证据，视为没有相应证据。但是，被诉行政行为涉及第三人合法权益，第三人提供证据的除外。

《行政诉讼法》第37条：原告可以提供证明行政行为违法的证据。原告提供的证据不成立的，不免除被告的举证责任。

《最高人民法院关于适用〈中华人民共和国行政诉讼法〉的解释》第34条：根据行政诉讼法第36条第1款的规定，被告申请延期提供证据的，应当在收到起诉状副本之日起15日内以书面方式向人民法院提出。人民法院准许延期提供的，被告应当在正当事由消除后15日内提供证据。逾期提供的，视为被诉行政行为没有相应的证据。

（三）典型案例[1]

陈某户籍所在地是广东省江门市××区会城梅××号之一，1990年5月结婚后户口保留梅江村至今。2016年8月17日，陈某向会城街道办提交《行政处理申请书》，请求会城街道办责令梅江村委会把理应分配而没有分配的127 480元分配给她，并恢复其正常的分红、分配权利。会城街道办于2016年11月16日作出（2016）会街行处字第13号《行政处理决定书》，认为陈某在梅江村并未领有责任田、亦未履行相应的村民义务，故陈某不具有梅江村委会村民分红、分配及成员资格。决定驳回陈某的有关请求，并确认陈某不具有梅江村委会集体经济组织成员资格，不能享受梅江村委会集体经济组织成员同等分配和福利待遇。陈某不服，于2017年3月向原审法院提起本案行政诉讼。

本案的争议焦点是：原审被告会城街道办作出的（2016）会街行处字第13号《行政处理决定书》是否合法。

在庭审中查明：2017年4月17日，原审被告会城街道办收到原审法院邮递的陈某起诉状副本等诉讼材料后，没有向原审法院提交作出涉案行政行为的任何证据和依据。

一审法院作出了以下判决：①撤销会城街道办于2016年11月16日作出的

---

[1] "江门市新会区会城街道办事处、江门市新会区会城街道梅江村民委员会二审行政判决书"，改编自无讼网。

(2016)会街行处字第13号《行政处理决定书》；②会城街道办应在判决生效之日起60日内对陈某提出的涉案申请重新作出行政行为。一审案件受理费人民币50元，由会城街道办负担。被告会城街道办、原审第三人梅江村委会及梅江村委会第九组不服，向江门市中级人民法院提起上诉，请求撤销原审判决的请求。

二审法院认为：《行政诉讼法》第67条规定，"……被告应当在收到起诉状副本之日起15日内向人民法院提交作出行政行为的证据和所依据的行政规范性文件，并提出答辩状……"，第34条规定，"被告对作出的行政行为负有举证责任，应当提供作出该行政行为的证据和所依据的规范性文件。被告不提供或者无正当理由逾期提供证据，视为没有相应证据。但是，被诉行政行为涉及第三人合法权益，第三人提供证据的除外"。本案中，2017年4月17日被告会城街道办收到原审法院送达的陈某起诉状副本等诉讼材料后，不依法向原审法院提供其作出涉案行政行为的任何证据和所依据的行政规范性文件，应当视为其没有涉案相应证据。虽然，作为原审第三人的梅江村委会及梅江村委会第九组提交了相关的证据，但是，这并不能充分证实原审被告会城街道办作出涉案行政行为的合法性。因此，被告会城街道办应对其作出涉案行政行为承担举证不能的法律后果。本院认为，原审被告会城街道办作出涉案行政行为的主要证据不足，根据《行政诉讼法》第70条"行政行为有下列情形之一的，人民法院判决撤销或者部分撤销，并可以判决被告重新作出行政行为：①主要证据不足的；……"的规定，应当撤销会城街道办作出的涉案行政行为，并判决会城街道办重新作出行政行为。

综上所述，二审法院认为原审判决认定基本事实清楚，适用法律、法规正确，分析处理正确，予以维持，驳回了原审被告会城街道办、原审第三人梅江村委会及梅江村委会第九组诉请撤销原审判决的上诉请求。

六、行政机关能否向原告和证人收集证据？

（一）理论分析

《行政诉讼法》及相关司法解释规定，在行政诉讼中，行政机关及其代理人不得自行向原告和证人收集证据。之所以在行政诉讼中对被告取证作出限制性规定，其主要立法目的在于：一是促使作为被告的行政机关在行使职权过程中能切实做到"先取证，后裁决"，严格依法行政。行政机关作出具体行政行为应当基于已调查的证据，而不能在作出行政决定时所依据的事实和理由不足以使其决定成立，事后再收集相关证据支持其决定。二是确保行政诉讼的真实性和合法性。如果允许行政机关事后向原告或证人收集证据，这时行政机关为了不在行政诉讼中败诉，可能会凭借自身优势采取非法手段获取证据或者伪造证据。

当然，在诉讼过程中，原则上不允许被告向原告和证人收集证据，但是在现实中，有些原告在行政诉讼中搞突然袭击，将在行政行为作出过程中没有向行政机关提供的证据或者理由向法院提出，在这样的情况下，如果不允许行政机关补充证据，显然有悖公平原则。因此，在这种情形下，经过法院允许或者应法院要求，行政机关可以向原告和证人收集证据。

（二）法律规定

《行政诉讼法》第35条：在诉讼过程中，被告及其诉讼代理人不得自行向原告、第三人和证人收集证据。

《行政诉讼法》第36条：被告在作出行政行为时已经收集了证据，但因不可抗力等正当事由不能提供的，经人民法院准许，可以延期提供。

原告或者第三人提出了其在行政处理程序中没有提出的理由或者证据的，经人民法院准许，被告可以补充证据。

《行政诉讼法》第39条：人民法院有权要求当事人提供或者补充证据。

《最高人民法院关于适用〈中华人民共和国行政诉讼法〉的解释》第37条：根据《行政诉讼法》第39条的规定，对当事人无争议，但涉及国家利益、公共利益或者他人合法权益的事实，人民法院可以责令当事人提供或者补充有关证据。

《最高人民法院关于行政诉讼证据若干问题的规定》第2条：原告或者第三人提出其在行政程序中没有提出的反驳理由或者证据的，经人民法院准许，被告可以在第一审程序中补充相应的证据。

《最高人民法院关于行政诉讼证据若干问题的规定》第3条：根据《行政诉讼法》第33条的规定，在诉讼过程中，被告及其诉讼代理人不得自行向原告和证人收集证据。

（三）典型案例[1]

原告：王某

原告：谢某

被告：泗洪县住房和城乡建设局

二原告诉称，其系江苏省泗洪县青阳镇孙何居委会四组居民，在该组拥有合法使用的房屋，并以经营杂货店为生。2013年5月，其所住房屋被违法强制拆除。其不服被告泗洪县住建局作出的行政赔偿决定，提起行政赔偿诉讼。法院判

---

[1] "王娟、谢洪刚与泗洪县住房和城乡建设局不服行政侵权赔偿决定一审行政判决书"，载无讼网。

决撤销了该行政赔偿决定，并责令被告在判决生效之日起 60 日内重新作出行政赔偿决定。后因被告迟迟不履行赔偿义务，其申请强制执行。被告又于 2018 年 8 月 28 日作出（2018）洪建赔字第 001 号行政赔偿决定，决定赔偿其人民币 627 138 元。因上述赔偿标准远低于市场标准，未能够弥补其因政府强拆造成的损失，且赔偿决定违反法定程序，严重侵害其合法权益，故请求撤销被告作出的（2018）洪建赔字第 001 号行政赔偿决定，并责令被告重新作出行政赔偿决定。

被告泗洪县住建局辩称：①二原告房屋已被拆除无法恢复原状，所以依法决定支付相应赔偿金；二原告住在周转房内且室内物品已随之移交原告，所以未产生搬迁费及临时安置补助费；二原告房屋性质为住房，偏房在征收前曾出租给他人经营美容店，但征收时已不再经营，所以不应给予停产停业损失赔偿；最终决定赔偿的金额是依据依法选定的评估机构出具的评估报告作出的，且评估时间点选在抽签确定评估机构的时间，已经最大程度照顾了二原告利益，故该局作出的（2018）洪建赔字第 001 号行政赔偿决定书适用法律、法规正确。②该局于 2018 年 1 月 23 日向二原告邮寄通知书，但二原告在《复函》中未提出赔偿方式、项目和数额的协商处理意见；该局于 2018 年 7 月 4 日向二原告邮寄了《关于选择房屋征收评估机构的通知》和《房地产评估机构协商选定表》，二原告也未在规定时间内进行选择，所以才采用公开抽签的方式确定评估机构，并有泗洪县公证处进行了现场公证；该局于 2018 年 8 月 10 日向二原告发函，送达房屋评估报告并就拟作出的行政赔偿事项进行协商，二原告未对协商方案提出意见，虽然对评估报告提出异议并申请复核评估，但评估公司复核后表示原告复核理由均不成立，故该局作出的涉案行政赔偿决定的程序合法。请求驳回原告诉讼请求。

被告在举证期限内向本院提供以下证据：①要求原告就赔偿事宜进行协商的通知及原告回复函各一份；②《关于选择房屋征收评估机构的通知》《房地产评估机构协商选定表》和相应的邮寄单及原告复函；③被拆除房屋现场勘察表和土地登记审批表；④谈话笔录；⑤航拍图；⑥谢某的弟弟谢某 1 的拆迁补偿协议，用以证明其房屋与兄弟谢某同样受赠于其父亲，二家房屋面积相当；⑦选择评估机构过程公证书，用以证明 2018 年 7 月 10 日上午 10 时以公开抽签方式随机选择的评估机构；⑧向原告送达房屋评估报告的邮寄单、原告评估复核申请书、评估机构的复核结果及相应邮寄单；⑨评估报告。被告在第一次庭审后又补充提供以下证据：⑩泗洪县房地产管理处于 2018 年 12 月 27 日出具的证明，用以证明评估报告中所载明的交易实例商品房网签合同的备案价格；⑪泗洪县测绘队于 2018 年 12 月 26 日就 2007 年航拍图显示的二原告房屋面积出具的测绘图；⑫2013 年 7 月 2 日泗洪县公证处出具的（2013）泗证经内字第 661 号公证书及室内物品清单，用以证明公证人员于 2013 年 5 月 14 日对原告谢某家的物品进行了清点。

在对被告所提供的证据予以审查后，宿迁市宿城区人民法院认为：被告提供的证据 1、2 系在作出被诉行政赔偿决定过程中形成的书面材料，具有真实性、合法性、关联性，可以作为定案证据；证据 3 中的现场勘察表无征收部门、被征收人签章且原告不认可，不能作为定案证据；证据 4 谈话笔录形式及来源合法，二原告虽对部分谈话真实性提出异议，但未能提供反证，对谈话内容可以相互印证部分的真实性予以采信，可以作为认定相关涉案事实的证据；证据 5 航拍图距离房屋实际拆除日期较远，且测绘图无制作单位，无法显示涉案被拆除房屋的结构与面积，不能作为定案证据；证据 6 系与原告谢某弟弟谢某 1 所签订的拆迁补偿协议，并不涉及本案被拆迁的房屋，与本案没有直接关联性；证据 7、8 形式来源合法，内容真实，与本案具有关联性，可以证明评估机构系公开抽签选定及被告向二原告送达了房屋评估报告、原告申请复核的事实；证据 9 评估报告存在评估机构选定程序瑕疵、附件原始材料欠缺及对于房屋面积认定的证据不充分等问题；证据 10、11 均形成在第一次庭审之后，证据 12 的制作不规范，且该三份证据均系被告无正当理由逾期提交，依照《行政诉讼法》第 34 条、第 35 条之规定，不得作为定案证据。

七、法院作出责令行政机关重新作出具体行政行为判决的，行政机关应当如何做？

（一）理论分析

行政诉讼判决是指人民法院在判定被诉具体行政行为的合法性和效力的基础上，对行政争议作出的实体处理结论。责令重新作出具体行政行为的判决，是指人民法院的撤销判决生效后，行政机关应当根据判决的意旨和精神重新对该事项作出具体行政行为。这种判决通常适用于具体行政行为事实不清，适用法律、法规错误，违反法定程序，显失公正等情况。法院责令行政机关重新作出具体行政行为，是建立在撤销行政机关作出的先前具体行政行为基础上。因此，行政机关重新作出的具体行政行为不得以与原被撤销的具体行政行为所依据的同一事实、理由和法律重新作出相同和基本相同的行为。当然，考虑到法院责令重新作出具体行政行为的判决的原因具有多样性，最高人民法院的相关司法解释对上述限制又作了变通的规定：①人民法院判决被告重新作出具体行政行为，被告重新作出的具体行政行为与原具体行政行为的结果相同，但主要事实或者主要理由有改变的。②人民法院以违反法定程序为由，判决撤销被诉具体行政行为的，行政机关重新作出具体行政行为。发生以上两种情形，行政机关可以不受上述限制。

另外，为了督促行政机关正确地重新作出行政行为，《最高人民法院关于执行〈中华人民共和国行政诉讼法〉若干问题的解释》还规定了相应的监督和责任制度。

（二）法律规定

《行政诉讼法》第70条：行政行为有下列情形之一的，人民法院判决撤销或者部分撤销，并可以判决被告重新作出行政行为：①主要证据不足的；②适用法律、法规错误的；③违反法定程序的；④超越职权的；⑤滥用职权的；⑥明显不当的。

《行政诉讼法》第71条：人民法院判决被告重新作出行政行为的，被告不得以同一的事实和理由作出与原行政行为基本相同的行政行为。

《最高人民法院关于适用〈中华人民共和国行政诉讼法〉的解释》第90条：人民法院判决被告重新作出行政行为，被告重新作出的行政行为与原行政行为的结果相同，但主要事实或者主要理由有改变的，不属于《行政诉讼法》第71条规定的情形。

人民法院以违反法定程序为由，判决撤销被诉行政行为的，行政机关重新作出行政行为不受《行政诉讼法》第71条规定的限制。

行政机关以同一事实和理由重新作出与原行政行为基本相同的行政行为，人民法院应当根据《行政诉讼法》第70条、第71条的规定判决撤销或者部分撤销，并根据《行政诉讼法》第96条的规定处理。

（三）典型案例[1]

原告：荣某

被告：长沙市人力资源和社会保障局

第三人：宁波奥克斯物业服务有限公司长沙分公司

荣某系荣某1的女儿，荣某1是奥克斯公司在长沙市岳麓区洋湖街道奥克斯滨仕花园小区的秩序维护员（保安）。2017年10月8日，荣某1担任该小区的巡逻岗，工作时间为8时至20时。当天12时荣某1在公司员工宿舍305房间与同事吃饭，13时30分左右离开宿舍，履行巡逻职责。16时25分左右，荣某1发现小区业主违规装修并进行处理。16时30分左右，荣某1离开物业中心办公室，进入公司员工宿舍305房间（莫某的宿舍房间），荣某1没有身体不适异常

---

[1] "荣某不服被告长沙市人力资源和社会保障局作出的不予认定工伤决定一案行政判决书"，载无讼网。

情况。17 时左右，莫某进入宿舍房间发现荣某1昏迷在其床上。17时24分，长沙市120急救中心人员到达现场，荣某1经抢救无效被宣告死亡，初步诊断为心跳呼吸骤停，原因为心肌梗塞或者其他。长沙市公安局岳麓分局坪塘派出所经现场调查和法医勘查排除他杀和自杀后，荣某1的弟弟荣某国于2017年10月9日签署不申请法医解剖鉴定申请书，荣某1的女儿荣某于2017年10月12日签署不申请法医鉴定申请书。长沙市公安局岳麓分局坪塘派出所于2017年10月9日对荣某1的同事莫某进行调查询问，在询问笔录中莫某称："他当着我的面说想搞一下，因为我之前吸过毒品，我知道一般我们这些人喝了酒说想搞一下就是要吸毒……我没有亲眼看见荣某1是如何吸食毒品海洛因的，但是我看见他的手臂上插了注射器……"2017年10月9日，奥克斯公司向市人社局提出关于荣某1死亡的工伤认定申请。2017年10月13日荣某1的遗体被火化。市人社局于2017年11月2日向荣某1的同事黄某进行调查取证，并制作了事故调查笔录。2018年2月13日，市人社局作出长人社工伤不予认字（2018）003号《不予认定工伤决定书》，认为荣某1在宿舍注射毒品后死亡，决定不予认定为工伤或者视同工伤。该决定书于2018年2月24日送达荣某。荣某不服，于2018年4月3日向长沙市芙蓉区人民法院提起第一次行政诉讼。法院于2018年5月29日作出（2018）湘0102行初63号《行政判决书》，认为市人社局在没有荣某1具有吸毒史或者曾因吸毒被强制隔离戒毒的证据，也没有直接证据证明荣某1在用人单位奥克斯长沙公司员工宿舍内注射毒品昏迷后死亡的情况下，认定荣某1死亡符合《工伤保险条例》第16条第2项的规定并作出不予认定工伤决定，主要证据不足，适用法律、法规错误，应当予以撤销，故判决如下：①撤销市人社局于2018年2月13日作出的长人社工伤不予认字（2018）003号《不予认定工伤决定书》；②市人社局于判决生效后60日内对奥克斯公司关于荣某1死亡的工伤认定申请重新作出工伤认定决定。该判决书生效后，市人社局仅补充了长沙市第四医院急救中心急救医生高超的调查笔录和肖飞的证言，于2018年8月3日重新作出长人社工伤不予认字（2018）029号《不予认定工伤决定书》，根据《工伤保险条例》第16条第2项的规定，认为荣某1在宿舍注射毒品后死亡，不得认定为工伤或视同工伤。该决定书于2018年8月6日送达荣某。荣某不服，于2018年9月19日再次向本院提起行政诉讼。

另查明，市人社局在庭审中称：市人社局于2018年2月13日作出的长人社工伤不予认字（2018）003号《不予认定工伤决定书》与2018年8月3日重新作出的长人社工伤不予认字（2018）029号《不予认定工伤决定书》依据的事实与理由基本一致。

法院认为，本院于 2018 年 5 月 29 日作出（2018）湘 0102 行初 63 号《行政判决书》已发生法律效力，市人社局应当按照判决内容履行撤销原不予认定工伤决定并重新作出工伤认定决定的义务。根据《行政诉讼法》第 71 条的规定，人民法院判决被告重新作出行政行为的，被告不得以同一的事实和理由作出与原行政行为基本相同的行政行为。本案中，市人社局在重新作出不予认定工伤决定过程中，仅补充了急救医生高某的调查笔录和肖某的证言两份证据，而高某的证言仅能证明急救操作流程，肖某对监控内容的陈述只能证明荣某 1 死亡当日在长沙市岳麓区洋湖街道奥克斯滨仕花园小区上班的活动过程，市人社局在没有补充充分有效证据的情形下，以同一事实和理由重新作出不予认定工伤决定，违反上述法律规定。《最高人民法院关于适用〈中华人民共和国行政诉讼法〉的解释》第 90 条第 3 款规定，行政机关以同一事实和理由重新作出与原行政行为基本相同的行政行为，人民法院应当根据《行政诉讼法》第 70 条、第 71 条的规定判决撤销或者部分撤销，并根据《行政诉讼法》第 96 条的规定处理。故市人社局于 2018 年 8 月 3 日重新作出的不予认定工伤决定，应当予以撤销。

综上，依照《行政诉讼法》第 70 条、第 71 条、《最高人民法院关于适用〈中华人民共和国行政诉讼法〉的解释》第 90 条第 3 款之规定，判决撤销被告长沙市人力资源和社会保障局于 2018 年 8 月 3 日作出的长人社工伤不予认字（2018）029 号《不予认定工伤决定书》。

第六章

国家赔偿

一、国家赔偿的含义及构成要件？

（一）理论分析

国家赔偿制度最初起源于冤狱赔偿，1873 年，法国最早确立了国家赔偿制度。对于建立国家赔偿的理论基础，西方主要有"国库理论说""国家责任说""公平负担说"等。1994 年 5 月 12 日，全国人大常委会第七次会议通过了《中华人民共和国国家赔偿法》（以下简称《国家赔偿法》），标志着我国国家赔偿制度的正式建立。该法经过了 2010 年和 2012 年两次修改，已在我国更加完善，国家赔偿是指国家依照国家赔偿法的规定，通过法定赔偿义务机关对国家机关工作人员违法行使职权侵犯公民、法人和其他组织的合法权益造成的损害所进行的赔偿。国家赔偿主要包括行政赔偿、刑事赔偿以及非刑事司法赔偿。

国家赔偿责任构成要件，是指国家在什么情况下，具备什么样的条件，而应当向谁承担特定的赔偿责任。国家赔偿责任构成的一般要件如下：①侵权主体必须是一定范围内的国家机关和国家机关工作人员。②侵权行为必须是在行使国家职权中发生的行为，即只有在行使公共管理职权过程中发生的或者与行使公共管理职权有直接关系的情况下，受害人才能依法请求国家赔偿。③必须有法定的损害事实发生。损害事实是承担任何侵权赔偿责任的要件之一，也是国家承担赔偿责任的要件之一。④致害行为必须具有违法性，这就是说，在某些情况下如果致害行为是合法的，即使公民、法人和其他组织的合法权益受到损害，受害人也不能请求国家赔偿。⑤损害事实必须是国家机关或国家机关工作人员在行使职权中的行为所造成的。这一要件的实质是职权行为与损害事实之间必须具有因果关系。因果关系是任何侵权赔偿责任成立的要件之一，否则，致害人就不应承担赔偿责任。[1]

可见，获得国家赔偿就必须完全符合国家赔偿责任构成的全部要件，如果欠缺其中任何一个构成要件，即使满足其他要件，也不能获得国家赔偿。

(二) 法律规定

《宪法》第41条第3款：由于国家机关和国家机关工作人员侵犯公民权利而受到损失的人，有依照法律规定取得赔偿的权利。

《国家赔偿法》第2条：国家机关和国家机关工作人员行使职权，有本法规定的侵犯公民、法人和其他组织合法权益的情形，造成损害的，受害人有依照本法取得国家赔偿的权利。

(三) 典型案例

2007年2月5日清晨，位于南京闹市区的汉中路地铁施工现场附近因发生渗水导致地面塌陷，进而造成地下煤气管道断裂引发煤气爆燃事故。事发地金鹏大厦和附近近百户居民房屋及商铺受损。

事故发生后，南京市政府部门迅速着手展开善后理赔工作。经挨家挨户核实财产受损情况，工作小组目前已和70多户"受灾"居民签订了相关赔偿协议，占总量的83%。这是南京首度在此类规模较大的公共设施致害后启动"政府名义"的赔偿。

1995年1月1日起实施的《国家赔偿法》并未把公有设施导致的损害纳入国家赔偿范围之内。即使经过2010年的修订，公共设施致人损害同样被排除在国家赔偿范围之外。而企业化或事业化之后，公有设施运营中出现的问题，就被认为应该是由相关企业或事业单位承担民事责任，不用国家承担赔偿。[2] 所以实质上南京市政府承担的是民事赔偿责任，而不是行政赔偿责任。

二、国家不承担行政赔偿责任的情形有哪些？

(一) 理论分析

行政赔偿是行政主体及其公务人员违法行使职权侵犯公民、法人和其他组织的合法权益并造成损害，由赔偿义务机关予以赔偿的法律制度。[3] 行政赔偿不同于民事赔偿。其中很重要的区别是行政赔偿有最高额限制，民事赔偿没有。国

---

[1] 陈毅强、赵保军："不法利益受到损害不能获得国家赔偿"，载《人民司法（案例）》2011年第18期。

[2] 案例参见：http://www.lawtime.cn/info/guojia/gjnews/2007022743356.html。

[3] 马怀德主编：《行政诉讼法学》，北京大学出版社2008年版，第316页。

家承担赔偿责任也有范围限制，对于特定情形国家并不需要承担赔偿责任。在我国，国家不承担赔偿责任主要分为行政赔偿中免责的情形和刑事司法赔偿中的免责情形。行政赔偿中的免责情形主要有以下三种：①行政机关工作人员的与职权无关的个人行为；②公民、法人或者其他组织自己的行为导致损害发生的；③法律规定的其他情形。即免责情形主要是公务人员的个人行为和行政相对人的个人行为是不属于行政赔偿范围的。刑事司法赔偿的免责情形包括以下六种：①因公民自己故意作虚伪陈述，或者伪造其他有罪证据被羁押或者判处刑罚的；②依照《刑法》第17、18条规定不负刑事责任的人被羁押的；③属于《刑事诉讼法》第15条、第142条第2款规定不追究刑事责任的人被羁押的；④行为属与行使职权无关的个人行为的；⑤公民自伤、自残等故意行为致使损害发生的；⑥法律规定的其他情形。

（二）法律规定

《国家赔偿法》第5条：属于下列情形之一的，国家不承担赔偿责任：①行政机关工作人员与行使职权无关的个人行为；②因公民、法人和其他组织自己的行为致使损害发生的；③法律规定的其他情形。

《国家赔偿法》第19条：属于下列情形之一的，国家不承担赔偿责任：①因公民自己故意作虚伪供述，或者伪造其他有罪证据被羁押或者被判处刑罚的；②依照《刑法》第17条、第18条规定不负刑事责任的人被羁押的；③依照《刑事诉讼法》第15条、第173条第2款、第273条第2款、第279条规定不追究刑事责任的人被羁押的；④行使侦查、检察、审判职权的机关以及看守所、监狱管理机关的工作人员与行使职权无关的个人行为；⑤因公民自伤、自残等故意行为致使损害发生的；⑥法律规定的其他情形。

（三）典型案例

2003年8月，原告谢某在家喝酒后，骑自行车到超市买东西，从超市出来后，与路人吴某因为口角厮打在一起，被告金某、李某为派出所民警，执勤时正好路过，于是上前阻止谢某和吴某的争执，在阻止过程中，金某将谢某用手铐铐在路边的护栏上，谢某在挣脱过程中，失去平衡，栽倒在地，后被金某、李某送到医院，住院26天，共用医药费5000元。随后，谢某向基层人民法院提请国家赔偿，人民法院审理后认为，被告工作人员在执行职务过程中，无违法行为，原告的损害结果与被告工作人员行使职权行为无因果关系，被告不承担行政赔偿责任，驳回了原告的诉讼请求。

本案中，国家之所以不承担行政侵权赔偿责任，主要有以下两方面的原因：第一金某的行为是正当的职权行为，不具有违法性。金某作为派出所民警，其职权就是制止违法犯罪行为，而且在行为过程中，金某的行为不存在任何违法情形。第二，谢某的损害与金某的职务行为没有直接的必然因果关系，是谢某自己的挣扎行为导致的。故国家并不需要对谢某的损失承担赔偿责任。

三、行政赔偿义务机关如何确定？

（一）理论分析

行政赔偿义务机关是指代表国家履行行政赔偿义务，支付赔偿费用，参加行政赔偿案件解决的行政机关或者法律、法规授权的组织。我国行政赔偿义务机关主要有以下几种：一是行政机关。一般情况下，行政机关及其工作人员行使行政职权侵犯个人和组织合法权益并造成损害的，该行政机关是赔偿义务机关。二是法律、法规授权的组织。法律、法规授权的组织在行使行政权力时侵犯个人和组织合法权益并造成损害的，被授权的组织是赔偿义务机关。三是委托的行政机关。受行政机关委托的组织或个人在行使受委托的行政权力时侵犯个人、组织合法权益并造成损害的，委托的行政机关是赔偿义务机关。四是行政复议机关。复议机关作出复议决定加重损害的，应当就扩大部分作为赔偿义务机关承担损害赔偿责任。五是原赔偿义务机关被撤销后的赔偿义务机关。原赔偿义务机关被撤销的，由继续行使其职权的行政机关作为赔偿义务机关。无继续行使原权力的行政机关的，由撤销该赔偿义务机关的机关作为赔偿义务机关。六是作出批准决定的上级机关。造成损害事实的行政行为是经上级行政机关批准的，应当由批准机关承担赔偿责任。

（二）法律规定

《国家赔偿法》第7条：行政机关及其工作人员行使行政职权侵犯公民、法人和其他组织的合法权益造成损害的，该行政机关为赔偿义务机关。

两个以上行政机关共同行使行政职权时侵犯公民、法人和其他组织的合法权益造成损害的，共同行使行政职权的行政机关为共同赔偿义务机关。

法律、法规授权的组织在行使授予的行政权力时侵犯公民、法人和其他组织的合法权益造成损害的，被授权的组织为赔偿义务机关。

受行政机关委托的组织或者个人在行使受委托的行政权力时侵犯公民、法人和其他组织的合法权益造成损害的，委托的行政机关为赔偿义务机关。

赔偿义务机关被撤销的，继续行使其职权的行政机关为赔偿义务机关；没有继续行使其职权的行政机关的，撤销该赔偿义务机关的行政机关为赔偿义务机关。

《国家赔偿法》第8条：经复议机关复议的，最初造成侵权行为的行政机关为赔偿义务机关,但复议机关的复议决定加重损害的,复议机关对加重的部分履行赔偿义务。

《最高人民法院关于审理行政赔偿案件的规定》第17条:两个以上行政机关共同侵权,赔偿请求人对其中一个或者数个侵权机关提起行政赔偿诉讼,若诉讼请求系可分之诉,被诉的一个或者数个侵权机关为被告;若诉讼请求系不可分之诉,由人民法院依法追加其他侵权机关为共同被告。

(三) 典型案例

2008年7月,王某向李某借款人民币20万元,到期后,王某未还且下落不明,李某遂向法院提起民事诉讼,审理中李某追加王某之妻吴某为共同被告,并同时向法院提起诉讼保全申请。当时王某名下有两处房产,其中一处已经由其他债权人查封,法院审查后依法保全了王某与吴某共有的位于如皋市如城镇开发区某处的房屋一套,并向房屋登记部门送达了保全裁定书及执行通知书等手续。不久法院就作出了民事判决,判决王某于判决书生效后一个月内偿还李某借款本金20万元,吴某承担连带偿还责任。上述民事判决生效后,王某及吴某均未履行义务,李某遂向法院申请强制执行。岂料,法院在执行过程中发现,被诉讼保全的房屋竟为案外人葛某所有,且葛某也持有该房产的合法产权证,法院无法强制执行该房屋。

最后,经法院调查发现,该房产是因为房管局的疏忽,造成了一屋二主。李某认为自己的债权得不到实现是由于房管局的违法行为造成的,遂提起行政赔偿诉讼,要求房管局承担行政赔偿责任。

该案中,房管局作为行政机关在作出行政行为时违法侵害了赔偿请求人李某的权益,导致其债权得不到实现,而且该行为是房管局独立作出的,也没有经过批准或复议,因此房管局应作为本案的赔偿义务机关。

四、赔偿义务机关作出赔偿决定的程序和期限?

(一) 理论分析

行政赔偿程序,是指行政赔偿请求人提出行政赔偿请求,行政赔偿义务机关处理行政赔偿请求或者行政复议机关、人民法院解决行政赔偿争端的步骤、方法、顺序和时限。此处我们讨论的是赔偿义务机关作出赔偿决定的程序,不讨论复议机关和人民法院作出赔偿决定的程序。赔偿义务机关作出赔偿决定需要以下步骤:①受理。对于赔偿请求人依法向赔偿义务机关提出的赔偿请求,赔偿义务机关应当依法受理。赔偿请求人当面递交申请书的,赔偿义务机关应当当场出具加盖本行政机关专用印章并注明收讫日期的书面凭证。申请材料不齐全的,赔偿义务机关应当当场或者在 5 日内一次性告知赔偿请求人需要补正的全部内容。②作出决定前的应采取的措施、步骤。作出决定之前，赔偿义务机关应当充分听取赔偿请求人的意见。作出决定前，赔偿义务机关还可以与赔偿请求人就赔偿方式、赔偿项目和赔偿数额进行协商。③作出决定。赔偿义务机关应当在收到申请后 2 个月内作出是否赔偿的决定，并在决定作出后 10 日内书面告知赔偿请求权人，决定不予赔偿的，应当说明理由。

（二）法律规定

《国家赔偿法》第 13 条：赔偿义务机关应当自收到申请之日起 2 个月内，作出是否赔偿的决定。赔偿义务机关作出赔偿决定，应当充分听取赔偿请求人的意见，并可以与赔偿请求人就赔偿方式、赔偿项目和赔偿数额依照本法第四章的规定进行协商。

赔偿义务机关决定赔偿的，应当制作赔偿决定书，并自作出决定之日起 10 日内送达赔偿请求人。

赔偿义务机关决定不予赔偿的，应当自作出决定之日起 10 日内书面通知赔偿请求人，并说明不予赔偿的理由。

（三）典型案例

2011 年 3 月 7 日、8 日，申请人文某先后与原常德市糕点厂签订门面租赁合同，租得门面用于经营餐馆。2011 年 6 月 24 日常德市城市规划局以临时门面已超过批准期限，市政府决定修建万琦天桥，该门面影响市政工程建设为由，向原常德市糕点厂下达了《临时建设限期拆除通知书》（［11］常城规监字第 002 号），要求原常德市糕点厂限期拆除该门面。7 月 2 日原常德市糕点厂书面通知申请人要求拆除门面，7 月底该门面被拆除。申请人认为原常德市糕点厂是受原常德市人民政府委托的组织，其将过期临时建筑出租给申请人，并强令申请人拆除的行为是具体行政行为，侵害了申请人合法权益，遂于 2011 年 1 月 17 日申请行政赔偿。常德市武陵区人民政府（及原常德市人民政府）2011 年 3 月 2 日作出决定：①申请人的申请不属于行政赔偿的范围，依据《国家赔偿法》第 4 条、第 7 条之规定，并未曾授权委托原常德市糕点厂行使行政职权。原常德市糕点厂也未对申请人违法做出具体行政行为。原常德市糕点厂向申请人出租门面、要求申请人拆除门面等相关行为系民事行为，不属于行使行政职权。②申请人文某的申请时效已经过期。

本案中，赔偿义务机关武陵区人民政府依法受理了赔偿请求人的赔偿请求，也在法定的 2 个月以内作出了不予赔偿的决定，也充分听取赔偿请求人的意见。虽然最后作出的是不予赔偿的决定，但整个程序上，武陵区政府还是没有瑕疵的。

五、被限制人身自由的人死亡,行政机关应当承担的举证责任是什么?

(一) 理论分析

在国家赔偿法修订前,《国家赔偿法》和《行政诉讼法》对国家赔偿举证责任分配规则都没有明确规定,这直接导致理论和实务界对该问题的无所适从。与此同时,由于立法上的不明确,国家赔偿的举证责任实际上被强加给了处于被动状态和弱势地位的受害人,使得受害人经常因举证不力无法获得赔偿,直接影响到国家赔偿制度本身所具有的权利救济功能的发挥。为此,2010年修订后的《国家赔偿法》对赔偿请求人和赔偿义务机关的举证责任作了明确规定,这也是修订了的《国家赔偿法》的亮点之一。[1] 国家赔偿诉讼在举证责任上原则上还是采取"谁主张谁举证"的原则,赔偿请求人和赔偿义务机关对自己提出的主张或者反驳对方主张所依据的事实负有举证责任。但对于被限制人身自由的人死亡的,由于赔偿请求权人受到的损害严重,而且死者在被限制人身自由时根本无法收集证据,即使收集了,由于当事人已经死亡,其证据也不一定能得到完整保存并提交至法庭,所以法律对此种情形的举证责任进行了倒置的规定,但也不是完全的倒置,只是部分倒置。即由赔偿义务机关举证证明其行为与被羁押人的死亡或者丧失行为能力不存在因果关系。本来该因果关系应当由提出请求主张的赔偿请求权人举证,但在此种情形下由赔偿义务机关来举证。

(二) 法律规定

《国家赔偿法》第 26 条:人民法院赔偿委员会处理赔偿请求,赔偿请求人和赔偿义务机关对自己提出的主张,应当提供证据。

被羁押人在羁押期间死亡或者丧失行为能力的,赔偿义务机关的行为与被羁押人的死亡或者丧失行为能力是否存在因果关系,赔偿义务机关应当提供证据。

《最高人民法院关于人民法院赔偿委员会审理国家赔偿案件程序的规定》第 12 条:赔偿请求人、赔偿义务机关对自己提出的主张或者反驳对方主张所依据的事实有责任提供证据加以证明。

有《国家赔偿法》第 26 条第 2 款规定情形的,应当由赔偿义务机关提供证据。

《最高人民法院办公厅关于国家赔偿法实施中若干问题的座谈会纪要》第 10

---

[1] 万进福:"国家赔偿因果关系认定中的举证责任分配",载《人民司法(应用)》2013 年第 5 期。

条：人民法院赔偿委员会审理国家赔偿案件，赔偿请求人和赔偿义务机关应当依照《国家赔偿法》第26条的规定，对自己提出的主张承担举证责任。

赔偿义务机关主张其行为合法的，应当就其合法性承担举证责任。

被羁押人在羁押期间死亡或丧失行为能力的，赔偿义务机关应当对其行为与被羁押人死亡或者丧失行为能力是否存在因果关系承担举证责任。

（三）典型案例

2012年，吴某云因拐卖儿童进入文山监狱砚山监区服刑。2月2日凌晨0时25分，吴某云突然发病，监狱对他实施抢救。403号房的几名服刑人员和监狱里的一名医生对吴某云进行人工呼吸和胸外心脏按压。从监狱方提供的监控视频中，整个抢救过程持续了1小时左右。抢救的方式主要是胸外心脏按压，而进行人工呼吸的是监狱里的一名服刑人员。监狱方介绍，在抢救的过程中，已经拨打了120急救电话。据医院急救中心的病历显示，凌晨1时40分，急救人员采取急救措施，但吴某云的心跳、呼吸都已经停止。接诊病历显示，吴某云的心跳停止是在接诊呼救的30分钟前。家属得知这些情况后，认为监狱救援太迟缓。砚山监狱距医院不到100米，他们认为是监狱拖延了抢救时间。吴某云死亡后，监狱、家属双方进行了多次协商，家属方提出8万元赔偿要求，而监狱方则坚持认为自身已经尽责，无需承担赔偿责任，但愿意给予家属一定的补偿。2月12日，监狱方提出的3000元补偿遭家属方拒绝，事件处理被推迟。

最终经过10余天、历时数次的谈判，以监狱方补偿5000元了结。

犯人在监狱中死亡后，家属方能拿到多少补偿，完全靠家属方与监狱的谈判。文山监狱犯人吴某云的死亡，揭开了监狱里犯人正常死亡后的补偿难题。

监狱服刑人员死亡，到底是赔偿问题还是补偿问题，这一直是监管场所在解决后续事件时试图厘清的重点。近几年来监狱、看守所发生的被监管人员死亡事件中，监狱方有过错和被追责的案例很少，但事件最后处理多以监管方补偿死者家属费用而了结。[1]

该案中，虽然最后监狱方对死者家属进行了支付了一定的金钱，但并没有明确该金额是赔偿还是补偿，是民事赔偿还是行政赔偿，赔偿程序更没有规定。笔者认为，如果被关押人是正常死亡，监狱方当然承担的是民事赔偿责任。如果被关押人的死亡是由于监狱方的职务行为导致的，则应该由监狱方来承担国家赔偿责任。其中涉及一个很重要的问题就是被关押人受到损害的证明责任应该由谁来

---

[1] "云南文山一犯人狱中死亡"，载 http://news.yninfo.com/yn/shxw/201402/t20140225_2222748.html，最后访问时间：2020年6月5日。

承担？根据《国家赔偿法》第26条第2款规定，这是由赔偿义务机关（即监狱方）承担举证责任。如果监狱方不能举出充分的证据证明自己可以免责，则应当承担国家赔偿责任。

六、精神损害抚慰金的含义及其适用条件？

（一）理论分析

精神损害抚慰金是指行政机关的违法行为在对相对人的健康权、生命权造成损害时，除应当赔偿其财产上的损害外，还应当对其本人或者亲属造成的生理上、心理上的损害或其他严重精神痛苦给予一定数额的金钱抚慰。精神损害赔偿是2010年《国家赔偿法》修订的内容，对于精神损害，旧的《国家赔偿法》只在第30条规定了非财产性的救济措施，而没有对精神损害可给予财产性赔偿作出规定。多年的法律运作实践证明，这是国家赔偿立法上的一大缺陷。这种缺陷经过个案的不公正处理及社会各界关注的推动力量而被无限放大，一时间成了众矢之的，比如当年引起广泛关注的陕西泾阳县的麻旦旦"处女嫖娼案"，该案最后的判决结果，不仅案件当事人难以接受，法学界及关注这些案件的广大社会公众也同样难以接受。[1] 构成精神损害赔偿须满足以下三个条件：一是有法定违法公务行为存在；二是侵害的是相对人的人身权，《国家赔偿法》只限于对公民生命、健康、身体和自由的侵犯的才可以提起精神损害赔偿；三是造成了严重的精神损害后果。对于赔偿范围，国家精神损害抚慰金的适用范围限制在了"限制或剥夺公民人身自由"及"造成公民身体伤害或者死亡"后果的人身权范围。也就是说，并不是所有的侵权损害赔偿均得适用精神损害抚慰金，除了上述四种严重侵犯公民人身自由及生命健康的情形外，其他可能侵害公民人身权利的情形的受害人并不能获得精神损害抚慰金的赔偿。

（二）法律规定

《国家赔偿法》第3条：行政机关及其工作人员在行使行政职权时有下列侵犯人身权情形之一的，受害人有取得赔偿的权利：①违法拘留或者违法采取限制公民人身自由的行政强制措施的；②非法拘禁或者以其他方法非法剥夺公民人身自由的；③以殴打、虐待等行为或者唆使、放纵他人以殴打、虐待等行为造成公民身体伤害或者死亡的；④违法使用武器、警械造成公民身体伤害或者死亡的；⑤造成公民身体伤害或者死亡的其他违法行为。

《国家赔偿法》第17条：行使侦查、检察、审判职权的机关以及看守所、监

---

[1] 田刚："国家赔偿中精神损害抚慰金的扩大适用"，载北大法律信息网。

狱管理机关及其工作人员在行使职权时有下列侵犯人身权情形之一的，受害人有取得赔偿的权利：①违反《刑事诉讼法》的规定对公民采取拘留措施的，或者依照《刑事诉讼法》规定的条件和程序对公民采取拘留措施，但是拘留时间超过《刑事诉讼法》规定的时限，其后决定撤销案件、不起诉或者判决宣告无罪终止追究刑事责任的；②对公民采取逮捕措施后，决定撤销案件、不起诉或者判决宣告无罪终止追究刑事责任的；③依照审判监督程序再审改判无罪，原判刑罚已经执行的；④刑讯逼供或者以殴打、虐待等行为或者唆使、放纵他人以殴打、虐待等行为造成公民身体伤害或者死亡的；⑤违法使用武器、警械造成公民身体伤害或者死亡的。

《国家赔偿法》第35条：有本法第3条或者第17条规定情形之一，致人精神损害的，应当在侵权行为影响的范围内，为受害人消除影响，恢复名誉，赔礼道歉；造成严重后果的，应当支付相应的精神损害抚慰金。

（三）典型案例

河南省叶县湾李村农民李某2001年8月7日因涉嫌故意杀人罪被刑事拘留。河南省平顶山市中级人民法院为了阻止一起故意杀人案的被害人亲属上访，副院长口头"承诺"对该案的犯罪嫌疑人李某判死刑。虽然最终判决因证据不足被河南省高级人民法院撤销，但李某被羁押时间长达12年之久。2013年4月25日下午，平顶山中级人民法院在经历了一整天的庭审后，当庭宣告"李某无罪，立即释放"。2013年11月1日下午3点，李某"死刑保证书"刑事附带民事上诉案，在平顶山中院二审宣判。河南省高级人民法院当庭宣判，驳回受害人民事部分上诉，维持原判。

2014年1月26日，省高院赔偿委员会作出决定，维持平顶山市中级人民法院对李某案所作出的国家赔偿决定。后省高院赔偿委员会向李某送达了决定书。

2013年12月17日，平顶山中院根据《国家赔偿法》的相关规定，对李某申请国家赔偿一案作出赔偿决定：赔偿李某被限制人身自由赔偿金78.082 27万元，精神损害抚慰金20万元。收到赔偿决定后，李某以赔偿金额过低为由，申请至河南省高院赔偿委员会。省高院赔偿委员会受理该案后，于2014年1月22日组织双方进行质证。

省高院赔偿委员会认为，李某在犯罪证据不足的情况下，被以涉嫌故意杀人罪长期羁押，并先后被判处有期徒刑、死刑、死缓等刑罚，给其造成了严重精神损害，应当向其支付精神损害抚慰金。平顶山中院根据李某被羁押的时间、错判的罪名、刑罚、纠错情形及对其工作、生活造成的影响等情况，结合当地的经济发展状况及平均生活水平，决定赔偿李某精神损害抚慰金20万元，数额适当。[1]

七、什么情形下进行行政追偿？

（一）理论分析

行政追偿是行政机关的一种权利，即执行职务的公务员因故意或者重大过失，非法侵害他人合法利益的，赔偿义务机关在赔偿受害人的损害后，可以要求修改公务员偿还所赔金额的一种权利。根据《行政诉讼法》和《国家赔偿法》的相关规定，行政机关行使追偿权需要具备以下三个条件：①受害人的损害必须是由该机关工作人员在执行职务中造成的；②该工作人员在执行职务时存有致害的故意或者重大过失或者其他法定情形；③该工作人员所属的国家机关或者其他赔偿义务机关已经对受害人的损害履行了赔偿义务。

（二）法律规定

《国家赔偿法》第16条第1款：赔偿义务机关赔偿损失后，应当责令有故意或者重大过失的工作人员或者受委托的组织或者个人承担部分或者全部赔偿费用。

《国家赔偿法》第31条：赔偿义务机关赔偿后，应当向有下列情形之一的工作人员追偿部分或者全部赔偿费用：①有本法第17条第4项、第5项规定情形的；②在处理案件中有贪污受贿，徇私舞弊，枉法裁判行为的。

（三）典型案例

2005年5月8日，某市城郊法院派法警刘某传唤彭某到法院询问有关情况，走到法院门口时，刘某催促彭某快走，并踢了彭某两脚，导致彭某脾脏破裂，伤情鉴定为重伤。刘某被起诉到法院后，庭审过程中，被告人提起了刑事附带民事诉讼，要求刘某承担医药费、误工费等费用。刘某却提出，其是受法院指派前去传唤彭某的，其行为应当是履行职务的行为，应该由国家承担赔偿责任。

最后该案请示到了最高人民法院，最高人民法院作出了回复，认为刘某所述属实，其行为应当是履行职务的行为，国家机关工作人员履行职务中侵犯个人权益的，应当由国家机关作为赔偿义务机关，由国家承担赔偿责任。但法警刘某在行使职务过程中故意侵犯赔偿请求人的合法权益，造成赔偿请求人严重人身损害。国家在承担赔偿责任后，有权对刘某进行追偿。

---

[1] "李怀亮案国家赔偿 省高院维持原决定"，载 http：//newpaper.dahe.cn/hnsb/html/2014-01/28/content_ 1023660.htm？div=-1，最后访问时间：2020年6月5日。

第七章

行政调解

一、行政调解的定义、作用？

（一）理论分析

行政调解，是指行政机关以法律为依据，以自愿为原则，通过调停、斡旋等方法，促使当事人友好协商、达成协议，从而化解当事人双方之间纠纷的活动。[1] 行政调解制度也是以政府负总责、政府法制机构牵头、各职能部门为主体的一种纠纷解决机制，具有行政管理性和调解自治性的双重性质。行政调解是一种行政准司法行为，其性质主要表现在以下方面：其一，行政调解具有行政属性。行政调解是在行政机关或是在法律、法规授权的组织的主持下进行的，本身就具有行政属性。其二，行政调解具有调解属性。行政调解其本质是一种调解行为，是国家法定的行政主体对行政机关与公民之间因行政管理问题发生争议或者公民之间发生民事纠纷后进行的一种调解活动。其三，行政调解具有非强制性。行政调解在方式上具有非强制性，行政调解程序的启动、运行乃至被执行，完全是行政机关与相对人合意的结果，遵循当事人自愿的原则，行政机关不能强迫。其四，行政调解是一种解决纠纷的手段。行政调解不是简单的政府职权行为，而是在社会纠纷发生后的一种纠纷处置手段，也是政府进行社会管理的一种创新方式，在地位上，其与人民调解、司法调解具有平等的地位。[2] 我国正处于社会转型期与矛盾凸显期，行政调解的价值为：一方面，行政调解为行政纠纷的化解提供了一条非诉讼渠道，有助于和谐社会的构建；另一方面，行政调解使公民参与社会管理，是推动我国民主政治发展的有效途径。我国目前针对行政调解还没

---

［1］马怀德主编：《行政法学》，中国政法大学出版社2009年版，第240页。
［2］邓刚宏：《行政调解制度研究——基于上海以及长三角地区部分城市立法例的考察》，中国政法大学出版社2017年版，第90~93页。

有制定统一的法律、法规，各地根据国家的政策并结合自身的实际情况制定了相应的地方性法规或政府规章。

（二）法律规定

《北京市行政调解办法》第1条规定：为了规范行政机关的行政调解，及时、有效化解争议纠纷，促进社会和谐稳定，根据国家和本市有关规定，结合本市实际情况，制定本办法。

（三）典型案例[1]

消费者谢女士、曾女士、谢先生于2012年在湖南宁乡某楼盘各购买1套预售房，当时商家以店堂广告的形式承诺赠送4平方米的飘窗，但在交房时未赠送。经宁乡县工商局玉潭工商所调查情况核实，消费者购房时，开发商在广告纸上注明户型和面积，承诺赠送4平方米飘窗。但实标该栋楼的设计和报批图上是1~9层有赠送的飘窗，10~11层没有赠送面积，与消费者签订的购房合同中也没有注明赠送的面积。调解人员认为开发商在销售过程中未告知10~11层没有赠送面积，没有履行告知义务，但消费者签订购房合同时没有仔细阅读合同条款，也需承担一定责任。经过多次组织调解，最终达成协议：①开发商退还谢先生购买商品房全款45万元；②开发商赠送谢女士和曾女士各4平方米的地下储藏室。

在本案中，消费者谢女士、曾女士和商品房开发商之间发生了商品房买卖民事纠纷，宁乡县工商局的派出机构玉潭工商所在法律、法规授权的范围内对该纠纷进行了行政调解。最终，不仅使民事纠纷得到快速、和平的解决，还保护了消费者的合法权益，可见，行政调解作为纠纷解决的方式之一，具有有效解决争议和维护社会稳定的作用。

二、行政调解可以适用的范围？

（一）理论分析

行政调解是指行政主体主持的调解，是指在政府法制机构的主持下，以国家法律、法规、规章和社会公德规范为依据，对纠纷双方当事人进行调解、劝说，促使双方当事人相互谅解、平等协商，自愿达成协议，消除纷争的活动。行政机关虽然在化解纠纷方面与司法权相比具有其特有的优势，但是基于行政权秉性的考量，其介入纠纷的本身仍具有不小的负面因素，必须明确政府介入的范围。行政调解的适用范围，即行政机关可以对哪些纠纷进行行政调解。由于公权力处分的有限性、行政权自身的性质和行政资源的有限性，行政调解的范围并不是无限

---

[1]《长沙市工商局公布2014年消费维权行政调解典型案例》，载湖南频道网。

制的，而是有限的，有些纠纷必须坚决秉持基本的法治理念，转而通过诉讼渠道解决。[1] 学术界对于行政调解的范围具有多种不同的观点，但是综合我国行政调解的发展历史和观察相关的域外经验，通说认为行政调解的范围既包括民事纠纷也包括行政纠纷。[2] 但并不是所有的民事纠纷和行政纠纷都可以进行行政调解，《北京市行政调解办法》第3条规定，本市各级行政机关可以依法对下列争议纠纷进行调解：其一，法律、法规、规章规定可以由行政机关调解的公民、法人和其他组织之间的纠纷（以下简称民事纠纷）：①可以进行治安调解的民间纠纷；②交通事故损害赔偿纠纷；③合同纠纷；④医疗事故赔偿纠纷；⑤消费者权益保护纠纷、产品质量纠纷；⑥土地承包经营纠纷；⑦侵犯商标专用权、专利权等知识产权的赔偿纠纷；⑧环境污染赔偿纠纷；⑨电力纠纷、水事纠纷；⑩其他依法可以调解的民事纠纷。其二，公民、法人或者其他组织与行政机关之间关于行政赔偿、补偿以及行政机关行使法律、法规、规章规定的自由裁量权产生的争议（以下简称行政争议）。

（二）法律规定

《北京市行政调解办法》第3条：本市各级行政机关可以依法对下列争议纠纷进行调解：

1. 法律、法规、规章规定可以由行政机关调解的公民、法人和其他组织之间的纠纷（以下简称民事纠纷）：①可以进行治安调解的民间纠纷；②交通事故损害赔偿纠纷；③合同纠纷；④医疗事故赔偿纠纷；⑤消费者权益保护纠纷、产品质量纠纷；⑥土地承包经营纠纷；⑦侵犯商标专用权、专利权等知识产权的赔偿纠纷；⑧环境污染赔偿纠纷；⑨电力纠纷、水事纠纷；⑩其他依法可以调解的民事纠纷。

2. 公民、法人或者其他组织与行政机关之间关于行政赔偿、补偿以及行政机关行使法律、法规、规章规定的自由裁量权产生的争议（以下简称行政争议）。

（三）典型案例[3]

某村新农村建设完工、村民入住后陆续发现不同程度的房屋质量问题，全村七十余户村民联合到法院反映房屋质量问题，要求工程施工承包方修缮房屋和赔偿损失。与此同时，承包方也到法庭咨询，准备起诉七十余户村民，索要房屋建

---

[1] 邓刚宏：《行政调解制度研究——基于上海以及长三角地区部分城市立法例的考察》，中国政法大学出版社2017年版，第112~119页。

[2] 应松年主编：《当代中国行政法》第八卷，人民出版社2018年版，第3297页。

[3] "北京法院发布2018年度多元调解十大典型案例"，载 http://bjgy.chinacourt.gov.cn/article/detail/2018/11/id/3564051.shtml，最后访问时间：2020年6月5日。

设工程尾款。该纠纷涉及案件当事人众多,双方经过前期协商未果,村民情绪较为激动。案件如果进入诉讼程序,需要对房屋质量问题启动鉴定程序,而鉴定程序复杂、费用高昂。类似纠纷在周边区域存在,不少纠纷当事人处于观望状态。

收到起诉材料后,法院首先进行入村走访调查和谈话,发现村民反映的房屋质量问题不同程度存在,而承包方以房屋超过质量保证期等原因拒绝维修、赔偿。经研判,法院认为该案由政府主导化解纠纷能够使政府掌握新农村建设的实际情况,在解决纠纷过程中拉近政府与老百姓的距离,提升政府在老百姓心中的公信和权威,因此,决定通过行政调解方式化解纠纷。乡政府对此案高度重视,由政府主要领导牵头,组织政府相关部门负责人、法院工作人员、人民调解员、村委会负责人等召开协调会,商讨解决方案。政府领导分头对接村民代表和承包方负责人,一方面引导村民合法维权,一方面要求承包方从保障群众权益、考虑长远发展等角度,重视问题,采取有效措施予以解决。经过反复沟通,最终双方同意由乡镇政府选取询价公司和鉴定公司,进村入户对村民房屋质量问题进行统一勘查询价,制定赔偿数额标准和维修方案。该方案实施后,纠纷迅速得到解决,村民和承包方均表示满意。

对于涉区域、涉群体类民事纠纷,无论在审判和执行层面均可能存在很大困难,上述类型案件,司法裁判并非首选的解决方式。行政机关在行政职权范围内,承担着一定的纠纷解决职责。基层行政机关在化解辖区内群体性、涉民生纠纷中具有突出优势。本案中,基层行政机关牵头、组织各方力量参与行政调解,促成了纠纷的及时、妥善解决,确保了各方当事人的利益,维护了辖区稳定。

三、行政调解的原则、方法?

(一)理论分析

各法律、法规的制定和实施都有其要遵守的原则,这也是法律、法规制定和运行的基本框架,对整个法律体系或者某一具体的法律部门具有指导性的法律意义,行政调解也不例外。各个省市对行政调解的有关规定或是行政规范性文件中对行政调解的原则有相关的规定,虽然不完全相同,但主要都包含以下几个原则:①自愿原则。行政调解自愿原则主要是指行政调解要建立在当事人自愿的基础上,同时也要尊重当事人对调解方式、调解方法的选择。行政调解的目的之一,就是使行政纠纷当事人在非诉的情况下高效合理地解决争议,尽可能地满足各方的要求。这就要求行政调解充分体现当事人的意愿,使他们在自愿的基础上参与到调解活动中。②合法、合理原则。行政调解必须遵守法律、法规的规定,调解协议的内容不得违反国家法律、法规的强制性规定,不得损害国家利益、公共利益和他人的合法权益,同时应当建立在正当考虑的基础上,不得违背社会的伦理道德、善良风俗。③公平、公正原则。行政调解的公平、公正原则主要是指行政机关在主持调解过程中不得偏向任何一方,既要兼顾各方当事人的合法权益,又要说服各方当事人互谅互让、相互理解,公平、公正地化解纠纷。④及时、效率原则。行政调解工作涉及面广、工作量大,需要花费的时间较多。尤其近几年来,行政案件日益增多,行政调解负担越来越重。因此,在行政调解中,既要注重调解的数量,还要注重行政调解的质量。为了防止当事人之间的矛盾激化,及时维护双方当事人之间的合法权益,防止久调不决的情况发生,行政机关在调解中还应当强调及时效率原则。[1]

(二)法律规定

《北京市行政调解办法》第4条:行政调解应当遵循自愿、合法、公平公正、注重效果原则。

《北京市行政调解办法》第7条:行政机关开展行政调解,应当以事实为依据,以法律为准绳,不得损害国家利益、公共利益,以及公民、法人和其他组织的合法权益。行政机关调解民事纠纷,应当保持客观中立,不得偏袒、包庇一方当事人。行政机关调解行政争议,不得影响依法履行行政管理职责,不得以行政调解代替行政执法。

(三)典型案例[2]

原告:北京奇睿网苑上网服务有限公司(以下简称奇睿网苑公司)

被告:北京市海淀区人民政府(以下简称海淀区政府)

法定代表人:戴彬彬,男,区长

2018年4月28日,被告海淀区政府作出被诉复议决定,主要内容为:原告奇睿网苑公司主张北京市海淀区人民政府紫竹院街道办事处(以下简称紫竹院街道办)不主动启动行政补偿调解程序,不主动行政通知申请人、利害关系人参加行政补偿或赔偿调解活动,不履行北京市政府规章264号令第三章第25、26、27条规定的行政调解法定职责的请求,不属于《行政复议法》第6条规定的行政复议受案范围。故根据《行政复议法》第17条、《行政复议法实施条例》第28条第5项之规定,决定不予受理。

原告奇睿网苑公司诉称,紫竹院街道办已知道原告奇睿网苑公司不服紫竹院

---

[1] 邓刚宏:《行政调解制度研究——基于上海以及长三角地区部分城市立法例的考察》,中国政法大学出版社2017年版,第95~110页。

[2] "北京奇睿网苑上网服务有限公司与北京市海淀区人民政府一审行政判决书",载无讼网。

街道办联合北京市海淀区其他五机关于 2018 年 3 月 21 日针对原告作出行政处罚决定及作出 10 项行政强制措施的具体行政行为，向被告海淀区政府提起行政复议，一并提起行政赔偿复议申请，故其应根据《北京市行政调解办法》规定主动启动行政赔偿调解程序，主动通知原告奇睿网苑公司及利害关系人参加其组织的行政赔偿调解活动，但紫竹院街道办未履行该职责，构成行政不作为。原告奇睿网苑公司认为，该不作为行为是侵犯原告权益的具体行政行为，原告奇睿网苑公司有权提起复议，被诉复议决定适用法律错误，请求法院撤销被诉复议决定；责令被告海淀区政府重新作出行政行为。

被告海淀区政府辩称，被诉复议决定认定事实清楚、适用法律正确、程序合法。原告奇睿网苑公司提出的诉讼理由缺乏事实与法律依据，请求法院依法驳回原告奇睿网苑公司的诉讼请求。

北京市第四中级人民法院经审理后认为，《行政复议法》第 2 条规定："公民、法人或者其他组织认为具体行政行为侵犯其合法权益，向行政机关提出行政复议申请，行政机关受理行政复议申请、作出行政复议决定，适用本法。"据此，公民、法人或者其他组织申请行政复议所针对的行为应当是该法所称的"具体行政行为"，如果公民、法人或者其他组织申请行政复议针对的行为并非具体行政行为，则依法不应属于行政复议范围。同时，《行政复议法》第 6 条对依法属于行政复议范围的事项作出了列举性规定。本案中，原告奇睿网苑公司系因认为紫竹院街道办不主动履行《北京市行政调解办法》规定的行政调解法定职责而提出行政复议申请。《北京市行政调解办法》第 3 条规定：本市各级行政机关可以依法对下列争议纠纷进行调解：①法律、法规、规章规定可以由行政机关调解的公民、法人和其他组织之间的纠纷……②公民、法人或者其他组织与行政机关之间关于行政赔偿、补偿以及行政机关行使法律、法规、规章规定的自由裁量权产生的争议。该办法第 25 条规定，当事人因该办法第 3 条第 2 项规定的行政争议申请行政复议或者提起行政诉讼的，在行政复议机关作出复议决定或者人民法院作出判决、裁定之前，作出行政行为的行政机关征得当事人同意后，可以在行政复议机关或者人民法院的指导下进行调解。该办法并未规定作出行政行为的行政机关必须或者应当对第 3 条第 2 项规定的行政争议进行调解，换言之，对于相关行政争议，行政机关依法可以进行调解，但尚不构成必须履行的法定义务。本案中，原告奇睿网苑公司称紫竹院街道办具有主动进行行政调解的法定职责，但《北京市行政调解办法》并未规定行政机关应当或必须对行政争议进行调解，故原告奇睿网苑公司的该项主张缺乏法律依据。此外，根据《北京市行政调解办法》第 4 条和第 7 条的规定，行政调解遵循自愿原则；行政机关调解行政争议，不得影响依法履行行政管理职责，不得以行政调解代替行政执法。据此，原告奇睿网苑公司申请复议所针对的紫竹院街道办未依据《北京市行政调解办法》对行政争议进行调解的行为，对原告奇睿网苑公司的合法权益并不产生必然影响。据此，被告海淀区政府认定原告奇睿网苑公司的行政复议申请不符合行政复议受理条件，并决定不予受理，并无不当。因此，法院判决驳回了原告奇睿网苑公司的诉讼请求。

四、民事争议调解应当适用的程序？

（一）理论分析

行政调解具体程序制度的科学设置关系到行政调解的社会效果。行政调解是一种纠纷解决机制，必须实现其程序的正当化，这是使行政调解具有法律效力的根本前提。根据本书之前的论述，行政调解分为民事争议调解和行政争议调解，因其所针对的纠纷性质不同，调解程序也不一样。民事争议是实践中行政调解的主要内容，《北京市行政调解办法》中针对民事争议的行政调解程序作了专门规定，主要包含行政调解的启动与受理、回避制度、行政调解参加人员、证据制度、调解协议的制作、调解时限等内容。

（二）法律规定

《北京市行政调解办法》第10条：对本办法第3条第1项规定的民事纠纷，当事人可以申请法律、法规、规章规定的行政机关进行调解。当事人申请调解民事纠纷应当符合下列条件：①与民事纠纷有直接利害关系；②有明确具体的调解请求、事实和理由；③民事纠纷尚未被人民法院、仲裁机构、人民调解组织或者其他行政机关受理或者处理。当事人申请调解民事纠纷应当说明其基本情况、调解请求、事实和理由等。行政机关应当自当事人申请之日起5个工作日内征求对方当事人意见，并决定是否受理。

《北京市行政调解办法》第11条：行政机关在履行行政管理职责过程中发现属于行政调解范围的民事纠纷，可以在征得双方当事人同意后启动调解。

《北京市行政调解办法》第12条：行政机关调解民事纠纷，由其具体承担行政调解工作的机构的工作人员担任行政调解人员。

《北京市行政调解办法》第13条：行政机关决定调解的，应当告知当事人调解的时间、地点、调解人员等事项，并提示就纠纷提起诉讼、申请仲裁的时效期间；决定不予受理的，应当告知当事人理由。

《北京市行政调解办法》第14条：行政调解人员有下列情形之一的，应当主动回避；不主动回避的，当事人有权申请其回避：①是民事纠纷当事人或者与当事人有近亲属关系的；②与民事纠纷有利害关系的；③与民事纠纷当事人有其他关系，可能影响公正调解的。当事人申请回避的，行政机关应当及时作出是否回避的决定。决定回避的，应当及时更换行政调解人员；不需要回避的，告知当事人理由。

《北京市行政调解办法》第 15 条：当事人之外的公民、法人或者其他组织与民事纠纷有利害关系的，可以申请参加调解或者由行政机关通知其参加调解。

《北京市行政调解办法》第 16 条：行政机关调解民事纠纷，根据需要，可以邀请有关单位、专业人员或者其他有关人员参与调解。

《北京市行政调解办法》第 17 条：行政机关调解民事纠纷，当事人应当如实提供证据。必要时，行政机关可以自行调查取证。

《北京市行政调解办法》第 18 条：行政机关调解民事纠纷，应当听取当事人的陈述，向当事人讲解有关法律、法规、规章和政策，在分清事理、明辨法理的基础上，引导当事人自愿达成调解协议。

《北京市行政调解办法》第 19 条：行政机关调解民事纠纷，应当自行政机关受理之日或者双方当事人同意调解之日起 30 日内结束；情况复杂或者有其他特殊情形的，经当事人同意，可以适当延长。行政机关认为当事人双方意愿差距较大、不具备达成协议的条件的，可以终止调解。

《北京市行政调解办法》第 20 条：经调解达成协议的，行政机关应当制作调解协议书，调解协议书应当由当事人签名、盖章，加盖行政机关印章，当事人各执一份，行政机关留存一份；当事人认为无需制作调解协议书的，可以采取口头协议方式，行政调解人员应当记录协议内容，双方当事人签名、盖章。经调解无法达成协议或者当事人要求终止调解的，行政机关应当终止调解，并告知当事人可以通过诉讼、仲裁等途径解决民事纠纷。

《北京市行政调解办法》第 21 条：调解协议书应当载明下列事项：①当事人的基本情况；②调解请求；③调解协议内容；④其他需要载明的事项。

《北京市行政调解办法》第 22 条：调解协议书自当事人签名、盖章，行政机关加盖印章之日起生效；口头协议自当事人达成协议之日起生效。

《北京市行政调解办法》第 23 条：对调解协议书，当事人可以依法申请公证机关公证，或者申请人民法院确认效力。

《北京市行政调解办法》第 24 条：对案情简单、具备当场调解条件的民事纠纷，行政机关可以当场调解。当场调解达成协议且当事人能够即时履行的，行政机关应当将相关情况记录在案，无需制作调解协议书。

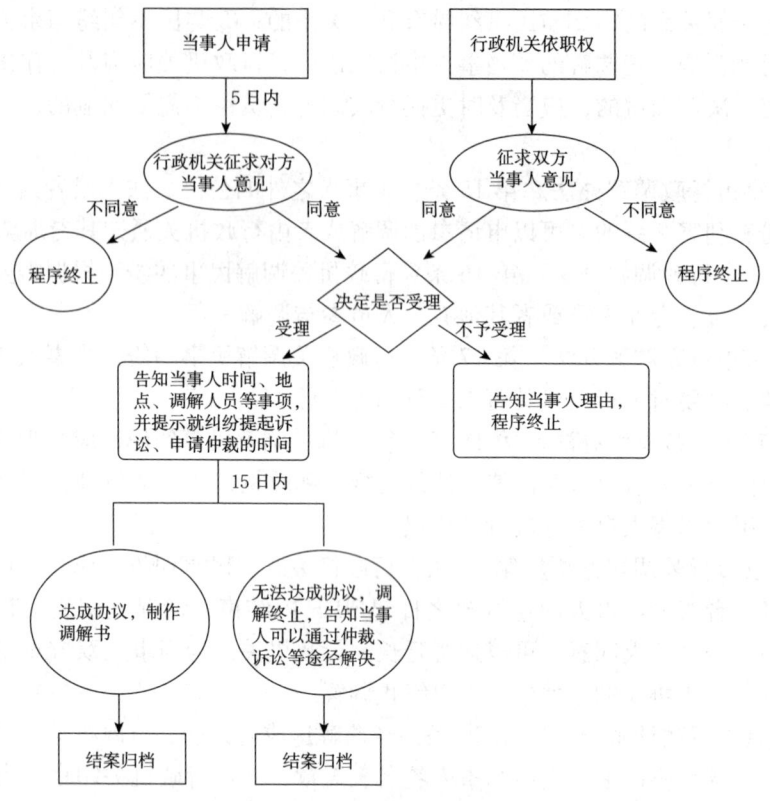

图 7-1 民事争议行政调解流程图

五、行政争议调解应当适用的程序？

（一）理论分析

行政争议调解适用的程序，是指行政机关在对行政争议进行调解时所应当严格遵循的程序。正当程序是行政调解正当运行的制度保证，具体包括两个方面，一是当事人地位是否平等，二是作为合意基础的信息是否充分。[1] 而在行政争议中，当事人双方的地位本就处于不平等的地位，如何保障行政机关能够公正中立地进行调解、得出使双方都能够接受的调解结果？这就需要在调解的某些环节，需要制订和民事争议调解不同的程序来保障行政争议调解过程和结果的正当性、合理性。

---

〔1〕 应松年主编：《当代中国行政法》第八卷，人民出版社 2018 年版，第 3341 页。

（二）法律规定

《北京市行政调解办法》第 25 条：当事人因本办法第 3 条第 2 项规定的行政争议申请行政复议或者提起行政诉讼的，在行政复议机关作出复议决定或者人民法院作出判决、裁定之前，作出行政行为的行政机关征得当事人同意后，可以在行政复议机关或者人民法院的指导下进行调解。

《北京市行政调解办法》第 26 条：行政机关调解行政争议，可以确定由原行政行为的承办机构具体承担行政调解工作，也可以确定由其他机构具体承担行政调解工作。原行政行为的承办人不得担任调解人员。

《北京市行政调解办法》第 27 条：当事人之外的公民、法人或者其他组织与行政争议有利害关系的，行政机关应当通知其参加调解。

《北京市行政调解办法》第 28 条：调解人员调解行政争议，应当听取当事人的陈述，向当事人讲解相关法律、法规、规章和政策，告知当事人执法依据、理由和相关考虑因素，答复当事人的疑问。

《北京市行政调解办法》第 29 条：行政机关调解行政争议，应当在自当事人同意调解之日起 15 个工作日内结束。

《北京市行政调解办法》第 30 条：行政机关与当事人达成协议的，行政机关应当记录协议内容。当事人认可原行政行为或者行政机关按照协议改变原行政行为的，当事人撤回行政复议申请或者撤回起诉；行政机关改变原行政行为的，应当撤销原行政行为，重新作出行政行为，并告知行政复议机关或者人民法院。行政机关与当事人无法达成协议或者当事人要求终止调解的，行政机关应当终止调解。

《北京市行政调解办法》第 31 条：行政机关应当建立行政调解工作档案，将记载调解申请、受理、过程、协议等内容的相关材料立卷归档。

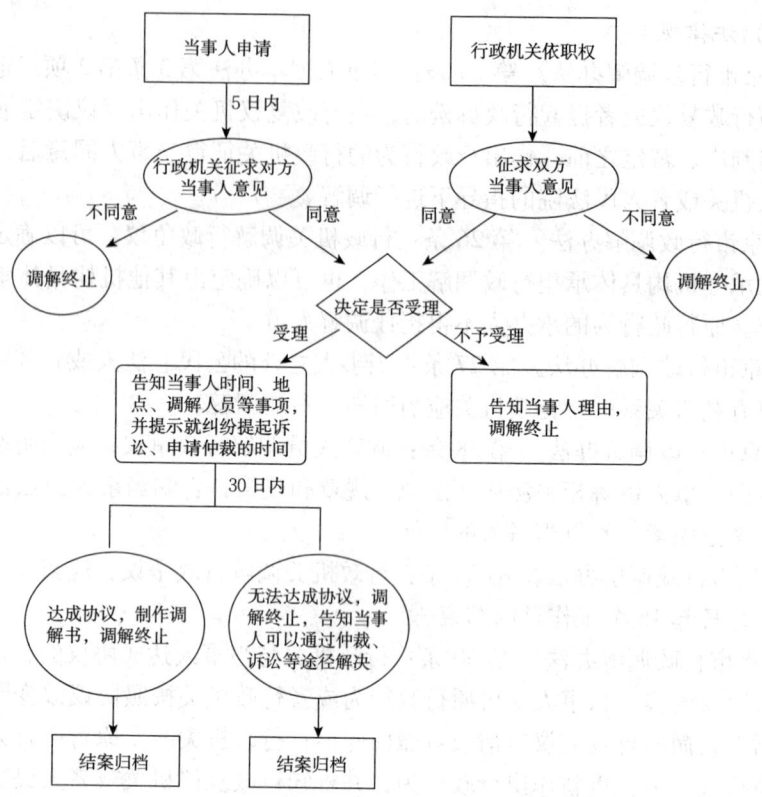

图 7-2 民事争议行政调解流程图

第八章

监察监督和审计监督

第一节 《监察法》重要概念解读

一、什么是监察机关?

(一) 理论分析

监察机关不同于原来行政监察体制下的监察部（局），它不是行政机关，而是独立行使国家监察职能的专责机关。2018年3月11日，第十三届全国人民代表大会第一次会议通过宪法修正案，在"国家机构"中增加"监察委员会"一节，规定：中华人民共和国各级监察委员会是国家的监察机关；监察委员会依照法律规定独立行使监察权，不受行政机关、社会团体和个人的干涉；监察机关办理职务违法和职务犯罪案件，应当与审判机关、检察机关、执法部门互相配合，互相制约。

监察委员会作为行使国家监察职能的专责机关，与党的纪律检查机关合署办公，从而实现党对国家监察工作的领导，是实现党和国家自我监督的政治机关，不是行政机关、司法机关。党的十八大后，党的纪律检查工作实现了纪严于法、纪在法前的转变，填补了"好同志"和"阶下囚"之间党内监督空间。而国家监察体制改革，则是以法律为尺子，全面填补国家监督的空白。过去行政监察的对象主要是行政机关的工作人员，检察院主要是侦办国家工作人员职务犯罪，不负责查处职务违法行为。改革后，监察委员会依法行使的监察权，不是行政监察、反贪反渎、预防腐败职能的简单叠加，而是在党的直接领导下，代表党和国家对所有行使公权力的公职人员进行监督，既调查职务违法行为，又调查职务犯罪行为，依托纪检、拓展监察、衔接司法，实际上是新的拓展、新的开创，与司法机关的职权、性质有着根本不同。

(二) 法律规定

《宪法》第三章第七节。

《监察法》第 3 条：各级监察委员会是行使国家监察职能的专责机关，依照本法对所有行使公权力的公职人员（以下称公职人员）进行监察，调查职务违法和职务犯罪，开展廉政建设和反腐败工作，维护宪法和法律的尊严。

二、监察机关有哪些职责？

(一) 理论分析

《监察法》明确规定监察委员会负有监督、调查、处置三项职责。

1. 监督职责。监督是监察委员会的首要职责。监察委员会代表党和国家，依照《宪法》《监察法》和有关法律法规，监督所有公职人员行使公权力的行为，确保权力不被滥用、确保权力在阳光下运行，把权力关进制度的笼子。监察机关履行监督职责的方式包括教育和检查。廉政教育是防止公职人员发生腐败的基础性工作。廉政教育的根本内容是加强理想信念教育，使公职人员牢固树立马克思主义的世界观、人生观、价值观和正确的权力观、地位观、利益观，使讲规矩、守法律成为公职人员的自觉行动。监督检查的方法包括列席或者召集会议、听取工作汇报、实施检查或者调阅、审查文件和资料等，内容是公职人员依法履职、秉公用权、廉洁从政从业以及道德操守情况。在纪委、监委合署办公体制下，纪检机关的监督和监察机关的监督在指导思想、基本原则上是高度一致的，党内监督的内容、方式和要求，也都适用于国家监察的监督，两种监督要贯通起来。

2. 调查职责。调查公职人员涉嫌职务违法和职务犯罪，是监察委员会的一项经常性工作。它是监察委员会开展廉政建设和反腐败工作、维护宪法和法律尊严的一项重要措施。调查的主要内容，包括涉嫌贪污贿赂、滥用职权、玩忽职守、权力寻租、利益输送、徇私舞弊以及浪费国家资财等职务违法和职务犯罪行为，基本涵盖了公职人员的腐败行为类型。其中，"贪污贿赂"主要是指贪污、挪用、私分公共财物以及行贿、受贿等破坏公权力行使的行为；"滥用职权"主要是指超越职权，违法决定、处理其无权决定、处理的事项，或者违反规定处理公务，致使公共财产、国家和人民利益遭受损失的行为；"玩忽职守"主要是指公职人员严重不负责任，不履行或者不认真、不正确履行职责，致使公共财产、国家和人民利益遭受损失的行为；"徇私舞弊"主要是指为了私利而用欺骗、包庇等方式从事违法的行为；"权力寻租"主要是指公职人员利用手中的公权力，违反或者规避法律、法规，谋取或者维护私利的行为；"利益输送"主要是指公职人员利用职权或者职务影响，以违反或者规避法律法规的手段，将公共财产等利益不正当授受给有关组织、个人的行为；"浪费国家资财"主要是指公职人员违反规定，挥霍公款、铺张浪费的行为。

3. 处置职责。这项职责主要包括四个方面内容：①对违法的公职人员依法作出政务处分决定。监察委员会根据监督、调查结果，对违法的公职人员依照法定程序作出警告、记过、记大过、降级、撤职、开除等政务处分决定。②对履行职责不力、失职失责的领导人员进行问责。这里所谓的"问责"，是指监察委员会根据问责的有关规定，对不履行或者不正确履行职责的，按照管理权限对负有管理责任的领导人员作出问责决定，或者向有权作出问责决定的机关提出问责建议。③对涉嫌职务犯罪的，将调查结果移送人民检察院依法审查、提起公诉。对被调查人涉嫌职务犯罪，监察机关经调查认为犯罪事实清楚，证据确实、充分的，制作起诉意见书，连同案卷材料、证据一并移送检察机关依法审查、提起公诉。④对监察对象所在单位提出监察建议。监察建议是监察委员会依照法定职权，根据监督、调查结果，对监察对象所在单位廉政建设和履行职责存在的问题等提出的。监察建议不同于一般的工作建议，它具有法律效力，被提出建议的有关单位无正当理由必须履行监察建议要求其履行的义务，否则，就要承担相应的法律责任。

（二）法律规定

《监察法》第11条：监察委员会依照本法和有关法律规定履行监督、调查、处置职责：①对公职人员开展廉政教育，对其依法履职、秉公用权、廉洁从政从业以及道德操守情况进行监督检查；②对涉嫌贪污贿赂、滥用职权、玩忽职守、权力寻租、利益输送、徇私舞弊以及浪费国家资财等职务违法和职务犯罪进行调查；③对违法的公职人员依法作出政务处分决定；对履行职责不力、失职失责的领导人员进行问责；对涉嫌职务犯罪的，将调查结果移送人民检察院依法审查、提起公诉；向监察对象所在单位提出监察建议。

第二节 监察对象范围划定

一、监察机关的监察对象有哪些？

理论分析

公权力是国家权力或公共权力的总称，是法律、法规规定的特定主体基于维护公共利益的目的对公共事务管理行使的强制性支配力量。公职人员在国家的经济、政治和社会生活中行使公共职权、履行公共职责等。判断一个人是不是公职人员，关键看他是不是行使公权力、履行公务，而不是看他是否有公职。

二、如何判断公务员和参公管理人员的范围？

理论分析

公务员和参公管理人员是监察对象中的关键和重点。

1. 公务员。根据《公务员法》规定，公务员是指依法履行公职、纳入国家行政编制、由国家财政负担工资福利的工作人员，包括中国共产党机关、人民代表大会及其常务委员会机关、人民政府、监察委员会、人民法院、人民检察院、中国人民政治协商会议各级委员会机关、民主党派机关和工商业联合会机关的公务员。应当注意的是，公务员身份的确定，具有严格的法定程序，只有经过有关机关审核、审批及备案等程序，登记、录用或者调任为公务员后，方可确定为公务员。

2. 参公管理人员。参照《公务员法》管理的人员，是指根据《公务员法》规定，法律、法规授权的具有公共事务管理职能的事业单位中除工勤人员以外的工作人员，经批准参照《公务员法》进行管理的人员。比如，中国证券监督管理委员会，就是参照《公务员法》管理的事业单位。列入参照《公务员法》管理范围，应当严格按照规定的条件、程序和权限进行审批。

三、哪些是法律、法规授权或者受国家机关依法委托管理公共事务的组织中从事公务的人员？

理论分析

这里主要指除参公管理以外的其他管理公共事务的事业单位，比如银行保险、证券等监督管理机构，注册会计师协会、医师协会等具有公共事务管理职能的行业协会，疾控中心、法定检疫检鉴定机构等组织的工作人员。

在我国，事业单位人数多，分布广，由于历史和国情等原因，在一些地方和领域，法律、法规授权或者受国家机关依法委托管理公共事务的事业单位工作人员，其数量甚至多于公务员的数量。由于这些人员也行使公权力，为实现国家监察全覆盖，有必要将其纳入监察对象范围，由监察机关对其监督、调查、处置。

四、如何判断国有企业管理人员的范围？

理论分析

作为监察对象的国有企业管理人员，是指国有独资、国有控股企业（含国有独资和国有控股金融企业）及其分支机构等国家出资企业中，由党组织或者国家机关、国有公司、企业、事业单位提名、推荐、任命、批准等，从事领导、组织、管理、监督等活动的人员。主要包括：①领导班子成员，包括设董事会的企业中由国有股权代表出任的董事长、副董事长、董事，总经理、副总经理，党委书记、副书记、纪委书记，工会主席等；未设董事会的企业的总经理（总裁）、副总经理（副总裁），党委书记、副书记、纪委书记，工会主席等。②对国有资产负有经营管理责任的国有企业中层和基层管理人员，包括部门经理、部门副经理、总监、副总监、车间负责人等。③在管理、监督国有财产等重要岗位上工作的人员，包括会计、出纳人员等。④国有企业所属事业单位领导人员，国有资本参股企业和金融机构中对国有资产负有经营管理责任的人员等。

五、如何判断公办的教育、科研、文化、医疗卫生、体育等单位中从事管理的人员的范围？

理论分析

作为监察对象的公办的教育、科研、文化、医疗卫生、体育等单位中从事管理的人员，是指在该单位及其分支机构中从事组织、领导、管理、监督等活动的人员。主要包括：①领导班子成员及国家工作人员，比如，公办学校的校长、副校长，科研院所的院长、所长，公立医院的院长、副院长等。②中层和基层管理人员，包括管理岗六级以上职员，从事与职权相联系的管理事务的其他职员。③在管理、监督国有财产等重要岗位上工作的人员，包括会计、出纳人员，采购、基建部门人员。此外，临时从事与职权相联系的管理事务，包括依法组建的评标委员会、竞争性谈判采购中谈判小组、询价采购中询价小组的组成人员，在招标、政府采购等事项的评标或者采购活动中，利用职权实施的职务违法和职务犯罪行为，监察机关也可以依法调查。

六、如何判断基层群众性自治组织中从事管理的人员的范围？

理论分析

此类监察对象，是指村民委员会、居民委员会等基层群众性自治组织中从事集体事务管理的人员，以及协助人民政府从事行政管理工作的人员，包括村民委员会、居民委员会的主任、副主任和委员，以及其他受委托从事管理的人员。

根据有关法律和立法解释，这里的"从事管理"，主要是指：①救灾、抢险、防汛、优抚、扶贫、移民、救济款物的管理；②社会捐助公益事业款物的管理；③国有土地的经营和管理；④土地征用补偿费用的管理；⑤代征、代缴税款；⑥有关计划生育、户籍、征兵工作；⑦协助人民政府等国家机关在基层群众性自治组织中从事的其他管理工作。

七、如何理解《监察法》第15条第6项规定的"其他依法履行公职的人员"？

（一）理论分析

该项规定是兜底条款，为了防止出现对监察对象列举不全的情况而设置，但也不能无限制地扩大解释。判断一个"履行公职的人员"是否属于监察对象的标准，主要是其是否行使公权力，所涉嫌的职务违法或者职务犯罪是否损害了公权力的廉洁性。

在实践中我们可以将其理解为包括人大代表、政协委员、党代表、人民陪审员、人民监督员、仲裁员等；其他在国家机关、国有公司、企业、事业单位、群团组织中依法从事领导、组织、管理、监督等公务活动的人员。对于此类依法履行公职的人员利用职权实施的职务违法和职务犯罪行为，监察机关可以依法调查。

（二）法律规定

《中华人民共和国监察法》。

《国家监察委员会管辖规定（试行）》。

第三节 监察权力行使

一、监察机关的调查措施？

（一）理论分析

《监察法》第四章监察权限中规定了监察机关在履行监察、调查、处置职责时可以采取的12种调查措施，包括谈话、讯问、询问、查询、冻结、调取、查封、扣押、搜查、勘验检查、鉴定、留置；此外，根据需要，还可按照规定交有关机关协助执行技术调查、通缉、限制出境等3种措施。

这些调查措施，分别根据工作需要和具体情况予以运用，有些作为取证手段使用频率较高，如谈话、询问、查询、调取；有些只在必要时使用，如搜查、查询、鉴定和勘验检查；有些措施的使用需要具备一定的前提条件，如讯问、留置、扣押、冻结等。

（二）法律规定

《监察法》。

《监察机关监督执法工作规定》。

二、监察机关的管辖罪名有哪些？

（一）理论分析

2018年4月17日，中央纪委国家监委印发了《国家监察委员会管辖规定（试行）》，该规定详细列举了国家监委管辖的六大类88个职务犯罪案件罪名，包括贪污贿赂犯罪案件（17个）、滥用职权案件（15个）、玩忽职守犯罪案件（11个）、徇私舞弊犯罪案件（15个）、公职人员在行使公权力过程中发生的重大责任事故犯罪（11个），公职人员在行使公权力过程中发生的其他犯罪（19个）。

（二）法律规定

《国家监察委员会管辖规定（试行）》。

三、政务处分的依据？

（一）理论分析

2018年4月16日中央纪委、国家监委印发的《公职人员政务处分暂行规定》，其中第3条明确监察机关实施政务处分的依据主要包括《监察法》《公务员法》《检察官法》《企业国有资产法》《行政机关公务员处分条例》《事业单位人事管理条例》《事业单位工作人员处分暂行规定》《国有企业领导人员廉洁从业若干规定》以及《农村基层干部廉洁履行职责若干规定（试行）》等规定。

现全国人大正在制定的《公职人员政务处分法》，明确了政务处分的种类、适用和程序等，有效弥补了目前政务处分依据分散，存在"盲区"的困境，实现政务处分法律制度的"整合"，将《监察法》的原则规定具体化，把法定对象全面纳入处分范围，使政务处分匹配党纪处分，衔接刑事处罚，构筑起惩治职务违法的严密法网。

（二）法律规定

《中华人民共和国监察法》。

《中华人民共和国公务员法》。

《中华人民共和国检察官法》。

《中华人民共和国企业国有资产法》。

《行政机关公务员处分条例》。

《事业单位人事管理条例》。

《事业单位工作人员处分暂行规定》。

《国有企业领导人员廉洁从业若干规定》。

《农村基层干部廉洁履行职责若干规定（试行）》。

《公职人员政务处分暂行规定》。

第四节　审计监督

一、如何理解"审计全覆盖"要求下审计监督的范围及其在法律监督体系中的地位？

（一）理论分析

十八届四中全会明确提出了"审计全覆盖"的战略目标，审计监督的国家治理功能进一步被重视。2015年底，《关于实行审计全覆盖的实施意见》发布，审计全覆盖的战略目标得到制度化确认。2018年，在新一轮的党和国家机构改革中，为加强党中央对审计工作的领导，构建集中统一、全面覆盖、权威高效的审计监督体系，更好发挥审计监督作用，组建中央审计委员会，作为党中央决策议事协调机构。在中央审计委员会第一次会议上，习近平发表重要讲话指出，要落实党中央对审计工作的部署要求，加强全国审计工作统筹，优化审计资源配置，做到应审尽审、凡审必严、严肃问责，努力构建集中统一、全面覆盖、权威高效的审计监督体系，更好发挥审计在党和国家监督体系中的重要作用。习近平总书记的重要讲话精神进一步强调了审计全覆盖的重要性。

自1994年《审计法》制定以来，审计监督的范围不断发生变化。因此，在"审计全覆盖"的背景下，对审计监督范围的界定十分重要。审计监督的范围可以从两个角度来理解，即对象范围和内容范围。

对象范围，顾名思义，指审计监督对象的范围，包括法人和自然人两部分。前者包括国务院各部门、地方各级人民政府及其各部门、国有金融机构和企事业组织，以及法律、行政法规规定的其他单位。后者则将行政机关相关工作人员包括在内，如近几年来逐步推进的行政机关负责人"离任审计"，就是以行政机关工作人员为对象的审计监督制度。此外，中共中央办公厅、国务院办公厅印发的《关于实行审计全覆盖的实施意见》中提出，要对领导干部和国有企业法定代表人履行经济责任情况实行审计全覆盖,更加明确了应当将一定范围内的工作人员纳入审计监督对象范围的要求。

内容范围,指审计监督所指向的具体内容,根据《审计法》第三章"审计机关职责"中的相关条文,可以将其范围归纳为以下几方面:①对财政收支的审计职责;②对财务收支的审计职责;③对内部审计机构的业务指导与职责监督;④对社会审计组织的指导、监督与管理职责;⑤对国家机关和依法属于审计机关审计监督对象的其他单位的主要负责人,在任职期间对本地区、本部门或者本单位的财政收支、财务收支以及有关经济活动应负经济责任的履行情况,依照国家有关规定进行审计监察;⑥法律、行政法规规定的应由审计机关审计的事项。[1]

审计监督在法律监督体系中的地位。从体系上看,我国法律监督体系分为国家监督和社会监督。根据监督主体的不同,国家监督又分为权力机关的监督、监察机关的监督、司法机关的监督和国家行政机关的监督。如果进行进一步的划分,国家司法机关的监督又分为检察机关的监督和审判机关的监督。行政机关的监督又可分为一般行政监督、专门行政监督。其中,一般行政监督是指基于行政管理的上下级隶属关系而进行的各级行政机关与部门之间的监督,表现为各级行政机关之间的纵向监督和部门之间的横向监督。专门行政监督是指由具有行政监督职能的专门机构进行的监督,分为行政监察监督、行政审计监督和预防腐败监督3个部分。由此,从体系上看,审计监督在我国法律监督体系中属于国家行政机关监督中的专门行政监督。

在此分析的基础上可以进一步厘清在监察体制改革的影响下,审计监督和监察监督的关系问题。监察体制改革的路径表明国家继续实施"监审分立"和"行政型审计"的基本方向未转变。[2] 尽管在风险防范上审计和监察发力的作用点相近,但审计机关与监察机关分立仍是当前主流思想。在权力制约和腐败治理领域,监察和审计的目标、职能、对象与内容存在重合,因此,在反腐视角下,实现两者协同运作存在可行性。在监察体制改革的背景和《监察法》的框架下,审计监督在法治建设中的定位发生改变。长期的审计实践表明我国审计部门的工作重在审,而忽视了对结果进行整改,未能对问题提出有效的改进措施和建议。审计监督要展露法治实效,离不开与监察委的相互协作。审计监督在监督体系中的功能应聚焦于对数据的"预处理中心",在监察体制改革的背景下,通

---

〔1〕 应松年主编:《当代中国行政法》第七卷,人民出版社2018年版,第2837页。

〔2〕 钱弘道、谢天予:"审计全覆盖视域下的审计法变迁方向及其逻辑",载《审计与经济研究》2019年第3期。

过审计监督及时发现腐败线索并移送，有助于监察机关有效行使职务违法和职务犯罪调查权；监察机关行使集中调查权后，根据查明事实作出处置决定，或移交司法机关对调查结果进行裁决。发挥审计机关的审计优势和监察机关的整改优势，使审计工作更务实高效，突出责任承担，避免互相推诿。

（二）法律规定

《审计法》第2条：国家实行审计监督制度。国务院和县级以上地方人民政府设立审计机关。

国务院各部门和地方各级人民政府及其各部门的财政收支，国有的金融机构和企业事业组织的财务收支，以及其他依照本法规定应当接受审计的财政收支、财务收支，依照本法规定接受审计监督。

《关于实行审计全覆盖的实施意见》第5条：审计机关要依法对地方各级党委、政府、审判机关、检察机关，中央和地方各级党政工作部门、事业单位、人民团体等单位的党委（党组、党工委）和行政正职领导干部（包括主持工作1年以上的副职领导干部），国有企业法定代表人，以及实际行使相应职权的企业领导人员履行经济责任情况进行审计……

《国务院关于加强审计工作的意见》：（十）推动履职尽责。深化领导干部经济责任审计，着力检查领导干部守法守纪守规尽责情况，促进各级领导干部主动作为、有效作为，切实履职尽责。依法依纪反映不作为、慢作为、乱作为问题，促进健全责任追究和问责机制。

二、建设工程项目审计监督的有哪些要点和独特之处？

（一）理论分析

建设工程项目审计是针对政府投资和以政府投资为主的建设项目的预算执行情况和决算进行的审计活动。基本建设工程项目从立项到最后竣工验收过程中，需要全程进行审计，确保建设工程项目的合规性和经济性。[1]《审计法》第22条的规定将建设工程项目纳入了审计监督的范围，审计部门要对工程建设过程中预算和概算费用使用是否符合相关规定，是否存在违规使用建设投资基金的行为，是否存在偷工减料、增加工程量的行为等进行核查计算。

主要流程和要点包括[2]：①明确审计工作的具体任务。根据所接受的工程项目，列出本次审计工作的侧重点和具体审计对象，编制审计工作任务书。②及

---

[1] 参见傅雅慧："建设工程项目审计要点"，载《财讯》2019年第14期。

[2] 丁一、张苛："工程项目全程审计方法探析"，载《长春师范大学学报》2019年第4期。

时向被审计单位发出审计通知。通知内容应包括审计工作所需的资料目录、报送资料的具体时间、资料送交的地点或方式以及本次审计的起讫日期。③接收审计资料。要注意按照详细罗列的目录来查收,接收时间也要相应地进行标记。④搜集审计资料。积极查找与审计任务相关的政府文件资料,并调查所需建筑材料的市场价格。⑤在初审阶段,应对被审项目进行初步了解,开展针对工程的全方位调查,获得更加真实可靠全面的审计资料。⑥经过初步核实和进一步审查后,得出一个初步结论,并开展审计小组会议进行讨论,对审计中发现的违规和舞弊等问题要进行证实。⑦将初审结果及时向被审计单位反馈,经过被审计方核实后,修改整理初步审计意见。⑧再次与被审计方交流审计结果及草拟的审计报告,按照交流后的成果认真修改,并上报审计主管部门领导批准。⑨根据实际情况以及工程项目审计的具体要求完成审计任务,并出具审计报告。⑩将审计过程中接收的工程资料归还报送单位,将审计资料进行汇总整理,报送档案管理部门存档。

传统意义上的工程审计主要关注工程项目的合法合规性和工程造价控制,然而对于工程质量则很少关注。这不仅与我国审计发展模式有关,也与各级审计人员长期形成的审计观念有关。实际上,审计具有独立性优势,它能处于独立立场对建设工程项目的参建单位履行质量管控职能进行监督,从而实现对工程质量的再监督。近年来,国家审计机关在铁路、公路、水电等投资建设项目审计中,尝试开展了工程质量审计,并逐步积累了部分经验,工程质量审计将逐步成为建设项目审计的一项重要内容。

因此,审计机关在建设工程项目审计中也应注意到这一独特之处,并从以下几点来提高质量审计的水平:其一,科学合理指派专门的审计技术人员,要从工程项目审计工作实际需求及特点出发,提升审计工作组织的专业性。其二,对审计调查工作予以高度重视,审计工作人员需要在进行全面深入调查分析基础之上开展具体审计工作,确定审计重点。其三,进一步强化审计责任,对质量控制责任做出明确规定,结合实际情况制定审计质量责任追究制度,将审计监督制度落实到位。其四,对事中审计予以高度重视,在开展工程项目审计过程中第一时间发现项目管理工作所存在的问题,及时采取相应的解决对策进行整改。其五,从项目质量检查及评价两方面入手,进行工程项目审计质量控制,通过审计部门内部、上级主管部门、企业外部权威机构等多种途径针对审计活动进行质量评价。[1]

---

[1] 参见刘连生:"工程项目审计质量控制的问题与对策",载《长江大学学报(社会科学版)》2013年第7期。

（二）法律规定

《审计法》第 22 条：审计机关对政府投资和以政府投资为主的建设项目的预算执行情况和决算，进行审计监督。

《政府采购法》第 68 条：审计机关应当对政府采购进行审计监督。政府采购监督管理部门、政府采购各当事人有关政府采购活动，应当接受审计机关的审计监督。

《政府采购法实施条例》第 65 条：审计机关、监察机关以及其他有关部门依法对政府采购活动实施监督，发现采购当事人有违法行为的，应当及时通报财政部门。

三、政府在招投标过程中的审计监督应注意哪些方面？

（一）理论分析

经过多年的发展，招投标活动已成为我国基本建设领域最常用的准入手段，有效地促进了各行业公平竞争，规范了市场经济秩序、节约了政府建设资源。然而，在实际招标投标过程中，由于涉及多方复杂利益关系，违规招标、定向招标、虚假招标的情况屡见不鲜，各种招投标问题引起的财政资金亏损、工程质量低下的情况频繁出现，招标投标活动已然成为审计工作中的重点和关键。《审计法》和《政府采购法》概括性地规定要对政府采购活动和政府投资建设的项目进行审计监督，而招投标活动的特点和程序对审计工作提出了更高的要求。通过水利部印发的《水利工程建设项目招标投标审计办法》中的规定，可以归纳出审计机关在招投标审计中应该注意的以下一些方面。[1]

第一，审查建设项目立项批文和招标能力。分析建设单位的投资规模是否与其欲达到的经济社会效益相匹配，建设单位是否符合招标的基本条件和要素。关注建设项目的主体工程、勘察设计、监理服务等活动的招标核准意见。关注招标人自身或招标代理机构的招标能力。

第二，审查资格预审或招标公告阶段。通过收集招标人在公开媒体上发布的资格预审公告或招标公告，检查公告的信息是否一致、完整，有无歧视条款等。审核资格预审是否客观、公平、公正，投标邀请书是否按时发放。分析招标控制价编制的合理性，是否存在抬高投资、高估冒算的情况。

第三，审查投标、开标及评标阶段。收集所有投标单位的投标文件及相关投标资料，相互比对，检查是否有相互围标、相互串标的嫌疑。研究开标是否规

---

[1] 参见周琪："招投标审计的重点和常见问题"，载《中国招标》2019 年第 7 期。

范，评标过程是否科学合理，是否严格按照招标文件执行等。

第四，审查中标结果、中标通知书及合同文件是否合理、合法。收集招标人在公开媒体上发布的中标结果公示，并检查公示时间是否合规，分析是否存在虚假招标，先施工后招标的情况。检查中标结果、中标通知书是否与评标结果一致，合同金额是否与中标人投标金额一致。

（二）法律规定

《政府采购法》第 68 条：审计机关应当对政府采购进行审计监督。政府采购监督管理部门、政府采购各当事人有关政府采购活动，应当接受审计机关的审计监督。

《政府采购法实施条例》第 65 条：审计机关、监察机关以及其他有关部门依法对政府采购活动实施监督，发现采购当事人有违法行为的，应当及时通报财政部门。

四、什么是领导干部的离任审计？

（一）理论分析

领导干部的离任审计，是指领导干部任职期满或因其他原因离任时，由审计部门对其任职期间履行职责的情况进行审计，并确认其应承担的责任。未经审计，不得解除其任职期间的经济责任。审计的范围，主要是《审计法》第 25 条确定的领导干部经济责任审计。2019 年 7 月，中共中央办公厅、国务院办公厅印发《党政主要领导干部和国有企事业单位主要领导人员经济责任审计规定》，同时废止了 2010 年印发的《规定》。其中明确指出，领导干部经济责任是指其在任职期间，对其管辖范围内贯彻执行党和国家经济方针政策、决策部署，推动经济和社会事业发展，管理公共资金、国有资产、国有资源，防控重大经济风险等有关经济活动应当履行的职责。在审计组织方面，要求建立健全经济责任审计工作联席会议（以下简称联席会议）制度。联席会议由纪检监察机关和组织、机构编制、审计、财政、人力资源社会保障、国有资产监督管理、金融监督管理等部门组成，召集人由审计委员会办公室主任担任。同时，联席会议在同级审计委员会的领导下开展工作，贯彻了习近平总书记在中央审计委员会第一次大会上的讲话精神，进一步加强党对审计工作的领导。

此外，中共中央办公厅、国务院办公厅于 2017 年印发了《领导干部自然资源资产离任审计规定（试行）》。作为一种新型审计业务，自然资源资产离任审计既具有经济责任审计特征，又具有资源环境审计特征，其主要功能是监督评价领导干部的资源环境管理行为，目标是促进领导干部履行资源管理和环境保护责任,建设社会主义生态文明的内容不仅仅是自然资源管理情况,还包括环境保护和污染防治等情况。[1] 上述规定强调,审计机关应当根据被审计领导干部任职期间所在地区或者主管业务领域自然资源资产管理和生态环境保护情况,结合审计结果,对被审计领导干部任职期间自然资源资产管理和生态环境保护情况变化产生的原因进行综合分析,客观评价被审计领导干部履行自然资源资产管理和生态环境保护责任情况。

(二)法律规定

《审计法》第 25 条:审计机关按照国家有关规定,对国家机关和依法属于审计机关审计监督对象的其他单位的主要负责人,在任职期间对本地区、本部门或者本单位的财政收支、财务收支以及有关经济活动应负经济责任的履行情况,进行审计监督。

《党政主要领导干部和国有企事业单位主要领导人员经济责任审计规定》第 3 条:本规定所称经济责任,是指领导干部在任职期间,对其管辖范围内贯彻执行党和国家经济方针政策、决策部署,推动经济和社会事业发展,管理公共资金、国有资产、国有资源,防控重大经济风险等有关经济活动应当履行的职责。

五、如何理解"党政同审、同审同责"?

(一)理论分析

2015 年,中共中央办公厅、国务院办公厅印发《关于完善审计制度若干重大问题的框架意见》及其相关配套文件,要求坚持"党政同责、同责同审",实现经济责任审计全覆盖。其中坚持"党政同责、同责同审"的要求成为上述意见的一个亮点,被认为是审计制度改革的一个有力突破。

习近平总书记曾多次强调,要"党政同责、一岗双责、失职追责"。从当前我国的实践情况看,公共资金、国有资产、国有资源管理、分配、使用等各方面,很多决策都是党政领导干部一起作出的;从审计实践看,审计揭示的财政资金使用、民生政策落实、重大项目建设等方面存在的问题,政府领导有责任,党的领导也有责任。如果党政不同责、不同审,当初决策的事项就很难深入审计下去,存在的问题就很难追究到具体责任人,审计监督也就无法发挥应有的作用,审计监督全覆盖也就失去了实质意义。[2]

---

[1] 李兆东:"领导干部自然资源资产离任审计的现状与对策",载《财政监督》2019 年第 17 期。

[2] 农业农村部财会服务中心审计一处课题组:"农业部事业单位党政领导干部经济责任同步审计业务探讨",载《中国农业会计》2018 年第 10 期。

习近平总书记还多次指出，党委要加强对经济工作的领导。从现实情况看，在推动中央重大决策部署贯彻落实，促进经济社会发展过程中，党委、政府都承担着重大责任，而且党委承担更大的责任。近年来，国家审计主要是对政府的主要领导干部开展经济责任审计，对党委主要负责同志的经济责任审计开展得相对较少，使得审计监督存在一定盲区，审计在问责追责、督促整改方面还存在抓手少、力度弱等问题。实行"党政同责、同责同审"的原则，可以使这个问题得到较为可行并且稳妥的解决。实践表明，只有坚持"党政同责、同责同审"的原则，才能更好地以"人的全覆盖"为实现公共资金、国有资产、国有资源的审计监督全覆盖提供保障，也才能更好地发挥审计在党和国家监督体系中的重要作用。[1]

（二）法律规定

《关于完善审计制度若干重大问题的框架意见》：五、对领导干部履行经济责任情况实行审计全覆盖。

审计机关要依法对地方各级党委、政府、审判机关、检察机关，中央和地方各级党政工作部门、事业单位、人民团体等单位的党委（党组、党工委）和行政正职领导干部（包括主持工作1年以上的副职领导干部），国有企业法定代表人，以及实际行使相应职权的企业领导人员履行经济责任情况进行审计……

---

[1] 余效明："坚持'党政同责、同责同审'开启审计监督新篇章"，载《人民政协报》2015年12月12日，第4版。

附 录

中华人民共和国行政处罚法

（1996年3月17日第八届全国人民代表大会第四次会议通过 根据2009年8月27日第十一届全国人民代表大会常务委员会第十次会议《关于修改部分法律的决定》第一次修正 根据2017年9月1日第十二届全国人民代表大会常务委员会第二十九次会议《关于修改〈中华人民共和国法官法〉等八部法律的决定》第二次修正）

目 录

第一章 总 则
第二章 行政处罚的种类和设定
第三章 行政处罚的实施机关
第四章 行政处罚的管辖和适用
第五章 行政处罚的决定
第一节 简易程序
第二节 一般程序
第三节 听证程序
第六章 行政处罚的执行
第七章 法律责任
第八章 附 则

第一章 总 则

第一条 为了规范行政处罚的设定和实施，保障和监督行政机关有效实施行政管理，维护公共利益和社会秩序，保护公民、法人或者其他组织的合法权益，根据宪法，制定本法。

第二条 行政处罚的设定和实施，适用本法。

第三条 公民、法人或者其他组织违反行政管理秩序的行为，应当给予行政处罚的，依照本法由法律、法规或者规章规定，并由行政机关依照本法规定的程序实施。

没有法定依据或者不遵守法定程序的，行政处罚无效。

第四条 行政处罚遵循公正、公开的原则。

设定和实施行政处罚必须以事实为依据，与违法行为的事实、性质、情节以及社会危害程度相当。

对违法行为给予行政处罚的规定必须公布；未经公布的，不得作为行政处罚的依据。

第五条 实施行政处罚，纠正违法行为，应当坚持处罚与教育相结合，教育公民、法人或者其他组织自觉守法。

第六条 公民、法人或者其他组织对行政机关所给予的行政处罚，享有陈述权、申辩权；对行政处罚不服的，有权依法申请行政复议或者提起行政诉讼。

公民、法人或者其他组织因行政机关违法给予行政处罚受到损害的，有权依法提出赔偿要求。

第七条 公民、法人或者其他组织因违法受到行政处罚，其违法行为对他人造成损害的，应当依法承担民事责任。

违法行为构成犯罪，应当依法追究刑事责任，不得以行政处罚代替刑事处罚。

第二章 行政处罚的种类和设定

第八条 行政处罚的种类：

（一）警告；

（二）罚款；

（三）没收违法所得、没收非法财物；

（四）责令停产停业；

（五）暂扣或者吊销许可证、暂扣或者吊销执照；

（六）行政拘留；

（七）法律、行政法规规定的其他行政处罚。

第九条 法律可以设定各种行政处罚。

限制人身自由的行政处罚，只能由法律设定。

第十条 行政法规可以设定除限制人身自由以外的行政处罚。

法律对违法行为已经作出行政处罚规定，行政法规需要作出具体规定的，必须在法律规定的给予行政处罚的行为、种类和幅度的范围内规定。

第十一条　地方性法规可以设定除限制人身自由、吊销企业营业执照以外的行政处罚。

法律、行政法规对违法行为已经作出行政处罚规定，地方性法规需要作出具体规定的，必须在法律、行政法规规定的给予行政处罚的行为、种类和幅度的范围内规定。

第十二条　国务院部、委员会制定的规章可以在法律、行政法规规定的给予行政处罚的行为、种类和幅度的范围内作出具体规定。

尚未制定法律、行政法规的，前款规定的国务院部、委员会制定的规章对违反行政管理秩序的行为，可以设定警告或者一定数量罚款的行政处罚。罚款的限额由国务院规定。

国务院可以授权具有行政处罚权的直属机构依照本条第1款、第2款的规定，规定行政处罚。

第十三条　省、自治区、直辖市人民政府和省、自治区人民政府所在地的市人民政府以及经国务院批准的较大的市人民政府制定的规章可以在法律、法规规定的给予行政处罚的行为、种类和幅度的范围内作出具体规定。

尚未制定法律、法规的，前款规定的人民政府制定的规章对违反行政管理秩序的行为，可以设定警告或者一定数量罚款的行政处罚。罚款的限额由省、自治区、直辖市人民代表大会常务委员会规定。

第十四条　除本法第9条、第10条、第11条、第12条以及第13条的规定外，其他规范性文件不得设定行政处罚。

第三章　行政处罚的实施机关

第十五条　行政处罚由具有行政处罚权的行政机关在法定职权范围内实施。

第十六条　国务院或者经国务院授权的省、自治区、直辖市人民政府可以决定一个行政机关行使有关行政机关的行政处罚权，但限制人身自由的行政处罚权只能由公安机关行使。

第十七条　法律、法规授权的具有管理公共事务职能的组织可以在法定授权范围内实施行政处罚。

第十八条　行政机关依照法律、法规或者规章的规定，可以在其法定权限内委托符合本法第十九条规定条件的组织实施行政处罚。行政机关不得委托其他组织或者个人实施行政处罚。

委托行政机关对受委托的组织实施行政处罚的行为应当负责监督，并对该行为的后果承担法律责任。

受委托组织在委托范围内，以委托行政机关名义实施行政处罚；不得再委托其他任何组织或者个人实施行政处罚。

第十九条 受委托组织必须符合以下条件：

（一）依法成立的管理公共事务的事业组织；

（二）具有熟悉有关法律、法规、规章和业务的工作人员；

（三）对违法行为需要进行技术检查或者技术鉴定的，应当有条件组织进行相应的技术检查或者技术鉴定。

第四章 行政处罚的管辖和适用

第二十条 行政处罚由违法行为发生地的县级以上地方人民政府具有行政处罚权的行政机关管辖。法律、行政法规另有规定的除外。

第二十一条 对管辖发生争议的，报请共同的上一级行政机关指定管辖。

第二十二条 违法行为构成犯罪的，行政机关必须将案件移送司法机关，依法追究刑事责任。

第二十三条 行政机关实施行政处罚时，应当责令当事人改正或者限期改正违法行为。

第二十四条 对当事人的同一个违法行为，不得给予两次以上罚款的行政处罚。

第二十五条 不满十四周岁的人有违法行为的，不予行政处罚，责令监护人加以管教；已满十四周岁不满十八周岁的人有违法行为的，从轻或者减轻行政处罚。

第二十六条 精神病人在不能辨认或者不能控制自己行为时有违法行为的，不予行政处罚，但应当责令其监护人严加看管和治疗。间歇性精神病人在精神正常时有违法行为的，应当给予行政处罚。

第二十七条 当事人有下列情形之一的，应当依法从轻或者减轻行政处罚：

（一）主动消除或者减轻违法行为危害后果的；

（二）受他人胁迫有违法行为的；

（三）配合行政机关查处违法行为有立功表现的；

（四）其他依法从轻或者减轻行政处罚的。

违法行为轻微并及时纠正，没有造成危害后果的，不予行政处罚。

第二十八条 违法行为构成犯罪，人民法院判处拘役或者有期徒刑时，行政机关已经给予当事人行政拘留的，应当依法折抵相应刑期。

违法行为构成犯罪，人民法院判处罚金时，行政机关已经给予当事人罚款的，应当折抵相应罚金。

第二十九条 违法行为在二年内未被发现的，不再给予行政处罚。法律另有规定的除外。

前款规定的期限,从违法行为发生之日起计算;违法行为有连续或者继续状态的,从行为终了之日起计算。

第五章 行政处罚的决定

第三十条 公民、法人或者其他组织违反行政管理秩序的行为,依法应当给予行政处罚的,行政机关必须查明事实;违法事实不清的,不得给予行政处罚。

第三十一条 行政机关在作出行政处罚决定之前,应当告知当事人作出行政处罚决定的事实、理由及依据,并告知当事人依法享有的权利。

第三十二条 当事人有权进行陈述和申辩。行政机关必须充分听取当事人的意见,对当事人提出的事实、理由和证据,应当进行复核;当事人提出的事实、理由或者证据成立的,行政机关应当采纳。

行政机关不得因当事人申辩而加重处罚。

第一节 简易程序

第三十三条 违法事实确凿并有法定依据,对公民处以五十元以下、对法人或者其他组织处以一千元以下罚款或者警告的行政处罚的,可以当场作出行政处罚决定。当事人应当依照本法第四十六条、第四十七条、第四十八条的规定履行行政处罚决定。

第三十四条 执法人员当场作出行政处罚决定的,应当向当事人出示执法身份证件,填写预定格式、编有号码的行政处罚决定书。行政处罚决定书应当当场交付当事人。

前款规定的行政处罚决定书应当载明当事人的违法行为、行政处罚依据、罚款数额、时间、地点以及行政机关名称,并由执法人员签名或者盖章。

执法人员当场作出的行政处罚决定,必须报所属行政机关备案。

第三十五条 当事人对当场作出的行政处罚决定不服的,可以依法申请行政复议或者提起行政诉讼。

第二节 一般程序

第三十六条 除本法第三十三条规定的可以当场作出的行政处罚外,行政机关发现公民、法人或者其他组织有依法应当给予行政处罚的行为的,必须全面、客观、公正地调查,收集有关证据;必要时,依照法律、法规的规定,可以进行检查。

第三十七条 行政机关在调查或者进行检查时,执法人员不得少于两人,并应当向当事人或者有关人员出示证件。当事人或者有关人员应当如实回答询问,并协助调查或者检查,不得阻挠。询问或者检查应当制作笔录。

行政机关在收集证据时,可以采取抽样取证的方法;在证据可能灭失或者以后难以取得的情况下,经行政机关负责人批准,可以先行登记保存,并应当在七日内及时作出处理决定,在此期间,当事人或者有关人员不得销毁或者转移证据。

执法人员与当事人有直接利害关系的,应当回避。

第三十八条 调查终结,行政机关负责人应当对调查结果进行审查,根据不同情况,分别作出如下决定:

(一)确有应受行政处罚的违法行为的,根据情节轻重及具体情况,作出行政处罚决定;

(二)违法行为轻微,依法可以不予行政处罚的,不予行政处罚;

(三)违法事实不能成立的,不得给予行政处罚;

(四)违法行为已构成犯罪的,移送司法机关。

对情节复杂或者重大违法行为给予较重的行政处罚,行政机关的负责人应当集体讨论决定。

在行政机关负责人作出决定之前,应当由从事行政处罚决定审核的人员进行审核。行政机关中初次从事行政处罚决定审核的人员,应当通过国家统一法律职业资格考试取得法律职业资格。

第三十九条 行政机关依照本法第三十八条的规定给予行政处罚,应当制作行政处罚决定书。行政处罚决定书应当载明下列事项:

(一)当事人的姓名或者名称、地址;

(二)违反法律、法规或者规章的事实和证据;

(三)行政处罚的种类和依据;

(四)行政处罚的履行方式和期限;

(五)不服行政处罚决定,申请行政复议或者提起行政诉讼的途径和期限;

(六)作出行政处罚决定的行政机关名称和作出决定的日期。

行政处罚决定书必须盖有作出行政处罚决定的行政机关的印章。

第四十条 行政处罚决定书应当在宣告后当场交付当事人;当事人不在场的,行政机关应当在七日内依照民事诉讼法的有关规定,将行政处罚决定书送达当事人。

第四十一条 行政机关及其执法人员在作出行政处罚决定之前,不依照本法第三十一条、第三十二条的规定向当事人告知给予行政处罚的事实、理由和依据,或者拒绝听取当事人的陈述、申辩,行政处罚决定不能成立;当事人放弃陈述或者申辩权利的除外。

第三节 听证程序

第四十二条 行政机关作出责令停产停业、吊销许可证或者执照、较大数额罚款等行政处罚决定之前，应当告知当事人有要求举行听证的权利；当事人要求听证的，行政机关应当组织听证。当事人不承担行政机关组织听证的费用。听证依照以下程序组织：

（一）当事人要求听证的，应当在行政机关告知后3日内提出；

（二）行政机关应当在听证的7日前，通知当事人举行听证的时间、地点；

（三）除涉及国家秘密、商业秘密或者个人隐私外，听证公开举行；

（四）听证由行政机关指定的非本案调查人员主持；当事人认为主持人与本案有直接利害关系的，有权申请回避；

（五）当事人可以亲自参加听证，也可以委托一至二人代理；

（六）举行听证时，调查人员提出当事人违法的事实、证据和行政处罚建议；当事人进行申辩和质证；

（七）听证应当制作笔录；笔录应当交当事人审核无误后签字或者盖章。

当事人对限制人身自由的行政处罚有异议的，依照治安管理处罚法有关规定执行。

第四十三条 听证结束后，行政机关依照本法第38条的规定，作出决定。

第六章 行政处罚的执行

第四十四条 行政处罚决定依法作出后，当事人应当在行政处罚决定的期限内，予以履行。

第四十五条 当事人对行政处罚决定不服申请行政复议或者提起行政诉讼的，行政处罚不停止执行，法律另有规定的除外。

第四十六条 作出罚款决定的行政机关应当与收缴罚款的机构分离。

除依照本法第47、第48条的规定当场收缴的罚款外，作出行政处罚决定的行政机关及其执法人员不得自行收缴罚款。

当事人应当自收到行政处罚决定书之日起15日内，到指定的银行缴纳罚款。银行应当收受罚款，并将罚款直接上缴国库。

第四十七条 依照本法第33条的规定当场作出行政处罚决定，有下列情形之一的，执法人员可以当场收缴罚款：

（一）依法给予20元以下的罚款的；

（二）不当场收缴事后难以执行的。

第四十八条 在边远、水上、交通不便地区，行政机关及其执法人员依照本法

第33条、第38条的规定作出罚款决定后,当事人向指定的银行缴纳罚款确有困难,经当事人提出,行政机关及其执法人员可以当场收缴罚款。

第四十九条 行政机关及其执法人员当场收缴罚款的,必须向当事人出具省、自治区、直辖市财政部门统一制发的罚款收据;不出具财政部门统一制发的罚款收据的,当事人有权拒绝缴纳罚款。

第五十条 执法人员当场收缴的罚款,应当自收缴罚款之日起2日内,交至行政机关;在水上当场收缴的罚款,应当自抵岸之日起2日内交至行政机关;行政机关应当在2日内将罚款缴付指定的银行。

第五十一条 当事人逾期不履行行政处罚决定的,作出行政处罚决定的行政机关可以采取下列措施:

(一)到期不缴纳罚款的,每日按罚款数额的3%加处罚款;

(二)根据法律规定,将查封、扣押的财物拍卖或者将冻结的存款划拨抵缴罚款;

(三)申请人民法院强制执行。

第五十二条 当事人确有经济困难,需要延期或者分期缴纳罚款的,经当事人申请和行政机关批准,可以暂缓或者分期缴纳。

第五十三条 除依法应当予以销毁的物品外,依法没收的非法财物必须按照国家规定公开拍卖或者按照国家有关规定处理。

罚款、没收违法所得或者没收非法财物拍卖的款项,必须全部上缴国库,任何行政机关或者个人不得以任何形式截留、私分或者变相私分;财政部门不得以任何形式向作出行政处罚决定的行政机关返还罚款、没收的违法所得或者返还没收非法财物的拍卖款项。

第五十四条 行政机关应当建立健全对行政处罚的监督制度。县级以上人民政府应当加强对行政处罚的监督检查。

公民、法人或者其他组织对行政机关作出的行政处罚,有权申诉或者检举;行政机关应当认真审查,发现行政处罚有错误的,应当主动改正。

第七章 法律责任

第五十五条 行政机关实施行政处罚,有下列情形之一的,由上级行政机关或者有关部门责令改正,可以对直接负责的主管人员和其他直接责任人员依法给予行政处分:

(一)没有法定的行政处罚依据的;

(二)擅自改变行政处罚种类、幅度的;

(三)违反法定的行政处罚程序的;

(四)违反本法第 18 条关于委托处罚的规定的。

第五十六条 行政机关对当事人进行处罚不使用罚款、没收财物单据或者使用非法定部门制发的罚款、没收财物单据的,当事人有权拒绝处罚,并有权予以检举。上级行政机关或者有关部门对使用的非法单据予以收缴销毁,对直接负责的主管人员和其他直接责任人员依法给予行政处分。

第五十七条 行政机关违反本法第 46 条的规定自行收缴罚款的,财政部门违反本法第五十三条的规定向行政机关返还罚款或者拍卖款项的,由上级行政机关或者有关部门责令改正,对直接负责的主管人员和其他直接责任人员依法给予行政处分。

第五十八条 行政机关将罚款、没收的违法所得或者财物截留、私分或者变相私分的,由财政部门或者有关部门予以追缴,对直接负责的主管人员和其他直接责任人员依法给予行政处分;情节严重构成犯罪的,依法追究刑事责任。

执法人员利用职务上的便利,索取或者收受他人财物、收缴罚款据为己有,构成犯罪的,依法追究刑事责任;情节轻微不构成犯罪的,依法给予行政处分。

第五十九条 行政机关使用或者损毁扣押的财物,对当事人造成损失的,应当依法予以赔偿,对直接负责的主管人员和其他直接责任人员依法给予行政处分。

第六十条 行政机关违法实行检查措施或者执行措施,给公民人身或者财产造成损害、给法人或者其他组织造成损失的,应当依法予以赔偿,对直接负责的主管人员和其他直接责任人员依法给予行政处分;情节严重构成犯罪的,依法追究刑事责任。

第六十一条 行政机关为牟取本单位私利,对应当依法移交司法机关追究刑事责任的不移交,以行政处罚代替刑罚,由上级行政机关或者有关部门责令纠正;拒不纠正的,对直接负责的主管人员给予行政处分;徇私舞弊、包庇纵容违法行为的,依照刑法有关规定追究刑事责任。

第六十二条 执法人员玩忽职守,对应当予以制止和处罚的违法行为不予制止、处罚,致使公民、法人或者其他组织的合法权益、公共利益和社会秩序遭受损害的,对直接负责的主管人员和其他直接责任人员依法给予行政处分;情节严重构成犯罪的,依法追究刑事责任。

第八章 附 则

第六十三条 本法第 46 条罚款决定与罚款收缴分离的规定,由国务院制定具体实施办法。

第六十四条 本法自 1996 年 10 月 1 日起施行。

本法公布前制定的法规和规章关于行政处罚的规定与本法不符合的,应当自本法公布之日起,依照本法规定予以修订,在 1997 年 12 月 31 日前修订完毕。

中华人民共和国行政许可法

（2003年8月27日第十届全国人民代表大会常务委员会第四次会议通过 根据2019年4月23日第十三届全国人民代表大会常务委员会第十次会议《关于修改〈中华人民共和国建筑法〉等八部法律的决定》修正）

目 录

第一章 总 则
第二章 行政许可的设定
第三章 行政许可的实施机关
第四章 行政许可的实施程序
第一节 申请与受理
第二节 审查与决定
第三节 期 限
第四节 听 证
第五节 变更与延续
第六节 特别规定
第五章 行政许可的费用
第六章 监督检查
第七章 法律责任
第八章 附 则

第一章 总 则

第一条 为了规范行政许可的设定和实施，保护公民、法人和其他组织的合法权益，维护公共利益和社会秩序，保障和监督行政机关有效实施行政管理，根据宪法，制定本法。

第二条 本法所称行政许可，是指行政机关根据公民、法人或者其他组织的申请，经依法审查，准予其从事特定活动的行为。

第三条 行政许可的设定和实施，适用本法。

有关行政机关对其他机关或者对其直接管理的事业单位的人事、财务、外事等事项的审批，不适用本法。

第四条 设定和实施行政许可，应当依照法定的权限、范围、条件和程序。

第五条 设定和实施行政许可，应当遵循公开、公平、公正、非歧视的原则。

有关行政许可的规定应当公布；未经公布的，不得作为实施行政许可的依据。行政许可的实施和结果，除涉及国家秘密、商业秘密或者个人隐私的外，应当公开。未经申请人同意，行政机关及其工作人员、参与专家评审等的人员不得披露申请人提交的商业秘密、未披露信息或者保密商务信息，法律另有规定或者涉及国家安全、重大社会公共利益的除外；行政机关依法公开申请人前述信息的，允许申请人在合理期限内提出异议。

符合法定条件、标准的，申请人有依法取得行政许可的平等权利，行政机关不得歧视任何人。

第六条 实施行政许可，应当遵循便民的原则，提高办事效率，提供优质服务。

第七条 公民、法人或者其他组织对行政机关实施行政许可，享有陈述权、申辩权；有权依法申请行政复议或者提起行政诉讼；其合法权益因行政机关违法实施行政许可受到损害的，有权依法要求赔偿。

第八条 公民、法人或者其他组织依法取得的行政许可受法律保护，行政机关不得擅自改变已经生效的行政许可。

行政许可所依据的法律、法规、规章修改或者废止，或者准予行政许可所依据的客观情况发生重大变化的，为了公共利益的需要，行政机关可以依法变更或者撤回已经生效的行政许可。由此给公民、法人或者其他组织造成财产损失的，行政机关应当依法给予补偿。

第九条 依法取得的行政许可，除法律、法规规定依照法定条件和程序可以转让的外，不得转让。

第十条 县级以上人民政府应当建立健全对行政机关实施行政许可的监督制度，加强对行政机关实施行政许可的监督检查。

行政机关应当对公民、法人或者其他组织从事行政许可事项的活动实施有效监督。

第二章 行政许可的设定

第十一条 设定行政许可，应当遵循经济和社会发展规律，有利于发挥公民、法人或者其他组织的积极性、主动性，维护公共利益和社会秩序，促进经济、社会和生态环境协调发展。

第十二条 下列事项可以设定行政许可：

（一）直接涉及国家安全、公共安全、经济宏观调控、生态环境保护以及直接关系人身健康、生命财产安全等特定活动，需要按照法定条件予以批准的事项；

（二）有限自然资源开发利用、公共资源配置以及直接关系公共利益的特定行业的市场准入等，需要赋予特定权利的事项；

（三）提供公众服务并且直接关系公共利益的职业、行业，需要确定具备特殊信誉、特殊条件或者特殊技能等资格、资质的事项；

（四）直接关系公共安全、人身健康、生命财产安全的重要设备、设施、产品、物品，需要按照技术标准、技术规范，通过检验、检测、检疫等方式进行审定的事项；

（五）企业或者其他组织的设立等，需要确定主体资格的事项；

（六）法律、行政法规规定可以设定行政许可的其他事项。

第十三条 本法第十二条所列事项，通过下列方式能够予以规范的，可以不设行政许可：

（一）公民、法人或者其他组织能够自主决定的；

（二）市场竞争机制能够有效调节的；

（三）行业组织或者中介机构能够自律管理的；

（四）行政机关采用事后监督等其他行政管理方式能够解决的。

第十四条 本法第12条所列事项，法律可以设定行政许可。尚未制定法律的，行政法规可以设定行政许可。

必要时，国务院可以采用发布决定的方式设定行政许可。实施后，除临时性行政许可事项外，国务院应当及时提请全国人民代表大会及其常务委员会制定法律，或者自行制定行政法规。

第十五条 本法第十二条所列事项，尚未制定法律、行政法规的，地方性法规可以设定行政许可；尚未制定法律、行政法规和地方性法规的，因行政管理的需要，确需立即实施行政许可的，省、自治区、直辖市人民政府规章可以设定临时性的行政许可。临时性的行政许可实施满一年需要继续实施的，应当提请本级人民代表大会及其常务委员会制定地方性法规。

地方性法规和省、自治区、直辖市人民政府规章，不得设定应当由国家统一确定的公民、法人或者其他组织的资格、资质的行政许可；不得设定企业或者其他组织的设立登记及其前置性行政许可。其设定的行政许可，不得限制其他地区的个人或者企业到本地区从事生产经营和提供服务，不得限制其他地区的商品进入本地区市场。

第十六条 行政法规可以在法律设定的行政许可事项范围内，对实施该行政许可作出具体规定。

地方性法规可以在法律、行政法规设定的行政许可事项范围内，对实施该行政许可作出具体规定。

规章可以在上位法设定的行政许可事项范围内，对实施该行政许可作出具体规定。

　　法规、规章对实施上位法设定的行政许可作出的具体规定，不得增设行政许可；对行政许可条件作出的具体规定，不得增设违反上位法的其他条件。

　　第十七条　除本法第十四条、第十五条规定的外，其他规范性文件一律不得设定行政许可。

　　第十八条　设定行政许可，应当规定行政许可的实施机关、条件、程序、期限。

　　第十九条　起草法律草案、法规草案和省、自治区、直辖市人民政府规章草案，拟设定行政许可的，起草单位应当采取听证会、论证会等形式听取意见，并向制定机关说明设定该行政许可的必要性、对经济和社会可能产生的影响以及听取和采纳意见的情况。

　　第二十条　行政许可的设定机关应当定期对其设定的行政许可进行评价；对已设定的行政许可，认为通过本法第13条所列方式能够解决的，应当对设定该行政许可的规定及时予以修改或者废止。

　　行政许可的实施机关可以对已设定的行政许可的实施情况及存在的必要性适时进行评价，并将意见报告该行政许可的设定机关。

　　公民、法人或者其他组织可以向行政许可的设定机关和实施机关就行政许可的设定和实施提出意见和建议。

　　第二十一条　省、自治区、直辖市人民政府对行政法规设定的有关经济事务的行政许可，根据本行政区域经济和社会发展情况，认为通过本法第13条所列方式能够解决的，报国务院批准后，可以在本行政区域内停止实施该行政许可。

第三章　行政许可的实施机关

　　第二十二条　行政许可由具有行政许可权的行政机关在其法定职权范围内实施。

　　第二十三条　法律、法规授权的具有管理公共事务职能的组织，在法定授权范围内，以自己的名义实施行政许可。被授权的组织适用本法有关行政机关的规定。

　　第二十四条　行政机关在其法定职权范围内，依照法律、法规、规章的规定，可以委托其他行政机关实施行政许可。委托机关应当将受委托行政机关和受委托实施行政许可的内容予以公告。

　　委托行政机关对受委托行政机关实施行政许可的行为应当负责监督，并对该行为的后果承担法律责任。

　　受委托行政机关在委托范围内，以委托行政机关名义实施行政许可；不得再委托其他组织或者个人实施行政许可。

　　第二十五条　经国务院批准，省、自治区、直辖市人民政府根据精简、统一、效能的原则，可以决定一个行政机关行使有关行政机关的行政许可权。

第二十六条 行政许可需要行政机关内设的多个机构办理的,该行政机关应当确定一个机构统一受理行政许可申请,统一送达行政许可决定。

行政许可依法由地方人民政府两个以上部门分别实施的,本级人民政府可以确定一个部门受理行政许可申请并转告有关部门分别提出意见后统一办理,或者组织有关部门联合办理、集中办理。

第二十七条 行政机关实施行政许可,不得向申请人提出购买指定商品、接受有偿服务等不正当要求。

行政机关工作人员办理行政许可,不得索取或者收受申请人的财物,不得谋取其他利益。

第二十八条 对直接关系公共安全、人身健康、生命财产安全的设备、设施、产品、物品的检验、检测、检疫,除法律、行政法规规定由行政机关实施的外,应当逐步由符合法定条件的专业技术组织实施。专业技术组织及其有关人员对所实施的检验、检测、检疫结论承担法律责任。

第四章 行政许可的实施程序

第一节 申请与受理

第二十九条 公民、法人或者其他组织从事特定活动,依法需要取得行政许可的,应当向行政机关提出申请。申请书需要采用格式文本的,行政机关应当向申请人提供行政许可申请书格式文本。申请书格式文本中不得包含与申请行政许可事项没有直接关系的内容。

申请人可以委托代理人提出行政许可申请。但是,依法应当由申请人到行政机关办公场所提出行政许可申请的除外。

行政许可申请可以通过信函、电报、电传、传真、电子数据交换和电子邮件等方式提出。

第三十条 行政机关应当将法律、法规、规章规定的有关行政许可的事项、依据、条件、数量、程序、期限以及需要提交的全部材料的目录和申请书示范文本等在办公场所公示。

申请人要求行政机关对公示内容予以说明、解释的,行政机关应当说明、解释,提供准确、可靠的信息。

第三十一条 申请人申请行政许可,应当如实向行政机关提交有关材料和反映真实情况,并对其申请材料实质内容的真实性负责。行政机关不得要求申请人提交与其申请的行政许可事项无关的技术资料和其他材料。

行政机关及其工作人员不得以转让技术作为取得行政许可的条件;不得在实施

行政许可的过程中，直接或者间接地要求转让技术。

第三十二条 行政机关对申请人提出的行政许可申请，应当根据下列情况分别作出处理：

（一）申请事项依法不需要取得行政许可的，应当即时告知申请人不受理；

（二）申请事项依法不属于本行政机关职权范围的，应当即时作出不予受理的决定，并告知申请人向有关行政机关申请；

（三）申请材料存在可以当场更正的错误的，应当允许申请人当场更正；

（四）申请材料不齐全或者不符合法定形式的，应当当场或者在五日内一次告知申请人需要补正的全部内容，逾期不告知的，自收到申请材料之日起即为受理；

（五）申请事项属于本行政机关职权范围，申请材料齐全、符合法定形式，或者申请人按照本行政机关的要求提交全部补正申请材料的，应当受理行政许可申请。

行政机关受理或者不予受理行政许可申请，应当出具加盖本行政机关专用印章和注明日期的书面凭证。

第三十三条 行政机关应当建立和完善有关制度，推行电子政务，在行政机关的网站上公布行政许可事项，方便申请人采取数据电文等方式提出行政许可申请；应当与其他行政机关共享有关行政许可信息，提高办事效率。

第二节　审查与决定

第三十四条 行政机关应当对申请人提交的申请材料进行审查。

申请人提交的申请材料齐全、符合法定形式，行政机关能够当场作出决定的，应当当场作出书面的行政许可决定。

根据法定条件和程序，需要对申请材料的实质内容进行核实的，行政机关应当指派两名以上工作人员进行核查。

第三十五条 依法应当先经下级行政机关审查后报上级行政机关决定的行政许可，下级行政机关应当在法定期限内将初步审查意见和全部申请材料直接报送上级行政机关。上级行政机关不得要求申请人重复提供申请材料。

第三十六条 行政机关对行政许可申请进行审查时，发现行政许可事项直接关系他人重大利益的，应当告知该利害关系人。申请人、利害关系人有权进行陈述和申辩。行政机关应当听取申请人、利害关系人的意见。

第三十七条 行政机关对行政许可申请进行审查后，除当场作出行政许可决定的外，应当在法定期限内按照规定程序作出行政许可决定。

第三十八条 申请人的申请符合法定条件、标准的，行政机关应当依法作出准予行政许可的书面决定。

行政机关依法作出不予行政许可的书面决定的，应当说明理由，并告知申请人享有依法申请行政复议或者提起行政诉讼的权利。

第三十九条 行政机关作出准予行政许可的决定，需要颁发行政许可证件的，应当向申请人颁发加盖本行政机关印章的下列行政许可证件：

（一）许可证、执照或者其他许可证书；

（二）资格证、资质证或者其他合格证书；

（三）行政机关的批准文件或者证明文件；

（四）法律、法规规定的其他行政许可证件。

行政机关实施检验、检测、检疫的，可以在检验、检测、检疫合格的设备、设施、产品、物品上加贴标签或者加盖检验、检测、检疫印章。

第四十条 行政机关作出的准予行政许可决定，应当予以公开，公众有权查阅。

第四十一条 法律、行政法规设定的行政许可，其适用范围没有地域限制的，申请人取得的行政许可在全国范围内有效。

第三节 期　限

第四十二条 除可以当场作出行政许可决定的外，行政机关应当自受理行政许可申请之日起二十日内作出行政许可决定。二十日内不能作出决定的，经本行政机关负责人批准，可以延长十日，并应当将延长期限的理由告知申请人。但是，法律、法规另有规定的，依照其规定。

依照本法第二十六条的规定，行政许可采取统一办理或者联合办理、集中办理的，办理的时间不得超过四十五日；四十五日内不能办结的，经本级人民政府负责人批准，可以延长十五日，并应当将延长期限的理由告知申请人。

第四十三条 依法应当先经下级行政机关审查后报上级行政机关决定的行政许可，下级行政机关应当自其受理行政许可申请之日起20日内审查完毕。但是，法律、法规另有规定的，依照其规定。

第四十四条 行政机关作出准予行政许可的决定，应当自作出决定之日起十日内向申请人颁发、送达行政许可证件，或者加贴标签、加盖检验、检测、检疫印章。

第四十五条 行政机关作出行政许可决定，依法需要听证、招标、拍卖、检验、检测、检疫、鉴定和专家评审的，所需时间不计算在本节规定的期限内。行政机关应当将所需时间书面告知申请人。

第四节 听　证

第四十六条 法律、法规、规章规定实施行政许可应当听证的事项，或者行政机关认为需要听证的其他涉及公共利益的重大行政许可事项，行政机关应当向社会公告，并举行听证。

第四十七条 行政许可直接涉及申请人与他人之间重大利益关系的，行政机关在作出行政许可决定前，应当告知申请人、利害关系人享有要求听证的权利；申请人、利害关系人在被告知听证权利之日起5日内提出听证申请的，行政机关应当在二十日内组织听证。

申请人、利害关系人不承担行政机关组织听证的费用。

第四十八条 听证按照下列程序进行：

（一）行政机关应当于举行听证的7日前将举行听证的时间、地点通知申请人、利害关系人，必要时予以公告；

（二）听证应当公开举行；

（三）行政机关应当指定审查该行政许可申请的工作人员以外的人员为听证主持人，申请人、利害关系人认为主持人与该行政许可事项有直接利害关系的，有权申请回避；

（四）举行听证时，审查该行政许可申请的工作人员应当提供审查意见的证据、理由，申请人、利害关系人可以提出证据，并进行申辩和质证；

（五）听证应当制作笔录，听证笔录应当交听证参加人确认无误后签字或者盖章。

行政机关应当根据听证笔录，作出行政许可决定。

第五节 变更与延续

第四十九条 被许可人要求变更行政许可事项的，应当向作出行政许可决定的行政机关提出申请；符合法定条件、标准的，行政机关应当依法办理变更手续。

第五十条 被许可人需要延续依法取得的行政许可的有效期的，应当在该行政许可有效期届满30日前向作出行政许可决定的行政机关提出申请。但是，法律、法规、规章另有规定的，依照其规定。

行政机关应当根据被许可人的申请，在该行政许可有效期届满前作出是否准予延续的决定；逾期未作决定的，视为准予延续。

第六节 特别规定

第五十一条 实施行政许可的程序，本节有规定的，适用本节规定；本节没有规定的，适用本章其他有关规定。

第五十二条 国务院实施行政许可的程序，适用有关法律、行政法规的规定。

第五十三条 实施本法第12条第2项所列事项的行政许可的，行政机关应当通过招标、拍卖等公平竞争的方式作出决定。但是，法律、行政法规另有规定的，依照其规定。

行政机关通过招标、拍卖等方式作出行政许可决定的具体程序，依照有关法律、行政法规的规定。

行政机关按照招标、拍卖程序确定中标人、买受人后，应当作出准予行政许可的决定，并依法向中标人、买受人颁发行政许可证件。

行政机关违反本条规定，不采用招标、拍卖方式，或者违反招标、拍卖程序，损害申请人合法权益的，申请人可以依法申请行政复议或者提起行政诉讼。

第五十四条 实施本法第12条第3项所列事项的行政许可，赋予公民特定资格，依法应当举行国家考试的，行政机关根据考试成绩和其他法定条件作出行政许可决定；赋予法人或者其他组织特定的资格、资质的，行政机关根据申请人的专业人员构成、技术条件、经营业绩和管理水平等的考核结果作出行政许可决定。但是，法律、行政法规另有规定的，依照其规定。

公民特定资格的考试依法由行政机关或者行业组织实施，公开举行。行政机关或者行业组织应当事先公布资格考试的报名条件、报考办法、考试科目以及考试大纲。但是，不得组织强制性的资格考试的考前培训，不得指定教材或者其他助考材料。

第五十五条 实施本法第12条第4项所列事项的行政许可的，应当按照技术标准、技术规范依法进行检验、检测、检疫，行政机关根据检验、检测、检疫的结果作出行政许可决定。

行政机关实施检验、检测、检疫，应当自受理申请之日起5日内指派两名以上工作人员按照技术标准、技术规范进行检验、检测、检疫。不需要对检验、检测、检疫结果作进一步技术分析即可认定设备、设施、产品、物品是否符合技术标准、技术规范的，行政机关应当当场作出行政许可决定。

行政机关根据检验、检测、检疫结果，作出不予行政许可决定的，应当书面说明不予行政许可所依据的技术标准、技术规范。

第五十六条 实施本法第12条第5项所列事项的行政许可，申请人提交的申请材料齐全、符合法定形式的，行政机关应当当场予以登记。需要对申请材料的实质内容进行核实的，行政机关依照本法第34条第3款的规定办理。

第五十七条 有数量限制的行政许可，两个或者两个以上申请人的申请均符合法定条件、标准的，行政机关应当根据受理行政许可申请的先后顺序作出准予行政许可的决定。但是，法律、行政法规另有规定的，依照其规定。

第五章 行政许可的费用

第五十八条 行政机关实施行政许可和对行政许可事项进行监督检查，不得收取任何费用。但是，法律、行政法规另有规定的，依照其规定。

行政机关提供行政许可申请书格式文本，不得收费。

行政机关实施行政许可所需经费应当列入本行政机关的预算，由本级财政予以保障，按照批准的预算予以核拨。

第五十九条 行政机关实施行政许可，依照法律、行政法规收取费用的，应当按照公布的法定项目和标准收费；所收取的费用必须全部上缴国库，任何机关或者个人不得以任何形式截留、挪用、私分或者变相私分。财政部门不得以任何形式向行政机关返还或者变相返还实施行政许可所收取的费用。

第六章 监督检查

第六十条 上级行政机关应当加强对下级行政机关实施行政许可的监督检查，及时纠正行政许可实施中的违法行为。

第六十一条 行政机关应当建立健全监督制度，通过核查反映被许可人从事行政许可事项活动情况的有关材料，履行监督责任。

行政机关依法对被许可人从事行政许可事项的活动进行监督检查时，应当将监督检查的情况和处理结果予以记录，由监督检查人员签字后归档。公众有权查阅行政机关监督检查记录。

行政机关应当创造条件，实现与被许可人、其他有关行政机关的计算机档案系统互联，核查被许可人从事行政许可事项活动情况。

第六十二条 行政机关可以对被许可人生产经营的产品依法进行抽样检查、检验、检测，对其生产经营场所依法进行实地检查。检查时，行政机关可以依法查阅或者要求被许可人报送有关材料；被许可人应当如实提供有关情况和材料。

行政机关根据法律、行政法规的规定，对直接关系公共安全、人身健康、生命财产安全的重要设备、设施进行定期检验。对检验合格的，行政机关应当发给相应的证明文件。

第六十三条 行政机关实施监督检查，不得妨碍被许可人正常的生产经营活动，不得索取或收受被许可人的财物，不得谋取其他利益。

第六十四条 被许可人在作出行政许可决定的行政机关管辖区域外违法从事行政许可事项活动的，违法行为发生地的行政机关应当依法将被许可人的违法事实、处理结果抄告作出行政许可决定的行政机关。

第六十五条 个人和组织发现违法从事行政许可事项的活动，有权向行政机关举报，行政机关应当及时核实、处理。

第六十六条 被许可人未依法履行开发利用自然资源义务或者未依法履行利用公共资源义务的，行政机关应当责令限期改正；被许可人在规定期限内不改正的，行政机关应当依照有关法律、行政法规的规定予以处理。

第六十七条 取得直接关系公共利益的特定行业的市场准入行政许可的被许可人，应当按照国家规定的服务标准、资费标准和行政机关依法规定的条件，向用户提供安全、方便、稳定和价格合理的服务，并履行普遍服务的义务；未经作出行政许可决定的行政机关批准，不得擅自停业、歇业。

被许可人不履行前款规定的义务的，行政机关应当责令限期改正，或者依法采取有效措施督促其履行义务。

第六十八条 对直接关系公共安全、人身健康、生命财产安全的重要设备、设施，行政机关应当督促设计、建造、安装和使用单位建立相应的自检制度。

行政机关在监督检查时，发现直接关系公共安全、人身健康、生命财产安全的重要设备、设施存在安全隐患的，应当责令停止建造、安装和使用，并责令设计、建造、安装和使用单位立即改正。

第六十九条 有下列情形之一的，作出行政许可决定的行政机关或者其上级行政机关，根据利害关系人的请求或者依据职权，可以撤销行政许可：

（一）行政机关工作人员滥用职权、玩忽职守作出准予行政许可决定的；

（二）超越法定职权作出准予行政许可决定的；

（三）违反法定程序作出准予行政许可决定的；

（四）对不具备申请资格或者不符合法定条件的申请人准予行政许可的；

（五）依法可以撤销行政许可的其他情形。

被许可人以欺骗、贿赂等不正当手段取得行政许可的，应当予以撤销。

依照前两款的规定撤销行政许可，可能对公共利益造成重大损害的，不予撤销。

依照本条第一款的规定撤销行政许可，被许可人的合法权益受到损害的，行政机关应当依法给予赔偿。依照本条第2款的规定撤销行政许可的，被许可人基于行政许可取得的利益不受保护。

第七十条 有下列情形之一的，行政机关应当依法办理有关行政许可的注销手续：

（一）行政许可有效期届满未延续的；

（二）赋予公民特定资格的行政许可，该公民死亡或者丧失行为能力的；

（三）法人或者其他组织依法终止的；

（四）行政许可依法被撤销、撤回，或者行政许可证件依法被吊销的；

（五）因不可抗力导致行政许可事项无法实施的；

（六）法律、法规规定的应当注销行政许可的其他情形。

第七章　法律责任

第七十一条 违反本法第十七条规定设定的行政许可，有关机关应当责令设定该行政许可的机关改正，或者依法予以撤销。

第七十二条　行政机关及其工作人员违反本法的规定，有下列情形之一的，由其上级行政机关或者监察机关责令改正；情节严重的，对直接负责的主管人员和其他直接责任人员依法给予行政处分：

（一）对符合法定条件的行政许可申请不予受理的；

（二）不在办公场所公示依法应当公示的材料的；

（三）在受理、审查、决定行政许可过程中，未向申请人、利害关系人履行法定告知义务的；

（四）申请人提交的申请材料不齐全、不符合法定形式，不一次告知申请人必须补正的全部内容的；

（五）违法披露申请人提交的商业秘密、未披露信息或者保密商务信息的；

（六）以转让技术作为取得行政许可的条件，或者在实施行政许可的过程中直接或者间接地要求转让技术的；

（七）未依法说明不受理行政许可申请或者不予行政许可的理由的；

（八）依法应当举行听证而不举行听证的。

第七十三条　行政机关工作人员办理行政许可、实施监督检查，索取或者收受他人财物或者谋取其他利益，构成犯罪的，依法追究刑事责任；尚不构成犯罪的，依法给予行政处分。

第七十四条　行政机关实施行政许可，有下列情形之一的，由其上级行政机关或者监察机关责令改正，对直接负责的主管人员和其他直接责任人员依法给予行政处分；构成犯罪的，依法追究刑事责任：

（一）对不符合法定条件的申请人准予行政许可或者超越法定职权作出准予行政许可决定的；

（二）对符合法定条件的申请人不予行政许可或者不在法定期限内作出准予行政许可决定的；

（三）依法应当根据招标、拍卖结果或者考试成绩择优作出准予行政许可决定，未经招标、拍卖或者考试，或者不根据招标、拍卖结果或者考试成绩择优作出准予行政许可决定的。

第七十五条　行政机关实施行政许可，擅自收费或者不按照法定项目和标准收费的，由其上级行政机关或者监察机关责令退还非法收取的费用；对直接负责的主管人员和其他直接责任人员依法给予行政处分。

截留、挪用、私分或者变相私分实施行政许可依法收取的费用的，予以追缴；对直接负责的主管人员和其他直接责任人员依法给予行政处分；构成犯罪的，依法追究刑事责任。

第七十六条　行政机关违法实施行政许可，给当事人的合法权益造成损害的，应当依照国家赔偿法的规定给予赔偿。

第七十七条　行政机关不依法履行监督职责或者监督不力，造成严重后果的，由其上级行政机关或者监察机关责令改正，对直接负责的主管人员和其他直接责任人员依法给予行政处分；构成犯罪的，依法追究刑事责任。

第七十八条　行政许可申请人隐瞒有关情况或者提供虚假材料申请行政许可的，行政机关不予受理或者不予行政许可，并给予警告；行政许可申请属于直接关系公共安全、人身健康、生命财产安全事项的，申请人在一年内不得再次申请该行政许可。

第七十九条　被许可人以欺骗、贿赂等不正当手段取得行政许可的，行政机关应当依法给予行政处罚；取得的行政许可属于直接关系公共安全、人身健康、生命财产安全事项的，申请人在三年内不得再次申请该行政许可；构成犯罪的，依法追究刑事责任。

第八十条　被许可人有下列行为之一的，行政机关应当依法给予行政处罚；构成犯罪的，依法追究刑事责任：

（一）涂改、倒卖、出租、出借行政许可证件，或者以其他形式非法转让行政许可的；

（二）超越行政许可范围进行活动的；

（三）向负责监督检查的行政机关隐瞒有关情况、提供虚假材料或者拒绝提供反映其活动情况的真实材料的；

（四）法律、法规、规章规定的其他违法行为。

第八十一条　公民、法人或者其他组织未经行政许可，擅自从事依法应当取得行政许可的活动的，行政机关应当依法采取措施予以制止，并依法给予行政处罚；构成犯罪的，依法追究刑事责任。

第八章　附　则

第八十二条　本法规定的行政机关实施行政许可的期限以工作日计算，不含法定节假日。

第八十三条　本法自2004年7月1日起施行。

本法施行前有关行政许可的规定，制定机关应当依照本法规定予以清理；不符合本法规定的，自本法施行之日起停止执行。

中华人民共和国行政强制法

(2011年6月30日第十一届全国人民代表大会常务委员会第二十一次会议通过)

目 录

第一章 总 则
第二章 行政强制的种类和设定
第三章 行政强制措施实施程序
第一节 一般规定
第二节 查封、扣押
第三节 冻结
第四章 行政机关强制执行程序
第一节 一般规定
第二节 金钱给付义务的执行
第三节 代履行
第五章 申请人民法院强制执行
第六章 法律责任
第七章 附 则

第一章 总 则

第一条 为了规范行政强制的设定和实施，保障和监督行政机关依法履行职责，维护公共利益和社会秩序，保护公民、法人和其他组织的合法权益，根据宪法，制定本法。

第二条 本法所称行政强制，包括行政强制措施和行政强制执行。

行政强制措施，是指行政机关在行政管理过程中，为制止违法行为、防止证据损毁、避免危害发生、控制危险扩大等情形，依法对公民的人身自由实施暂时性限制，或者对公民、法人或者其他组织的财物实施暂时性控制的行为。

行政强制执行，是指行政机关或者行政机关申请人民法院，对不履行行政决定的公民、法人或者其他组织，依法强制履行义务的行为。

第三条 行政强制的设定和实施，适用本法。

发生或者即将发生自然灾害、事故灾难、公共卫生事件或者社会安全事件等突发事件，行政机关采取应急措施或者临时措施，依照有关法律、行政法规的规定执行。

行政机关采取金融业审慎监管措施、进出境货物强制性技术监控措施，依照有关法律、行政法规的规定执行。

第四条 行政强制的设定和实施，应当依照法定的权限、范围、条件和程序。

第五条 行政强制的设定和实施，应当适当。采用非强制手段可以达到行政管理目的的，不得设定和实施行政强制。

第六条 实施行政强制，应当坚持教育与强制相结合。

第七条 行政机关及其工作人员不得利用行政强制权为单位或者个人谋取利益。

第八条 公民、法人或者其他组织对行政机关实施行政强制，享有陈述权、申辩权；有权依法申请行政复议或者提起行政诉讼；因行政机关违法实施行政强制受到损害的，有权依法要求赔偿。

公民、法人或者其他组织因人民法院在强制执行中有违法行为或者扩大强制执行范围受到损害的，有权依法要求赔偿。

第二章　行政强制的种类和设定

第九条 行政强制措施的种类：

（一）限制公民人身自由；

（二）查封场所、设施或者财物；

（三）扣押财物；

（四）冻结存款、汇款；

（五）其他行政强制措施。

第十条 行政强制措施由法律设定。

尚未制定法律，且属于国务院行政管理职权事项的，行政法规可以设定除本法第九条第一项、第四项和应当由法律规定的行政强制措施以外的其他行政强制措施。

尚未制定法律、行政法规，且属于地方性事务的，地方性法规可以设定本法第九条第二项、第三项的行政强制措施。

法律、法规以外的其他行政规范性文件不得设定行政强制措施。

第十一条 法律对行政强制措施的对象、条件、种类作了规定的，行政法规、地方性法规不得作出扩大规定。

法律中未设定行政强制措施的，行政法规、地方性法规不得设定行政强制措施。但是，法律规定特定事项由行政法规规定具体管理措施的，行政法规可以设定除本法第九条第一项、第四项和应当由法律规定的行政强制措施以外的其他行政强制措施。

第十二条 行政强制执行的方式：

(一)加处罚款或者滞纳金;
(二)划拨存款、汇款;
(三)拍卖或者依法处理查封、扣押的场所、设施或者财物;
(四)排除妨碍、恢复原状;
(五)代履行;
(六)其他强制执行方式。

第十三条 行政强制执行由法律设定。

法律没有规定行政机关强制执行的,作出行政决定的行政机关应当申请人民法院强制执行。

第十四条 起草法律草案、法规草案,拟设定行政强制的,起草单位应当采取听证会、论证会等形式听取意见,并向制定机关说明设定该行政强制的必要性、可能产生的影响以及听取和采纳意见的情况。

第十五条 行政强制的设定机关应当定期对其设定的行政强制进行评价,并对不适当的行政强制及时予以修改或者废止。

行政强制的实施机关可以对已设定的行政强制的实施情况及存在的必要性适时进行评价,并将意见报告该行政强制的设定机关。

公民、法人或者其他组织可以向行政强制的设定机关和实施机关就行政强制的设定和实施提出意见和建议。有关机关应当认真研究论证,并以适当方式予以反馈。

第三章 行政强制措施实施程序

第一节 一般规定

第十六条 行政机关履行行政管理职责,依照法律、法规的规定,实施行政强制措施。

违法行为情节显著轻微或者没有明显社会危害的,可以不采取行政强制措施。

第十七条 行政强制措施由法律、法规规定的行政机关在法定职权范围内实施。行政强制措施权不得委托。

依据《中华人民共和国行政处罚法》的规定行使相对集中行政处罚权的行政机关,可以实施法律、法规规定的与行政处罚权有关的行政强制措施。

行政强制措施应当由行政机关具备资格的行政执法人员实施,其他人员不得实施。

第十八条 行政机关实施行政强制措施应当遵守下列规定:
(一)实施前须向行政机关负责人报告并经批准;
(二)由2名以上行政执法人员实施;

（三）出示执法身份证件；

（四）通知当事人到场；

（五）当场告知当事人采取行政强制措施的理由、依据以及当事人依法享有的权利、救济途径；

（六）听取当事人的陈述和申辩；

（七）制作现场笔录；

（八）现场笔录由当事人和行政执法人员签名或者盖章，当事人拒绝的，在笔录中予以注明；

（九）当事人不到场的，邀请见证人到场，由见证人和行政执法人员在现场笔录上签名或者盖章；

（十）法律、法规规定的其他程序。

第十九条 情况紧急，需要当场实施行政强制措施的，行政执法人员应当在24小时内向行政机关负责人报告，并补办批准手续。行政机关负责人认为不应当采取行政强制措施的，应当立即解除。

第二十条 依照法律规定实施限制公民人身自由的行政强制措施，除应当履行本法第18条规定的程序外，还应当遵守下列规定：

（一）当场告知或者实施行政强制措施后立即通知当事人家属实施行政强制措施的行政机关、地点和期限；

（二）在紧急情况下当场实施行政强制措施的，在返回行政机关后，立即向行政机关负责人报告并补办批准手续；

（三）法律规定的其他程序。

实施限制人身自由的行政强制措施不得超过法定期限。实施行政强制措施的目的已经达到或者条件已经消失，应当立即解除。

第二十一条 违法行为涉嫌犯罪应当移送司法机关的，行政机关应当将查封、扣押、冻结的财物一并移送，并书面告知当事人。

第二节 查封、扣押

第二十二条 查封、扣押应当由法律、法规规定的行政机关实施，其他任何行政机关或者组织不得实施。

第二十三条 查封、扣押限于涉案的场所、设施或者财物，不得查封、扣押与违法行为无关的场所、设施或者财物；不得查封、扣押公民个人及其所扶养家属的生活必需品。

当事人的场所、设施或者财物已被其他国家机关依法查封的，不得重复查封。

第二十四条 行政机关决定实施查封、扣押的，应当履行本法第十八条规定的程序，制作并当场交付查封、扣押决定书和清单。

查封、扣押决定书应当载明下列事项：

（一）当事人的姓名或者名称、地址；

（二）查封、扣押的理由、依据和期限；

（三）查封、扣押场所、设施或者财物的名称、数量等；

（四）申请行政复议或者提起行政诉讼的途径和期限；

（五）行政机关的名称、印章和日期。

查封、扣押清单一式二份，由当事人和行政机关分别保存。

第二十五条 查封、扣押的期限不得超过 30 日；情况复杂的，经行政机关负责人批准，可以延长，但是延长期限不得超过 30 日。法律、行政法规另有规定的除外。

延长查封、扣押的决定应当及时书面告知当事人，并说明理由。

对物品需要进行检测、检验、检疫或者技术鉴定的，查封、扣押的期间不包括检测、检验、检疫或者技术鉴定的期间。检测、检验、检疫或者技术鉴定的期间应当明确，并书面告知当事人。检测、检验、检疫或者技术鉴定的费用由行政机关承担。

第二十六条 对查封、扣押的场所、设施或者财物，行政机关应当妥善保管，不得使用或者损毁；造成损失的，应当承担赔偿责任。

对查封的场所、设施或者财物，行政机关可以委托第三人保管，第三人不得损毁或者擅自转移、处置。因第三人的原因造成的损失，行政机关先行赔付后，有权向第三人追偿。

因查封、扣押发生的保管费用由行政机关承担。

第二十七条 行政机关采取查封、扣押措施后，应当及时查清事实，在本法第 25 条规定的期限内作出处理决定。对违法事实清楚，依法应当没收的非法财物予以没收；法律、行政法规规定应当销毁的，依法销毁；应当解除查封、扣押的，作出解除查封、扣押的决定。

第二十八条 有下列情形之一的，行政机关应当及时作出解除查封、扣押决定：

（一）当事人没有违法行为；

（二）查封、扣押的场所、设施或者财物与违法行为无关；

（三）行政机关对违法行为已经作出处理决定，不再需要查封、扣押；

（四）查封、扣押期限已经届满；

（五）其他不再需要采取查封、扣押措施的情形。

解除查封、扣押应当立即退还财物；已将鲜活物品或者其他不易保管的财物拍卖或者变卖的，退还拍卖或者变卖所得款项。变卖价格明显低于市场价格，给当事人造成损失的，应当给予补偿。

第三节 冻 结

第二十九条 冻结存款、汇款应当由法律规定的行政机关实施,不得委托给其他行政机关或者组织;其他任何行政机关或者组织不得冻结存款、汇款。

冻结存款、汇款的数额应当与违法行为涉及的金额相当;已被其他国家机关依法冻结的,不得重复冻结。

第三十条 行政机关依照法律规定决定实施冻结存款、汇款的,应当履行本法第 18 条第 1 项、第 2 项、第 3 项、第 7 项规定的程序,并向金融机构交付冻结通知书。

金融机构接到行政机关依法作出的冻结通知书后,应当立即予以冻结,不得拖延,不得在冻结前向当事人泄露信息。

法律规定以外的行政机关或者组织要求冻结当事人存款、汇款的,金融机构应当拒绝。

第三十一条 依照法律规定冻结存款、汇款的,作出决定的行政机关应当在 3 日内向当事人交付冻结决定书。冻结决定书应当载明下列事项:

(一)当事人的姓名或者名称、地址;

(二)冻结的理由、依据和期限;

(三)冻结的账号和数额;

(四)申请行政复议或者提起行政诉讼的途径和期限;

(五)行政机关的名称、印章和日期。

第三十二条 自冻结存款、汇款之日起 30 日内,行政机关应当作出处理决定或者作出解除冻结决定;情况复杂的,经行政机关负责人批准,可以延长,但是延长期限不得超过 30 日。法律另有规定的除外。

延长冻结的决定应当及时书面告知当事人,并说明理由。

第三十三条 有下列情形之一的,行政机关应当及时作出解除冻结决定:

(一)当事人没有违法行为;

(二)冻结的存款、汇款与违法行为无关;

(三)行政机关对违法行为已经作出处理决定,不再需要冻结;

(四)冻结期限已经届满;

(五)其他不再需要采取冻结措施的情形。

行政机关作出解除冻结决定的,应当及时通知金融机构和当事人。金融机构接到通知后,应当立即解除冻结。

行政机关逾期未作出处理决定或者解除冻结决定的,金融机构应当自冻结期满之日起解除冻结。

第四章 行政机关强制执行程序

第一节 一般规定

第三十四条 行政机关依法作出行政决定后,当事人在行政机关决定的期限内不履行义务的,具有行政强制执行权的行政机关依照本章规定强制执行。

第三十五条 行政机关作出强制执行决定前,应当事先催告当事人履行义务。催告应当以书面形式作出,并载明下列事项:

(一)履行义务的期限;

(二)履行义务的方式;

(三)涉及金钱给付的,应当有明确的金额和给付方式;

(四)当事人依法享有的陈述权和申辩权。

第三十六条 当事人收到催告书后有权进行陈述和申辩。行政机关应当充分听取当事人的意见,对当事人提出的事实、理由和证据,应当进行记录、复核。当事人提出的事实、理由或者证据成立的,行政机关应当采纳。

第三十七条 经催告,当事人逾期仍不履行行政决定,且无正当理由的,行政机关可以作出强制执行决定。

强制执行决定应当以书面形式作出,并载明下列事项:

(一)当事人的姓名或者名称、地址;

(二)强制执行的理由和依据;

(三)强制执行的方式和时间;

(四)申请行政复议或者提起行政诉讼的途径和期限;

(五)行政机关的名称、印章和日期。

在催告期间,对有证据证明有转移或者隐匿财物迹象的,行政机关可以作出立即强制执行决定。

第三十八条 催告书、行政强制执行决定书应当直接送达当事人。当事人拒绝接收或者无法直接送达当事人的,应当依照《中华人民共和国民事诉讼法》的有关规定送达。

第三十九条 有下列情形之一的,中止执行:

(一)当事人履行行政决定确有困难或者暂无履行能力的;

(二)第三人对执行标的主张权利,确有理由的;

(三)执行可能造成难以弥补的损失,且中止执行不损害公共利益的;

(四)行政机关认为需要中止执行的其他情形。

中止执行的情形消失后,行政机关应当恢复执行。对没有明显社会危害,当事人确无能力履行，中止执行满3年未恢复执行的，行政机关不再执行。

第四十条　有下列情形之一的，终结执行：

（一）公民死亡，无遗产可供执行，又无义务承受人的；

（二）法人或者其他组织终止，无财产可供执行，又无义务承受人的；

（三）执行标的灭失的；

（四）据以执行的行政决定被撤销的；

（五）行政机关认为需要终结执行的其他情形。

第四十一条　在执行中或者执行完毕后，据以执行的行政决定被撤销、变更，或者执行错误的，应当恢复原状或者退还财物；不能恢复原状或者退还财物的，依法给予赔偿。

第四十二条　实施行政强制执行，行政机关可以在不损害公共利益和他人合法权益的情况下，与当事人达成执行协议。执行协议可以约定分阶段履行；当事人采取补救措施的，可以减免加处的罚款或者滞纳金。

执行协议应当履行。当事人不履行执行协议的，行政机关应当恢复强制执行。

第四十三条　行政机关不得在夜间或者法定节假日实施行政强制执行。但是，情况紧急的除外。

行政机关不得对居民生活采取停止供水、供电、供热、供燃气等方式迫使当事人履行相关行政决定。

第四十四条　对违法的建筑物、构筑物、设施等需要强制拆除的，应当由行政机关予以公告，限期当事人自行拆除。当事人在法定期限内不申请行政复议或者提起行政诉讼，又不拆除的，行政机关可以依法强制拆除。

第二节　金钱给付义务的执行

第四十五条　行政机关依法作出金钱给付义务的行政决定，当事人逾期不履行的，行政机关可以依法加处罚款或者滞纳金。加处罚款或者滞纳金的标准应当告知当事人。

加处罚款或者滞纳金的数额不得超出金钱给付义务的数额。

第四十六条　行政机关依照本法第45条规定实施加处罚款或者滞纳金超过30日，经催告当事人仍不履行的，具有行政强制执行权的行政机关可以强制执行。

行政机关实施强制执行前，需要采取查封、扣押、冻结措施的，依照本法第三章规定办理。

没有行政强制执行权的行政机关应当申请人民法院强制执行。但是，当事人在法定期限内不申请行政复议或者提起行政诉讼，经催告仍不履行的，在实施行政管理过程中已经采取查封、扣押措施的行政机关，可以将查封、扣押的财物依法拍卖抵缴罚款。

第四十七条 划拨存款、汇款应当由法律规定的行政机关决定，并书面通知金融机构。金融机构接到行政机关依法作出划拨存款、汇款的决定后，应当立即划拨。

法律规定以外的行政机关或者组织要求划拨当事人存款、汇款的，金融机构应当拒绝。

第四十八条 依法拍卖财物，由行政机关委托拍卖机构依照《中华人民共和国拍卖法》的规定办理。

第四十九条 划拨的存款、汇款以及拍卖和依法处理所得的款项应当上缴国库或者划入财政专户。任何行政机关或者个人不得以任何形式截留、私分或者变相私分。

第三节 代履行

第五十条 行政机关依法作出要求当事人履行排除妨碍、恢复原状等义务的行政决定，当事人逾期不履行，经催告仍不履行，其后果已经或者将危害交通安全、造成环境污染或者破坏自然资源的，行政机关可以代履行，或者委托没有利害关系的第三人代履行。

第五十一条 代履行应当遵守下列规定：

（一）代履行前送达决定书，代履行决定书应当载明当事人的姓名或者名称、地址、代履行的理由和依据、方式和时间、标的、费用预算以及代履行人；

（二）代履行3日前，催告当事人履行，当事人履行的，停止代履行；

（三）代履行时，作出决定的行政机关应当派员到场监督；

（四）代履行完毕，行政机关到场监督的工作人员、代履行人和当事人或者见证人应当在执行文书上签名或者盖章。

代履行的费用按照成本合理确定，由当事人承担。但是，法律另有规定的除外。

代履行不得采用暴力、胁迫以及其他非法方式。

第五十二条 需要立即清除道路、河道、航道或者公共场所的遗洒物、障碍物或者污染物，当事人不能清除的，行政机关可以决定立即实施代履行；当事人不在场的，行政机关应当在事后立即通知当事人，并依法作出处理。

第五章 申请人民法院强制执行

第五十三条 当事人在法定期限内不申请行政复议或者提起行政诉讼，又不履行行政决定的，没有行政强制执行权的行政机关可以自期限届满之日起3个月内，依照本章规定申请人民法院强制执行。

第五十四条 行政机关申请人民法院强制执行前，应当催告当事人履行义务。

催告书送达10日后当事人仍未履行义务的，行政机关可以向所在地有管辖权的人民法院申请强制执行；执行对象是不动产的，向不动产所在地有管辖权的人民法院申请强制执行。

第五十五条　行政机关向人民法院申请强制执行，应当提供下列材料：

（一）强制执行申请书；

（二）行政决定书及作出决定的事实、理由和依据；

（三）当事人的意见及行政机关催告情况；

（四）申请强制执行标的情况；

（五）法律、行政法规规定的其他材料。

强制执行申请书应当由行政机关负责人签名，加盖行政机关的印章，并注明日期。

第五十六条　人民法院接到行政机关强制执行的申请，应当在5日内受理。

行政机关对人民法院不予受理的裁定有异议的，可以在15日内向上一级人民法院申请复议，上一级人民法院应当自收到复议申请之日起15日内作出是否受理的裁定。

第五十七条　人民法院对行政机关强制执行的申请进行书面审查，对符合本法第55条规定，且行政决定具备法定执行效力的，除本法第58条规定的情形外，人民法院应当自受理之日起7日内作出执行裁定。

第五十八条　人民法院发现有下列情形之一的，在作出裁定前可以听取被执行人和行政机关的意见：

（一）明显缺乏事实根据的；

（二）明显缺乏法律、法规依据的；

（三）其他明显违法并损害被执行人合法权益的。

人民法院应当自受理之日起30日内作出是否执行的裁定。裁定不予执行的，应当说明理由，并在5日内将不予执行的裁定送达行政机关。

行政机关对人民法院不予执行的裁定有异议的，可以自收到裁定之日起15日内向上一级人民法院申请复议，上一级人民法院应当自收到复议申请之日起30日内作出是否执行的裁定。

第五十九条　因情况紧急，为保障公共安全，行政机关可以申请人民法院立即执行。经人民法院院长批准，人民法院应当自作出执行裁定之日起5日内执行。

第六十条　行政机关申请人民法院强制执行，不缴纳申请费。强制执行的费用由被执行人承担。

人民法院以划拨、拍卖方式强制执行的，可以在划拨、拍卖后将强制执行的费用扣除。

依法拍卖财物，由人民法院委托拍卖机构依照《中华人民共和国拍卖法》的规定办理。

划拨的存款、汇款以及拍卖和依法处理所得的款项应当上缴国库或者划入财政专户，不得以任何形式截留、私分或者变相私分。

第六章　法律责任

第六十一条　行政机关实施行政强制，有下列情形之一的，由上级行政机关或者有关部门责令改正，对直接负责的主管人员和其他直接责任人员依法给予处分：

（一）没有法律、法规依据的；

（二）改变行政强制对象、条件、方式的；

（三）违反法定程序实施行政强制的；

（四）违反本法规定，在夜间或者法定节假日实施行政强制执行的；

（五）对居民生活采取停止供水、供电、供热、供燃气等方式迫使当事人履行相关行政决定的；

（六）有其他违法实施行政强制情形的。

第六十二条　违反本法规定，行政机关有下列情形之一的，由上级行政机关或者有关部门责令改正，对直接负责的主管人员和其他直接责任人员依法给予处分：

（一）扩大查封、扣押、冻结范围的；

（二）使用或者损毁查封、扣押场所、设施或者财物的；

（三）在查封、扣押法定期间不作出处理决定或者未依法及时解除查封、扣押的；

（四）在冻结存款、汇款法定期间不作出处理决定或者未依法及时解除冻结的。

第六十三条　行政机关将查封、扣押的财物或者划拨的存款、汇款以及拍卖和依法处理所得的款项，截留、私分或者变相私分的，由财政部门或者有关部门予以追缴；对直接负责的主管人员和其他直接责任人员依法给予记大过、降级、撤职或者开除的处分。

行政机关工作人员利用职务上的便利，将查封、扣押的场所、设施或者财物据为己有的，由上级行政机关或者有关部门责令改正，依法给予记大过、降级、撤职或者开除的处分。

第六十四条　行政机关及其工作人员利用行政强制权为单位或者个人谋取利益的，由上级行政机关或者有关部门责令改正，对直接负责的主管人员和其他直接责任人员依法给予处分。

第六十五条　违反本法规定，金融机构有下列行为之一的，由金融业监督管理机构责令改正，对直接负责的主管人员和其他直接责任人员依法给予处分：

（一）在冻结前向当事人泄露信息的；

（二）对应当立即冻结、划拨的存款、汇款不冻结或者不划拨，致使存款、汇款转移的；

（三）将不应当冻结、划拨的存款、汇款予以冻结或者划拨的；

（四）未及时解除冻结存款、汇款的。

第六十六条 违反本法规定，金融机构将款项划入国库或者财政专户以外的其他账户的，由金融业监督管理机构责令改正，并处以违法划拨款项 2 倍的罚款；对直接负责的主管人员和其他直接责任人员依法给予处分。

违反本法规定，行政机关、人民法院指令金融机构将款项划入国库或者财政专户以外的其他账户的，对直接负责的主管人员和其他直接责任人员依法给予处分。

第六十七条 人民法院及其工作人员在强制执行中有违法行为或者扩大强制执行范围的，对直接负责的主管人员和其他直接责任人员依法给予处分。

第六十八条 违反本法规定，给公民、法人或者其他组织造成损失的，依法给予赔偿。

违反本法规定，构成犯罪的，依法追究刑事责任。

第七章 附 则

第六十九条 本法中 10 日以内期限的规定是指工作日，不含法定节假日。

第七十条 法律、行政法规授权的具有管理公共事务职能的组织在法定授权范围内，以自己的名义实施行政强制，适用本法有关行政机关的规定。

第七十一条 本法自 2012 年 1 月 1 日起施行。

中华人民共和国政府信息公开条例

（2007 年 4 月 5 日中华人民共和国国务院令第 492 号公布，2019 年 4 月 3 日中华人民共和国国务院令第 711 号修订）

第一章 总 则

第一条 为了保障公民、法人和其他组织依法获取政府信息，提高政府工作的透明度，建设法治政府，充分发挥政府信息对人民群众生产、生活和经济社会活动的服务作用，制定本条例。

第二条 本条例所称政府信息，是指行政机关在履行行政管理职能过程中制作或者获取的，以一定形式记录、保存的信息。

第三条 各级人民政府应当加强对政府信息公开工作的组织领导。

国务院办公厅是全国政府信息公开工作的主管部门，负责推进、指导、协调、监督全国的政府信息公开工作。

县级以上地方人民政府办公厅（室）是本行政区域的政府信息公开工作主管部门，负责推进、指导、协调、监督本行政区域的政府信息公开工作。

实行垂直领导的部门的办公厅（室）主管本系统的政府信息公开工作。

第四条 各级人民政府及县级以上人民政府部门应当建立健全本行政机关的政府信息公开工作制度，并指定机构（以下统称政府信息公开工作机构）负责本行政机关政府信息公开的日常工作。

政府信息公开工作机构的具体职能是：

（一）办理本行政机关的政府信息公开事宜；

（二）维护和更新本行政机关公开的政府信息；

（三）组织编制本行政机关的政府信息公开指南、政府信息公开目录和政府信息公开工作年度报告；

（四）组织开展对拟公开政府信息的审查；

（五）本行政机关规定的与政府信息公开有关的其他职能。

第五条 行政机关公开政府信息，应当坚持以公开为常态、不公开为例外，遵循公正、公平、合法、便民的原则。

第六条 行政机关应当及时、准确地公开政府信息。

行政机关发现影响或者可能影响社会稳定、扰乱社会和经济管理秩序的虚假或者不完整信息的，应当发布准确的政府信息予以澄清。

第七条 各级人民政府应当积极推进政府信息公开工作，逐步增加政府信息公开的内容。

第八条 各级人民政府应当加强政府信息资源的规范化、标准化、信息化管理，加强互联网政府信息公开平台建设，推进政府信息公开平台与政务服务平台融合，提高政府信息公开在线办理水平。

第九条 公民、法人和其他组织有权对行政机关的政府信息公开工作进行监督，并提出批评和建议。

第二章 公开的主体和范围

第十条 行政机关制作的政府信息，由制作该政府信息的行政机关负责公开。行政机关从公民、法人和其他组织获取的政府信息，由保存该政府信息的行政机关负责公开；行政机关获取的其他行政机关的政府信息，由制作或者最初获取该政府信息的行政机关负责公开。法律、法规对政府信息公开的权限另有规定的，从其规定。

行政机关设立的派出机构、内设机构依照法律、法规对外以自己名义履行行政管理职能的，可以由该派出机构、内设机构负责与所履行行政管理职能有关的政府信息公开工作。

两个以上行政机关共同制作的政府信息，由牵头制作的行政机关负责公开。

第十一条 行政机关应当建立健全政府信息公开协调机制。行政机关公开政府信息涉及其他机关的，应当与有关机关协商、确认，保证行政机关公开的政府信息准确一致。

行政机关公开政府信息依照法律、行政法规和国家有关规定需要批准的，经批准予以公开。

第十二条 行政机关编制、公布的政府信息公开指南和政府信息公开目录应当及时更新。

政府信息公开指南包括政府信息的分类、编排体系、获取方式和政府信息公开工作机构的名称、办公地址、办公时间、联系电话、传真号码、互联网联系方式等内容。

政府信息公开目录包括政府信息的索引、名称、内容概述、生成日期等内容。

第十三条 除本条例第14条、第15条、第16条规定的政府信息外，政府信息应当公开。

行政机关公开政府信息，采取主动公开和依申请公开的方式。

第十四条 依法确定为国家秘密的政府信息，法律、行政法规禁止公开的政府信息，以及公开后可能危及国家安全、公共安全、经济安全、社会稳定的政府信息，不予公开。

第十五条 涉及商业秘密、个人隐私等公开会对第三方合法权益造成损害的政府信息，行政机关不得公开。但是，第三方同意公开或者行政机关认为不公开会对公共利益造成重大影响的，予以公开。

第十六条 行政机关的内部事务信息，包括人事管理、后勤管理、内部工作流程等方面的信息，可以不予公开。

行政机关在履行行政管理职能过程中形成的讨论记录、过程稿、磋商信函、请示报告等过程性信息以及行政执法案卷信息，可以不予公开。法律、法规、规章规定上述信息应当公开的，从其规定。

第十七条 行政机关应当建立健全政府信息公开审查机制，明确审查的程序和责任。

行政机关应当依照《中华人民共和国保守国家秘密法》以及其他法律、法规和国家有关规定对拟公开的政府信息进行审查。

行政机关不能确定政府信息是否可以公开的，应当依照法律、法规和国家有关规定报有关主管部门或者保密行政管理部门确定。

第十八条　行政机关应当建立健全政府信息管理动态调整机制，对本行政机关不予公开的政府信息进行定期评估审查，对因情势变化可以公开的政府信息应当公开。

第三章　主动公开

第十九条　对涉及公众利益调整、需要公众广泛知晓或者需要公众参与决策的政府信息，行政机关应当主动公开。

第二十条　行政机关应当依照本条例第19条的规定，主动公开本行政机关的下列政府信息：

（一）行政法规、规章和行政规范性文件；

（二）机关职能、机构设置、办公地址、办公时间、联系方式、负责人姓名；

（三）国民经济和社会发展规划、专项规划、区域规划及相关政策；

（四）国民经济和社会发展统计信息；

（五）办理行政许可和其他对外管理服务事项的依据、条件、程序以及办理结果；

（六）实施行政处罚、行政强制的依据、条件、程序以及本行政机关认为具有一定社会影响的行政处罚决定；

（七）财政预算、决算信息；

（八）行政事业性收费项目及其依据、标准；

（九）政府集中采购项目的目录、标准及实施情况；

（十）重大建设项目的批准和实施情况；

（十一）扶贫、教育、医疗、社会保障、促进就业等方面的政策、措施及其实施情况；

（十二）突发公共事件的应急预案、预警信息及应对情况；

（十三）环境保护、公共卫生、安全生产、食品药品、产品质量的监督检查情况；

（十四）公务员招考的职位、名额、报考条件等事项以及录用结果；

（十五）法律、法规、规章和国家有关规定应当主动公开的其他政府信息。

第二十一条　除本条例第20条规定的政府信息外，设区的市级、县级人民政府及其部门还应当根据本地方的具体情况，主动公开涉及市政建设、公共服务、公益事业、土地征收、房屋征收、治安管理、社会救助等方面的政府信息；乡（镇）人民政府还应当根据本地方的具体情况，主动公开贯彻落实农业农村政策、农田水利工程建设运营、农村土地承包经营权流转、宅基地使用情况审核、土地征收、房屋征收、筹资筹劳、社会救助等方面的政府信息。

第二十二条　行政机关应当依照本条例第20条、第21条的规定，确定主动公开政府信息的具体内容，并按照上级行政机关的部署，不断增加主动公开的内容。

第二十三条　行政机关应当建立健全政府信息发布机制，将主动公开的政府信息通过政府公报、政府网站或者其他互联网政务媒体、新闻发布会以及报刊、广播、电视等途径予以公开。

第二十四条　各级人民政府应当加强依托政府门户网站公开政府信息的工作，利用统一的政府信息公开平台集中发布主动公开的政府信息。政府信息公开平台应当具备信息检索、查阅、下载等功能。

第二十五条　各级人民政府应当在国家档案馆、公共图书馆、政务服务场所设置政府信息查阅场所，并配备相应的设施、设备，为公民、法人和其他组织获取政府信息提供便利。

行政机关可以根据需要设立公共查阅室、资料索取点、信息公告栏、电子信息屏等场所、设施，公开政府信息。

行政机关应当及时向国家档案馆、公共图书馆提供主动公开的政府信息。

第二十六条　属于主动公开范围的政府信息，应当自该政府信息形成或者变更之日起20个工作日内及时公开。法律、法规对政府信息公开的期限另有规定的，从其规定。

第四章　依申请公开

第二十七条　除行政机关主动公开的政府信息外，公民、法人或者其他组织可以向地方各级人民政府、对外以自己名义履行行政管理职能的县级以上人民政府部门（含本条例第10条第2款规定的派出机构、内设机构）申请获取相关政府信息。

第二十八条　本条例第27条规定的行政机关应当建立完善政府信息公开申请渠道，为申请人依法申请获取政府信息提供便利。

第二十九条　公民、法人或者其他组织申请获取政府信息的，应当向行政机关的政府信息公开工作机构提出，并采用包括信件、数据电文在内的书面形式；采用书面形式确有困难的，申请人可以口头提出，由受理该申请的政府信息公开工作机构代为填写政府信息公开申请。

政府信息公开申请应当包括下列内容：

（一）申请人的姓名或者名称、身份证明、联系方式；

（二）申请公开的政府信息的名称、文号或者便于行政机关查询的其他特征性描述；

（三）申请公开的政府信息的形式要求，包括获取信息的方式、途径。

第三十条 政府信息公开申请内容不明确的，行政机关应当给予指导和释明，并自收到申请之日起7个工作日内一次性告知申请人作出补正，说明需要补正的事项和合理的补正期限。答复期限自行政机关收到补正的申请之日起计算。申请人无正当理由逾期不补正的，视为放弃申请，行政机关不再处理该政府信息公开申请。

第三十一条 行政机关收到政府信息公开申请的时间，按照下列规定确定：

（一）申请人当面提交政府信息公开申请的，以提交之日为收到申请之日；

（二）申请人以邮寄方式提交政府信息公开申请的，以行政机关签收之日为收到申请之日；以平常信函等无需签收的邮寄方式提交政府信息公开申请的，政府信息公开工作机构应当于收到申请的当日与申请人确认，确认之日为收到申请之日；

（三）申请人通过互联网渠道或者政府信息公开工作机构的传真提交政府信息公开申请的，以双方确认之日为收到申请之日。

第三十二条 依申请公开的政府信息公开会损害第三方合法权益的，行政机关应当书面征求第三方的意见。第三方应当自收到征求意见书之日起15个工作日内提出意见。第三方逾期未提出意见的，由行政机关依照本条例的规定决定是否公开。第三方不同意公开且有合理理由的，行政机关不予公开。行政机关认为不公开可能对公共利益造成重大影响的，可以决定予以公开，并将决定公开的政府信息内容和理由书面告知第三方。

第三十三条 行政机关收到政府信息公开申请，能够当场答复的，应当当场予以答复。

行政机关不能当场答复的，应当自收到申请之日起20个工作日内予以答复；需要延长答复期限的，应当经政府信息公开工作机构负责人同意并告知申请人，延长的期限最长不得超过20个工作日。

行政机关征求第三方和其他机关意见所需时间不计算在前款规定的期限内。

第三十四条 申请公开的政府信息由两个以上行政机关共同制作的，牵头制作的行政机关收到政府信息公开申请后可以征求相关行政机关的意见，被征求意见机关应当自收到征求意见书之日起15个工作日内提出意见，逾期未提出意见的视为同意公开。

第三十五条 申请人申请公开政府信息的数量、频次明显超过合理范围，行政机关可以要求申请人说明理由。行政机关认为申请理由不合理的，告知申请人不予处理；行政机关认为申请理由合理，但是无法在本条例第33条规定的期限内答复申请人的，可以确定延迟答复的合理期限并告知申请人。

第三十六条 对政府信息公开申请，行政机关根据下列情况分别作出答复：

（一）所申请公开信息已经主动公开的，告知申请人获取该政府信息的方式、途径；

（二）所申请公开信息可以公开的，向申请人提供该政府信息，或者告知申请人获取该政府信息的方式、途径和时间；

（三）行政机关依据本条例的规定决定不予公开的，告知申请人不予公开并说明理由；

（四）经检索没有所申请公开信息的，告知申请人该政府信息不存在；

（五）所申请公开信息不属于本行政机关负责公开的，告知申请人并说明理由；能够确定负责公开该政府信息的行政机关的，告知申请人该行政机关的名称、联系方式；

（六）行政机关已就申请人提出的政府信息公开申请作出答复、申请人重复申请公开相同政府信息的，告知申请人不予重复处理；

（七）所申请公开信息属于工商、不动产登记资料等信息，有关法律、行政法规对信息的获取有特别规定的，告知申请人依照有关法律、行政法规的规定办理。

第三十七条　申请公开的信息中含有不应当公开或者不属于政府信息的内容，但是能够作区分处理的，行政机关应当向申请人提供可以公开的政府信息内容，并对不予公开的内容说明理由。

第三十八条　行政机关向申请人提供的信息，应当是已制作或者获取的政府信息。除依照本条例第37条的规定能够作区分处理的外，需要行政机关对现有政府信息进行加工、分析的，行政机关可以不予提供。

第三十九条　申请人以政府信息公开申请的形式进行信访、投诉、举报等活动，行政机关应当告知申请人不作为政府信息公开申请处理并可以告知通过相应渠道提出。

申请人提出的申请内容为要求行政机关提供政府公报、报刊、书籍等公开出版物的，行政机关可以告知获取的途径。

第四十条　行政机关依申请公开政府信息，应当根据申请人的要求及行政机关保存政府信息的实际情况，确定提供政府信息的具体形式；按照申请人要求的形式提供政府信息，可能危及政府信息载体安全或者公开成本过高的，可以通过电子数据以及其他适当形式提供，或者安排申请人查阅、抄录相关政府信息。

第四十一条　公民、法人或者其他组织有证据证明行政机关提供的与其自身相关的政府信息记录不准确的，可以要求行政机关更正。有权更正的行政机关审核属实的，应当予以更正并告知申请人；不属于本行政机关职能范围的，行政机关可以转送有权更正的行政机关处理并告知申请人，或者告知申请人向有权更正的行政机关提出。

第四十二条 行政机关依申请提供政府信息，不收取费用。但是，申请人申请公开政府信息的数量、频次明显超过合理范围的，行政机关可以收取信息处理费。

行政机关收取信息处理费的具体办法由国务院价格主管部门会同国务院财政部门、全国政府信息公开工作主管部门制定。

第四十三条 申请公开政府信息的公民存在阅读困难或者视听障碍的，行政机关应当为其提供必要的帮助。

第四十四条 多个申请人就相同政府信息向同一行政机关提出公开申请，且该政府信息属于可以公开的，行政机关可以纳入主动公开的范围。

对行政机关依申请公开的政府信息，申请人认为涉及公众利益调整、需要公众广泛知晓或者需要公众参与决策的，可以建议行政机关将该信息纳入主动公开的范围。行政机关经审核认为属于主动公开范围的，应当及时主动公开。

第四十五条 行政机关应当建立健全政府信息公开申请登记、审核、办理、答复、归档的工作制度，加强工作规范。

第五章 监督和保障

第四十六条 各级人民政府应当建立健全政府信息公开工作考核制度、社会评议制度和责任追究制度，定期对政府信息公开工作进行考核、评议。

第四十七条 政府信息公开工作主管部门应当加强对政府信息公开工作的日常指导和监督检查，对行政机关未按照要求开展政府信息公开工作的，予以督促整改或者通报批评；需要对负有责任的领导人员和直接责任人员追究责任的，依法向有权机关提出处理建议。

公民、法人或其他组织认为行政机关未按照要求主动公开政府信息或者对政府信息公开申请不依法答复处理的，可以向政府信息公开工作主管部门提出。政府信息公开工作主管部门查证属实的，应当予以督促整改或者通报批评。

第四十八条 政府信息公开工作主管部门应当对行政机关的政府信息公开工作人员定期进行培训。

第四十九条 县级以上人民政府部门应当在每年1月31日前向本级政府信息公开工作主管部门提交本行政机关上一年度政府信息公开工作年度报告并向社会公布。

县级以上地方人民政府的政府信息公开工作主管部门应当在每年3月31日前向社会公布本级政府上一年度政府信息公开工作年度报告。

第五十条 政府信息公开工作年度报告应当包括下列内容：

（一）行政机关主动公开政府信息的情况；

（二）行政机关收到和处理政府信息公开申请的情况；

（三）因政府信息公开工作被申请行政复议、提起行政诉讼的情况；

（四）政府信息公开工作存在的主要问题及改进情况，各级人民政府的政府信息公开工作年度报告还应当包括工作考核、社会评议和责任追究结果情况；

（五）其他需要报告的事项。

全国政府信息公开工作主管部门应当公布政府信息公开工作年度报告统一格式，并适时更新。

第五十一条　公民、法人或者其他组织认为行政机关在政府信息公开工作中侵犯其合法权益的，可以向上一级行政机关或者政府信息公开工作主管部门投诉、举报，也可以依法申请行政复议或者提起行政诉讼。

第五十二条　行政机关违反本条例的规定，未建立健全政府信息公开有关制度、机制的，由上一级行政机关责令改正；情节严重的，对负有责任的领导人员和直接责任人员依法给予处分。

第五十三条　行政机关违反本条例的规定，有下列情形之一的，由上一级行政机关责令改正；情节严重的，对负有责任的领导人员和直接责任人员依法给予处分；构成犯罪的，依法追究刑事责任：

（一）不依法履行政府信息公开职能的；

（二）不及时更新公开的政府信息内容、政府信息公开指南和政府信息公开目录的；

（三）违反本条例规定的其他情形。

第六章　附　　则

第五十四条　法律、法规授权的具有管理公共事务职能的组织公开政府信息的活动，适用本条例。

第五十五条　教育、卫生健康、供水、供电、供气、供热、环境保护、公共交通等与人民群众利益密切相关的公共企事业单位，公开在提供社会公共服务过程中制作、获取的信息，依照相关法律、法规和国务院有关主管部门或者机构的规定执行。全国政府信息公开工作主管部门根据实际需要可以制定专门的规定。

前款规定的公共企事业单位未依照相关法律、法规和国务院有关主管部门或者机构的规定公开在提供社会公共服务过程中制作、获取的信息，公民、法人或者其他组织可以向有关主管部门或者机构申诉，接受申诉的部门或者机构应当及时调查处理并将处理结果告知申诉人。

第五十六条　本条例自2019年5月15日起施行。

北京市政府信息公开规定

北京市人民政府令

第 257 号

《北京市政府信息公开规定》已经 2014 年 5 月 21 日市人民政府第 42 次常务会议审议通过,现予公布,自 2015 年 1 月 1 日起施行。

市长　王安顺
2014 年 6 月 23 日

目　录

第一章　总　则
第二章　主动公开
第三章　依申请公开
第四章　监督和保障
第五章　附　则

第一章　总　则

第一条　依据《中华人民共和国政府信息公开条例》和其他有关法律、法规规定,结合本市实际,制定本规定。

第二条　本规定所称政府信息,是指行政机关在履行职责过程中制作或者获取的、以一定形式记录、保存的信息。

第三条　各级人民政府应当加强对政府信息公开工作的组织领导。

市政府办公厅是本市政府信息公开工作的主管部门,负责推进、指导、协调、监督本市的政府信息公开工作。

区、县人民政府办公室是本区、县政府信息公开工作的主管部门,负责推进、指导、协调、监督本行政区域的政府信息公开工作。

实行垂直领导的部门在上级主管部门的领导和所在地人民政府统一指导、协调下开展政府信息公开工作。

实行双重领导的部门在所在地人民政府的领导下开展政府信息公开工作,并接受上级主管部门的指导。

第四条　各级人民政府以及市和区、县人民政府部门指定的政府信息公开工作机构,应当依法组织开展本行政机关政府信息公开、维护和更新公开的政府信息、对拟公开的政府信息进行保密审查以及编制政府信息公开指南、目录和工作年度报告等政府信息公开的日常工作。

第五条 行政机关公开政府信息，应当遵循公正、公平、便民、及时、准确的原则。

第六条 市或者区、县人民政府的职责由具体工作部门承办的，可以由该工作部门负责相关政府信息公开工作。负责相关政府信息公开工作的具体工作部门由市人民政府向社会公布。

第七条 行政机关在政府机构改革中被撤销、合并或者调整职权的，其制作、获取的政府信息，有继续履行相关职权的行政机关的，由该行政机关负责公开；没有继续履行相关职权的行政机关的，由保存该政府信息的单位负责公开。

多个行政机关共同制作的政府信息，由各参与制作的行政机关负责公开。

第八条 行政机关在公开政府信息前，应当依照《中华人民共和国保守国家秘密法》以及其他法律、法规和国家有关规定对拟公开的政府信息进行审查。

符合下列情形之一的政府信息，不予公开：

（一）根据《中华人民共和国保守国家秘密法》等法律、法规和国家有关规定，涉及国家秘密的；

（二）根据《中华人民共和国反不正当竞争法》等法律、法规和国家有关规定，涉及不为公众所知悉、能给权利人带来经济利益、具有实用性并经权利人采取保密措施的技术信息和经营信息的；

（三）根据相关法律、法规和国家有关规定，涉及他人身份、通讯、健康、婚姻、家庭、财产状况等个人隐私信息的；

（四）根据法律、法规和国家有关规定，其他不予公开的。

行政机关公开涉及商业秘密、个人隐私的政府信息应当依照本规定第27条的规定执行。

第九条 行政机关应当建立健全政府信息公开保密审查机制，明确国家秘密、商业秘密和个人隐私的审查程序和责任。

行政机关对政府信息不能确定是否涉及国家秘密时，应当依照法律、法规和国家有关规定报有关主管部门或者同级保密工作部门确定。

第十条 行政机关在制作政府信息时，应当确定该政府信息是否公开。对不公开的政府信息，应当注明理由。

行政机关应当建立不公开的政府信息的动态管理机制，对符合公开要求的政府信息依法公开。

第十一条 行政机关应当建立健全信息监测和澄清机制。行政机关发现影响或者可能影响社会稳定、扰乱社会管理秩序的虚假或者不完整信息，应当在其职责范围内发布准确的政府信息予以澄清。

第十二条 行政机关应当建立健全政府信息发布协调机制。行政机关发布政府信息涉及其他行政机关的，应当与有关行政机关进行沟通、确认，保证行政机关发布的政府信息准确一致。

行政机关发布政府信息依照国家和市人民政府有关规定需要批准的，未经批准不得发布。

第十三条 行政机关公开政府信息，不得危及国家安全、公共安全、经济安全和社会稳定。

第二章 主动公开

第十四条 除依照《中华人民共和国信息公开条例》和国家有关规定主动公开政府信息外，根据本市实际情况，行政机关还应当重点公开以下政府信息：

（一）财政预算决算、"三公经费"和行政经费信息；

（二）保障性安居工程建设计划、项目开工和竣工情况，保障性住房的分配和退出等信息；

（三）食品安全标准、食品生产经营许可、专项检查整治等信息；

（四）环境核查审批、环境状况公报和重特大突发环境事件等信息；

（五）招投标违法违规行为及处理情况、国有资金占控股或者主导地位依法应当招标的项目等信息；

（六）生产安全事故的政府举措、处置进展、风险预警、防范措施等信息；

（七）农用地转为建设用地批准、征收集体土地批准、征地公告、征地补偿安置公示、集体土地征收结案等信息；

（八）政府指导价、政府定价和收费标准调整的项目、价格、依据、执行时间和范围等信息；

（九）本市企业信用信息系统中的警示信息和良好信息；

（十）政府部门预算执行审计结果信息；

（十一）行政机关对与人民群众利益密切相关的公共企事业单位进行监督管理的信息；

（十二）市人民政府决定主动公开的其他信息。

第十五条 行政机关应当加强政府信息资源的规范化、电子化管理，分类整合政府信息资源，营造公众利用信息资源的良好环境，提升政府信息资源的开发利用水平。

第十六条 属于主动公开范围的政府信息，应当自该政府信息形成或者变更之日起15个工作日内予以公开。

对自然灾害、事故灾难、公共卫生和社会安全等重大突发事件，主管部门应当及时公开初步核实情况，并根据事态发展和处置情况，持续公开工作进展和政府应对措施等政府信息。

第十七条 行政机关应当编制、公布政府信息公开指南和政府信息公开目录，并及时更新。

政府信息公开指南，应当包括政府信息的分类、编排体系、获取方式，政府信息公开工作机构的名称和联系方式，政府信息公开申请的办理程序，权利救济途径等内容。

政府信息公开目录，应当包括政府信息的索引、名称、内容概述、生成日期等内容。

第十八条 行政机关可以通过下列渠道公开政府信息：

（一）政府网站；

（二）政府公报；

（三）新闻发布会；

（四）报纸、广播、电视；

（五）国家档案馆、公共图书馆、政务服务大厅；

（六）公共查阅室、资料索取点、信息公告栏、电子信息屏；

（七）政务微博等网络平台；

（八）其他方式和渠道。

行政机关应当采取便于公众知晓的方式公开信息。

第十九条 行政机关应当通过政府门户网站及时公开、更新政府信息，并提供信息检索、查阅、下载等服务。

第二十条 市和区、县人民政府应当在国家档案馆、公共图书馆设置政府信息查阅场所，并配备相应的设施、设备，为公民、法人或者其他组织获取政府信息提供便利。其他行政机关可以根据需要设置政府信息查阅场所、设施。

行政机关应当向同级行政服务中心、国家档案馆、公共图书馆提供主动公开政府信息的电子文本，移送主动公开的行政规范性文件纸质文本。

第二十一条 行政机关应当设置政府信息公开咨询电话，为公民、法人或者其他组织提供咨询服务。

市非紧急救助服务中心和各分中心可以为公民、法人或者其他组织提供政府信息公开咨询等服务。

第三章 依申请公开

第二十二条 行政机关应当公布受理政府信息公开申请的办公地址、办公时间、联系电话、传真号码、电子邮箱、举报电话等，方便公民申请。

申请公开政府信息的公民存在阅读困难或者视听障碍的，行政机关应当为其提供必要的帮助。

第二十三条 申请人向行政机关申请获取政府信息，应当采用书面形式（包括数据电文形式）；采用书面形式确有困难的，申请人可以口头提出，由受理该申请的行政机关代为填写政府信息公开申请，并由申请人签字、捺印或者盖章确认。

行政机关应当向申请人提供政府信息公开申请书格式文本；申请人也可以采用其他书面形式向行政机关提出申请。

第二十四条 政府信息公开申请应当包括下列内容：

（一）申请人以及代理人、代表人的姓名或者名称、证件名称和号码、电话和通讯地址等有效联系方式；

（二）申请公开政府信息的内容描述，包括能够指向特定政府信息的文件名称、文号或者其他详尽、准确的特征描述；

（三）获取信息的方式以及提供信息的形式要求；

（四）受理机关名称。

申请人委托代理人提出政府信息公开申请的，应当提供委托代理证明材料。

5人以上（含5人）共同申请同一政府信息，可以推选1至5名代表提交申请，并提供推举证明材料。

受理机关收到申请人公开政府信息的申请后，应当出具登记回执。

第二十五条 行政机关收到政府信息公开申请，能够当场答复的，应当当场予以答复。行政机关不能当场答复的，应当自收到申请之日起15个工作日内予以答复；如需延长答复期限的，应当经本行政机关政府信息公开工作机构负责人同意，并书面告知申请人，延长答复的期限最长不得超过15个工作日。

因不可抗力或者其他法定事由行政机关不能在规定期限内答复申请人或者向申请人提供政府信息的，期限中止。中止时间不计算在前款规定期限内，障碍消除后期限恢复计算。期限的中止和恢复，行政机关应当向申请人书面说明情况。

第二十六条 申请人要求撤回政府信息公开申请的，行政机关应当准许，并登记备案。

申请人向同一行政机关同时申请两项以上政府信息的，行政机关根据便民原则可以分别答复或者合并答复。

第二十七条 行政机关认为申请公开的政府信息涉及商业秘密或者个人隐私，公开后可能损害第三方合法权益的，应当书面征求第三方的意见；第三方不同意公开的，行政机关不得公开。但是，行政机关认为不公开可能对公共利益造成重大影响的，应当予以公开。第三方不同意公开，行政机关决定公开的，应当在书面告知第三方后公开。

行政机关征求第三方意见所需时间不计算在本规定第25条第1款规定的期限内。

第二十八条　对申请公开的政府信息，行政机关根据下列情况分别作出书面答复：

（一）申请公开的政府信息已主动公开的，应当告知申请人获取政府信息的方式和途径；

（二）申请公开的政府信息属于可以公开的，应当向申请人公开；行政机关或者第三方对政府信息的使用范围有特殊要求的，行政机关应当与申请人约定，申请人签字确认后，按照约定使用公开的政府信息；

（三）申请公开的政府信息中含有不应当公开的内容，但是能够作区分处理的，应当向申请人提供可以公开的信息内容；对不予公开的部分，应当说明理由；

（四）申请公开的政府信息属于不予公开范围的，应当告知申请人并说明理由；

（五）申请公开的政府信息属于行政机关在日常工作中制作或者获取的内部管理信息或者处于行政机关讨论、研究或者审查中的过程性信息，应当告知申请人不属于应当公开的政府信息；

（六）申请公开的政府信息所涉事项属于本机关公开范围，但本机关未制作、未获取，或者未以一定形式记录、保存的，应当告知申请人申请的信息不存在并说明理由；

（七）申请公开的政府信息所涉事项不属于本机关公开范围或者属于市人民政府公布由具体工作部门公开的，应当告知申请人，对能够确定该政府信息公开机关的，告知申请人该行政机关的名称、联系方式；

（八）申请内容不明确的，应当告知申请人作出更改、补充；

（九）同一申请人向同一行政机关就同一政府信息重复提出公开申请的，行政机关已经依法答复的，可以告知申请人不重复办理。

第二十九条　行政机关对下列申请事项应当分别按照以下方式处理：

（一）申请内容为咨询、信访、举报等事项，不属于政府信息公开申请范围的，应当告知申请人通过相应渠道提出，对能够确定负责该事项的行政机关的，告知申请人该行政机关的名称、联系方式；

（二）申请内容属于行政程序中的当事人、利害关系人查阅案卷材料的，应当告知申请人按照相关法律、法规的规定办理；

（三）申请公开的政府信息已经移交各级国家档案馆的，应当告知申请人按照有关档案管理的法律、行政法规和国家有关规定办理。

第三十条　行政机关向申请人提供的政府信息应当是未经汇总、加工、分析或者重新制作的政府信息。

行政机关依申请公开政府信息，应当按照申请人要求的形式予以提供；无法按照申请人要求的形式提供的，可以通过安排申请人查阅相关资料、提供复制件或者其他适当形式提供。

第三十一条 行政机关应当对以下情况进行记录，并留存相关材料：

（一）申请人没有提供有效联系方式，致使行政机关无法向申请人提供书面答复的；

（二）征求第三方意见，无法与第三方取得联系或者未收到其回复意见的；

（三）申请办理中的其他特殊情形。

第三十二条 多人就同一政府信息向同一行政机关提出公开申请，行政机关同意公开，且该政府信息可以为公众知晓的，行政机关可以决定将该政府信息纳入主动公开范围。

行政机关对申请公开的政府信息决定予以公开的，申请人可以建议行政机关将该信息纳入主动公开范围。

第三十三条 公民、法人或者其他组织有证据证明行政机关提供的与其自身相关的政府信息记录不准确的，有权要求该行政机关予以更正。

行政机关有权更正的，应当及时予以更正；无权更正的，应当转送有权更正的行政机关处理，并告知申请人。法律、法规、规章对信息更正有特殊程序规定的，从其规定。

第三十四条 行政机关依申请提供政府信息，可以收取实际发生的检索、复制、邮寄等成本费用，收取的费用纳入同级财政管理；具体收费标准由本市价格和财政主管部门制定。

农村五保供养对象、城乡居民最低生活保障对象以及领取国家抚恤补助的优抚对象，经本人申请，凭民政部门颁发的相关证件，受理机关可以免收相关费用。

第四章 监督和保障

第三十五条 本市各级人民政府应当建立健全政府信息公开工作考核制度、社会评议制度和责任追究制度，定期对政府信息公开工作进行考核、评议。

第三十六条 行政机关应当在每年3月31日前，公布本行政机关的政府信息公开工作年度报告。

政府信息公开工作年度报告应当包括下列内容：

（一）行政机关政府信息公开组织机构、制度建设、渠道场所、教育培训等年度工作开展情况；

（二）行政机关主动公开政府信息的情况；

（三）行政机关依申请公开政府信息和不予公开政府信息的情况；

（四）因政府信息公开申请行政复议、提起行政诉讼的情况；

（五）政府信息公开的收费以及免除费用的情况；

（六）政府信息公开工作存在的主要问题以及改进情况；

（七）其他需要报告的事项。

第三十七条 市政府办公厅组织开展政府信息公开年度考核工作。政府信息公开年度考核情况应当向社会公布。

第三十八条 行政机关可以采取多种方式开展社会评议，征求公民、法人或者其他组织对本机关政府信息公开工作的意见和建议。对于合理的意见和建议，行政机关应当予以采纳。

第三十九条 政府信息公开工作主管部门和监察机关负责对行政机关政府信息公开的实施情况进行监督检查，指导、监督本市政府信息公开责任追究工作。责任追究的方式和程序，执行本市行政问责办法。

第四十条 公民、法人或者其他组织认为行政机关不依法履行政府信息公开义务的，可以向上级行政机关、监察机关或者政府信息公开工作主管部门举报。收到举报的机关应当予以调查处理。

公民、法人或者其他组织认为行政机关在政府信息公开工作中的具体行政行为侵犯其合法权益的，可以依法申请行政复议或者提起行政诉讼。行政机关对在行政复议和行政诉讼中发现的政府信息公开工作相关问题应当及时纠正。

第四十一条 行政机关违反本规定，未建立健全政府信息发布保密审查机制的，由监察机关、上一级行政机关责令改正；情节严重的，对行政机关主要负责人依法给予处分。

行政机关违反本规定，有下列情形之一的，由监察机关、上一级行政机关责令改正；情节严重的，对行政机关直接负责的主管人员和其他直接责任人员依法给予处分；构成犯罪的，依法追究刑事责任：

（一）不依法履行政府信息公开义务的；

（二）不及时更新公开的政府信息内容、政府信息公开指南和政府信息公开目录的；

（三）违反规定收取费用的；

（四）通过其他组织、个人以有偿服务方式提供政府信息的；

（五）公开不应当公开的政府信息的；

（六）违反本规定的其他行为。

第五章 附 则

第四十二条 法律、法规授权的具有管理公共事务职能的组织公开政府信息的活动，适用本规定。

第四十三条 教育、医疗卫生、计划生育、供水、供电、供气、供热、环保、公共交通、通讯等与人民群众利益密切相关的公共企事业单位在提供社会公共服务过程中制作、获取的信息公开,参照本规定执行。

有关主管部门应当对所属或者管理的公共企事业单位的信息公开工作进行指导和监督。

第四十四条 法律、法规和国家有关规定对政府信息公开另有规定的,从其规定。

第四十五条 本规定自2015年1月1日起施行。